侯艳 —— 著

青瓷时代
宋元文化艺术平淡论

本书为贺州学院博士科研启动基金项目
（编号：HZUBS202206）最终成果
本书由贺州学院 2023 年中国语言文学
硕士点建设项目经费资助出版

华东师范大学出版社
·上海·

图书在版编目（CIP）数据

青瓷时代——宋元文化艺术平淡论/侯艳著. 上海：华东师范大学出版社，2024.
ISBN 978－7－5760－5207－7

Ⅰ. K247.03

中国国家版本馆 CIP 数据核字第 2024243GA9 号

青瓷时代——宋元文化艺术平淡论

著　　者　侯　艳
策划编辑　许　静
责任编辑　乔　健
特约审读　盛　超　梁慧敏
责任校对　陈　易
装帧设计　卢晓红

出版发行　华东师范大学出版社
社　　址　上海市中山北路 3663 号　邮编 200062
网　　址　www.ecnupress.com.cn
电　　话　021－60821666　行政传真 021－62572105
客服电话　021－62865537　门市（邮购）电话 021－62869887
地　　址　上海市中山北路 3663 号华东师范大学校内先锋路口
网　　店　http://hdsdcbs.tmall.com

印 刷 者　苏州工业园区美柯乐制版印务有限责任公司
开　　本　890 毫米×1240 毫米　1/32
印　　张　13.5
字　　数　361 千字
版　　次　2024 年 12 月第 1 版
印　　次　2024 年 12 月第 1 次
书　　号　ISBN 978－7－5760－5207－7
定　　价　88.00 元

出版人　王　焰

（如发现本版图书有印订质量问题，请寄回本社客服中心调换或电话 021－62865537 联系）

前言

  平淡是宋元文化艺术的主流风尚，亦是其追求的最高境界。其缘起与意义复杂而多样，儒释道三家在论道的过程中赋予了其哲学思辨色彩，在历代"素""朴"和"自然"概念的相互作用下，经过由魏晋至唐代的流变过程，平淡概念从双重思辨性至中和性的转变意味着其从哲学史、思想史向艺术史上的转变。宋代兼容晋唐传统，推崇格力与格高、气格与气韵，确立了平淡之格韵审美标准，元代将其推向艺术之高峰，不仅意味着平淡从哲学、美学、诗学之概念嬗变为一种新的艺术审美精神，亦决定了宋元文化艺术之平淡具有三大特征：外简淡而内腴美；简远而超逸绝尘、脱俗；众善兼备、对立统一，并具有丰富的内涵与意蕴。平淡与其相近概念、相反概念之间的相合相融，相辅相成，相生相克，相映相济，不仅使平淡之意蕴与内涵更为丰富与深厚，亦使平淡具有了强大的艺术张力。

  就宋元人而言，平淡不仅是一种艺术精神，亦是一种价值所在，它充斥在宋元各艺术门类之中。宋元的诗文词曲、书画园林，甚至日常生活皆具有浓郁的平淡色彩。诗文对题材日常化和笔法细致入微的追求，词曲对中和雅正的追求，书画对意与韵、逸笔与逸气的追求，园林对禅心道性的追求等，皆彰显着平淡的特征及其富赡的内涵与意蕴。而宋元人日常的斗茶、簪花与听香的诗意生活，更是彰显他们对平淡之人生境界的追求。就意境而言，宋元人喜爱营造和构建"静""老""清"之境，钟情于其中的"空寂""荒寒"如"寒江独钓"之冷淡，"宁静""闲静"如"归去来兮"之恬淡，枯木枯笔之枯淡，苍山古寺之古淡，一窗梅影之清空，笔床茶灶之清雅，即清淡与雅淡。一方面，他们营造这些意境最喜采用的方式与方法就是简化，所谓简古、素朴、古雅等，简化的极致就是空白。"空"而气韵生动，是以无论是"静"境还是"清"境还是"老"境，平淡总是淡而味终不薄，所谓"韵外之致""味外之味""味以至味"，宋元文化艺术之平淡充满韵味。另一方面，这些意境与意象直指宋元人之文化心灵，是他们心灵境象的显现，彰显出宋元文人特有的自适、自安、自娱之自得精神，鼓荡着一股生命刚健之柔力，有一种化悲为健的力量，由此宋元文化艺术中的平淡充满生命灵动之气，铺展出生命之绵力。平淡实际上是宋元人一种人生智慧与生存美学，在打通中西方哲学的相互对话、化解苦涩与困境、清明政治与人生等方面具有重要的现代性意义。

作为宋元最引人注目亦最具代表性的文化艺术品之一——青瓷，它所标举的天青色之美学趣味以及极简主义精神，它所彰显的似玉非玉，莹润细腻，淡雅纯净，青如天、明如镜的典雅、含蓄、精致、秀逸的艺术风格，皆是宋元文化艺术平淡美内蕴与精神的最全面概括，是以"青瓷时代"实乃宋元文化艺术之平淡的绝佳概括。

绪 论

一、研究意义

中国文化中的平淡涉及人之品性、才性、诗文书画艺术。它是一种品性，一种才智，也是一种技艺，涉及心态、心境、笔法、风格、境界、创作、审美等，显然，中国文化中的平淡并不平淡。宋元文化艺术对平淡的直观更深刻，对平淡的本质更敏感，平淡作为一种表达方式，充斥在其文化艺术的各个层面。可以说，宋元将平淡推到了艺术理论与实践全面自觉和无限向往的理想境界，其诸多文士如梅尧臣、欧阳修、苏轼、黄庭坚、朱熹、刘克庄等，诸多诗歌流派如江西诗派、四灵、江湖诗派等，皆推崇并提出诸多与平淡相关的理论。从宋初梅尧臣提出"作诗无古今，唯造平淡难"，到苏轼阐说"渐老渐熟，乃造平淡"之理，从江西诗派以杜甫入夔之作的"平淡而山高水深"境界，到白石词风以清空格调而契合于江湖诗人的文化心理，从理学先辈多"雅意林壑"到朱熹之论"萧散"情怀与"真淡"境界，再到倪瓒"淡的山水"，"平淡"二字皆有赖宋元人之研讨和实践而富美学价值与意义。宋元之平淡，至少有三种含义，一是某种情感倾向，即所谓"冲淡""闲澹""淡泊"，二是语言使用倾向，即所谓"平易""清淡"，三是文字技巧境界，如"平夷""拙淡""简易""简澹""疏淡"。前者属于"意"之范畴，后二者属于"语"之范畴。宋元平淡观之"意"与"语"的特殊指向和内蕴，使其文化艺术中的平淡事实上一点都不平淡。

宋元文化艺术中的平淡具有两大特性，一为中和性，二为思辨性。中和性俗称融和性，思辨性换言之即矛盾而统一性，它们共同作用构成了"平淡"概念、范畴及其意蕴的多义性、流变性、丰富性、复杂性、贯通性特征。是以对宋元文化艺术之"平淡",须围绕其中和性、思辨性特征进行整体性、辩证性思维研究。对于宋元文化艺术平淡的中和性、思辨性特征,学界普遍有所意识。

就平淡的中和性特征而言,王顺娣于《宋代诗学平淡理论研究》中较全面地论述了儒家之"和"、道家之"淡"以及佛家之中观对诗学中平淡理论形成的重要作用,但是仅限于对诗学理论领域的研究,诗之实践领域涉及较少,且只关注到儒家之"和"对平淡观的影响,事实上儒家之"中"的观念对宋之平淡影响亦很大。韩经太的《中国诗学的平淡美理想》论述了儒家之"和"(平和)与道家之"和"(冲和)思想对平淡之审美形态形成的影响,丁朝虹的《"淡"美论》论述了儒家与道家之"淡"对平淡内涵意义形成的影响,二者研究皆限于或哲学与诗学领域或哲学与美学领域,且皆未论及佛教对平淡观念形成的影响。朱志荣的《中国美学简史》有专门论到"平淡"一节,但亦仅仅指其为宋代诗文之特点。韩经太《清淡美论辨析》有专门一章论宋代之平淡,亦仅限于论诗,书画中的平淡涉及了元代倪瓒之逸笔草草,但大多以论明代绘画为主。马自力《清淡的歌吟——中国古代清淡诗风与诗人心态》论及平淡,但亦只关注到梅尧臣,其他宋元文人鲜被提到。周裕锴《宋代诗学通论》亦论述到了"平淡"与"古淡",但只是将其视为宋代诗学的审美风格。夏可君《平淡的哲学》从哲学角度谈平淡,更多关注的是哲学兼绘画领域的平淡。此外,其他的众多论文论著,大多零星论及,专门从儒释道三教合一角度全面论述艺术各门类领域中的平淡理论与实践的可谓鲜有之。

关于平淡的思辨性特征,平淡的"外枯中膏"的辩证性特征普遍被认同,大多数相关论文论著皆有论述。韩经太《清淡美论辨析》对清淡的思辨性特征形成历程进行了全面深入的研究,证明由此发展而来的宋元之平淡具有浓郁的思辨色彩。王顺娣《宋代诗学平淡理论研究》中亦明确指出宋代诗学之平淡具有对立统

一、兼容并蓄的集大成意识,并论述了与平淡相近或相反的几组概念,但是不够深入亦欠全面,例如关于平淡的相近概念"雅""空"没有论及,相反概念"力""健"只略有涉及。夏可君《平淡的哲学》更是从哲学的角度对平淡的思辨特征进行了论述,有对平淡相近概念的辨析,如平庸与平淡、淡远与平淡、虚淡与平淡,有对相反概念的探析,如平淡与柔软、平淡与苦涩、平淡与余韵。朱利安的《淡之颂——论中国思想与美学》亦探讨了淡与力、淡的"中"与"边"的关系,且涉及对社交、性格、音乐、书画、文学领域中的"淡"的论述,简洁但颇有新见,遗憾的是过于散淡了一些,皆不能兼顾整体性与辩证性对宋元文化艺术中的平淡进行全方位的研究。值得一提的是张健的《知识与抒情——宋代诗学研究》,从思想史角度论述了宋代平淡艺术观对晋唐传统的继承与重构历程,涉及诗学与书画领域众多关于平淡的理论,颇为高屋建瓴,但仅停留在理论论述方面。

事实上,就宋元人而言,平淡不仅是一个美学范畴和概念,不仅是一种风格和境界,更是一种文化与艺术精神,是一种文化价值,其中和性与思辨性体现在哲学史上儒释道三家在论道中共同赋予其概念丰富的哲学内涵与思辨色彩,词语史和批评史中与其密切关联的多样概念内涵的矛盾与和谐统一,艺术与艺术史流变过程中审美呈现出两极因素之交错与融合,平淡之相近概念与相反概念的互通互融,艺术各门类以及生活中的各种不同表现形式与审美形态的相互交织等。本书旨在围绕平淡之中和性、思辨性对上述问题进行整体性、辩证性思维研究,力图对宋元文化艺术之平淡进行新的阐述,同时全方位挖掘其深层之意蕴及人文精神和价值,此即本书的研究之意义所在。

此外,宋元是中国历史上社会动荡、家国飘摇、吏制黑暗、民族矛盾尖锐最不平淡的时代之一,但是却在不平淡的时代将平淡推向了最高峰。并且宋代是文人生存环境最宽松最优渥的时代,元代是文人地位最低下最贫困的时代,最优渥最低下的时代皆有着对平淡的共同追求，这本身就是一个很有趣以及很值得研究的现象。

就宋元人而言，平淡是一种精神与价值，无论是诗文之风雅、虚静还是平易，无论乐之淡和还是词之淡雅、曲之雅正，无论是书之简淡率意还是画之逸笔草草，亦无论是园林构建的山水之乐、归隐之逸还是草木之情，皆承载着他们的人格品性与淡泊情志。在宋元人那里，平淡还是一种慢生活，是一种悠闲自在的生活，是一种诗意化的生活，是他们个人价值与社会价值实现的一种方式。他们对斗茶、簪花、听香的热衷，对寒江独钓、归去来兮、枯木枯笔、苍山古寺、一窗梅影、笔床茶灶的钟情，无不彰显着中国文化浓郁的刚健、自得与和合精神。现代社会生活压力、竞争压力巨大，躁动的快餐式生活需要我们放慢脚步品味生活，如何平淡而又有价值有意义地生活显得尤其重要亦很值得思索。是以对于一种文化艺术精神与价值，对于宋元文化艺术的整体标识和整体精神，我们更不应该从一个特定的观点（风格上、心理上、道德上等）来想象它，而必须从整体上辩证地看待它。

本书研究目的即在于以平淡为逻辑起点，研究平淡中的平淡与不平淡，最后归旨为平淡，从精神与价值角度切入探寻其现代意义。研究中将视域从古文论、文学史延伸至哲学史、思想史、艺术史、社会史，关涉文学、诗学、美学、哲学等众多相关学术范畴和理论背景，不仅力图探寻和阐述平淡深层之意蕴、价值与意义，亦力图探寻中国古文论、中国诗学以及中国文学史研究的新方法，是力图打通中国文学与其他艺术学科研究之壁垒的一次尝试。

二、研究现状

平淡作为中国文化思想及宋元文艺各个门类的风尚主流，在国内外学界早已备受关注。西方学者早已发现中国文化中的"平淡"之感。罗兰·巴尔特《中国行日记》将中国归于"平淡"的场域，黑格尔《哲学史讲演录·第一卷》中认为《论语》讲述的是一种"常识道德"，孔子和其门徒的交谈基本上是"平淡无味"的指示。朱利安的论著《淡之颂——论中国思想与美学》对中国"平淡"文化的研究分析最为深刻，他指出平淡是中国文化中的一个审美与哲思概念，并认为其丰富内涵是儒道释三教作用的结果，平淡的特点、平淡的主题在中国文化中是不断更新的，宋代是"平淡"在中国文学里取得肯定的发展过程的最后一个阶段，此后平淡成为中国种种艺术——音乐、绘画、诗词共同具有的理想。此外，宋灏（M. Obert）《中国古代书画理论中的平淡与身体模拟》、何乏笔《形神与传神之间：试论山水画中的平淡美学》，两篇论文皆以气韵来思考中国山水画，前者从影像或者图像理论来思考山水画的平淡，并从身体现象学来具体化平淡，后者试图从能量美学角度和具体日常的养生经验出发来重新思考气韵和平淡。而吉川幸次郎的论著《宋诗概说》则从西方近世性理论视角切入，将宋与宋前诗人的身份与气质进行比对，认为"平淡"是士人理性气质的反映，它是一种平和淡泊的心境。国外关于平淡的研究为本书研究敞开了异质的研究空间，很有启发意义。

在国内，20世纪后20年兴起的西方美学热潮吸引了众多学人从审美的角度审视中国文化中的平淡。在研究理论方面，宗白华、钱穆、李泽厚等老一辈美学家、思想家关于平淡的理论在实践研究中起着重要的借鉴和指导作用。在研究实践方面，20世纪和21世纪关于宋元文化之平淡研究的成就巨大，众多以"平淡"为研究话题的著作和单篇论文层出不穷。其中徐复观的《中国艺术精神》对平淡的美学意义发掘得最为透彻，用平淡沟通了庄子——古文运动——董其昌，为平淡美理论展现出广阔的哲学史和思想史背景。韩经太的《清淡美辨析》有专章论述宋人的平淡美与宋元艺业"逸品"的平淡理念，《中国诗学的平淡美理想》对"骚雅式平淡"和"清虚式平淡"进行了深入辨析。丁朝虹的

《"淡"美论》从风格论、创作论、境界论三个维度全面爬梳了平淡的美学源流、内涵和变化。在诗学领域，王顺娣的《宋代诗学平淡理论研究》爬梳了宋代诗学领域内的"平淡"理论，对"平淡"思想进行了个案研究，亦对平淡特征进行了整体性研究。周裕锴的《宋代诗学通论》对平淡理论兴起的思想史背景解析尤为透彻，指出了引发宋代"平淡"理论兴起的儒学背景，并注意到宋代儒佛道三家人格修养和人格追求与平淡理论的关系。胡晓明的《中国诗学之精神》则从精神价值角度观照，指出宋代的"平淡"不限于诗歌，它是宋代艺术的整体标识和整体精神。书法领域内的平淡论，以研究苏轼的绚烂而归平淡和米芾的率意之淡真最为典型，绘画领域内的平淡论以对受到最多"平淡"称赞的元代画家倪瓒的研究最为突出。如梁寒云《能事毕矣——苏轼文艺观的基础抑或是理解北宋书法史的关键词》、高居翰《宋代文人画论中的儒家因素》、聪儿《顿悟与致远——老庄、禅与山水画》、朱良志《生命的态度——关于中国美学中的第四种态度的问题》等论文著作，或侧重于书画之平淡技法的评述，或侧重书画之平淡境界生成的考察，孔六庆《游心于淡》则将技法之疏淡与精神之淡泊融合在一起，为书画艺术领域的平淡理论研究提供了新的视角。

  上述研究，其中许多成果足可垂范将来，许多结论都是不刊之论，为本书研究提供了坚实的理论基础和文本研究范例。其中对本书研究最有启发意义的是韩经太对于"清淡"所持的思辨性观点以及关于平淡之两种审美形态的论述，夏可君关于平淡所具有的哲学意义的卓见，马自力关于清淡诗派的风格特征、社会心理的论述，王顺娣关于佛教中观说对平淡形成的作用以及平淡相近相反概念的阐述，丁朝虹关于平淡相近概念的分析，张健关于宋代平淡之重构与"格""韵"思想之关系、周裕锴关于宋诗平淡之风格、朱利安关于平淡之中性与力和刚健等的论述，都给本书之研究带来了启示与借鉴作用。其一，从概念史、哲学史、思想史、艺术史以及社会史等维度研究，可打开对宋元文化艺术之平淡新的诠释空间。其二，关注平淡之精神价值的阐发具有重要意义，它是把握平淡的美感本质、揭示平淡思想的独特性的关键。其三，把握和评价平淡的艺术张力，是获得关于平淡深层或新的诠释空间的关键。其四，对文学与艺术创作文本以及生活中的平淡美的探索和研究还存在着极大的潜力空间。这些影响了本书的研究思路并成为本书研究的重要内容。

三、研究思路

本书围绕宋元平淡之中和性与思辨性特征，坚持理论与文本相结合的原则对论题展开研究。在研究方法上采用传统的文史哲相互统一的研究范式，从中国哲学与文化、文学之相通处入手，打通各艺术门类之间的壁垒，探寻宋元平淡思想的源义与流变，阐发其艺术张力与审美演绎，发掘其文化审美价值与精神价值。同时采用多重证据法来研究宋元平淡之艺术文本和生活实践之创新，合理解释宋元平淡精神价值之文化普遍特征及其现代意义。本书分为上、中、下三编。上编主要论述宋元平淡之源义与流变，中编主要论述宋元平淡之艺术张力与审美演绎，下编主要论述宋元平淡的精神与价值。

上编为宋元文化艺术平淡论之源头研究。以理论研究为主，从两个维度探讨宋元文化艺术平淡之源义与流变。一从概念与概念史、艺术史与艺术精神维度，探讨宋元文化艺术平淡如何从哲学史、思想史向艺术史转变，又如何从哲学、美学、诗学之概念嬗变为一种新的艺术审美精神。二从社会文化生活维度，探讨宋元文化艺术平淡独特内涵与特征形成之因由。在概念与概念史方面，从儒释道三家之中道、中观、味淡的相通之处探讨它们对中国文化之平淡的哲学与智慧的共同孕育。在词语史与批评史方面，拈出与平淡密切关系的"素""朴""自然"三个概念，探讨平淡概念从双重思辨性至中和性的转变，这种转变其实正是其从哲学史、思想史向艺术史的转变。在艺术与艺术史方面，探讨了平淡经由魏晋艺术之清淡、玄淡至唐代艺术之冲淡空灵的流变历程。在这流变历程中，平淡之艺术审美呈现出两极因素之交错与融合的局面，其思辨性与中和性特征得以形成与长足彰显。宋代兼容晋唐传统，推崇格力与格高，气格与气韵，确立了平淡之格韵审美标准，不仅意味着平淡从哲学、美学、诗学之概念嬗变为一种新的艺术审美精神，亦构建了宋元平淡的基本特征。在社会文化史方面，对宋元独特的社会生活文化背景进行了研究，如宋之政治与士人的享乐之风、忧患意识、山林精神和禅悦之风，市井文艺之兴起，三教合流背景下的新禅学和理学，元代对"吏隐"之崇尚，宋元两次艺术门类间的融合——诗画融合、书画融合等，分析它们对宋元平淡概念之独特意蕴与特征形成的重要作用。

中编为宋元文化艺术平淡论的本体研究。围绕平淡的中和性、思辨性特征，从求同、求异、求通三个维度出发，探讨宋元平淡的艺术张力及其在艺术各门类中的具体呈现情状，借此深挖平淡的丰富意蕴。一方面拈出与平淡相通的概念，如"雅""老""空""无""拙"等，阐述它们之间的相通之处；另一方面又拈出与平淡相反的概念，如"健""力""工""丽""奇""趣""味""韵"等，阐述它们之间相生相克、相辅相成、相映相济之关系，探求平淡之张力所在。同时，既整体研究平淡在艺术各门类如诗文、词曲、书画、园林中的共同之处，又进行区分研究，探究诗与诗、诗与文、诗与画、诗与书、书画与园林等的不同之平淡，即求异；诗文的平淡主要体现在题材的触事即真，如取材的日常化、笔法的细致入微、构思的理禅融合、语言的言外之意，如意新与语工、点铁与成金、余味与余蕴，表现形态的风雅、虚静、平易等方面；词曲的平淡主要体现在平淡的中性特征方面，如淡和、淡雅与雅正；书画的平淡侧重于对写意与韵味的追求，率意淡真，逸笔草草，充满逸气；园林的平淡主要体现在其空间"意境"方面，充满禅心道性，从儒家的山水之乐、道家的归隐以及释家的"一花一世界""一树一菩提"的理念出发对山水景观、草木景观等空间"意境"进行构建。这些艺术门类中平淡之表现尽管各有侧重各有不同，但皆有着对尚淡的审美追求，在情感与精神的最后归旨方面皆指向平淡，它们有着很多相通之处，如在意境的营造上皆热衷于对静境、清境的营造，在情感描绘上皆钟情于对闲情的表达，在心境上皆热衷于书写平和淡泊之心境，在物象寄托上皆喜寄托高风绝尘之品格，可谓全面体现了宋元平淡的特征与内涵。然而又有着很多不同，如即使是都以追求平淡之中性为归旨的乐、词与曲，乐更倾向于对淡和的追求，而词更多地追求淡雅，曲更多地追求雅正。诗、词、园林、绘画皆喜营造静境、清境，但具体体现亦不尽相同。同时，本书还将研究拓展至艺术各门类之外的日常生活，如斗茶、簪花与听香，在最大程度展开平淡之内涵中探求宋元平淡思想之独特性与艺术创新性及其审美价值。总之，此部分既有理论研究，又有文本分析，既有整体把握，又有个案探讨，既采用整体性思维研究又采用思辨性思维研究，还采用多重证据法对宋元之平淡从多个角度进行铺展式横向研究，又从多个层面进行剥笋式的纵向研究，是本书的重心所在。

下编为宋元文化艺术平淡之精神与价值研究。最能够窥见艺术深层之精神与价值的是意境的营造与意象的选择，因为它们指向人的心灵深处。是以此部分主要分析宋元人关于平淡之代表性意境"静""老""清"境的营造及其经典意象，如"独钓寒江""归去来兮""枯木枯笔""苍山古寺""一窗梅影""笔床茶灶"等，探究宋元人的心灵境界，进而探究由此境界彰显出的中国文化之人文精神，如刚健之气、自得精神与和合精神，及其所具有的现代性意义。此编研究直指人的心灵世界，是对中编的进一步深入，力图贯通古今，打通中西，探寻平淡之精神与价值于现代社会得以实现的可能性。

总之，本书的写作，是本人力图打通各艺术门类之壁垒，对中国文化艺术之平淡处及其不平淡处所进行的一次艰难而有意义的探索。

目录

一 上编　源义与流变　　　　　　　　　　1

第一章　概念与概念史的转变　　　　3
第一节　哲学史观念之融合　　　　　3
第二节　词语与批评史概念之辨　　　11

第二章　艺术史与艺术精神的嬗变　　25
第一节　清谈与清淡之艺术追求　　　25
第二节　冲淡空灵与中唐变革　　　　34
第三节　审美重建与精神嬗变　　　　50

第三章　社会生活与文化的土壤　　　73
第一节　承平之世与士人追求　　　　73
第二节　生活世俗化与市民文艺雅化　83
第三节　禅理推进与文艺共融　　　　91

一 中编　张力与呈现　　　　　　　　111

第四章　"平淡"之艺术张力　　　112
第一节　平淡与力健　　　　　　　112

第二节 平淡与峭丽 130
第三节 平淡与趣味 149

第五章 "平淡"之审美演绎 162
第一节 平淡之体 162
第二节 词曲中声 203
第三节 逸品精神 225
第四节 禅道园林 250

第六章 "平淡"之诗意生活 274
第一节 斗茶 274
第二节 簪花 303
第三节 听香 321

一　下编　精神与价值 331

第七章 "平淡"之意境与意象 332
第一节 静之境象 332
第二节 老之境象 351
第三节 清之境象 366

第八章 "平淡"之人文精神　　379
第一节 刚健之气　　379
第二节 自得精神　　382
第三节 和合精神　　385

第九章 "平淡"之现代意义　　388
第一节 回归平常与自然　　388
第二节 化解苦涩与困境　　391
第三节 清明政治与人生　　393

结　语　　398

参考文献　　401
后　记　　413

上编
源义与流变

在中国,"平"与"淡"是两个意义不同而又有着密切关系的字。"平"为匀适,有均平、中平之意。许慎《说文》解曰:"语平舒也。从亏从八。八,分也。"段玉裁注曰:"引伸为凡安舒之偁。说从八之意。分之而匀适则平舒矣。"《易·乾》云:"云行雨施,天下平也。"孔颖达疏曰:"言天下普得其利,而均平不偏陂。""淡",《说文》解曰"薄味也",段玉裁注曰:"薄味也。酽之反也。酉部曰:酽,厚酒也。"《荀子·正名》曰:"甘、苦、咸、淡、辛、酸、奇味、以口异。"《管子·水地》曰:"淡也者,五味之中也。"指出"淡"最初是人的味觉感受,"淡味"薄然而如酒醇厚,且是一种中和之味。道家以其论道,曰:"道之出口,淡乎其无味。"儒家以其论道,曰:"君子之道,淡而不厌。""君子淡以成。"佛家虽没有以"淡味"论道,然而不堕两边亦不离两边的中道与中观性,则与"平"相关,并且主张息道,息道即要身心清净恬淡。而"平淡"一词则大约最早出现在战国时期。《鬼谷子》一书有云:"貌者,谓察人之貌以知其情也,谓其人中和平淡。"而后平淡被用以或指人之品性,或指人之才性,以及人之平淡品性对才性之影响下的艺术表现。[1] 如清刘熙载《艺概·诗概》曰:"平澹天真,于五言宜。"指出平淡是五言诗体的特征。宋文天祥《跋胡琴窗诗卷》

---

[1] 如三国魏刘邵《人物志·九征》云:"是故观人察质,必先察其平淡,而后求其聪明。"《晋书·郗鉴传》云:"彦辅道韵平淡,体识冲粹,处倾危之朝,不可得而亲疏。"平淡用以指人之品性。宋王巩《王氏谈录·性贵平淡》曰:"公言人性贵平淡,若加以识器,即所谓宰辅器也。"明张居正《杂著》云:"故人之才性,以平淡为上。"将平淡之品性和才性相关联。又李东阳《书米南宫真迹后》云:"米称颜柳挑踢,用意太过,无平淡天成之趣。"指出人之平淡品性对才性和艺术表现之影响。

云:"或谓游吾山如读少陵诗,平淡奇崛,无所不有。"清龚自珍《己亥杂诗》曰:"百年心事归平淡,删尽蛾眉《惜誓》文。"皆明确平淡是诗文、书画等艺术以平常而非奇崛为特点,以自然不事雕琢为风格的表达形式。

可见"平淡"在中国哲学史、思想史、文化艺术史中是复杂交错的,诚如于连(朱利安)所言:"在中国文化里,淡被视为一种价值,它被看作品性,中之性,本之性。在中国古代思想当中,无论是圣人作象还是论道,淡这个主题都非常重要,因此孕育了中国的文化艺术传统。"[1] 其中"中之性"即中平,故其所言之淡,也包括了平。中国文化艺术对平淡的直观更深刻,对平淡的本质更敏感,平淡作为一种表达方式,充斥在文化艺术的各个层面,它是中国文化思想尤其是文艺美学思想及宋元文艺各个门类的风尚主流。宋代将平淡推到了艺术理论上的全面自觉和无限向往的理想境界,而元代则在艺术探讨和实践上使其达到了高峰。然而,哲学史、思想史、文化史之平淡是如何统一在宋元艺术精神之中的?平淡从哲学到美学到诗学到艺术精神又是如何变化融合的?我们可以从整体性维度出发,从概念史、艺术史及社会文化生活三个层面对其进行深入探讨。

---

[1] (法)朱利安:《淡之颂——论中国思想与美学》,卓立译,上海:华东师范大学出版社,2017,第1页。

第一章 概念与概念史的转变

在中国思想文化史中，儒释道三家对平淡概念之生成有着重要作用，道家之味淡、儒家之中道、佛教之中观等思想共同孕育了平淡的哲学与智慧，可以说平淡概念一开始就充满了哲学意味，它与哲学史上的"素""朴""自然"等概念关系密切，随着这些概念由哲学向美学、诗学、文学和艺术领域转换，平淡也由一个哲学概念转换成了一个美学、诗学、文学和艺术领域的概念。

第一节 哲学史观念之融合

"平"有语平舒之意，"淡"本义源于先民的味觉感受，儒释道三家在论道之中，赋予了其丰富的哲学内涵。

一、道家之味淡

"道"是道家思想体系中的核心概念，指一种自然规律。《老子》认为"道"是阴阳两气互相激荡而产生的一种中和之气，天、地、人都取法于它，它是自然而然的，而其自然而然的运动规律是阴阳两气互相激荡。[1]《老子》曰："反者，道之动；弱者，道之用。"（四十一章）指出"反"是道的运动方向，"弱"是"道"的功用力度。老子所说"反"，一为"返"，回环反复之意；一为

---

[1]《老子》四十二章曰："道生一，一生二，二生三，三生万物。万物负阴而抱阳，冲气以为和。"又二十五章云："人法地，地法天，天法道，道法自然。"（见朱谦之：《老子校释》，北京：中华书局，1984，第182页，第104页。文中关于《老子》引文皆出自此书，不再一一标注。）

相反相成之意，反向运动之意。宇宙的一切事物，无不是对立的统一。对立的一方，是自身存在的依据，而对立着的双方，又始终沿着双方相反的方向不停地运动，最终返回原处。并且这种对立双方的运动是循环反复、永不停止、生生不息的。故"柔弱"可以胜"刚强"（三十六章），"天下之至柔，驰骋天下之至坚。出于无有，入于无间"（四十三章），柔弱的力量是超大、超刚、无孔不入、能够推动整个宇宙生生不息的永恒动力。[1] 由是"道"本质的"弱""柔"等"无"的本质，包含了"强""刚"等"有"的因子。故曰"道常无为无不为"（三十七章），无为包含了有为，只有无为，才能无所不为。可见，道家之道，具有深刻的辩证思辨性。这也赋予了"淡"辩证的思辨色彩。老子言"大象无形"（四十一章），又言"道恒无名"（三十二章），也就是说道的本质特点即是无形无名，其若有若无似无还有的状态近似于无，"无"就是道，而道的特点是淡味。[2]《老子》十二章曰："五色令人目盲，五音令人耳聋，五味令人口爽。"六十三章又曰："为无为，事无事，味无味。"淡味是五味之外的一种中和之味，是不能令人口爽之味，但确是老子追求的"道"的境界。因为一方面"淡"是"无味"之味，无味即是有味，是包蕴万味的中和之味；另一方面，味道只是一种直接而短暂的刺激，一如乐器发出的声音，刚刚听见旋即消逝，它只诱导过客"停步"，引诱他，但是没有满足他。而"淡味"从未停留在任何具体可呈现的事物之中，一如"无"，然而却取之不竭，具有丰富的潜在能力。故西汉扬雄《解难》注曰："大味必淡，大音必希。"最能体现道家以"淡"喻道之意，也最能得道家之道意。此外，《老子》认为"淡"还有另一种境界。其二十章曰："澹若海。"以视觉的意味用"淡"描述

1　库流正：《老子正解》，武汉：湖北人民出版社，2005，第102页。
2　《老子》三十五章曰："执大象，天下往，往而不害，安平太，乐与饵，过客止，道之出口，淡乎其无味。视之不足见，听之不足闻，用之不足既。"（见朱谦之：《老子校释》，第146页。）

"道"所呈现出来的如海深远且无可穷极的一种状态。是以，老子赋予了"平淡"中和、无味而超越一切特殊的实现之潜在的丰富性与深远无穷尽性之哲思内涵。

承老子嗣响，庄子将平淡之哲思内涵进一步深延。认为"淡"既是天地之本，天地之道，也是道德之质，圣人之德；既是天地的本原，也是主体的人生姿态。[1] 这种姿态一方面需要主体自身的恬淡无心，不刻意而为，所谓无仁义，无功名，无不忘，无不有，"淡然无极而众美从之"，所谓"澹然独与神明居"（《庄子·天下》），所谓"释夫恬淡无为而悦夫啍啍之意，啍啍已乱天下"（《庄子·胠箧》）；另一方面也需要主体与对象之间保持审美距离，所谓"虚则静，静则动，动则得矣"（《庄子·天道》），所谓"不与物交，淡之至也无所于逆，粹之至也"（《庄子·刻意》）。《庄子·应帝王》还提出"漠然"之态，[2] 认为万事万物只有处于"淡漠"之态，才能自然生存与运作。《庄子·知北游》曰："澹而静乎！漠而清乎！调而闲乎！""淡漠"作为一切存在的根基、一切的本源与一切的终归，[3] 具有自然、中和、平静、清虚、虚静等特征。老子的体道之淡和庄子人生之淡，赋予了平淡思辨的哲理色彩和深厚意蕴，对后世艺术产生了深远的影响。

然而，更重要的是，庄子还以淡漠阐述了一种面对平常生活的独特方式。《庄子·缮性》曰："古之人，在混芒之中，与一世而得澹漠焉。"一方面因为保持在混沌之中，淡漠就一直萦绕在个

---

[1] 《庄子·刻意》曰："夫恬淡寂寞，虚无无为，此天地之平而道德之质也。故曰：圣人休焉，休则平易矣，平易则恬淡矣。"又曰："若夫不刻意而高，无仁义而修，无功名而治，无江海而闲，不道引而寿，无不忘也，无不有也，淡然无极而众美从之。此天地之道，圣人之德也。"[见（清）王先谦，刘武撰：《庄子集解 庄子集解内篇补正》，北京：中华书局，2012，第163页，第162页。书中《庄子》引文皆出自此书，不再一一标注。]

[2] 《庄子·应帝王》曰："游心于淡，合气于漠，顺物自然而无私焉，而天下治矣。"[见（清）王先谦，刘武撰：《庄子集解 庄子集解内篇补正》，第93页。]

[3] （法）朱利安：《淡之颂——论中国思想与美学》，卓立译，第16页。

体周围，个体性的生成变得困难，但可以保持在原始朴素的感化之中，这也就是《老子》所言之"见素抱朴"（十九章）；另一方面，与世俗相处以淡漠之态，即能在日常生活中或者平常生活之中，在污浊之地也能够为自己保留独立的余地，由此可以有"徐徐"之从容舒展的人生，这也就是老子所言之"和其光，同其尘"（十九章）。[1] 可见，"淡而无味"之"道"对老子而言既是天地之本即宇宙生成之本体，又是天地之平即指导人世间的法则，而对庄子而言则已转向个体的精神自由，由此实现人生的超越而达到逍遥境界。是以徐复观曾明确指出庄子这种"见素抱朴""和光同尘"之淡漠方式，只在人之心灵中呈现，并以追寻个人生命之完成和精神对生命之超越为重心，是人生所能达到的最高自由，[2] 深刻地影响了宋元平淡之理论及艺术创作。

二、儒家之中道

中道又被称为中和之道或中庸之道，是儒家思想的精粹。"中"有中正、中和、不偏不倚（包含着"平"的意味）之意。"庸"有平常、常道等多种意思。"中"是一种自在未发的不偏状

---

[1] 王弼注云："无所特显，则物无所偏争也；无所特贱，则物无所偏耻也。"《后汉书·张奂传》载："吾前后仕进，十要银艾，不能和光同尘，为逸邪所忌。"北齐颜之推《颜氏家训·勉学》云："嵇叔夜排俗取祸，岂和光同尘之流也？"宋罗大经《鹤林玉露》卷九载："柳下惠视祖裼裸裎，焉能浼我，可谓和光同尘矣。"吴澄注："和，犹平也，掩抑之意；同，谓齐等而与之不异也。镜受尘者不光，凡光者终必暗，故先自掩其光以同乎彼之尘，不欲其光也，则亦终无暗之时矣。"任继愈《老子新解》曰："涵蓄着光耀，混同着垢尘。"陈鼓应《老子今注今译》云："含敛光耀，混同尘世。"故后以"和光同尘"指随俗而处，不露锋芒。

[2] 徐复观言："庄子思想的出发点及其归宿点，是……要求得到精神的自由解放，以建立精神的自由王国。……而这种自由解放，不可能求之于现世；也不能如宗教家的廉价的构想，求之于天上、未来，而只能求之于自己的心。心的作用、状态，庄子即称为精神；即是在自己的精神中求得自由解放。"［参见徐复观：《中国艺术精神》，上海：华东师范大学出版社，2001，第37页。］

态,"和"是一种因时而发的合宜状态,[1] "中和"是儒家追求的最高境界,儒家各典籍在探讨治世之道与圣人君子之道时对此均有论述。如《尚书》中对治世的追求就体现出一种中和无偏之思想。[2] 而《诗经·商颂·长发》曰:"不竞不絿,不刚不柔,敷政优优,百禄是遒。"《韩诗外传》卷五云:"诗曰:'不竞不絿,不刚不柔。'言得中也。"又《论语·尧曰》云:"天之历数在尔躬,允执其中。"[3]《孟子·离娄下》曰:"汤执中,立贤无方。""执中"既有掌权之意,更有不固执一端,不固守一见之不偏不倚之意。可见,儒家奉行"中和"思想,更以"中庸"为最高德行。儒家"中"的治世之道,深刻地影响了其圣人君子观。圣人是"人伦之至""知通乎大道"的理想人格。《礼记·礼运》曰:"圣人参与天地,并于鬼神。"《孟子·尽心下》曰:"大而化之之谓圣。""圣人"是"至人"与"通人",平凡人与其有所差距。然而无论圣人如何崇高伟大,他毕竟也是人,正所谓"圣人,人也"。"圣人之于民,亦类也。"只要执中之道,"治己以仲尼",则人人可以为圣。可以看到,在儒家看来,"中"之道是最有价值的又是最普遍的,一切因其而成,只是其太"平凡"故人们皆未能注意到。"圣"是儒家要达到的最高理想人格,然而它又是最平常的理想,是"匹夫匹妇"皆可拥有的理想。是以余英时曾明确指出儒家学说

---

[1] (宋)朱熹:《四书章句集注》,北京:中华书局,2016,第18页。
[2] 《尚书·尧典》曰:"百姓昭明,协和万邦。"《舜典》载舜授命典乐之官夔曰:"夔,命汝典乐,教胄子。直而温,宽而栗,刚而无虐,简而无傲。"又《皋陶谟》曰:"宽而栗、柔而立、愿而恭、乱而敬、扰而毅、直而温、简而廉、刚而塞、疆而义。"《大禹谟》曰:"人心惟危,道心惟微;惟精惟一,允执厥中。"舜传位于禹,即命其允执其中。又《盘庚》曰:"汝分猷念以相从,各设中于乃心。"盘庚告诫部众将其统治权威时时放在心上,意味着每个人的行为皆需不偏不倚、规规矩矩,不可偏离象征统治权之"中"。
[3] 《论语》云:"尧曰:'咨!尔舜!天之历数在尔躬,允执其中。四海困穷,天禄永终。'舜亦以命禹。""舜亦以命禹",其真伪问题多有争议,但从宋儒推崇之"十六字心传"中可知孔子所言"允执其中"即《尚书》所言"允执厥中"。

皆以"君子的理想"为其枢纽观念，1 故儒家之学又可称为"君子之学"。2 于连（朱利安）更是一针见血地指出"在儒家眼里，一切真正的功效正是源于该'中'之道。就是这'中'之道成就了圣人那恒定的'淡'"。3 而儒家学说中关于"淡"的叙述亦皆与"君子"相关。他们认为君子之道，"淡"而不"厌"，最细微的，最不足道的则是最宏大的。4 他们还认为"君子淡以成"，5 君子之交虽平淡却能互相成就，小人之交虽亲密却易互相败坏。可见君子因其平凡而有深度，淡然而真诚，内敛含蓄、谦虚谨慎成就了其可靠的人际关系。一般研究者将此"君子之接"归结为受道家"君子之交淡若水，小人之交甘若醴"的影响，殊不知它实际与"中"之价值汇合，6 是儒家"中"之道的具体呈现。它混合着道家淡然的人生姿态，以十足的正面特征影响了宋元文化对平淡的诠释。

值得注意的是，《易》中关于"中"之道价值的呈现。在爻位上，《易》二爻与五爻分居下卦与上卦之中，称为中位，处于中位一般是吉祥的。在卦爻辞中，如讼卦卦辞："惕中，吉。"表明中正之爻使事物处于"吉"之状态。《易》还十分重视阳和阴的交感变化，这种交感变化的本质即是阴阳和合，亦是一种"持中"之和谐。《易》所阐述的"中"，平常而圆满，一定程度上促成了宋

---

1 《论语·述而》曰："圣人吾不得而见之矣。得见君子者，斯可矣。"由于"圣人不可得而见"，故君子即成了儒家的又一理想人格追求。
2 余英时：《中国思想传统的现代诠释》，南京：南京人民出版社，1989，第154页。
3 （法）朱利安：《淡之颂——论中国思想与美学》，卓立译，第20页。
4 《中庸》曰："诗云：衣锦尚䌹，恶其文之著也。故君子之道，暗然而日章；小人之道，的然而日亡。君子之道，淡而不厌，简而文，温而理。知远之近，知风之自，知微之显，可与入德。"[参见（宋）朱熹：《四书章句集注》，第40页。]
5 《礼记·表记》曰："是故君子，于有丧者之侧，不能赙焉，则不问其所费。于有病者之侧，不能馈焉，则不问其所欲。有客不能馆，则不问其所舍。故君子之接如水，小人之接如醴；君子淡以成，小人甘以坏。"[见（汉）郑玄注，（唐）陆德明释：《宋本礼记》卷一七，第四册，北京：国家图书馆出版社，2017，第85页。]
6 （法）朱利安：《淡之颂——论中国思想与美学》，卓立译，第26页。

元平淡思想的圆融意味。此外，儒家学说中还阐述了一种异于《易》、平常而圆满的独特"中"之道。《礼记·乐记》载：

> 清庙之瑟，朱弦而疏越。一倡（唱）而三叹，有遗音者矣。大飨之礼，尚玄酒而俎腥鱼，大羹不和，有遗味者矣。[1]

这里提出了"淡"之另一种形相，即"大羹不和，有遗味""大乐必易必简"，形式之枯淡与内容之重德形成反差而又相互补充，呈现出超出形式的独特的"中"之状态，即"余味"。虽然此时"遗味"与"平淡"还未联系起来，然而实际上显示出一种"外枯中膏"与"反常合道"的倾向，为宋元文人理解和阐释"平淡"提供了另一思路。

三、佛教之中观

中观，梵文为Madhyamaka，是形容词madhya（中、中间）加上最高级词尾ma所形成的单字，意为最中或至中，它是佛教的主要概念和核心理论。中观理论的代表是般若中观即中观学派，它对中国文化与宋元艺术之平淡思想的影响主要在于其对"中"的超越模式。

中观有最中、至中之意，更有不偏不倚之意。在般若中观理论看来，对于事物的本来面目要持不偏不倚、不偏执于生或灭、常或断、一或异、来或去的"中"之原则，[2] 皆因"缘起性空"之故。万物（万法）都是因缘和合而生，故而皆没有独立之自性，即"自性空"。[3] 是以这种"自性空"决不是没有、空无之空，并

1　（汉）郑玄注，（唐）陆德明释：《宋本礼记》，第53页。
2　《中论颂·观因缘品第一》曰："不生亦不灭，不常亦不断，不一亦不异，不来亦不出。能说是因缘，善灭诸戏论。我稽首礼佛，诸说中第一。"［参见龙树著，叶少勇辑：《中论颂：梵藏汉合校·导读·译注》，上海：中西书局，2011，第13页。］
3　《中论颂·观四谛品第二十四》云："未曾有一法，不从因缘生；是故一切法，无不是空者。"［参见龙树著，叶少勇辑：《中论颂：梵藏汉合校·导读·译注》，第427页。］

且非但不是空无，它还是一切他法成立之条件。也就是说正因万物"自性空"，是以不可执着于某一实体自性，须"破执空有"，放下一方执念，不偏不倚即"中"，万法才可生起。是以般若中观反对一切实有，亦反对一切虚空。这种正反双边否定的中观之法虽然只讲否定，不讲肯定，但却包含着辩证的"中"之思辨性，并于"破执空有"中凸显了主客双向交流之重要性，与传统哲学中的"心物交融说"相暗合。然而般若中观之价值意义远不止于此，由"缘起性空"，般若中观进一步提出了"实相涅槃"不执两端之"中"的超越模式。[1] 此种超越模式追求万法实相的"真实"存在之维，由此迈向了俗即真的境界。并且认为"空"有可说和不可说两方面，《中论颂》曰：

诸佛依二谛，为众生说法，一以世俗谛，二第一义谛。（《观四谛品第二十四》）[2]

世俗谛是空的可说方面，第一义谛（真谛）是空的不可说方面。般若中观之超越模式即集中表现在此"二谛"的圆融之中。在此超越模式中，世间（俗谛）和涅槃（真谛）之界限是消解的，人与超越者之界限亦是消解的。对于般若中观者而言，俗谛即真谛，真谛即俗谛，是以超越不再是出离世间而是在世间中获得超越义，而就超越主体而言，超越既是一种自我超越，亦是一种精神性之境界的努力与追求。宋元文化之世俗化、宋元艺术尤其诗文艺术主题之日常化即宋元文化艺术之平淡，实际正是宋元文人对此超越模式的亲证之重要一端。

值得指出的是，般若中观传入中土后，经过儒、道思想的"格义"，形成了一种心本论超越模式。心本论继承了中观之"二谛圆融"思想，其最大之特点即是"非实体性"之"中"的思想，

---

[1] 《中论颂·观涅槃品第二十五》云："无得亦无至，不断亦不常，不生亦不灭，是说名涅槃。"（参见龙树著，叶少勇辑：《中论颂：梵藏汉合校·导读·译注》，第451页。）

[2] 龙树著，叶少勇辑：《中论颂：梵藏汉合校·导读·译注》，第421页。

主张出世入世的不即不离，主张超越不在"心"之外求，而在"心"中获取。由此，形成了独特的"东方超越智慧"，体现了中国人乃至东方人的"双重辩证"的超越性智慧。从此角度而言，尽管佛教中观理论并没有直接出现与平淡相关的论述，但是其对"中"之超越模式、"二谛圆融"之思想及其经过儒、道"格义"后的心本论模式，混合着道家之味淡与儒家之中道，共同孕育了中国文化之平淡的哲学与智慧。宋元关于平淡之观念，大体不超出此哲学智慧。

第二节　词语与批评史概念之辨

在中国文化中作为中之性、本之性的平淡，从词语史和批评史的角度考量，与它相近的词主要有"素""朴"和"自然"，它们与"淡"关系密切，衍生了众多与平淡相关的概念，从而推动了"平淡"概念的生成。

一、素与淡：绘事后素与白贲无咎

《说文》曰："素，白致缯也。""素"本义为白色生绡，即未被染过颜色的丝绸。从词之义素角度看，"素"包含了纯白、本色、丝质、早先四个义素，其中，前三义素皆与"淡"相关。纯白，是从视觉的角度上看，颜色白，且纯净。宋王安石《白鹤吟》曰："吾岂厌喧而求静，吾岂好丹而非素？"元戴良《赠别祝彦明》诗云："此时悲送君，安能发不素？"皆指颜色白且纯净。本色，是指其自然性，未经过加工，具有"自在性"。《淮南子·本经训》云："其心愉而不伪，其事素而不饰。"高诱注："素，朴也。"南朝宋刘义庆《世说新语·德行》曰："虽欲率物，亦缘其性真素。"唐杜甫《西枝村寻置草堂地夜宿赞公土室》诗云："赞公汤休徒，好静心迹素。"宋曾巩《郓州平阴县主簿关君妻曾氏墓表》曰：

"性俭素，于纷华盛丽之际，无所好。"本色又引申为根本、本质，汉刘向《说苑·反质》云："是谓伐其根素，流于华叶。"丝质，从材料属性上看，是丝绸的质地。古人用绢帛书写，故亦以"素"为书籍或信件的代称。《三国志·魏志·管宁传》载："敷陈坟素，坐而论道。"《新唐书·儒学传序》云："四方秀艾，挟策负素，坌集京师，文治熻然勃兴。"宋晏殊《鹊踏枝》词曰："欲寄彩笺兼尺素，山长水阔知何处。"皆为此意。丝绸柔美、舒适，给人以自然、轻盈、高贵之情感体验。由此"素"就具有了洁白、神圣、纯真等修辞义，晋陶潜《感士不遇赋》曰："抱朴守静，君子之笃素。"逯钦立校注："笃素，纯志。"素志即高洁的志向。由此可见，"素"之语义皆指向物之本色、纯净、不装饰，指向人之本性、纯真、自然性、自在性。

在先秦文献中，论述"素"之语义的关键概念主要有"绘事后素"与"白贲无咎"。《论语·八佾篇》第八章曰：

> 子夏问曰："巧笑倩兮，美目盼兮，素以为绚兮。何谓也？"子曰："绘事后素。"曰："礼后乎？"子曰："起予者商也！始可与言诗已矣"。1

"绘事后素"一语史上众说纷纭，莫衷一是。从孔门"素以为绚兮"的解释来看，汉儒倾向于郑玄注，而宋儒倾向于朱熹注。2 然而无论哪种注，它都定义了"素"的本质内含，并提出了"素"与"绚"之辨。并且子夏的"素以为绚"与孔子"绘事后素"中的"素"并不是一个概念，子夏所言之"素"，是指美人与生俱来的诸多美质。"绚"，即绚丽灿烂。然而绚丽灿烂之美少女，其妆

---

1 程树德撰，程俊英、蒋见元点校：《论语集释》，北京：中华书局，2014，第 202—205 页。
2 郑玄之注为："凡绘事先布众色，然后以素分布其间，以成其文。"朱熹之注为："谓先以粉底为质，而后施五采。犹人有美质，然后可加文饰。"这两种解释，立意相通，但走向相反。前者"以白为采"，以素白相约束，后者"以素为本"，以素白为基础。[参见韩经太：《清淡美论辨析》，南昌：百花洲文艺出版社，2017，第 15 页。]

饰的质素之美、本色之美就是绚丽之美。但是子夏不明白"素"与"绚"的辩证道理，孔子借《考工记》语引导："绘画之事后素，功。"功即精善，《周礼》疏曰："功，谓善者，为上等。"郑司农曰："素功，无琢饰。"以绘画之功巧比喻彩"绚"而后达到色"素"（和谐协调），才是绘画之最上层境界。《礼记·礼器》云："君子曰：'甘受和，白受采，忠信之人，可以学礼。'"又云："三代之礼一也，民共由之。或素或青，夏造殷因。"朱熹注曰："殷尚白，夏尚黑。"既然三代之礼相因，则尚白尚黑就都属于文饰性质，由此可见，孔子表现出以素为本，以素约采的思想观念。他之所以赞赏子夏，就因为子夏能从"后素"引申到"礼后"，即"素淡"之美与礼乐文明同构。而"素"，在他看来，是一种不装饰，不雕琢的本色之美，"素"的最高境界不在于色彩的绚丽而在于色彩的和谐统一，不在于文采绚烂，而在于文质彬彬，不在于礼乐的繁文缛节，而在于"忠信"等仁的实质。"素以为绚"终"淡以为艳"，"绘事后素"终"饰终反素"。"白贲无咎"出自《周易》第六十四卦之"贲"卦，为其上九爻的爻辞。《说文》释："贲，饰也。"白贲，即素白无华的文饰。"白贲无咎"即素白无华的文饰，无所咎害。从贲卦爻辞中看，上九"素白无华的文饰"即"白贲"才是文饰即"贲"的最高境界。[1] 刘勰《文心雕龙·情采》篇云："是以衣锦褧衣，恶文太章，贲象穷白，贵乎反本。"言"白贲"贵在本色、白而无文饰。

绘事后素与白贲无咎相融合共同构成了"素"在词语史与后世批评史中的三个重要内涵。一是"素"是一种自然不装饰的纯净无极之"淡"。谢灵运《山居赋》曰："废张、左之艳词……去

---

[1] 王弼《周易正义》注"白贲"曰："处饰之终，饰终反素。故任其质素，不劳文饰而无咎也。"意为上九贲卦之终，卦象最终归于素白无华，即上九居贲卦之极，"贲"饰之极返归于素，虽无五采之文饰，但"白"为事物本真，更能显出事物的纯净和素雅，合于自然，故无咎害。[参见（魏）王弼著，楼宇烈校释：《王弼集校释》，北京：中华书局，1980，第3页，第28页。]

饰取素。"[1] 刘勰《文心雕龙·书记》云:"或全任质素,或杂用文绮。"[2] 这些作品中的"素",皆指自然,质朴不加修饰。"素"是白色,亦可以说是"淡"得接近无色或者无色。无色乃天下之本色、至色,而无即空,空而包容万象。是以"素"是一种极色,"淡"且空。郭若虚《图画见闻志》言"留素以成云,或借地以为雪"[3],指出绘画善于留素的妙处。"素"而生景,"素"而生意,素看似无,实则有,浅而有深邃之内容、平而有高远之精神,素之"淡"与"空"具有悠远不尽的韵味,具有辞约旨丰的含蓄美。[4] 二是"素"不排斥"绚","素"与"绚"和谐统一,"贲"饰到极点而不呈现出"贲"的痕迹,是一种适度之"淡"。[5] 三是"素"是一种朴素之"淡","素以为绚"终"淡以为艳","绘事后素"终"饰终反素","贲"饰最终返素。戴表元《缩轩赋》曰:"华煜者,老而归根,饰美者,劳而返素。"[6]"返素",即回复原来的自然、无装饰、本色的状态。

  从词语史和批评史看,"素"不仅指向物之本色,亦指向人之本性,"素"美是自然无为的"大美",是没有人工雕琢的自足的美,是一种完形完整、和谐统一的中和之美。"素"与"淡"有着千丝万缕的关联,它是一种自然不装饰的纯净无极之"淡",一种适度之"淡",一种朴素之"淡"。但是,"素"与"淡"还是有区别的。尽管《管子·水地》中认为"素"与"淡"是同一族的范

---

1 赵逵夫,汤斌:《历代赋评注》(南北朝卷),成都:巴蜀书社,2010,第85页,第86页。
2 (南朝梁)刘勰著,詹瑛义证:《文心雕龙义证》,上海:上海古籍出版社,1989,第969页。文中关于《文心雕龙》引文,皆出自此书,不再一一标注。
3 (宋)郭若虚:《图画见闻志》,北京:人民美术出版社,2004,第10页。
4 黄芳:《释"空白"——中国古典美学中的一个潜范畴》,济南:曲阜师范大学硕士学位论文,2008年4月,第5页。
5 吴林伯:《〈文心雕龙〉义疏》,武汉:武汉大学出版社,2013,第598页。
6 (清)陈元龙编:《御定历代赋汇》卷八一,文渊阁四库全书,第1420册,上海:上海古籍出版社,1987,第759页。

畴，并以水的平静清澈为经验基础建构起"素"与"淡"两种不同的美的文化观念，[1] 然而"素"与"淡"是意涵一致却指向不同方面的两个状态描述词。[2] 一方面，"素"与"淡"都有着去除雕琢、藻饰、机心、奢华、造作的价值诉求，但是"淡"是"素"所展示的天性，故如无己、无功、无名，即是淡之若素的纯然心性。另一方面，"素"与"淡"在风格意义上有所重合，但是"淡"并不用于说明作品表面所呈现的风格，它作为一种评价标准，更多体现为作品中与主体心境相关的"淡"的境界，如"手挥五弦，目送归鸿""采菊东篱下，悠然见南山"这种心物合一的平和宁静的境界即是"淡"境之一种。并且，"素"作为一种朴素之"淡"，在对"尚质"的追求方面，相比于中和之"淡"（平淡）（素淡）更为绝对，甚至有可能走向美的反面。然而，"素"是"淡"理论的源头之一。所谓"淡"，指味不浓，色不深，情不热，心不欲，文不繁，简易、朴素、平和、清净、冷漠、超然。尽管"素"缺乏"淡"所具有的艺术本体论精神以及艺术创作主体精神，更缺乏"淡"所具有的超出视觉领域的"味"的特征，[3] 但是"素"与"淡"这两种美的文化观念、两种美的文化状态，互相补充、互相成全，圆满地诠释了何为"素淡"，推动了"平淡"之概念的生成。

1　《管子·水地》云："素也者，五色之质也；淡也者，五味之中。"[见（春秋）管仲：《管子》，长春：时代文艺出版社，2008，第240页。]
2　"素"表示一种素白的天然之色，"淡"表示一种淡乎无味的性状。
3　参见胡晓明《中国诗学之精神》，周裕锴《宋代诗学通论》，王水照、朱刚《苏轼评传》，朱刚《唐宋"古文运动"与士大夫文学》，葛晓音《汉唐文学的嬗变》，朱良志《扁舟一叶——理学与中国画学研究》《南画十六观》，方闻《超越再现》，杨大春《语言、身体、他者——当代法国哲学的三大主题》，杨春时《文学理论：从主体性到主体间性》，（日）笠原仲二《古代中国人的美意识》，李泽厚、刘纲纪《中国美学史》（第一卷），皮朝纲《论味》，李壮鹰《滋味说探源》，李天道《老子的"无味"之"味"说与中国文艺美学"淡"范畴》，陈良运《说"淡"美》，孔六庆《游心于淡》等著作与文章。

二、朴与淡：见素抱朴与淡然无极

"朴"，又作"樸"，其主要义项有六。第一义指未经加工成器的木材。晋张协《七命》曰："营匠斫其朴，伶伦均其声。"第二义指砍伐整理。左思《魏都赋》云："左则中朝有艳，听政作寝，匪朴匪斫，去泰去甚。"李善注引孔安国曰："朴，治。"第三义指根。《商君书·靳令》云："十二者成朴，必削。"高亨注："朴，根也。成朴，如今语所谓扎根。"第四义指货物的成本。《商君书·垦令》云："贵酒肉之价，重其租，令十倍其朴。"第五义指本质，本性。《老子》曰："见素抱朴，少私寡欲。"《吕氏春秋·论人》曰："故知知一，则复归于朴。"高诱注："朴，本也。"三国魏嵇康《幽愤》诗云："志在守朴，养素全真。"第六义指朴实，厚重。《老子》曰："我无欲，而民自朴。"《荀子·强国》云："入境，观其风俗，其百姓朴，其声乐不流污。"由此可见，"朴"之本义为未经人工斧凿的原始、自然之木材。而后泛指呈现自然、本真的状态与未经过加工雕琢的事物。"朴"之词义经由了未经加工的原木向淳朴、质朴、自然之义的扩展与演变，其词性亦经由了名词向形容词的转化。又据齐小建《〈老子〉之"朴"研究》统计，在先唐与"朴"相关的著作中，"朴"的主要释义有四十二种。其中不加修饰、敦厚之义与质、朴质分别各七例，数量最多。未经加工成器的木材、凡物未雕刻之义共六例，次之。本质、本性义分别各四例。质朴，厚重；朴实，纯朴；真也之义共三例。[1] 可以说，不加修饰、朴质、本真是"朴"的主要内涵。

在古代文献中，对"朴"之语义内涵生成最重要的概念是"见素抱朴"和"淡然无极"。"见素抱朴"出自《老子》第十九章：

---

[1] 齐小建：《〈老子〉之"朴"研究》，石家庄：河北师范大学硕士学位论文，2018年6月，第27—29页。

绝圣弃智，民利百倍；绝仁弃义，民复孝慈；绝巧弃利，盗贼无有。此三者，以为文不足，故令有所属，见素抱朴，少私寡欲。

老子认为"素朴"即无名，无私、无欲。"去名"而返"朴"，"无名"而达"朴"，无私无欲而达"素朴"。"朴"与其"道"有密切关联，但是也有其独特的含义，此于后世对老子"朴"的注释中可见一斑。后世对老子"朴"之释义最具代表性的是王弼和苏辙的注。王弼注"朴"曰："朴，真也。"注"见素抱朴"曰："故曰此三者以为文而不足，故令人有所属，属之于素朴寡欲。"[1]强调老子的思维逻辑是"去名"（去文，去修饰），突出"朴"的"无名"（无文，修饰）。同时用"真"注"朴"，并认为"朴"之核心义正是"真"：本原，自然而然。[2] 而苏辙则进一步认为"朴"的核心义是"性"。其注"朴"曰："朴，性也。"注"见素抱朴"曰："见素抱朴，少私寡欲，而天下各复其性，虽有三者，无所用之矣。"[3] 苏辙认为"朴"即是"性"，"朴"是人性之本色、本真之状态，即人之初性。由是"朴"一方面由于其不加修饰，本原、朴质之义与"素"义重合，另一方面由于其本真、淳朴之义并指向人之初性，故衍生了素朴或朴素、直寻、直致等概念。所谓直寻，大体为信手拈来而无刻意造作之意。钟嵘《诗品序》曰："观古今胜语，多非补假，皆由直寻。"在创作过程中，

---

[1] （魏）王弼著，楼宇烈校释：《王弼集校释》（上册），第45页。
[2] 楼宇烈释"真"有三义：一为道、无、朴、常；二为朴实、实；三为本。是以"朴"即是"真""道""常""无"等；是"无"，无欲无求，无形无名；是体道修道的最高境界。而在中国古代"真"之概念有三性：一自然性，本原性；二实在性，实用性；三正确性。是以老子心目中的"真"，事实上又是表述事物及人的本质、本相、本色一种自然而又真实的状态。[参见（魏）王弼著，楼宇烈校释：《王弼集校释》（上册），第45页。宋金兰：《中国古代的"真"学说》，《青海社会科学》，2005年第5期，第61—64页。陈良运：《论"真"的美学内涵》，《东南学术》，2002年第6期，第120—128页。]
[3] （宋）苏辙撰，黄曙辉点校：《道德真经注》，上海：华东师范大学出版社，2010，第24页。

将人之本真以简明、不装饰、自然的语言表达出来即是"直寻"的基本内涵。陶渊明诗曰:"傲然自足,抱朴含真。"(《劝农》其一)"真"即是陶渊明"朴""直寻"的表现。所谓"直致",即质直。殷璠《河岳英灵集序》曰:"至如曹、刘诗多直致,语少切对。"钟嵘《诗品》曰"曹公古直",刘桢"气过其文,雕润恨少"。直致大体指质朴,朴素。

朴素,《汉语大辞典》释:质朴,无文饰;俭朴,不奢侈。老庄认为要"复归于朴",须"抱一""守中""涤除玄鉴",须"无为虚静"。如何才能"抱一""守中""涤除玄鉴""无为虚静"?庄子提出了"淡然无极"的概念,这使"朴"与"淡"有了更密切的关联,亦可见朴素与平淡之分别。《庄子·刻意》篇曰:

若夫不刻意而高,无仁义而修,无功名而治,无江海而闲,不道引而寿,无不忘也,无不有也,淡然无极而众美从之。此天地之道,圣人之德也。

"淡然无极"是庄子围绕其"天地有大美而不言"(《庄子·知北游》)的命题提出来的概念,它与其另一概念"朴素而天下莫能与之争美"(《庄子·天道》)共同合成了其"朴素淡然"的概念。庄子认为"朴素"是天然不雕琢的原始美、自然力之美,是天下最高的美。"淡然"则是指由"朴素"转化而来的精神领域的美,"淡然"至无的境界,则众美从之。"朴素"与"淡然"之关系,从《庄子》中的《应帝王》《马蹄》《天地》《刻意》《天道》等篇的论述可见一斑。[1] 庄子认为"淡"是无所修饰的自然本性,

---

1 《应帝王》云:"游心于淡,合气于漠,顺物自然而无容私焉,而天下治焉。"《马蹄》云:"同乎无欲,是谓素朴。素朴而民性得矣。"《天地》篇曰:"机心存于胸中则纯白不备。纯白不备则神生不定,神生不定者,道之所不载也。"《刻意》篇云:"夫恬淡寂漠,虚无无为,此天地之平而道德之质也。故曰,圣人休休焉则平易矣。平易则恬淡矣。平易恬淡,则忧患不能入,邪气不能袭,故其德全而神不亏。"又云:"虚无恬淡,乃合天德。"《天道》篇曰:"夫虚静恬淡寂漠无为者,万物之本也。"[见(清)王先谦、刘武撰:《庄子集解 庄子集解内篇补正》,北京:中华书局,2012,第91页,第105页,第124页,第162页,第141页。]

而自然本性即是素朴，素朴纯白而不染纤尘，给人以洁净之感。是以"淡然"是一种无所矫饰的素朴，是洗尽铅华的"朴"美。"淡然"与"恬淡"关系密切。"恬"，有安静、平静之意。"恬淡"每与"虚静"相伴随，乃超越大喜大悲之后的平静淡泊。"淡然"还是一种"漠"，郭象注"合气于漠"曰"漠然静于性而止"，漠即"静"，而"淡漠"指心性之虚静恬淡。是以"淡然"不仅仅是一种无所矫饰的素朴，是一种洗尽铅华的"朴"，更是一种平易恬静。又《庄子·天下》曰："淡然独与神明居。"此谓"淡然"是一种带有欣悦、自适的满足感的幽独。是以从美学意蕴的基本层来看，"淡然"具有素朴、恬静、幽独之美，"朴"其实是一种"淡然"，它蕴含了"朴素""淳真"的审美人格，散发着"本色""自然"的审美意蕴，同时还是一种平易淡泊的审美胸次。

在文学创作与批评史上，如果说陶渊明、谢灵运、李白、白居易等在创作上皆践行了"朴"的某一方面，那么刘勰《文心雕龙》、司空图《二十四诗品》则可谓在批评史上鲜明地阐述了"朴"之概念。刘勰《情采》篇肯定了素朴之美，并继承儒家"文质彬彬"之说，认为"质"，即是在情感方面讲究真诚，在文辞方面讲究质素。"文不灭质，博不溺心"，强调情感真诚与文辞丽则，并从这两个角度出发指出"反本""反朴"的路径，丰富了素朴概念的内涵。而司空图《二十四诗品》更是将"朴"与"素"同"真"与"淡"联系起来。[1]"冲淡"品中"素"与"默"相联系，"默"即虚静，即内心冲和淡泊，"素"包含"淡素"之意蕴。"素"与"默"互相参证，互为呼应，彰显着风格的朴素和情感的淡泊，朴素淡然混融一体。"高古"品中"神素"即感情的质朴，

---

[1] "冲淡"品云："素处以默，妙机其微。""高古"品云："虚伫神素，脱然畦封。""洗炼"品云："体素储洁，乘月返真。""劲健"品曰："饮真茹强，蓄素守中。""形容"品曰："绝伫灵素，少回清真。"[（唐）司空图：《二十四诗品》，见（清）何文焕辑：《历代诗话》，北京：中华书局，2004，第38页，第39页，第40页。]

以此超脱世俗的束缚，强调情感之质朴与淡然。"洗炼"品则要求诗文风格朴素，情感回归本原之自然天真态。"劲健"品强调主体之气势与心灵之纯真。"形容"品则极言纯洁之情感才能达真。它们都强调心灵情感的绝然真实，素朴本真。

可以说，在词语史与批评史中，在后人的不断阐释中，"朴"的思维使人们在文艺创作和审美意趣上日趋于形式、内容和感情都追求一种以朴素淡然为最高标准的本色境界，从而推衍出朴素或素朴、直寻、直致、平易恬淡、虚静淡漠等概念，它们共同推动了"平淡"概念的生成，是以"朴"不可避免地成为"平淡"概念的重要源头之一。

三、自然与平淡：淡乎寡味与初发芙蓉

"自然"原是哲学之概念，最早出自《老子》，[1] 指事物发展的本然规律，具有本体性含义，它与"人为""人工"等含义相对。庄子对"自然"的理解与老子一脉相承，他极力反对通过络首穿鼻等人为之手段去改变事物之本性，[2] 是以老庄之"自然"即反对任何人为的行为。后人所言之"自然"，皆承老庄"自然"之语义。一指天然、非人为的；二指不勉强，不拘束，不经人力干预而自由发展。

在唐宋包括唐代之前的词语史与批评史中，与"自然"概念密切关联的概念是"淡乎寡味"与"初发芙蓉"。此二者皆出自钟

---

[1] 《老子》二十四章云："企者不立，跨者不行，自见者不明，自是者不彰，自伐者无功，自矜者不长。其在道也，曰余食赘形，物或恶之，故有道者不处。"《老子》二十五章云："有物混成，先天地生，寂兮寥兮独立不改，周行而不殆，可以为天下母。……人法地，地法天，天法道，道法自然。"（见朱谦之：《老子校释》，第101页，第102页，第105页，第108页。）

[2] 《庄子·秋水》云："牛马四足，是谓天；落（络）马首，穿牛鼻，是谓人。故曰：无以人灭天，无以故灭命。"[见（清）王先谦、刘武撰：《庄子集解 庄子集解内篇补正》，第169页。]

嵘《诗品》。魏晋之时，崇尚"绮靡"，追求美的形体与美的文学。[1] 此时的"淡"在批评史里是作为一种贬抑性的评价出现的。钟嵘《诗品序》提出"理过其辞，淡乎寡味"之说，[2] 以批评西晋诗坛盛行的"玄言诗"。玄言诗之本质特征为"寄言上德，托意玄珠"，即直接以玄学词语写诗，以诗之形式阐扬玄理，如孙绰《答许询》诗中所言皆为道家不竞之求、全身保性、超然物外之玄理，将诗写得如同玄学之论文，几无生动形象之诗味。是以钟嵘概括其特征为"理过其辞""平典似道德论""淡乎寡味"。所谓"理过其辞"即一味说理，缺乏优美之词采。所谓"平典似道德论"即平板质实，缺乏生动之形象。此因由玄学主张"得意忘象""得象忘言"，反对必要的润色与修饰，是以作诗缺乏文采与形象。所谓"淡乎寡味"即缺乏真挚、深沉与强烈之感情，难以令人感动与引发共鸣。此因由玄学主张恬淡虚静，不为外物动心，以此心境作诗，诗即缺乏形象，淡薄无味。然而一方面尽管玄言诗具有"理过其辞""平典似道德论"的缺点，但是其一部分诗歌或借助于典故、史实说理，或运用比喻象征说理，或于绘山摹水中说理，故而虽然平典，但是却也颇为生动形象，"理障"转化成颇富"理趣""自然"。另一方面尽管玄言诗"淡乎寡味"，但是它依旧具有"淡"美。玄言诗人常常以平和心态观照世间万物，情感往往坦然高旷，其诗歌之情感与内容之平淡不仅带来语言上的平淡，更形成一种清远平淡的诗歌境界。是以玄言诗的"淡乎寡味"是一种冲虚式的平淡，即清虚恬淡，而此"淡"主要又是一种情志、韵味与情调。可以说玄言诗开创了说理诗追求理趣的风尚，开启了诗坛的平淡诗风，推动了山水诗的形成。而其"理过其辞""淡

---

1. 如曹丕《典论·论文》将"丽"扩充为对诗及其他应用文体的要求，提出"诗赋欲丽"；陆机《文赋》提出"诗缘情而绮靡"，肯定"既雅且艳"；刘勰《文心雕龙》既肯定了"文采"是"文"的自然属性，还结合魏晋玄学将其体系化了，推崇情采与"丽"美。
2. （南朝梁）钟嵘著：《诗品》，见（清）何文焕辑：《历代诗话》，第2页。文中《诗品》引文皆出自此书，不再一一做注。

乎寡味"则反"绮靡",以理趣自然、清虚淡远的意味在某种程度上丰富了宋元"平淡"之概念。

"初发芙蓉"亦出自钟嵘《诗品》：

汤惠休曰：谢诗如芙蓉出水，颜诗如错彩镂金。颜终身病之。

又见于《颜延之传》：

延之尝问鲍照己与灵运优劣，照曰：谢五言如初发芙蓉，自然可爱。君诗若铺锦列绣，亦雕缋满眼。（《南史》卷三四）

"错彩镂金"指明颜延之诗歌具有工艺性、装饰性之特征，是一种"雕缋""绮靡"愉悦耳目。[1] "初发芙蓉"则与"错彩镂金"相对应。"芙蓉"在古代指莲花，故又有"出水芙蓉"之谓。"出水芙蓉"最大的特点是清新鲜丽。鲍照将谢灵运诗比成"初发芙蓉"，则指出谢诗有一种寓目辄书、即目直寻的新鲜气息，而"即目直寻"，正是钟嵘所言"自然英旨"的典型。宗白华先生曾指出，魏晋的"初发芙蓉"是一种非装饰性的、自然可爱的美，代表着从实用艺术中脱离出来的独立艺术，是一种"反装饰美"的自然风格，"反装饰""反人工"的平淡自然。[2] 余英时先生对此进行了补充说明：

东汉学术自中叶以降，下迄魏晋玄学之兴，实用之意味日淡，而满足内心要求之色彩日浓。[3]

这种"实用之意味日淡"的艺术，将艺术从政治或宗教的依

---

[1] "错彩镂金"是常见的工艺装饰手法，"错彩"是表面的描绘上色，类似于平面装饰，"镂金"则是雕凿物体，中间嵌金，类似于立体装饰。如鎏金是一种"错彩"，而错金银是一种"镂金"，它们都是器物成型之后的装饰。

[2] 宗白华言："魏晋六朝是一个转变的关键，划分了两个阶段。从这个时候起，中国人的美感走到了一个新的方面，表现出一种新的美的理想。那就是认为'初发芙蓉'比之于'镂金错彩'是一种更高的美的境界。在艺术中，要着重表现自己的思想，自己的人格，而不是追求文字的雕琢。陶潜作诗和顾恺之作画，都是突出的例子。王羲之的字，也没有汉隶那么整齐，那么有装饰性，而是一种'自然可爱'的美。这是美学思想上的一个大的解放。诗、书、画开始成为活泼的生活的表现，独立的自我表现。"[参见宗白华：《美学散步》，上海：上海人民出版社，1981，第35页。]

[3] 余英时：《士与中国文化》，上海：上海人民出版社，2003，第312页。

附中剥离开来,既指向精神自觉的个体,又看重艺术对内心的安顿,与宗先生所指"初发芙蓉"之平淡自然是一致的。宗先生推崇李白诗"初发芙蓉"之平淡自然,指出李白诗有"清水芙蓉"之风格,更有"清真"之境界,而杜甫之诗亦"直取性情真"。[1]可见"初发芙蓉"已从艺术境界上的朴素、清新上升至思想感情的自然超脱。是以"初发芙蓉"实际包含了两层含义:一是"芙蓉"本身形象的清新自然,二是超越于"芙蓉"本身清新自然之外的自然超脱。司空图《诗品》曰:"生气远出,妙造自然。""自然"指艺术表达的真实自然,亦指创作主体心性的空灵澄澈,以及二者融合呈现出来的审美效果之深遥逸远。这使"自然"具有了平淡却又高远深遥的内涵。

如何达到"自然",宋人认为一要"无斧凿痕",二要性情直露。所谓"斧凿"指创作中使用各种技巧,"无斧凿痕"即意味着化人工为天然,实现对创作技巧的超越,以达自然浑成。朱弁《风月堂诗话》曰:"此老(杜甫)句法妙处,如虫蚀木,不待刻雕,自成文理。"只有将各种技巧融入诗中,产生"如虫蚀木"的"浑成之地",才是真正的"自然"。所谓性情直露,指创作时专注于自己感情的抒发,无需技巧因素,在不经意中实现对技巧的超越,所谓"诗从肺腑出,出辄悉肺腑"(苏轼《读孟郊诗二首》)、"作诗到平淡处"(周紫芝《竹坡诗话》)。由此可见,在追求非装饰、天然方面,在追求臻于至法无法、人于规矩之中而出乎规矩之外的圆融灵通境界方面,"自然"与"平淡"是同一的,并且在艺术表达的真实自然、创作主体心性的空灵澄澈以及二者融合呈现出来的审美效果之深邃逸远方面,二者的追求亦是一致的。简言之,"淡乎寡味"与"初发芙蓉"具有构成"自然"的内涵,亦是"平淡"所具有的主要内涵,这足以表明"自然"与"平淡"是同一的概念,它们具有许多共性。然而,亦存在不同之处。"淡

---

[1] 宗白华:《宗白华全集》第三卷,合肥:安徽教育出版社,1994,第452页。

乎寡味"说明"自然"有质实素朴的一面，"初发芙蓉"则说明"自然"还有清新鲜丽的一面，也就是说"自然"之概念内涵不仅包含平淡朴素，还有华丽深茂。这两种内涵皆与"平淡"概念之内涵不尽相同。"平淡"是"绚而反朴""先丽后朴"，"淡以为艳""饰终反素"，是涵融平淡朴素与华丽深茂内涵的一种中和性概念，是以平淡绝不是单纯的平淡朴素或华丽深茂，它必须是多样概念内涵之和谐统一。

第二章 艺术史与艺术精神的嬗变

六朝时期，刘勰《文心雕龙》中使用"淡"字，将"淡"引入文学批评，"平淡"开始具有诗学与艺术上的意义。在经历哲学、诗学与艺术相交融为一体的魏晋风流时代、将世间性的汉代与精神性之魏晋统一起来的追求"天人合一"的唐代之后，宋人兼容晋唐传统，确立了"平淡"新的艺术审美精神，平淡遂由一个美学、诗学、艺术之概念融合嬗变为一种艺术精神。

第一节 清谈与清淡之艺术追求

魏晋是哲学、诗学与艺术交织产生大灵感与大智慧的时代。哲学上的"有""无"之辩，诗学上的"情""理"之辩，以及作为中介而存在的"言""意"之辩、"形""神"之辩等，使整个魏晋充满思辨色彩，是以人格上的"清"与"浊"，风格上的"浓"与"淡"，都有着微妙的联系，"清淡"是魏晋士人的普遍艺术追求，亦是魏晋艺术精神的内核所在。

一、清谈与"清"之艺术特质

"清谈"亦称"清言"或"清潭"，是魏晋朝独有的风气，亦是魏晋风度的重要体现之一。魏晋名士，以三玄为宗——《周易》《老子》《庄子》，所论者，皆老庄之言，志在玄远高洁之境。日本汉学家冈村繁先生于《清谈的系谱及意义》一文曾指出，魏晋清谈其实也就是王导所说的"共谈析理"[1]。魏晋名士所谈论之话题皆与《易》《老》相关，并常常以《老》解《易》，即以道解儒。是以魏晋"清谈"，实既有儒之思想，又有道之意味。而以道解儒，实际又潜藏了以儒解道之意向。儒与道，孔子与老子，彼此之间有一种向对方靠拢的思维趋势，意味着儒道之共融。由此可见魏晋清谈话题之多元化与共融性特质，随之，清谈之言语亦具有多元化与共融性的特点。《世说新语·文学》对此多有记载，如其注引傅畅《晋诸公赞》云：

> 颜疾世俗尚虚无之理，故著崇有二论以折之。才博喻广，学者不能究。后乐广与颜清闲欲说理，而颜辞喻丰博，广自以体虚无，笑而不复言。[2]

"辞喻丰博"足见雄辩博喻之风格，而"自以体虚无，笑而不复言"颇有陶渊明"抚无弦琴以寄意"的味道。一雄辩，一不言；一语博，一默然；一繁丰，一简约，两极开张，乃见"清谈"之本色。"清谈"无论是内容上的儒道，还是言语上的简复，都不是单独存在的，是互补共融的。由是"虚胜""玄远""明理"等概念，尽管彼此专用，但很多时候是彼此通融的。[3]"清谈"的基本

1　冈村繁言："魏晋所谓'清谈'指的是清雅玄妙、高蹈超俗之议论，它是一种以老庄思想为根基的注重形式、追究玄理的哲学性的谈论。它的主要论题有声无哀乐论、养生论、言尽意论、才性四本论，以及古典注释。"《世说新语·文学》注引《文章叙录》曰："何晏能清言，而当时权势，天下谈士多崇尚之。"《魏氏春秋》曰："晏少有异才，善谈《易》《老》。"又何晏注老子始成，诣王辅嗣弼，见王注精奇，乃神伏曰："若斯人，可与论天人际矣。""论天人之际"当是魏晋人"共谈析理"的最后目标。[参见（日）冈村繁著，华东师范大学东方文化研究中心编译：《汉魏六朝的思想和文学》，《冈村繁全集》第三卷，陆晓光译，上海：上海古籍出版社，2002，第 402 页；宗白华：《美学散步》，第 192 页。]

2　（南朝宋）刘义庆撰，（南朝梁）刘孝标注，余嘉锡笺疏：《世说新语笺疏》，北京：中华书局，2015，第 131 页，第 132 页。文中关于《世说新语》引文皆出自此书，不再一一标注。

3　《世说新语·文学》注引《续晋阳秋》曰："正始中，王弼、何晏好《庄》《老》玄胜之谈，而世遂先焉。"可见，"虚胜"与"玄远"可以合二而一。又《世说新语·文学》云："傅嘏善言虚胜，荀粲谈尚玄远，每至（转下页）

特征是讨论乃至辩论,是以无论是美言还是不言,实质上都具有对"言"的执着,并牢牢把握"清谈"的思想命脉,即以"意"为真正目的。是以"清谈"必然追求文采之修饰雕琢,同时更要"意气拟托",即表现自己的精神气质,将学理的论辩与抒情写意的文学才情结合起来。因而"清谈"实际意味着哲学思辨与文学藻饰的彼此交织。魏晋人的艺术气质使他们将"清谈"的这一特质也呈现为一种艺术创作。《世说新语·文学》云:

> 孙子荆除妇服,作诗以示王武子。王曰:"未知文生于情,情生于文? 览之凄然,增伉俪之重。"(第72)

此处阐发了一种"文情相生"的文学观念。《世说新语·文学》又云:

> 庾子嵩作《意赋》成,从子文康见,问曰:"若有意邪,非赋所尽;若无意邪,复何所赋?"答曰:"正在有意无意之间。"(第75)

"有意无意之间"不仅涉及意志表达与文学润色之间的辩证关系,同时也涉及微言寄托而意在言外的观念。是以"清谈"之"清"的范畴,实际上是一个多维意义的辩证统一体,它包含了"辩"的特殊内涵。正如韩经太先生所言,清谈即是辩谈,"玄远为清,虚胜为清,不言为清,善言亦为清,才藻丰美更为清"[1],"清"充满在"意"上的"玄胜"风格,影响着中古哲学、美学、文学与艺术相关的众多问题,自然不可避免地影响着宋元士人于思想观念及语言艺术上对平淡的认知。

二、玄言文学与玄淡之艺术基调

关于魏晋文学的特征,可从刘勰《文心雕龙》与钟嵘《诗品》

(接上页)共语,有争而不相喻。裴冀州释二家义,通彼我之怀,使两情相得,彼此俱畅。"又可见"虚胜"与"玄远"是彼此俱畅的。

1 韩经太:《清淡美论辨析》,南昌:百花洲文艺出版社,2017,第92页,第97页。

各篇获取信息。《文心雕龙·时序》篇云：

> 于时正始余风，篇体轻澹，而嵇、阮、应、缪、并驰文路矣。……然晋虽不文，人才实盛：茂先摇笔而散珠，太冲动墨而横锦，岳湛曜联璧之华，机云标二俊之采，应、傅、三张之徒，孙、挚、成公之属，并结藻清英，流韵绮靡。……简文勃兴，渊乎清峻，微言精理，函满玄席，澹思浓采，时洒文囿。[1]

明确指出魏晋艺术的基调与特征乃清淡。首先是正始时期，玄学盛行，文学作品亦多谈玄理。如《文心雕龙·明诗》篇即指出了当时的玄言诗多为乏味之作。[2] 故很多学者由此认为刘勰《时序》篇所谓"篇体轻淡"即指玄言诗文风格上之浮浅寡情，"轻淡"既指诗文风格上之枯燥浮浅，也指艺术构思上之高谈玄理，简言之为好说理，缺乏艺术热情。[3] 然而这并不是刘勰所谓的"轻淡"之意。《时序》篇和《明诗》篇两相比较，可以看到，《明诗》所言风骨清峻与《时序》篇所言嵇康诗之"清峻"，阮籍诗之"深遥"，应璩诗之"谲贞"且"直"，都蕴含在"轻淡"概念之内。很明显，此"篇体轻淡"主要是从"清谈"流行所造成之普遍风气着眼，是相较于建安文学"雅好慷慨"而言的。是以"轻淡"与"慷慨"相对应，其所谓"轻"，未必有轻浮之意，而其所谓"淡"，也未必为"浓淡"之"淡"。在刘勰看来，"默然""简易""安逸""无为"以及"恬若素士"这些概念，皆可用"轻淡"来概括，而魏晋名士儒道合一之境界即恰是"太朴之素"，而此，正是其所言"轻淡"之思。[4] 是以"轻淡"乃有"轻淡之思"的意蕴，"淡思"乃指恬淡之思，亦即玄思，而"轻淡"即为玄淡，它

1　（南朝梁）刘勰著，詹瑛义证：《文心雕龙义证》，第1697—1708页。

2　《文心雕龙·明诗》云："及正始明道，诗杂仙心，何晏之徒，率多浮浅。唯嵇志清峻，阮旨遥深，故能标焉。若乃应璩《百一》，独立不惧，辞谲义贞，亦魏之遗直也。"[（南朝梁）刘勰著，詹瑛义证：《文心雕龙义证》，第199页。]

3　王顺娣即持此观点。见其论著《宋代诗学平淡理论研究》，成都：巴蜀书社，2009，第29页。

4　参见韩经太：《清淡美论辨析》，第99页。

是正始文学及艺术之底色。

其次是西晋文学,《文心雕龙·明诗》篇明确指出西晋文风轻绮柔靡。而《时序》篇称其为"绮靡"[1],"绮靡"即"采缛""力柔"。"清英"之"英",与"藻"同属草木之华,皆引申为文章修饰、文学润色之义。而"清",在魏晋,它是一个多维意义的辩证统一体。如陆云"好清省",陆机"绮语颇多",对于二陆之"清省"与"绮语",刘勰皆持赞同之态度。[2] 是以其所谓"清英",既包含了"清省",亦包含了"绮语",乃"清绮"也,它可以与"轻淡"置换,合成"清淡"一词。[3] 是以显然,正始与西晋文学的底色皆可用"清淡"一词一言以蔽之。

最后是东晋文学。东晋盛行清谈与玄言诗文。《世说新语·文学》引《续晋阳秋》指出玄言诗文在当时之所以兴盛,在于其建立了一种新的诗学传统。[4] 在这之前,是《诗》《骚》与赋颂的文学传统,它们的特征是"缘情体物"与"美刺",体现的是儒家文化精神的文学传统。而玄言诗的特点是"清谈"与"清淡",体现的则是道家乃至佛家文化意识的文学传统。如此,以诗骚传统标

---

1 《文心雕龙·明诗》云:"晋世群才,稍入轻绮。张、潘、左、陆,比肩诗衢,采缛于正始,力柔于建安。"又《时序》曰:"结藻清英,流韵绮靡。"[(南朝梁)刘勰著,詹锳义证《文心雕龙义证》,第202页,第203页,第1702页。]
2 《文心雕龙·熔裁》篇云:"士衡才优,而缀辞尤繁;士龙思劣,而雅好清省。"又《才略》篇曰:"陆机才欲窥深,辞务索广,故思能入巧,而不制繁;士龙朗练,以识检乱,故能布采鲜净,敏于短篇。"[(南朝梁)刘勰著,詹锳义证:《文心雕龙义证》,第1203页,第1813页。]
3 从韩经太说,见韩经太:《清淡美论辨析》,第101页。
4 《世说新语·文学》引《续晋阳秋》云:"询有才藻,善属文。自司马相如、王褒、扬雄诸贤世尚赋颂,皆体则《诗》《骚》,傍综百家之言。及至建安,而诗章大盛。逮乎西朝之末,潘、陆之徒虽时有质文,而宗归不异也。正始中,王弼、何晏好《庄》《老》玄胜之谈,而世遂贵焉。至过江,佛理尤盛,故郭璞五言始合道家之言而韵之,询及太原孙绰转相祖尚。又加以三世之辞,而《诗》《骚》之体尽矣。询、绰并为一时文宗,自此作者悉体之。"[(南朝宋)刘义庆撰,(南朝梁)刘孝标注,余嘉锡笺疏:《世说新语笺疏》,第131页,第132页。]

准衡量"玄言""清淡"之体,也就自然"淡乎寡味"了。事实上,玄言诗文的"淡乎寡味"其实是一种冲虚式的平淡,即清虚恬淡。如钟嵘《诗品》即明确指出玄言诗文是抒写玄远情趣的诗文作品,[1] "玄远"之"淡思"即恬淡萧散的情趣意志是玄言诗文抒发的主体性情。实际上,也正是这种恬淡萧散之趣,乃魏晋玄言思辨、清谈风流与玄言文学的聚焦点。陶渊明诗"采菊东篱下,悠然见南山"的恬淡萧散之趣自不必说,兰亭诗亦可窥见一二:

三春启群品,寄畅在所因。仰望碧天际,俯盘绿水滨。寥朗无厓观,寓目理自陈。大矣造化功,万殊靡不均。群籁虽参差,适我无非亲。(王羲之《兰亭诗》之二)

纵觞任所适,回波萦游鳞。千载同一朝,沐浴陶清尘。(谢绎《兰亭诗》)

四眺华林茂,俯仰晴川涣。激水流芳醪,豁尔累心散。(袁峤之《兰亭诗》)

松竹挺岩崖,幽涧激清流。消散肆情志,酣畅豁滞忧。(王玄之《兰亭诗》)

流风拂枉渚,停云荫九皋。莺语吟修竹,游鳞戏澜涛。携笔落云藻,微言剖纤毫。时珍岂不甘,忘味在闻韶。(孙绰《兰亭诗》)

尽管兰亭诗偏于清丽,[2] 陶诗偏于朴素,但是它们之共同点就在于自适之性情与玄佛之理结合之形态成就了其恬淡萧散之趣。如此情趣,投合简约言语,甚至追求"无语""忘言"的特殊效果,并以自然清明之景致融洽一气,乃是刘勰所言之"淡思"。由

---

1 钟嵘《诗品》云:"永嘉以来,清虚在俗。王武子辈,诗贵道家之言。爰自江表,玄风尚备。真长、仲祖、桓、庾诸公犹相袭。世孙、许,弥善恬淡之词。"〔(南朝梁)钟嵘著《诗品》,见(清)何文焕辑:《历代诗话》,第18页。〕

2 侯艳:《从金谷诗到兰亭诗——两晋文人山水生态审美之渐变》,《甘肃社会科学》,2011年第5期,第95—98页。

是"淡思"之"淡",内涵并不简单。它契合于老子虚静无为,抱玄守一,追求"简而有法"的风格,赏求自然清明之人生情趣,是以"玄远"之"淡思"即"玄淡"。[1] 刘勰《文心雕龙·时序》的叙述,实际贯穿了魏晋文学"清淡"之意脉,可谓意味深长,而其时陶诗之玄淡,自然亦不简单。

三、玄胜情怀与诗情画意之艺术自觉

从《世说新语·言语》记载可以看到,魏晋名士读书思辨,赏山玩水,皆习惯以"玄胜"之心渗入,追求"会心"之得,[2] 而正是这种"玄胜"情怀,使他们敏感于自然清明景致,对自然、生命和宇宙一往情深。《世说新语·言语》云:

顾长康从会稽还,人问山川之美,顾云:"千岩竞秀,万壑争流,草木蒙笼其上,若云兴霞蔚。"(第88)

王子敬云:"从山阴道上行,山川自相映发,使人应接不暇。若秋冬之际,尤难为怀。"(第91)

晋宋人对自然、生命与宇宙的深情,成就了其在艺术文学上不可企及的成就,他们欣赏自然山水,由实入虚,即实即虚,超入玄境。顾恺之画之以形传神,宗炳画之澄怀味道,兰亭诗之玄淡,陶渊明诗之淳真,谢灵运诗之清真,无不与魏晋文人"玄胜"式深情与情怀密切关联。玄言诗的优势在于试图通过哲学与诗的联袂,即哲学之诗化与诗之哲学化,提高诗之智能容量,从而提升人生境界。然而因无法克服"理过其辞"的困难,以实现"理"与"趣"的交融,即理性思辨与感性想象的统一,最终放逐了感

1　从韩经太说,见韩经太《清淡美论辨析》,第110页。
2　《世说新语·言语》载:简文入华林园,顾谓左右曰:"会心处不必在远,翳然林水,便自有濠、濮间想也,觉鸟兽禽鱼,自来亲人。"(第61)。刘尹与桓宣武共听讲《礼记》,桓云:"时有入心处,便觉咫尺玄门。"刘曰:"此未关至极,自是金华殿之语。"(第64)[见(南朝宋)刘义庆撰,(南朝梁)刘孝标注,余嘉锡笺疏:《世说新语笺疏》,第132页,第135页。]

性,使诗歌丧失自我,由此走向衰落。而自然山水则化解了玄言,重建诗歌之感性想象,由此艺术文学皆走上了自觉之路。是以最能体现魏晋艺术自觉的,乃其山水诗与山水画。《世说新语·巧艺》载顾恺之认为绘画之要在于"传神",即传达出人物生命之精神气韵,所谓"悟对通神",并认为绘画要表现嵇康"目送归鸿"时眼睛所包含的深邃幽渺的生命情调和精神世界是非常困难的,可见其对神韵之重视与追求。[1] 也就是说,以形写神更高的要求即是要表现出人物对宇宙人生更深远玄妙的体验和领悟。顾恺之的画以形写神的最高境界就在于人物的眼神中传达出幽冥微茫、深妙玄远的意蕴,表现出对"道""一"之本体的妙悟。是以,魏晋人的可贵之处,即在于以虚灵的胸襟、玄学的意味体会自然山水,故能表里澄澈,一片空明。[2] 司空图《诗品》云:"空潭写春,古镜照神。"以"空潭""古镜"形容晋宋人所追求的清明澄净之精神世界。宗炳《画山水序》云:"圣人含道应物,贤者澄怀味象。"[3]"澄"蕴含了"水镜"识鉴意识,又有"涤除玄鉴"意,是以"澄怀"之心境,便如水镜一般,澄明清澈。而"澄怀味象"之"味",就绝非仅仅澄淡一味了,其包含了"和而不同"与"淡然无极"的儒道文化内涵,而"味象"之"象",即"以形媚道"之"形",它既有"媚道"之妙,又透出"媚"之丰富意态与美韵。《文心雕龙·物色》篇云:

> 是以四序纷回,而入兴贵闲;物色虽繁,而析辞尚简;使味

---

[1] 《世说新语·巧艺》载:顾长康画人,或数年不点目睛。人问其故,顾曰:"四体妍蚩,本无关于妙处,传神写照,正在阿堵中。"(第13)又载:顾长康道:"画手挥五弦易,目送归鸿难。"(第14)〔见(南朝宋)刘义庆撰,(南朝梁)刘孝标注,余嘉锡笺疏:《世说新语笺疏》,第796页。〕

[2] 胡晓明先生明确指出:"六朝人经社会、文化之分裂,故多崇尚自我,抒发个性,反对礼教,有如卸轻了负重之后,显示出一种轻灵、疏朗、飘逸、清新、潇洒,'飘飘若神仙中人者'。"(参见胡晓明:《中国诗学之精神》,南昌:江西人民出版社,2001,第47页。)

[3] (唐)张彦远撰,毕斐点校:《明嘉靖刻本历代名画记》卷第六,杭州:中国美术学院出版社,2018,第140—142页。

飘飘而轻举,情晔晔而更新。

在刘勰这里,其"澄怀"即"情往似赠,兴来如答",以闲淡为贵。其"滋味"即感兴贵闲,描写尚简,闲淡简约。刘勰之"神与物游"与宗炳之"澄怀味象"可谓不谋而合。它们都是一种双向追求,既追求"畅神"之好,又追求"巧构形似"之妙,并致力于在心灵与时景、自然和山水的交融中,超越时间而与永恒之真如同在。此正所谓"闲居理气,拂觞鸣琴""目送归鸿,手挥五弦",亦所谓"仰望碧天,俯盘绿水""采菊东篱,悠然见山"。"畅游""澄怀""心游太玄",皆乃"玄胜"情怀与境界,它与"融朗"时景辩证统一,体现出形神统一的艺术自觉。是以刘勰所言"淡思浓采"实际即是澄淡融朗之美。谢朓诗云"余霞散成绮,澄江静如练"(《晚登三山还望京邑》),"将澄淡之心与绮丽之象结合起来,这恰恰是晋宋艺术美之精微所在"。[1]

值得注意的是,澄淡与绮丽之辩证统一的必要条件即是对世俗情欲的超越,即刘勰《文心雕龙·神思》所云:"疏瀹五藏,澡雪精神。"精神之净化,即可达澄淡融朗之境界。正因此缘故,同样以鲜艳之才藻形容刻画,山水诗有着"玄胜"之情怀,体现着"澄怀味象"之艺术精神,呈现着澄淡融朗般诗情画意之美,而"宫体诗"就是另一个样子了。如果说"宫体诗"是绮丽之极端,陶渊明诗则将澄淡之诗情画意推向了更高一层。如其《归园田居》诗,将山水扩推至田园,在田园山水中寄托了其"神辨自然"之思想以及"玄胜"之情怀,[2]"融兴寄于自然"是其诗田园境界的

---

[1] 从韩经太说,见韩经太《清淡美论辨析》,第124页。
[2] 陶渊明"神辨自然"之思想比较完整地表现在其《形影神》组诗中,其序曰:"贵贱贤愚,莫不营营以惜生,斯甚惑焉。故极陈形影之苦,言神辨自然以释之。好事君子,共取其心焉。""形"即形体,它与生命本能和物质生活欲望相关联。"影"即人生行为的社会影响,主要指人之情感。"神"即心灵的主宰。陶渊明的"神"即自然。简言之,形、影、神在某种意义上即等同于欲、情、理。陶渊明并不主张祛除形影即欲情,而独存理性,他主张以理性制约欲情,平衡欲情所生的矛盾。

本质，[1] 而"质而实绮""癯而实腴"则是其诗田园精神的艺术内核。加之在田园境界之外，其"遥遥望白云，怀古一何深"（《和郭主簿》）的深切怀古情绪，又极富艺术精神，使其诗产生了一种高古自然的艺术境界，从而造就了其独特的艺术人格。晋宋之时代背景，陶渊明之独特的艺术人格及其诗歌之玄胜情怀，皆与宋元之时代及宋元文士之艺术追求相契合，是以陶诗之平淡而又绮丽备受宋元文士所推崇。[2]

第二节　冲淡空灵与中唐变革

唐代之文化艺术依旧有魏晋清淡余韵，然而唐人对人与自然的再发现，使他们将中国文化"天人合一"之基本精神发挥至空前的灿烂。加之禅宗在唐代的崛起与兴盛，唐之文化艺术的神韵、风采皆与禅有了不解之缘，参禅使唐人的心态发生了变化，映现在文化艺术中，呈现出一片清空状态，在文坛之复古运动的推动下，经由中唐文人的努力变革，唐代文化艺术主流由魏晋清淡转为清空又转为冲淡，冲和纳风雅是他们普遍追求的诗美理想，而冲淡空灵之艺术境界即体现了有唐一代的主流文化艺术精神。

一、唐诗兴象与清空之艺术境界

承魏晋清淡之余韵，张九龄首开唐代清淡诗风。其《使还湘水》书写了还乡的惬意与舒畅。"夕逗烟村宿，朝缘浦树行""乡郊尚千里，流目夏云生"颇为清玄淡远，然而，"于役已弥岁，言旋今惬情"与陶渊明"久在樊笼里，复得返自然"（《归园田居》其一）之心态却截然不同了。对于出仕，张九龄并没有像陶渊明

1　葛晓音：《八代诗史》，西安：陕西人民出版社，1989，第148页。
2　陶诗之绮丽，主要表现在布局谋篇的精心构思、描写对象平常、描写手法白描、语言之简练自然传神达意等方面，即所谓"形"之丰富意态。

那样"望云惭高鸟,临水愧游鱼"(《始作镇军参军经曲阿》),而是"虽云有物役,乘此更休闲",觉得无所拘束,适性自然。由是可见,尽管张九龄诗歌依旧有魏晋清淡余韵,然而其优游容与的心态,与东晋士人的偏安心态已大不相同了。这与其说是诗人平和雍容性格之反映,不如说是政治上升时代的赐予。魏晋对人的发现之关键在于对人之个性的发现,其意义在于突出个人之自由,个人之情感欲望。然而个人之情感和欲望实际上是不能脱离人文的规范的,尤其人性的规范。"魏晋名士未能了解情感欲望可以和道德人性并行不悖,于是便有种种流弊发生,其结果是在晋代士人群体中,造就道德人性的失落,崇尚自然的变质。"[1] 由此代表个性之自由表征的外在山水自然,在以陶渊明为代表的魏晋诗歌里,其实与仕途是对立的。但是在张九龄的诗歌中山川自然与仕途之间的对立显得模糊起来。其诗歌往往惬意心态与仕途之适性畅达相融,旷达情怀与受挫被贬之不平共存,[2] 其著名的《感遇》组诗中,仕途与自然之间的对立已然消解,进与退,情与景,主体与自然相互交融,更是被后人视为"雅正冲淡,体合风骚"(高棅《唐诗品汇》卷二)的代表作。个中原因就在于,唐人对人与自然的再发现,使其人文精神发生了变化。[3] 诚如胡晓明先生

---

1 邓小军:《唐代文学的文化精神》,台北:台湾文津出版社,1993,第176页。

2 前者如"偶逢池竹处,便会江湖心""萧散皆为乐,徘徊从所钦"(《尝与大理丞袁公、太府丞田公偶诣一所,林沼尤胜。因并坐其次,相得甚欢,遂赋诗焉,以咏其事》),后者如"白水生迢递,清风寄潇洒。愿言采芳泽,终朝不盈把"(《忝官二十年尽在内职,及为郡,尝积恋,因赋诗焉》)等诗。

3 邓小军先生认为,唐人对人的再发现,主要体现在对人普遍存在的诗歌才能的发现以及对诗歌的人文意义的再发现两个方面。唐人发现,诗是人性的需要,人创作诗,不仅是情感的发抒、安放、升华,更是个体才能的一种美的实现,是个性的一种自由伸展。其终极意义在于陶冶人性,安心立命。诗、文学、艺术与政治密切结合,士人可以借助诗与文学或者艺术参与政治,实现个体一种高远的理想。而对自然的再发现,从中土到西域,从关内到关外,从塞北到江南,在唐人那里,作为个体外在表征的自然,是魏晋无法企及的广阔和多姿,这些不同,都促使了唐代人文精神与 (转下页)

所言:

> 中国人文精神发展至于盛唐之形态,似为汉魏六朝之一种综合。……盛唐人则将世间性的汉代与精神性之魏晋统一起来,既脚踏实地,负载历史,又清新飘逸,超诣高蹈,表现为内外一致、心物合一、虚实和谐。此即盛唐兴象之文化内核。亦属中国文化"天人合一"基本精神发挥到灿烂境界之感性表征。[1]

正因由"天人合一"之人文精神,唐诗既吸取了东晋以来山水诗细腻之体认与入神表达,又打破了其情思与物象之隔阂,合先秦与六朝精髓,情景交融,心物合一,呈现出兴象浑融之美学风貌。张若虚《春江花月夜》诗云:"江天一色无纤尘,皎皎空中孤月轮。"江天水月之无际与情思之悠长宽广共融,时空之无限与生命之无限共存,清明空澈中呈现出深沉寥廓的宇宙意识。可以说,吞吐山川万象,体合大自然生命,内外融契心物合一,此即为唐代艺术之真精神。因而唐代无论边塞诗还是山水田园诗,皆以自然生命形态之张弛,对应人之主体情思之开合,人与自然高度融合。而兴象玲珑之艺术境界,即清空之艺术境界,是盛唐诗人创作普遍向往的艺术境界。如张九龄诗多写水景与月色,性情与声色融合,从而具有一种"清淡"之风,[2] 胡应麟即认为其开唐诗以王孟为代表的"清淡之派"。

然而唐代佛教的兴盛,王维对禅学的信奉与精深造诣,使其创作受禅思之运转影响,从而创造出空明澄澈而又灵动的艺术境界,遂使唐诗由张九龄之清淡转而变得清空了。"空"是佛

(接上页)魏晋人文精神的不同,而此亦意味着文化艺术精神之不同。(参见邓小军:《唐代文学的文化精神》,第167—189页。)

1 胡晓明:《中国诗学之精神》,第48页。
2 张九龄山水诗诸如《送窦校书见饯得云中辨江树》诗云:"江水天连色,无涯净野氛。微明岸傍树,凌乱渚前云。举棹形徐转,登舻意渐分。渺茫从此去,空复惜离群。"物色与人情乳交融,并具有小谢之清丽圆美。又如《望月怀远》:"海上生明月,天涯共此时。情人怨遥夜,竟夕起相思。灭烛怜光满,披衣觉露滋。不堪盈手赠,还寝梦佳期。"诗歌并未对月夜美景穷形尽相,然而通过海上无边月色与渺茫情思相融,构筑出韵味清婉的诗境。

教要义。[1] 在大乘佛教看来，一切都如月影一样，幻化不实，毕竟空寂。一切亦都非有非无，是为"幻化"。此种禅理渗透到诗理之中，便产生了空明澄澹的审美境界。王维《终南山》诗云："白云回望合，青霭入看无。"山中的云霭缥缈变幻，诗境空明而又阔大。《泛前陂》诗曰："澄波澹将夕，清月皓方闲。"皎洁月夜下泛舟，一片空明澄澹。又《汉江临泛》诗云："江流天地外，山色有无中。"江流与天地相接，水天一色，山色在有无明灭之中闪烁，空明澹远而又雄奇阔大。"空"不仅是空明澄澈，亦是雄浑阔大。唐诗的"清空"由此包含了除魏晋清淡之外的雄阔情怀与气韵。

不仅如此，《维摩诘经》有云："无生无灭是寂灭义。""寂灭"与涅槃一样，是大乘般若空观"无生"之说的另一种表述方式。是以禅与"寂""灭"关联紧密，而禅与静亦难以分开。皎然《诗议》曰："状飞动之句，写冥奥之思。"[2]《禅思》诗云："空何妨色在，妙岂废身存，寂灭本非寂，喧哗曾未喧。""寂灭"非真之寂灭，而是在空寂、死寂中蕴含生机，在空静、宁静中勃发灵动。如王维《鹿柴》《竹里馆》《辛夷坞》诗中，[3] "不见人""人不知""寂无人"，彰显出空静之中的生命之永恒，死寂之下的一片空灵。又如裴迪诗"飘香乱椒桂，布叶间檀栾。云日虽回照，森沉犹自寒"（《茱萸沜》）、"苍苍落日时，鸟声乱溪水。缘溪路转深，幽兴何时已"（《木兰柴》），与王维诗一样清虚空灵，而常建《题破山寺后禅院》诗"曲径通幽处，禅房花木深。山光悦鸟性，潭影空人心"更是被盛赞得"清净之理"。然而，禅毕竟是避世的，参

---

[1] 《大乘大义章》（卷中）云："如幻化色，虽是不实事，而诳惑人目。世间色缘亦复如是，……佛以幻化为喻，令断爱法，得于解脱。……佛说一切色，皆虚妄颠倒不可得，触舍离性，毕竟空寂相。"

[2] （唐）释皎然著，李壮鹰校注：《诗式校注》，济南：齐鲁书社，1986，第268页。

[3] 王维《鹿柴》："空山不见人，但闻人语响。返景入深林，复照青苔上。"《竹里馆》："独坐幽篁里，弹琴复长啸。深林人不知，明月来相照。"《辛夷坞》："木末芙蓉花，山中发红萼。涧户寂无人，纷纷开且落。"

禅学道须持对一切事物视而不见、听而不闻之态度，参禅绝不是为了进行改造世界的社会实践，而是为了获得内心之虚豁与安宁。如此，参禅者内心必然是孤寂幽独的。随着盛唐之繁华不在，以及战争给人们带来的苦难和心灵创伤，诗人们内心深处之孤寂幽独被激活。他们普遍描写清幽冷寂的山林景象，营造清寂淡远甚至清寂荒寒的意境，表现和寄托其幽独的情怀。如刘长卿《送灵澈上人》诗清寂淡远，《秋日登吴公台上寺远眺》诗清冷荒寂，而柳宗元《江雪》诗清虚荒寒，于死一般的寂静中挺立着凛然的生命强力、兀然不屈的心灵境界。此清虚荒寒之境又是清空之"空"之又一端，呈现出荒寒而力健之精神。唐诗"清空"之雄阔、空灵与荒寒之力健对其后宋元"平淡"之艺术精神形成带来了诸多启示。

然而更重要的是，"清空"之本质还在于"淡"，呈现出清虚空灵之气象。如王维《鸟鸣涧》诗在深山静静的月夜里，一小瓣一小瓣桂花悠然飘落于空空山谷之中，鸟之啼鸣声亦回荡于空空山谷之中，空寂中飘散着生命之悠长，画面空灵闲淡。桂花飘落没有一丝生命的悲苦意识，而是弥散出生命净化与安顿之一种歆然。[1] 王维诗如其水墨山水画一般冲淡，其他诗如"落日鸟边下，秋原人外闲"（《登裴秀才迪小台》）、"清川带长薄，车马去闲闲"（《归嵩山作》），亦皆淡然冲和。孟浩然诗更是以"淡"著称，其《秋登兰山寄张五》诗清远疏淡，景淡心情亦淡，而《春晓》诗更是淡到不见诗味却意味悠长。总而言之，唐诗之"清空"之内核其实就是"闲淡"。"行到水穷处，坐看云起时"，"垂钓坐盘石，水清心亦闲"，"回看天际下中流，岩上无心云相逐"，[2] 一切都是自然无心，淡然而忘机。心中无所挂碍，"随处得自在"，无所执着，无所系缚，这种"清空"之"闲淡"正是宋元"平淡"文化艺术精神的一个重要来源。

1　胡晓明：《中国诗学之精神》，第212页。
2　分别参见王维《终南别业》、孟浩然《万山潭作》、柳宗元《渔翁》诗。

二、中唐变革与自然冲淡之风

　　唐代文化艺术之发展一方面是合六朝之大成，另一方面是反六朝之绮丽。初唐陈子昂首先对六朝之绮丽遗风进行了批评，提倡"汉魏风骨"，其诗美理想在于"骨气端翔，音情顿挫，光英朗练"，追求声情并茂之艺术形态。李白甚至对六朝之绮丽颇有微词："大雅久不作，吾衰竟谁陈？……自从建安来，绮丽不足珍。"（《古风》其一）他的审美理想是"清水出芙蓉，天然去雕饰"，追求的是一种清新自然朴素之美。其《静夜思》只"疑是地上霜"一句描写月色之明净清冷，则境界全出，朴素自然而又韵味无穷。其《古风》第三十五则认为"大雅""颂声"之美即在于其清真、自然、浑然一体，明确表达了反模仿、反雕饰之思想和对朴素自然之美的倡导。[1] 此外如孟浩然山水诗亦或自然朴素、冲淡闲远，或自然纯净而采秀内映；杜甫诗皆去华求朴，发于兴会，合于天真，语淡情遥，自然隽永；王之涣《凉州词》、王维《相思》《杂诗》、王昌龄《采莲曲》、崔颢《黄鹤楼》等，尽管个人风格各异，但是在朴素自然之艺术追求上却是一致的。

　　中唐文人继承陈子昂与李白复雅及反绮丽之风的主张，如韩愈在文坛发起古文运动，白居易在诗坛践行乐府革新，而皎然与司空图更是在诗学上提出冲淡概念，加之绘画领域对水墨之淡的尝试，这些变革皆使自然冲淡成为唐代文化艺术在清空之外又一审美追求。韩愈所发起的古文运动，强调兴寄，主张"文以载道"，将儒学改革与文体改革结合起来，从根本上遏止了骈文与绮丽文风，是以古文运动倡导的实际是一种"不尚丽采""毋修

---

[1] 李白《古风》第三十五云："丑女来效颦，还家惊四邻。寿陵失本步，笑杀邯郸人。一曲斐然子，雕虫丧天真。棘刺造沐猴，三年费精神。功成无所用，楚楚且华身。大雅思文王，颂声久崩沦。安得郢中质，一挥成斧斤。"

辞句"的朴素之风。¹ 在文与质关系上，韩愈"重质"，他评张籍诗曰："张籍学古淡，轩鹤避鸡群。"（《醉赠张秘书》）在中国的艺术史上，"古"往往与"今""质"相联系，"古淡"与今之骈文"华而无实"相对立，强调一种"不华而实"之特征。² 他评孟郊诗曰："东野动惊俗，天葩吐奇芬。"（《醉赠张秘书》）评贾岛诗云："奸穷怪变得，往往造平澹。"（《送无本师归范阳》）孟郊、贾岛属于苦吟诗人，他们的诗歌往往苦涩、干枯、清真僻苦，欠缺情感风韵，因而影响不大，只有孟郊的《游子吟》因为写得情真意切，古朴而平易自然，备受传诵。而韩愈本人的古文，更接近"经"而不是"文"，故非常之晦涩难懂。³ 其诗歌大胆创新，以文入诗，以议论入诗，消融了诗与文之界限。其《山石》全诗不用偶句，不事雕琢，按时间顺序，直书所历所见所感，浓淡相间，自然清朗。韩愈对唐诗之变革，对宋人诗歌创作产生了深远影响。其所倡导之古文运动原本是反绮丽推崇朴素自然之风，韩孟诗派确实也有自然素朴之作，但是他们的诗歌一方面由于追求新奇，由雄奇怪异最终走向了艰难晦涩，另一方面由于无视古典诗歌重形象、重比兴、重趣味之传统，一味以文为诗，以议论为诗，在消融诗与文之界限的同时最终变得晦涩无味。宋元"平淡"之艺术审美一定程度上即是建立在对此艰难、晦涩、无味之消解的基础上，以回归朴素自然之本质。⁴

1　钱穆先生曾指出："诗之复古，在求有兴寄，勿徒尚丽采；文之复古，则主以明道，而毋徒修辞句。"[参见钱穆：《杂论唐代古文运动》，《中国学术思想史论丛》（四）台湾新竹：台湾乐大图书有限公司，1978，第 53 页。]
2　丁朝虹：《"淡美"论》，南京：南京艺术学院博士学位论文，2016 年 6 月，第 45 页。
3　钱穆先生评价其古文曰："琢句锻字，布格设色，匠心密运，有更难于尚偶俪之所为者。"[参见钱穆《杂论唐代古文运动》，《中国学术思想史论丛》（四）第 55 页。]
4　宋代欧阳修发起的诗文革新运动实际上即是力图回归唐代古文运动之初衷，故唐代古文运动是至宋代才得以最终完成。朱刚指出，直到宋初欧阳修，古文才回到文学的道路上来。[参见朱刚：《唐宋"古文运动"与士大夫文学》第一章第一节"'古文运动'覆议——研究史和问题点"，上海：复旦大学出版社，2013，第 1—17 页。]

中唐以白居易、元稹为代表的元白诗派，与韩孟诗派本质相同，反绮丽而倡诗文革新，但最终艺术审美追求却背道而驰。元白诗人重写实、尚通俗，如：张籍《秋思》平易而意蕴深厚，王安石评曰"看似寻常最奇崛，成如容易却艰辛"（《题张司业诗》），言张籍诗在布局造语上花费了很多功夫，却浑化无迹，显得非常之平易本色，无丝毫雕琢；王建《宫词一百首》以白描见长，清新真切简古；[1] 元稹《离思五首》语言浅易而一往情深；[2] 白居易本人之诗歌如《琵琶行》《长恨歌》亦流丽隽永、自然真切，而其《新乐府五十首》更是自然浅俗，然而为了实现"首句标其目，卒章显其志"（《新乐府序》）之目的，一意追求平易浅白，最终变得枯燥乏味。白居易对宋诗产生重大影响的是其以闲适为内容和情调的诗歌。他奉行儒家兼济独善情志，其闲适诗即意在"独善"，是以表现出淡泊平和、闲逸悠然之情韵。其中最经典的是《问刘十九》诗：

绿蚁新醅酒，红泥小火炉。晚来天欲雪，能饮一杯无。

诗歌闲淡自然，以淡泊知足之心，对清爽自然之景，自得自适之情别有意趣，这种语言浅切平易，情调淡泊悠闲之审美，亦是谓闲淡。在其影响下这种闲淡亦充斥在很多中唐诗人的诗中，他们常常以白描手法写眼前无意所见之寻常景物，朴素无华，不事雕琢，自然而清逸，又常常好取青、白等素色意象，诗歌可谓素笔白描，朴素淡雅，自然平和。[3] 白居易与中唐诗人的这种闲

---

[1] 如《宫词一百首》其九十："树头树底觅残红，一片西飞一片东。自是桃花贪结子，错教人恨五更风。"

[2] 如《离思五首》其四："曾经沧海难为水，除却巫山不是云。取次花丛懒回顾，半缘修道半缘君。"

[3] 如韦应物《答端》诗："郊园夏雨歇，闲院绿阴生。"刘长卿《寻南溪常山道人隐居》诗："白云依静渚，春草闭闲门。"贾岛《荒斋》诗："落叶无青地，闲身着白衣。"姚合《奉和四松》诗："静绕霜沾履，闲看酒满杯。"青、白色本浅淡，且为自然之物本来就有的、自然之景中最为常见之天然颜色，是并未经过人工雕琢渲染之色。故青、白色往往象征自然平和，是以画面浅淡素雅，而诗歌朴素自然之淡美即尽在青白之间。

淡——文之自然平易、朴素淡雅，情之平和淡泊、闲逸悠然，对宋人影响深远。[1] 然而必须指出的是，白居易的闲适诗，大多"称心而出，随笔抒写"（赵翼《瓯北诗话》卷四），从内容到形式，皆浅而又浅，俗而又俗，[2] 是以白居易之闲淡与"清空"之"闲淡"是不尽相同的，它们在"俗"与"雅"（清）、"真"与"空"之间纠结共融，从多面圆满了宋元"平淡"之文化艺术精神。

文化艺术发展之取径和指向并不是单一的而是辩证的，是以尚绮丽与反绮丽之间必然乃辩证存在，如此才能构建新的文化艺术审美理想。正是在此意义上，皎然和司空图提出"冲淡"之概念，力图涵括中唐革新之文化艺术审美追求之各种形态。"冲淡"又作"冲澹"，《辞源》释"冲"为空虚，幼小，水涌动，飞而上等多种意思。《老子》第四章云："道冲，而用之或不盈；渊兮，似万物之宗。""冲"含"道"之意味，有深远、中和之内涵。皎然《诗式·诗有六迷》云："以虚诞而为高古；以缓慢而为冲澹。"[3] 用冲淡来评品诗歌，认为非力缓慢不可达冲淡之境，是以冲淡包涵内敛柔缓之力，有平和之美。司空图《二十四诗品·冲淡》云：

素处以默，妙机其微。饮之太和，独鹤与飞。犹之惠风，荏苒在衣。阅音修篁，美曰载归。遇之匪深，即之愈稀。脱有形似，握手已违。[4]

在这里，"冲"有深远、虚寂、和合等内涵，"淡"有浅近、平易之内涵。所谓冲淡，细致一点表述，即是浅近而意境深远，虚无寂灭而恬静中显精神，不着边际而又调和融合。由是冲淡至少有三要义：一为默。静默如渊，宁静高远。独处时枯然兀坐，

---

1 如周必大指出："本朝苏文忠公不轻许可，独敬爱乐天，屡形诗篇。盖其文章皆主辞达，而忠厚好施，刚直尽言，与人有情，于物无着，大略相似。谪居黄州，始号东坡，其原必起于乐天忠州之作也。"指出苏轼为文为人皆受白居易之闲淡影响。[（宋）周必大：《二老堂诗话》，见（清）何文焕辑：《历代诗话》，第659页。]

2 苏轼《祭柳子玉文》曰："元轻白俗。"即以一"俗"字概括白居易之闲淡。

3 （唐）释皎然：《诗式》，见（清）何文焕辑：《历代诗话》，第28页。

4 （唐）司空图：《二十四诗品》，见（清）何文焕辑：《历代诗话》，第38页。

心无杂念，志在古朴，繁华竞逐中独能无功、无名、无利，矢志自守。是以冲淡即乃"淡泊明志""冲虚为怀""宁静自守"，往往与"无争""中庸""退隐"等含义相牵连。二为虚。"虚"乃"无"，空灵，飘逸。如李白《独坐敬亭山》与王维《竹里馆》，前者飘逸多些，后者空灵多些，皆为冲淡之力作。李白"相看两不厌"乃自我排遣，王维"深林人不知"是自我陶醉；李白独坐敬亭山，不能忘怀于尘世纷扰，王维独坐幽篁里，徜徉于世外之安宁；李白有机心，王维无机心，但是皆处于非进取、亢奋之状态，皆是在宁静、冲虚、恬淡之环境中抽绎出来的情思，亦皆以内敛、平易、舒缓、清逸之笔力和笔调抒写耐人寻味之篇章。是以冲淡具有"虚"之辩证内涵。[1] 三为和。古人称清虚宁静为"太和"或者"太冲"，又有"冲而弥和"之谓，故"冲和"常常合用，含有"净化""纯朴"之意。同时，司空图将冲淡比喻为和畅之"惠风"，它吹拂人之脸使人惬于意，适于心，毫无剑拔弩张之势。这种惬意与适心即舒适、安详的感觉达到"神与物化"之境界，即谓"合"，即谓"冲淡"，冲淡乃和合。[2] 可以说皎然和司空图规范了"冲淡"作为一种诗歌风格与美学范畴的内涵。

尤其值得注意的是，皎然、司空图之"冲淡"概念与其"自

---

[1] 二者皆为独坐，并都自得其乐，但是李白"只有敬亭山"泄露了其"知我者，其山也"之不平之鸣。王维却没有在长啸声中寄托不平之鸣，其独坐幽篁，弹琴长啸，远离尘世，适意而已。明月来照，其无李白之"对影成三人"之特殊感受，更无明月相对、相看两不厌之情趣，只不过借月衬幽篁。幽明变化丝毫没有改变其弹琴长啸而自得其"深林人不知"之乐。

[2] 惠风，即轻盈、舒缓之风，一般理解为春风。惠风和畅能给人以舒适、宁静的感觉。《论语·先进》云："莫春者，春服既成，冠者五六人，童子六七人，浴乎沂，风乎舞雩，咏而归。"陶渊明《归去来兮辞》曰："舟遥遥以轻飏，风飘飘而吹衣。"这里的风皆为和畅之惠风，这几句形成的形象，皆可名之曰"冲淡"。孟郊《登科后》诗云"春风得意马蹄疾，一日看尽长安花"，张元干《满江红》词曰"春水迷天，桃花浪、几番风恶。云乍起，远山遮尽，晚风还作"。这里的春风亦皆为惠风，但此两句诗毫无"冲淡"之韵味，由此可知，和畅乃为关键。只有惠风和畅才能达神以物化之境，才是冲淡。是以冲淡乃和合。[参见詹幼馨：《司空图〈诗品〉衍释》，香港：华风书局，1983，第15页，第16页。]

然"概念密切牵连。受刘勰"情志动之自然成诗",钟嵘贵自然、反声病,王昌龄重直寻、崇自然之影响,[1] 在诗界主张"天与真性""天全之质"的基础上,皎然强调诗"工而自然"。他一方面认为苦思未必有丧于自然之质,另一方面认为追求自然亦非听任自然。[2] 其"自然"理论的立论依据是"真于性情,尚于作用",即将气、力、才、情、意等所谓诗人之"性情"通过"作用"有机结合起来,才可达"至丽而自然,至苦而无迹",是谓"惨淡经营,出之自然"。是以皎然之"自然"具有中和与思辨之意味,他对谢灵运推崇备至,即因源于其"风流自然"之诗,所谓"至丽而自然""至苦而无迹""至难而状易"。可见,皎然既扬弃了雕润绮丽,也扬弃了质朴天真,伴随着思辨与中和意味,其平易自然之诗美理想呈现出新的内涵。不仅如此,皎然还推崇"似淡而无味"之"隐秀"诗美,[3] 针对钟嵘只强调"即目""所见",他指出"隐秀"诗美在"状难写之景如在目前,含不尽之意见于言

---

[1] 刘勰《文心雕龙·明诗》曰:"人秉七情,应物斯感,感物吟志,莫非自然。"钟嵘《诗品》云:"使文多拘忌,伤其真美。""今既不被管弦,亦何取于声律耶?"又云:"但令清浊通流,口吻调利,斯为足矣。"王昌龄重立意,主张苦思,如云立意:左穿右穴,竭智忘身,不受任何拘束以求之;置意作诗,即须凝心,以心击物,深穿其境;造意须紧,然后纵横变转;意须出万人之境,望古人于脚下,攒天海于方寸等。

[2] 《诗议》云:"或曰:'诗不要苦思,苦思则丧于天真。'此甚不然。固当绎虑于险中,采奇于象外,状飞动之趣,写冥奥之思。夫希世之珠,必出骊龙之颔,况通幽含变之文哉?但贵成章以后,有其易貌,若不思而得也。'行行重行行,与君生别离',此似易而难到之例也。"《取境》云:"评曰:或云,诗不假修饰,任其丑朴,但风韵正、天真全,即名上等。予曰,不然。……又云,不要苦思,苦思则丧自然之质。此亦不然。夫不入虎穴,焉得虎子?取境之时,须至难至险,始见奇句。成篇之后,观其气貌,有似等闲不思得,此高手也。有时意静神王,佳句纵横,若不可遏,宛如神助。不然。盖由先积精思,因神王而得乎。"[参见(唐)释皎然著,李壮鹰校注:《诗式校注》,第268页、第30页。]

[3] 《诗式》卷二云:"客有问予:谢公此二句优劣奚若?余因引梁征远将军记室钟嵘评为'隐秀'之语。且钟生既非诗人,安可辄议?徒欲聋瞽后来耳目。且如'池塘生春草'情在言外,'明月照积雪',旨冥句中,风力虽齐,取兴各别。……抑自情在言外,故其辞似淡而无味,常手览之,何异文侯之听古乐哉。"[参见(唐)释皎然著,李壮鹰校注:《诗式校注》,第115页。]

外",并具有貌似"淡而无味"实则情味隽永之审美特征。司空图亦强调"自然",其《二十四诗品·自然》云:

> 俯拾即是,不取诸邻。俱道适往,著手成春。如逢花开,如瞻岁新,真与不夺,强得易贫。幽人空山,过雨采萍,薄言情悟,悠悠天钧。[1]

他认为"自然"是非"纯任"的。一种作品,无论篇幅长短,皆非自然形成,其构思、行文过程不免推敲、修饰,关键在于根据不同文体、文题、文意、文用而选用不同之适应各种需要之文辞,组织恰当之材料,反应独特文风,即"俱道适往",才可形成自然之作品。据此他认为,"冲淡"诗境之获得即全凭自然遇合。[2]

与中唐文学领域反绮丽非常相似的是绘画领域的"去华求真"。张彦远认为运墨五色可"得意",但意不在五色物象中,而在物象成为生命体后的造化。是以绘画之本体,自然之造化世界,才是绘画之终极诉求。[3] 据此他将画家分为五等:自然、神、妙、精、谨而细者。"自然"列于第一品,乃"上品之上"。[4] 由此可

---

1 (唐)司空图:《二十四诗品》,见(清)何文焕辑:《历代诗话》,第40页。
2 如"雄浑"品中"持之匪强,来之无穷";"劲健"品中"饮真茹强,蓄素守中";"精神"品中"妙造自然,伊谁与裁";"缜密"品中"水流花开,清露未晞";"疏野"品中"拾物自富,与率为期";"委曲"品中"道不自器,与之圆方";"实境"品中"遇之自天,泠然希音",皆融贯着司空图"自然"诗美之要求,虽有各自不同之侧重面,但在强调自然遇合这一点上是共同的。
3 张彦远《历代名画记·论画体工用拓写》云:"草木敷荣,不待丹绿之彩;云雪飘飏,不待铅粉而白。山不待空青而翠,凤不待五色而䌽。是故运墨而五色具,谓之得意;意在五色,则物象乖矣。"[见(唐)张彦远撰,毕斐点校:《明嘉靖刻本历代名画记》卷第二,杭州:中国美术学院出版社,2018,第46页。]
4 张彦远《历代名画记·论画体工用拓写》云:"夫画物特忌形貌彩章,历历具足,甚谨甚细,而外露巧密。所以不患不了,而患于了,既知其了,此非不了也。若不识其了,是真不了也。夫失于自然而后神,失于神而后妙,失于妙而后精,精之谓病也。而成谨细。自然者为上品之上,神者为上品之中,妙者为上品之下,精者为中品之上,谨而细者为中品之中。余今立此五等,以包六法,以贯众妙。"[见(唐)张彦远撰,毕斐点校:《明嘉靖刻本历代名画记》卷第二,第46页,第47页。]

见张彦远对"自然"的推崇,他倡导画家体悟自然造化之功,将自身生命融入自然,并用自然之笔来描摹自然。荆浩认为唐代绘画的成就:"水墨晕章,兴我唐代。"[1] 其《笔法记》否定"画者,华也"之说,而取"画者,画也",认为绘画不是为了悦目,而是求真,而要达到图真,即不可"执华为实",须"去华求真",得物之"性"即是"图真"。他谓善作青绿山水的李思训"虽巧而华,大亏墨彩。"[2] 他还评王维、项容画"气韵高清""用墨独得玄门"。水墨之淡在中唐首先是在山水画中尝试并得以完成的,可以说与中唐文人追求"自然之美"与"冲和淡泊"之艺术审美情趣密切相关。中唐完成了对自然冲淡之艺术理想风范辩证运动的建构,如果说自然在平易、拙朴、天真、流畅等方面丰富了宋元平淡艺术审美精神的话,那么冲淡则在灵动、飘逸、力柔等方面充实了宋元平淡艺术审美精神之张力。

三、冲和纳风雅之诗美理想

尽管唐诗中的风雅传统首推陈子昂和李白,但被视作高雅冲淡之音的真正体现者的并不是陈、李,而是有"清绝高远"之言的韦应物和柳宗元。[3] 纵观中唐诗歌变革与发展,尽管反绮丽贯穿始终,但是诗歌大体有两个取向,一是风雅传统,二是高情逸

---

1 唐代尝试水墨之淡的画家有王维、张璪、项容、王墨、毕宏等。
2 这其实是认识到了青绿山水在写实方面的局限,而不能单纯认为就是写意的开端。"实际上,水墨山水是对青绿山水不能实际表达山水而进行的一种探索,与写意融合是后来之事,他们开始追求的是一种写实的风格。"〔参见张建军:《中国画论史》,济南:山东人民出版社,2008,第111页。〕
3 刘克庄《后村诗话》云:"陈拾遗首倡高雅冲澹之音,一扫六代之纤弱,趋于黄初、建安矣。太白、韦、柳继出,皆自子昂发之。……蝉蜕翰墨畦径,读之使人有眼空四海,神游八极之兴。"又云:"唐诗多流丽妩媚,有粉绘气,或以辨博名家。唯韦苏州继陈拾遗、李翰林崛起,为一种清绝高远之言以矫之,其五言精巧处不减唐人。……前世唯陶,同时唯柳可以把臂入社,余人皆在下风。"〔(宋)刘克庄《后村诗话》前集卷一,新集卷三,北京:中华书局,1983,第6页,第184页,第185页。〕

韵之风格，而这两种诗歌取向的代表诗人白居易与皎然，都对"清绝高远"的韦应物高度赞赏，[1] 表明在韦诗的艺术渊源中，"风雅"与"冲淡"是互相并列、互相融合的两大支脉。不仅韦应物，唐代其他诗人皆如此。这两大支脉的合流，必然带来文化艺术的新景观与艺术审美精神的又一次蜕变。

充实之内容与雅正之体格结合，是两大支脉合流之基础。"风雅"有二义，一讽喻兴寄，二高雅纯正之气韵风神，前者近于"风"，后者近于"雅"。[2] 讽喻兴寄乃《诗经》开创之传统，唐代诗歌表达讽喻兴寄之方式大致有三：一直接反映现实，体现作者直面人生之态度；[3] 二借咏史怀古寄寓对现实之不满或讽喻；[4] 三抒写自我现实生活中之烦忧，并通过升华淘洗为或寂寞或淡泊或闲适的冲和之心理活动，表达高标远引、遗世独立之价值取向，此类诗在唐诗中出现之数量最多。[5] 此三种方式互相作用，体现了诗人们对讽喻兴寄的自觉。除了讽喻兴寄，风雅还有近于"雅"的一面。在中国文化艺术史上，"雅"是一个古老的概念，其包容儒道两家内涵。儒家以正为雅，以古为雅，是以在儒家体系中，"雅"指雅正和古雅。《文心雕龙·体性》云："典雅者，熔式经诰，方轨儒门者也。"雅正要求以儒家思想为规范，以教化天下为旨归，在诗歌审美取向上体现为对温柔敦厚诗教与中和之美的追求，在诗歌体裁和语言方面则要求传统和端正，以古为雅，借鉴古人之艺术风格，甚至使用古语、古事。而在道家体系中，雅等

---

[1] 白居易以为"韦苏州歌行，才丽之外，颇近兴讽。其五言诗又高雅闲淡，自成一家之体"（《与元九书》）；皎然引韦应物诗为知己："诗教殆沦缺，庸音互相倾。忽观风骚韵，会我夙昔情。"（《答苏州韦应物郎中》）

[2] 从马自力说，见马自力：《清淡的歌吟——中国古代清淡诗风与诗人心态》，苏州：苏州大学出版社，1995，第97页。

[3] 如韦应物《广德中洛阳作》《使云阳寄亦曹》、柳宗元《田家三首》等。

[4] 如张九龄《咏史》、王维《偶然作六首》等。

[5] 如张九龄《九月九日登龙山》、王维《送綦毋校书弃官还江东》、孟浩然《仲夏归南园寄京邑旧游》、储光羲《渔父词》、常建《张山人弹琴》、韦应物《沣上西斋寄诸友》、柳宗元《首春逢耕者》等。

同于超逸，具有老庄思想及相应的脱俗之举往往被视为雅，如魏晋具有清通绝俗、独领高标之特点的名士，皆被《世说新语》载入"雅量"篇中，"清通绝俗、独领高标"即所谓高雅。"雅"体现在艺术审美中即为清远有致、淡泊飘逸、含蓄蕴藉和高韵逸响。总之，雅的内涵可概括为雅正、古雅和高雅三个方面，[1] 是以风雅指高雅纯正的气度风神。具体而言，即雅正之体制、脱俗之品格。

风雅在唐诗中的体现之一在于以传达恬淡冲和与寂寞幽独之意绪烘托诗人古雅高洁之自我形象。如韦应物的诗歌无不充满孤寂之情调，但又无不表现出萧散淡泊之情怀，且寄托高洁。其《对残灯》诗被誉为"有幽意"（杨慎《升庵诗话》卷十一），其《春日郊居寄万年吉少府中孚、三原少府伟、夏侯校书审》《闲居寄诸弟》《南园陪王卿游瞩》《沣上西斋寄诸友》等诗，在闲旷心情描写中皆充溢着恬淡悠然之意。其中《闲居寄诸弟》借怀素以蕉叶代纸写字事抒写自然任性、闲旷雅淡情怀，但是此情怀比怀素更是有过之而无不及。[2] 相比韦应物，柳宗元诗反映屡遭贬谪的凄苦不平之意绪更多更浓一些，但是相应的诗人之自我形象亦显得更加孤傲高洁。如《江雪》在荒寒空寂的背景中遗世独立之渔翁形象异常突出，而《夏昼偶作》诗中的自我形象高洁闲雅，范晞文评曰"言思爽脱"（《对床夜语》卷四），俨然可见宋诗平淡之影矣。

风雅在唐诗中的体现之二是闲远与忧思相互渗透，最终以闲远化忧思。闲远与忧思相互渗透，体现在魏晋陶渊明等人的诗中，可以用"豪华落尽见真淳"概括，[3] 而在唐诗中则体现为另一种情

---

[1] 它们在诗人之作品中反映的程度略有不同，如"韦应物稍失平易，柳子厚过于精刻"。[（明）李东阳：《麓堂诗话》，见丁福保辑：《历代诗话续编》，北京：中华书局，2006，第1379页。]

[2] 马自力：《清淡的歌吟——中国古代清淡诗风与诗人心态》，第101页。

[3] （金）元好问《论诗三十首》（其四）曰："一语天然万古新，豪华落尽见真淳。南窗白日羲皇上，未害渊明是晋人。"此为对陶渊明诗等魏晋（转下页）

状。如孟浩然《仲夏归南园寄京邑旧游》诗中，对社会理想之忠耿和幻灭的忧愤、对违背自然之性而汲汲功名之惭愧以及追摹精神偶像之高标远引，相互掺杂纠结在一起，形成闲远与忧思之交响曲，最后以闲远冲和的风貌出之，是典型的以闲远化忧思之作。又如王维《归辋川作》，[1]"独"字贯穿全诗，前为独向白云归，后为惆怅独掩扉，全诗色彩清幽淡远，情感忧乐互渗，亦最终以闲雅冲淡风貌出之。同时可以看到，唐代风雅之诗歌往往独具"幽独"情调。如张九龄《南山下旧居闲放》"块然屏尘事，幽独坐林间"，孟浩然《闲园怀苏子》"林园虽少事，幽独自多违"，韦应物《闲斋对雨》"幽独自盈抱，阴淡亦连朝"等，这些"幽独"情调，大多与闲居中寂寞不平心态相关联，是诗歌冲淡闲远表层下涌动的一股潜流，是以唐诗的这种审美艺术精神可谓冲和纳风雅。同时，闲远与忧思之相互渗透与融合，意绪之恬淡冲和、寂寞幽独与自我形象之古雅高洁的相契合，皆出自对中和之美的追求。中和之美在音乐中并非单一的声音，体现在诗歌中亦非单纯之一色。如此，冲和纳风雅必然呈现出各种相斥相和之景观——闲远与忧思、自然与人工、冲淡与绚烂等，它们都是对中和之美的一种追求。韦应物言"心同野鹤与尘远，诗似冰壶见底清"（《赠王侍御》），在唐代，冲和纳风雅不仅是一种中和之美，一种以淡愈绚的诗美形式，更是一种诗美理想。是以，从魏晋至宋元，从人物评品至诗评，在经历了"豪华落尽见真淳"与冲和纳风雅之后，宋元平淡之艺术审美必然呈现出两极因素之交错与融合的局面，其内涵愈深，其张力愈大。

（接上页）诗歌之概括评价。"豪华落尽见真淳"是言"一语天然万古新"之形成过程。"豪华与真淳"此组概念中包含了魏晋诗歌两个重要方面：人工与自然，绚烂与清淡。

[1] 诗歌前四句写隐居闲雅悠然之环境，后四句暗喻命运似柔弱之菱蔓与轻盈之杨花一样飘浮不定，故无心赏东皋暮春，怅然掩上柴扉，独自索居。

第三节　审美重建与精神嬗变

唐代艺术思想之发展，经历了从反齐梁绮艳文风开始，最后又在某种程度上复归绮艳的回旋过程。[1] 北宋初期柔弱绮艳风气相沿成习，随着建立在人文修养基础上的品格完善精神在作品中的体现以及北宋中叶诗文之革新，晚唐五代以来的柔弱绮艳风气得以扫荡，新的艺术精神形成，审美情趣也发生了转变，这些都酝酿着宋元文化艺术之平淡的思想脉络。在范仲淹、欧阳修、苏轼等人之心目中，宋之艺术根弊在于缺乏艺术审美之精神内涵，他们试图兼容晋唐传统，推崇格力与格高，气格与气韵，为艺术审美确立精神基础。他们在对晋唐传统的评价和选择中，随着平淡之格韵审美标准的确立，最终建立起了新的艺术审美精神。

一、对晚唐艺术格韵之批评与诗文革新

"格"作为一个审美范畴，在宋元被视为艺术创作所应追求的标准美，如在诗歌领域，"格"被视为诗歌第一要素，而在绘画领域，宋元更是将绘画分为逸、神、妙、能"四格"。可以说，"格"在宋元艺术中有着重要之地位。是以关于晚唐文学艺术之批评，宋人亦大体从"格"切入：

唐诗外物长，内性弱，故格卑气弱。（叶适《习学记言序目》）

同自学诗，尝患唐人风格历五代，遂浅弱无意绪，不入人省览。（赵湘《南阳集》卷末附文同《南阳集跋》）

---

[1] 晚唐诗歌以写个人内心种种具有浓郁痛苦伤感气息之细腻情思为主，追求细美幽约，追求绮丽清癯，而讲求绮艳之骈体文亦再度兴起。贯穿整个晚唐的主导艺术思想倾向是追求更能体现诗歌情韵之美的"味外之味"和"象外之象"，对艺术抒情形式之辞采的积极肯定和深化。

唐王建《牡丹》诗云："可怜零落蕊，收取作香烧。"虽工而格卑。（陆游《老学庵笔记》卷一〇）

宋人普遍认为晚唐诗格卑气弱，缺乏格力，即气格。又如欧阳修于《六一诗话》中概括晚唐诗之特征为"务以精意相高"，即追求人工锻炼之工巧，它并未否定晚唐诗之"锻炼"，但却嫌其品格不高。[1] 相较于欧阳修，苏轼对整个唐末的文学艺术皆抱以贬斥之态度，称："五季文章堕劫灰，升平格力未全回。"[2] "唐末五代文章卑陋，字画随之。"[3] 他认为，唐末五代文学艺术之卑陋可用"格韵卑浊"概括。[4] 其于《书诸集伪谬》中认为格卑即"村俗之气"，例如张旭书诗"隔帘歌已俊，对坐貌弥精"这种言歌唱得好、人长得漂亮、并没有什么内涵的诗句，在他看来，就是"凡恶"即充满"村俗之气"。[5] 其还于《书郑谷诗》一文中指出郑谷诗与柳宗元诗皆写到了披蓑衣之渔人，然郑诗中之渔人仅仅即渔人而已，柳诗中之渔人则是一超世脱俗之隐士，二人诗所体

---

[1] 欧阳修于《六一诗话》云："唐之晚年，诗人无复李、杜豪放之格，然亦务以精意相高。如周朴者，构思尤艰，每有所得，必极其雕琢，故时人称朴诗'月锻季炼，未及成篇，已播人口'。其名重当时如此，而今不复传矣。余少时犹见其集，其句有云：'风暖鸟声碎，日高花影重'。又云：'晓来山鸟闹，雨过杏花稀'。诚佳句也。"［（宋）欧阳修：《六一诗话》，见（清）何文焕辑：《历代诗话》，第 267 页。］

[2] 见苏轼：《金门寺中见李西台与二钱唱和四绝句戏用其韵跋之》。

[3] （宋）苏轼著，孔凡礼点校：《苏轼文集》卷六九，北京：中华书局，1986，第 2188 页。

[4] 苏轼《评杨氏所藏欧蔡书》云："自颜、柳氏没，笔法衰绝，加以唐末丧乱，人物凋落磨灭，五代文采风流，扫地尽矣。独杨公凝式笔迹雄杰，有二王、颜、柳之余，此真可谓书之豪杰，不为时所汩没者。国初，李建中号为能书，然格韵卑浊，犹有唐末以来衰陋之气，其余未见有卓然追配前人者。"可见其对晚唐五代之艺术总体上是否定的，即所谓"扫地而尽""衰陋之气"，即"卑陋"，具体而言就是"格韵卑浊"。[参见（宋）苏轼著，孔凡礼点校：《苏轼文集》卷六九，第 2187 页。］

[5] 苏轼《书诸集伪谬》云："唐末五代，文章衰尽。诗有贯休，书有亚栖，村俗之气，大率相似。如苏子美家收张长史书云：'隔帘歌已俊，对坐貌弥精。'语既凡恶，而字无法，真亚栖之流。近见曾子固编《太白集》，自谓颇获遗亡，而有《赠怀素草书歌》及《笑矣乎》数首，皆贯休以下词格。"［见（宋）苏轼著，孔凡礼点校：《苏轼文集》卷六七，第 2098 页。］

现之精神境界是不同的。从雅俗角度看，他认为柳诗雅，是谓"不可及也"，郑诗俗，是谓"村学中诗也"。[1] 可见苏轼批判晚唐五代诗"格韵卑浊"显然已经深入到精神之层次。是以宋人所言之"格"已经超越形式与风格层面，具有精神价值之内涵，此正是宋之艺术区别于唐之艺术之格的根本，亦是宋代文学艺术革新的重要因缘。

范仲淹对宋初文风之评价为："文章柔靡，风俗巧伪。"（《上时相议制举书》）所谓"柔靡"，一指力柔，即作品风格轻盈柔软，缺乏阳刚之气，或曰气格弱、格力弱。二指作品内容多写男女事，即任情放纵，即格不高、格卑。对于宋初诗歌，范仲淹亦曾指出其虚情矫饰，无病呻吟。[2] 宋初诗坛流行之三体——白体、晚唐体和西昆体，其中白体持续时间最长，范仲淹本人对白体并不排斥，[3] 在宋人看来，白体之失并不在于软媚纤柔，所谓"文章柔靡"之斥，白体不受也。与白体相反，晚唐体诗人以苦吟出名，他们写诗并非意旨于娱乐性情，而是把创作当作生存依靠与精神慰藉，事实上，晚唐体之弊端不仅在用辞狭窄上，[4] 更在于他们的精神世界从未跨出某种定式，即在自然中寻找自己的隐居情趣，从前人之创作里搜寻表达之方式和材料。在三体中影响最

---

1 苏轼《书郑谷诗》云："郑谷诗云：'江上晚来堪画处，渔人披得一蓑归。'此村学中诗也。柳子厚云：'千山鸟飞绝，万径人踪灭。孤舟蓑笠翁，独钓寒江雪。'人性有隔也哉，殆天所赋，不可及也已。"［见（宋）苏轼著，孔凡礼点校：《苏轼文集》卷六七，第2119页。］

2 范仲淹《唐异诗序》云："吟咏性情而不顾其分，风赋比兴而不观其时。故有非穷途而悲，非乱世而怨，华车有寒苦之述，白社为骄奢之语。学步不至，效颦则多。以至靡靡增华，愔愔相滥。"［见（宋）范仲淹撰，李勇先等点校：《范仲淹全集》文集卷八，北京：中华书局，2020，第157页。］

3 范仲淹《唐异诗序》云："而诗家者流，厥情非一，失志之人其辞苦，得意之人其辞逸，乐天之人其辞达，觏闵之人其辞怒。如孟东野之清苦，薛许昌之英逸，白乐天之明达，罗江东之愤怒，此皆与时消息，不失其正者也。"可见并不排斥白体。［见（宋）范仲淹撰，李勇先等点校：《范仲淹全集》文集卷八，第156—157页。］

4 欧阳修就曾讥嘲九僧作诗离不开山、水、风、云、竹、石等字，用辞范围狭窄。

大的西昆体，因浮艳绮靡并与其崇尚的李商隐诗之意蕴渐行渐远，故成为革新派首当其冲的攻击对象。[1] 而文坛上由反对晚唐骈文之软绵谐熟，最终走向了新奇、险怪，"毒病唇齿，咀嚼荆棘"（苏辙《祭欧阳少师文》）的"太学体"古文，亦被王禹偁、欧阳修等人批评。[2] 由是可知，三体与太学体被批判之症结不仅仅在巧伪，更在柔靡或者说浮靡，而柔靡、浮靡之症结不仅仅在形式或风格上，更在于其精神包括精神价值之内涵与精神境界之缺乏。

宋初文学艺术缺少之精神，可从革新者所推崇之文人及其创作窥知。柳开是最早的革新倡导者，其推崇将文学创作与自我人生追求契合起来。欧阳修作为诗文革新的领袖，其对文学之要求在于给自己与他人以精神之鼓舞，使人从容、坦然面对现实之一切。而其作品即令人体会到一份含蕴沉重之从容，以及一种平静自然后面的人格力量。王安石、苏舜钦、梅尧臣的诗歌皆表现出一种独立不阿之尊严与人格，充斥着一种坦荡爽朗的人生态度。范仲淹《岳阳楼记》所提出的"先天下之忧而忧，后天下之乐而乐"，更是真正体现了文学革新运动之精神，对后世产生了不可估量之影响。可以说，诗文革新之意义即在于确立了一种独立的士大夫精神。在宋人看来，文学艺术中各种表现形式和技巧并不是最重要的，最重要的是作家主体人格的树立。宋人所谓主体人格

---

[1] 当时的反对者甚至包括了皇帝在内，《续资治通鉴》卷二八载："真宗大中祥符二年，御史中丞王嗣宗言：'翰林学士杨亿，知制诰钱惟演，秘阁校理刘筠，唱和《宜曲》诗，述前代掖庭事，词涉浮靡。'帝曰：'词臣学者宗师，安可不戒其流宕。'乃下诏风厉学者，自今有属词浮靡，不遵曲式者，当加严谴，其雕印文集，令转运司择部内官看样，以可者入奏。"石介于其《怪说》中更是重炮轰击："今杨亿穷妍极态，缀风月，弄花草，淫巧侈丽，浮华篡组，刓镂圣人之经，破碎圣人之言，离析圣人之意，蠹伤圣人之道。""其为怪大矣"。

[2] 王禹偁《答张扶书》云："夫文，传道而明心也，古圣人不得已而为之也。……既不得已而为之，又欲乎句之难道邪？又欲乎义之难晓邪？必不然矣。"欧阳修则于《答李诩第二书》中批评曰："执后儒之偏说，事无用之空言，此予之所不暇也。""为君子者，修身治人而已，性之善恶不必究也。"

包括艺术人格与道德人格两方面。一方面受庄禅思想影响，追求往来于天地间的适意逍遥，突出个体生命存在意义与心灵自由，具有清旷胸襟之艺术人格；另一方面受儒家思想与理学影响，强调具有更多的社会责任感与义务感，重视道德人格挺立之社会伦理价值，倾向于道德自律，形成具有心性诚明之道德人格。宋代作家主体人格之构建过程中，清旷胸襟之艺术人格塑造与心性诚明之道德人格挺立往往相互交融，不可分割。

不可忽视的是，宋代文学艺术除了对主体精神进行确立之外，一个重要的方面乃是调整，即在遭遇挫折、打击之情况下调节失衡之心态。[1] 故调整本身即是坚持精神、坚守节操之一种方式，它是一种迂回式之确立。宋人内省的性格，使他们更多地倾向于用冷静、理性之态度对待现实，就文学而言，他们反文学主情而行之，淡化情感，所谓"不以物喜，不以己悲""慎勿作戚戚之文"，以从容不迫、宠辱不惊代替长歌当哭、一往情深。如此，清旷胸襟之艺术人格塑造与心性诚明之道德人格挺立很自然就可融合在一起，孤高傲世、淡泊自甘之人格精神与风骨高俊、刚健朴拙之艺术品格也很容易统一于一体。尤其至北宋后期与元代，文学之政治功能因诗祸频繁乃至幻灭，元代吏制之黑暗，文人地位之低下，基于宋人这种理性调整之审美态度与审美观念，陶渊明式的襟怀备受推崇，而陶渊明之闲淡平和即获得了宋人最高之评价——"格高"之美誉。[2] 此即意味着宋元之审美趣味从唐人之热情奔放、色彩明丽和雄浑豪放变为平淡清冷、朴质自然和幽远高雅，亦意味着宋元艺术审美精神从魏晋之清淡、唐之冲淡空灵转变为了平淡。

---

1 郭延礼主编，王小舒著：《中国文学精神》（宋元卷），济南：山东教育出版社，2003，第43页。
2 如陈善《扪虱新话》下集卷一赞云："如渊明诗，是其格高。"又如方回《桐江续集》卷三三《唐长孺艺圃小集序云》称曰："诗以格高为第一。……而又于其中以四人为格之尤高者，鲁直、无己上配渊明、子美为四也。"

二、晋唐传统之评价与选择

尽管晚唐五代传统受到了批评，但是宋初并没有对审美进行重建，欧阳修、苏轼等人自觉担负起重建之历史使命。审美重建面临着对传统的选择，于是便出现了对传统的阐释与评价。

欧阳修作为诗文革新的倡导者，在文章重建的同时也进行诗歌重建。在他看来，宋初诗坛无论崇白体，还是崇晚唐体，都非正途。他推崇李杜，批评晚唐五代诗背离"李杜豪放之格"，并在创作上学习李白，刘攽称其"于李白甚赏爱"（《中山诗话》），苏轼亦称其"诗赋似李白"（《苏轼文集》卷一〇）。而对于杜甫，在个人趣味层面，他虽"不甚喜杜诗"（刘攽《中山诗话》），但在观念层面，却明确推崇杜甫诗格之豪。不仅欧阳修，王安石亦极力推崇杜诗之豪格，但与欧阳修相反，他不甚喜李白，却与欧阳修没有否定杜甫一样，他并没有否定李白在诗歌史上之地位，李白仍入选其《四家诗选》。除李杜之外，欧阳修还推崇韩愈，并自谦其诗乃"韩、孟之戏"，但潜意识中仍自比韩愈，透露出以韩愈为典范进行诗歌重建之意向。而欧、王等人所推崇的宋初之诗人，大体其诗亦皆具有豪放之格，即气格。如王安石就对兼具杜、韩之雄豪气格的诗人王令大加赞赏，称其为"奇才"。[1] 可见崇尚豪放之格即气格是当时的主流审美观念，以梅尧臣为代表的一批诗人的独特价值其时较难为众人所知。尽管严羽《沧浪诗话·诗辨》指出"梅圣俞学唐人平淡处"[2]，但是梅尧臣真正推崇仿效之对象乃陶渊明。其"微生守贱贫，文字出肝胆"（《依韵和晏相公》）、"不忧贫且老，自有伯鸾心"（《独酌偶作》）、"识尽穷通理，超然

---

[1] 王令诗具有雄健豪放之审美追求和济世热情，兼具杜诗之雄健笔力与韩诗之格调高古，词句奇峭，化实为虚，以轻灵运苍质之气势。

[2] （宋）严羽著，郭绍虞校释：《沧浪诗话校释》，北京：人民文学出版社，1961，第24页。

乐有余"(《访施八评事》)的处穷而心怀坦荡、超然淡泊与陶渊明如出一辙,其"不希五斗粟,自种五株树,旷然箕山情,复起濠上趣"(《寄题张令阳翟希隐堂》)的超尘脱俗理想与不为五斗米折腰的超然品格同陶渊明一致,更重要的是他极力推崇陶渊明之平淡,认为诗歌本质在于发性情,无须大放厥词,并将平淡与诗歌史联系了起来,可以说,梅尧臣实际是陶诗传统之代表。欧阳修非常赏识梅诗之平淡,其于《六一诗话》中将苏、梅进行了对比,[1] 还于《感二子》中将二人看作是宋代盛世的产物和象征。[2] 从诗歌史角度看,苏、梅事实上代表了两个传统,苏舜钦上承李杜以来之豪放传统,韩愈以及欧阳修本人属于此传统,而梅尧臣代表的则是陶渊明之平淡传统。欧阳修比较、评论了苏、梅代表的风格特征,虽然以为"善论者不能优劣",但是却提出了陶与李杜传统及其价值问题,此后苏轼将这一传统问题推进到了全新之境界。

苏轼从历史时代角度思考这两个传统,并从时代精神之高度提出了晋唐两个时代之艺术精神及传统问题。其于《书黄子思诗集后》云:

予尝论书,以谓钟、王之迹,萧散简远,妙在笔画之外。至唐颜、柳,始集古今笔法而尽发之,极书之变,天下翕然以为宗师,而钟、王之法益微。至于诗亦然。苏、李之天成,曹、刘之自得,陶、谢之超然,盖亦至矣。而李太白、杜子美以英玮绝世之姿,凌跨百代,古今诗人尽废,然魏晋以来高风绝尘,亦少衰矣。李、杜之后,诗人继作,虽间有远韵,而才不逮意,独韦应

---

[1] 欧阳修《六一诗话》云:"圣俞、子美,齐名于一时,而二家诗体特异。子美笔力豪俊,以超迈横绝为奇;圣俞覃思精微,以深远闲淡为意。各极其长,虽善论者不能优劣也。"[(宋)欧阳修:《六一诗话》,见(清)何文焕辑:《历代诗话》,第267页。]
[2] 欧阳修《感二子》云:"二子精思极搜抉,天地鬼神无遁情。及其放笔骋豪俊,笔下万物生光荣。古人谓此觑天巧,命短疑为天公憎。昔时李杜争横行,麒麟凤凰世所惊。二物非能致太平,须时太平然后生。"[见(宋)欧阳修:《欧阳修全集》卷九,北京:中国书店,1986,第60页。]

物、柳宗元发纤秾于简古，寄至味于澹泊，非余子所及也。唐末司空图，崎岖兵乱之间，而诗文高雅，犹有承平之遗风。"[1]

苏子先比较了魏晋与唐代书法，而后对比、概括了汉魏晋诗与唐诗。王羲之、颜真卿分别代表了魏晋与唐代书法，而魏晋诗与唐诗之代表分别是陶谢与李杜。[2] 他又于《书唐氏六家书后》中将颜、杜并提，[3] 如此晋以王羲之、陶渊明为代表，唐以颜真卿、杜甫为代表，形成晋、唐两个传统，代表两种艺术审美精神。苏轼对这两种传统和精神之内涵进行了阐述。他称钟、王书法之特征乃"萧散简远，妙在笔画之外"[4]，在苏轼看来，萧散指自由自在，不受约束，闲散而超俗。简，即形式简单质朴。这种简单质朴之形式对于形式修饰已经繁复化之其时，呈现出一种远出尘世之时间久远感，故苏轼将其称为"简古"。由于形式本身乃简单质朴，而非呈现一种人工技巧之美感，就书法而言，其美不在笔画本身之技巧性与功夫感，而在简单之形式所透出的丰富内涵，

---

1 （宋）苏轼著，孔凡礼点校：《苏轼文集》卷六七，第2124页。
2 在苏轼看来，魏晋书法以钟繇、王羲之为代表，但核心是王羲之。唐代书法代表为颜真卿、柳公权，但核心是颜真卿。苏武、李陵之天成代表汉诗，三曹、刘桢之自得代表魏诗，陶渊明、谢灵运之超然代表晋诗。汉魏晋时代又以魏晋为代表，所以言"魏晋以来高风绝尘"，故魏晋又以陶、谢为代表，核心是陶渊明，而唐诗则以李、杜为代表，核心是杜甫。
3 苏轼《书唐氏六家书后》云："褚河南（褚遂良）书，清远萧散。……长史（张旭）真书《郎官石柱记》，作字简远，如晋宋间人。颜鲁公书，雄秀独出，一变古法，如杜子美诗，格力天纵，奄有汉魏晋宋以来风流，后之作者，殆难复措手。"[见（宋）苏轼著，孔凡礼点校：《苏轼文集》卷六九，第2206页。]
4 苏轼很多诗文用到"萧散"二字。如"山川同恍惚，鱼鸟共萧散"（《饮酒四首》其二）；"居官不任事，萧散羡长卿"（《汤村开运盐河雨中督役》）；"萧然野鹤姿，谁复识中散"（《李宪仲哀词》）；"谢家夫人澹丰容，萧然自有林下风"（《题王逸少帖》）；"七年一别真如梦，犹记萧然瘦鹤姿"（《姚屯田挽词》）；"萧然放箸东南去，又入春山笋蕨乡"（《与参寥师行园中，得黄耳蕈》）；"萧然有出尘之姿"（《崔文学甲携文见过……》诗题）；"其为《超然》辞，意思萧散，不复与外物相关，其《远游》《大人》之流乎"（《书文与可超然台赋后》）；"吴子野至，出颍沙弥行草书，萧然有尘外意"（《与参廖子二十一首》其八）；"其为人不通晓世事，然酷嗜读书，其文字萧然有出尘之姿"（《上韩魏公》）等。

故"妙在笔画之外"。萧散简远,即苏轼对晋人书法特征之概括。而对于魏晋诗歌特征,他称魏晋诗"高风绝尘",有"远韵"。论韦柳诗言二人"发纤秾于简古,寄至味于澹泊",乃继承魏晋以来的"高风绝尘",而所谓"发纤秾于简古,寄至味于澹泊"正是其所谓"远韵"之内涵,亦此正是陶诗之特征。他还于《评韩柳诗》中提出"外枯而中膏,似澹而实美"之观点,[1] 此与"发纤秾于简古,寄至味于澹泊"意同,是以陶诗之特征即"高风绝尘"之远韵,此即魏晋诗歌之审美传统。魏晋书法"萧散简远,妙在笔画之外",诗歌简古澹泊中有纤秾至味,此即魏晋精神。诗书之间,两相对应,精神一致。在苏轼看来,颜真卿和杜甫分别代表唐代书法和诗歌,在书法史与诗歌史中具有同等地位,他们的创造性在各自领域形成了一个取代魏晋传统的新传统,而魏晋传统与唐代传统之间是断裂的。[2] 他认为,魏晋传统与唐代传统还体现在文与画领域。其于《书吴道子画后》中认为韩愈和吴道子分别乃唐代文章与绘画领域之代表,其地位与颜、杜同。颜杜韩吴体现了唐之艺术精神与审美新传统的确立。唐代新传统具有之特征:一乃唐代文学艺术在人工技巧方面达到了顶峰,故而高度之技巧性即其特征之一。二乃由于具有高度技巧性,故美直接在外形上呈现出来,即外形不再是简朴、枯澹的,而是美的,不再"妙在笔画之外",而是在笔画自身,是在形式自身之可直感直观之美。三乃力量之呈现。颜"雄秀",杜"格力天纵",韩"豪放奇险",雄、格力、豪放,皆为巨大之力量,与魏晋艺术"萧散"

---

1 苏轼《评韩柳诗》云:"柳子厚诗在陶渊明下,韦苏州上。退之豪放奇险则过之,而温丽靖深不及也。所贵乎枯澹者,谓其外枯而中膏,似澹而实美,渊明、子厚之流是也。若中边皆枯澹,亦何足道。"〔见(宋)苏轼著,孔凡礼点校:《苏轼文集》卷六七,第2109页,第2110页。〕
2 苏轼《记潘延之评予书》曰:"尝评鲁公书与杜子美诗相似,一出之后,前人皆废。"此即《书黄子思诗集后》所言"钟、王之法益微",魏晋以来,"高风绝尘"之"远韵""亦少衰矣"。显然,苏轼认为两个传统之间是断裂的。

之特征明显不同。[1] 苏轼所论唐人传统与欧阳修论豪放之脉络同，简言之，在苏轼看来，唐人传统以"气格"取胜，魏晋传统以"远韵"取胜。而在两个传统之间，他又认为魏晋传统价值高于唐人，[2] 故而更倾心于魏晋传统，并在艺术史上不余遗力地发掘魏晋传统未绝之脉。[3] 苏轼慨叹晋、唐之断裂，而其努力做到统一，[4] 体现了其兼融晋唐传统的审美取向，而这亦是黄庭坚之目标。

黄庭坚认可苏轼之论述，[5] 但不同的是，苏轼强调晋唐传统之间的断裂，而他强调的是晋唐传统之延续性与传承性。如苏轼强调颜真卿"一变古法"，他强调颜氏各种书体无不继承二王父子。[6] 一方面他承认颜真卿变古法，另一方面他又认为颜氏"皆

---

[1] 苏轼《书吴道子画后》云："君子之于学，百工之于技，自三代历汉至唐而备矣。故诗至于杜子美，文至于韩退之，书至于颜鲁公，画至于吴道子，而古今之变，天下之能事毕矣。"〔见（宋）苏轼著，孔凡礼点校：《苏轼文集》卷七〇，第2210页。〕

[2] （宋）魏庆之《诗人玉屑》载苏轼言："渊明作诗不多，然其诗质而实绮，癯而实腴，自曹、刘、鲍、谢、李、杜诸人，皆莫及也。"陶渊明乃魏晋之代表，说陶诗高于李杜，即表明苏轼认为魏晋传统高于唐人传统。

[3] 如在诗歌史中指出韦应物、柳宗元、司空图上继陶诗传统，在书法史中，其《书唐氏六家书后》云："永禅师书，骨气深稳，体兼众妙，精能之至，反造疏淡。如观陶彭泽诗，初若散缓不收，反复不已，乃识其奇趣。"指出智永书法上承晋人，与陶诗相通。〔参见（宋）苏轼著，孔凡礼点校：《苏轼文集》卷六九，第2206页。〕

[4] 苏轼《记潘延之评予书》云："尝评鲁公书与杜子美诗相似，一出之后，前人皆废。若予书者，乃似鲁公而不废前人者也。"颜真卿乃唐人传统代表，"前人"指魏晋传统，"似鲁公而不废前人"指将魏晋与唐统一起来。〔参见（宋）苏轼著，孔凡礼点校：《苏轼文集》卷六九，第2289页。〕

[5] 黄庭坚《与王商彦书》云："见东坡《书黄子思诗卷后》，论陶谢诗、钟王书极有理，尝见之否？"〔见（宋）黄庭坚撰：《类编增广黄先生大全文集》卷三二，王水照编：《宋刊孤本三苏温公山谷集六种》第六册，北京：国家图书馆出版社，2012，第180页。〕

[6] 黄庭坚《题颜鲁公麻姑坛记》云："余尝评题鲁书，体制百变，无不可人，真行草书隶皆得右军父子笔势。"〔见（宋）黄庭坚撰：《类编增广黄先生大全文集》卷四三，王水照编：《宋刊孤本三苏温公山谷集六种》第六册，第349页，第350页。〕

合右军父子笔法",继承王羲之,只是这种笔法继承是"曲折求之"方得。"皆合"指神合而非形似。他以九方皋相马为喻,认为自己如九方皋,所看重的是神,而当时论书者如俗常之相马工,关注的是形,故未能见出颜氏对于二王之继承性。[1] 他进一步指出,颜氏对二王的继承性在于笔法之上所体现的精神,即所谓"超逸绝尘"。超逸亦作"超轶",指一种自由而不受拘束的境界。绝尘即脱俗。书法领域存在着超逸绝尘之传统,而此传统之代表即二王。[2] 他还具体指出二王书法的"超逸绝尘"即"纵说横说,无不如意""无风尘气"。[3] 所谓"纵说横说,无不如意",即超出平常之法度范畴,达到了随心所欲而又高妙之境。所谓"无风尘气"即无尘俗气、脱俗。在黄庭坚看来,二王纵横自如,无风尘气,此种"超逸绝尘"与苏轼所言"高风绝尘"相一致,即"超逸绝尘"不仅仅具有审美意义,更具有精神人格意义,书法美的超逸绝尘正是书法家人格精神之超逸绝尘之体现,此即格高。并且,这种超逸绝尘是一种自由精神,此种自由精神即"逸气"。黄庭坚认为,欧阳询、虞世南、褚遂良、薛稷以及徐浩、沈传师由

---

1 黄庭坚《跋洪驹父诸家书》云:"颜鲁公书,虽自成一家,然曲折求之,皆合右军父子笔法。书家多不到此处,故尊尚徐浩、沈传师尔。九方皋得千里马于沙口,众相工犹笑之,今之论者多牡而骊也。""自成一家"与苏轼所言"一变古法"意同。[见(宋)黄庭坚撰:《类编增广黄先生大全文集》卷四三,王水照编:《宋刊孤本三苏温公山谷集六种》第六册,第360页。]

2 黄庭坚《跋东坡书》云:"余尝论右军父子以来,笔法超逸绝尘,惟颜鲁公、杨少师二人。立论者十余年,闻者瞠若。晚识子瞻,独谓为然。"又《跋颜鲁公东西二林题名》曰:"余尝评公书,独得右军父子超轶绝尘处。书家未必谓然,惟翰林苏公见许。"[见(宋)黄庭坚撰:《类编增广黄先生大全文集》卷四四,卷四三,王水照编:《宋刊孤本三苏温公山谷集六种》第六册,第371页,第350页。]

3 黄庭坚《题绛本法帖》云:"右军笔法,如孟子言性,庄周谈自然,纵说横说,无不如意,非复可以常理待之。"又《跋法帖》云:"由晋以来,难得脱然都无风尘气似二王者,惟颜鲁公、杨少师仿佛大令尔。"[见(宋)黄庭坚撰:《类编增广黄先生大全文集》卷四三,王水照编:《宋刊孤本三苏温公山谷集六种》第六册,第354页,第353页。]

于"为法度所窘",破坏了二王父子之"逸气"。而窘于法度,即缺乏自由自在之感,缺乏苏轼所谓"萧散"之特征和不能达超逸之境界。他还认为颜真卿不仅没有违背二王传统,而且是二王传统之最佳继承者,苏轼之书有颜、杨气骨,亦是此传统的继承。1

在诗歌方面,苏轼以陶渊明为魏晋诗传统之代表,以杜甫为唐诗传统之代表,认为两个传统之间是断裂的。黄庭坚则认为陶与杜具有一致性。他认为谢灵运、庾信诗之共同特点是讲究工律,"有意于为诗""炉锤之功不遗力",即极度的人工锻炼。他并不否认这种人为求工之境界,但是认为此种人为刻意求工之审美价值,与陶渊明相比未能窥"陶彭泽之墙",即差距很大。陶渊明诗审美价值之高在于:一为"不烦绳削而自合";二为"直寄焉耳",杜诗与陶诗一样无意,是"不烦绳削而自合"。2 其于《大雅堂记》

---

1 黄庭坚《跋东坡帖后》云:"余尝论,右军父子翰墨中逸气,破坏于欧、虞、褚、薛,及徐浩、沈传师,几于扫地。惟颜尚书、杨少师尚有仿佛。比来苏子瞻独近颜、杨气骨。"又《跋李康年篆》云:"余尝论,二王以来,书艺超轶绝尘,惟颜鲁公、杨少师,相望数百年,若亲见逸少。……晚识子瞻,评子瞻行书,当在颜、杨鸿雁行,子瞻极辞谢不敢。"〔见(宋)黄庭坚撰:《类编增广黄先生大全文集》卷四四,王水照编:《宋刊孤本三苏温公山谷集六种》第六册,第373页,第377页。〕

2 黄庭坚《题意可诗后》云:"宁律不谐,而不使句弱,用字不工,不使语俗,此庾开府之所长也,然有意于为诗也。至于渊明,则所谓不烦绳削而自合者。"又《论诗》云:"谢康乐、庾义城之于诗,炉锤之功不遗力也。然陶彭泽之墙数仞,谢、庾未能窥者,何哉?盖二子有意于俗人赞毁其工拙,渊明直寄焉耳。""绳"即准绳、法则,即工之标准与法则。"自合"即自然地合乎法则。"不烦绳削而自合"即不按照世俗之尺度标准即"绳墨"作诗,但又自然而然地合乎作诗之法则。"寄焉"之说法源自苏轼:"陶渊明意不在诗,诗以寄其意耳。"陶之"意不在诗"与谢、庾"有意于为诗"相对,言陶渊明不是有意识地作诗,因而其关注的不是诗本身,而是以诗这种形式表达自己之"意"(思想感情),故而对于诗之形式本身之工与拙并不在意,不会刻意锻炼求工。而也正因为意不在诗,在于达其意,所以才能"不烦绳削"而"自合"。这种"自合",以尚巧者则嫌其诗"拙",以崇法者则嫌其"放",尚巧与崇法体现的是世俗之趣味标准,故以世俗标准衡量,陶诗之"拙"与"放"即不俗。黄庭坚云:"虽然,巧于斧斤者,多疑其拙;窘于检括者,辄病其放。孔子曰:'宁武子其智可及也,其愚不可及也。'渊明之拙与放岂可为不知者道哉!"(《题意可诗后》)认为陶诗所"自合"者不是世俗之法则,而是更高之艺术原理与真谛。

中尤其认为杜甫夔州后诗与韩愈还朝后文皆达到了"不烦绳削而自合"之境界。[1] 并且于《与王观复书三首》之二中进一步说明：

> 熟观杜子美到夔州后古律诗，便得句法。简易而大巧出焉，平淡而山高水深，似欲不可企及。文章成就更无斧凿痕乃为佳作耳。[2]

认为杜甫夔州后诗之特征在于形式之简易、平淡但却内涵丰富。此种特征与苏轼所言陶诗"外枯而中膏，似澹而实美"相一致，说明陶诗、杜诗在审美特征上具有共同性，即平淡简远。苏轼用简远来描述钟、王之书和陶之诗，而黄庭坚则认为此即杜甫后期诗之特征。平淡在苏轼看来是陶诗之特征，而黄庭坚亦以之概括杜诗。在黄庭坚这里，陶与杜之断裂弥合了，晋唐传统之沟壑得以填平。

苏轼强调晋唐传统之断裂，虽然他认为唐代存在上承晋人之一脉，但是非主流的，他认为晋高于唐，并试图重建魏晋传统。黄庭坚虽然亦承认晋唐传统断裂，但是更强调二者之间的一致性，他试图挖掘二者之间的延续性，即二王、陶渊明与颜真卿、杜甫之间的继承性，但是，其理解唐人传统之立足点却是晋人传统，即用晋人传统诠释唐代传统。事实上，苏、黄在艺术审美精神上是一致的，[3] 他们共同推进了宋代学陶与学杜之艺术思潮，这使

---

1 其《与王观复书三首》之一云："子美到夔州后诗，韩退之自潮州还朝后文章，皆不烦绳削而自合矣。"他还认为李白也属于"不烦绳削而自合"之例。《题李白诗草后》云："余评李白诗，如黄帝张乐于洞庭之野，无首无尾，不主故常，非墨工槩人所可拟议，吾友黄介读李杜优劣论曰：'论文政不当如此。'余以为知言。及观其稿书，大类其诗，弥使人远想慨然。白在开元、至德间，不以能书传，今其行草殊不减古人，盖所谓不烦绳削而自合者欤。"认为李白诗"无首无尾，不主故常"，即自由而不遵守法度，"非墨工槩人所可拟议"。李白书法与其诗一样，也是"不烦绳削而自合者"。在黄庭坚看来，无论是陶渊明诗还是李白诗、杜甫夔州后诗，无论韩愈潮州还后文还是颜真卿书法皆属于"不烦绳削而自合者"，皆一脉相承。

2 （宋）黄庭坚撰：《类编增广黄先生大全文集》卷三二，王水照编：《宋刊孤本三苏温公山谷集六种》第六册，第 173 页。

3 从张健说，见张健：《知识与抒情：宋代诗学研究》，北京：北京大学出版社，2015，第 98 页。

陶、杜"平淡"艺术审美得以融合,是以宋元的"平淡"艺术审美精神得以形成。

三、平淡之格韵审美标准的确立

与"格"一样作为一个审美范畴,"韵"在魏晋多指诗歌与音乐等艺术之声律和谐以及声律之外传达出的审美意蕴,即"神"或者"风神"。[1] 唐代则扩大为指超越各种声响与形相之外的具有余味即持久性之审美意蕴。[2] 宋人批评晚唐五代之审美传统,主要在于其尚工巧,缺乏精神价值,他们要在工巧之上确立更高之审美价值,即格、韵。从论工拙到崇尚格韵,则代表了审美观念之历史变化,亦意味着"平淡"之艺术审美主流的确立与形成。"平淡"之格韵审美标准决定了"平淡"之审美特征,那么,宋元"平淡"之格韵标准是如何的?宋元"平淡"又有何特征?

宋元"平淡"之特征首先是外简淡而内腴美。作为宋代首倡"平淡"之美的梅尧臣,他从韵之角度,用音乐来描述平淡的特征,称"重以平澹若古乐,听之疏越如朱弦"。以古乐喻平淡,以

---

1 如《世说新语·任诞》称阮籍之子"风度韵度似父",又《雅量》篇谓王澄"风韵迈达,志气不群",韵指人的一种内在之生命精神与力量。萧绎《劝医论》云:"又若为诗则多须见意,然后丽辞方吐,逸韵乃生。"刘勰《文心雕龙·章句》曰:"若乃改韵从调,所以节文辞气。……观彼制韵,志同枚、贾。然两韵辄易,则声韵微躁。"诗学意义与音乐意义之"韵"含义相当,指声律和谐。又《文心雕龙·声律》云:"韵气一定,余声易遣。""韵"有声律之外之审美意蕴。

2 李延寿《北史·杨素传》云:"素尝以五言诗七百字赠番州刺史薛道衡,词气颖拔,风韵秀上,为一时盛作。"《诗式》卷一"取境"条云:"诗不假修饰,任其丑朴。但风韵正,天真全,即名上等。"韵皆指声律和谐。司空图《与李生论诗书》云:"近而不浮,远而不尽,然后可以言韵外之致耳。""韵外之致"基本划定了唐"韵"之超越声律、形相之外的审美内涵。[参见(唐)李延寿撰,中华书局编辑部点校:《北史》卷四十一《列传·杨素》,北京:中华书局,1974,第1516页。(唐)释皎然:《诗式》,见(清)何文焕辑:《历代诗话》第31页。(唐)司空图:《司空表圣文集》卷二,清道光22年(1842)抄本]

"疏越如朱弦"形容平淡之美感。古乐之特征在于音乐形式之质素简朴而内涵深厚，[1] 平淡如古乐，也就是言其具有外简素而内丰蕴之强烈对比性特征以及持久之美感。欧阳修则用味道来描述平淡："子言古淡有真味，大羹岂须调以齑。"以大羹喻平淡，大羹之特征在于其只是朴素原味的肉汁而不加调料，[2] 大羹虽然朴素不加佐料，但是却有持久之味道。《乐记》中的古乐与大羹，被强调的是其道德内涵，而梅、欧则用于论述平淡之美感特质，强调并推崇平淡所具有的如古乐和大羹般外简内丰及持久性。[3] 欧阳修还进一步以"橄榄"来描述他所认为的"平淡"，言梅尧臣前期诗有"妖韶女"之清丽美姿，而后期诗则无外在美艳之姿，古淡甚至古硬，但却具有更高之美感，且初咀嚼难咽，然久而味长。他用饧饴与橄榄作比较，指出橄榄之味开始时不适口，久了则愈觉有味。"饧饴"即糖饴，一入口便甜，为儿童所喜爱，但不能持久，缺少余味。橄榄之味则初不易接受，但久而不绝，如苦口良

---

1. 《礼记·乐记》云："《清庙》之瑟，朱弦而疏越，一倡而三叹，有遗者矣。""朱弦""疏越"言古乐具有余音之美。《礼记注疏》卷三十七孔颖达疏云："《清庙》之瑟，谓歌《清庙》之诗所弹之瑟。朱弦，谓练朱丝为弦，练则声浊也。越，谓瑟底孔也。疏通之使声迟，故云疏越。弦声既浊，瑟音又迟，是质素之声，非要妙之响。以其质素，初发首一倡之时，而唯有三人叹之。是人不爱乐，虽然，有遗余之音，言以其贵在于德，所以有遗余之音，念之不忘也。"

2. 《乐记》云："大飨之礼，尚玄酒而俎腥鱼，大羹不和，有遗味者矣。""不和"，即不调以其他辅料，"遗味"即余味。《礼记注疏》卷三十七郑玄注云："大飨，祫祭先王。以腥鱼为俎实，不膷熟之。大羹，肉湇，不调以盐菜。遗，犹余也。"又孔颖达疏云："此皆质素之食，而大飨设之，人所不欲也。虽然，有遗余之味矣。以其有德质素，其味可重，人爱之不忘，故云有遗味者矣。"

3. 陆机《文赋》云："或清虚以婉约，每除烦而去滥。阙大羹之遗味，同朱弦之清泛。虽一唱三叹，固既雅而不艳。"以大羹与古乐论文。《礼记》郑玄注遗为余也，孔颖达疏为持久长留之意。然《文选》陆机《文赋》李善注则为缺遗、不备："言作文之体，必须文质相半，雅艳相资，令文少而质多，故既雅而不艳。比之大羹，而阙其余味；方之古乐，而同清泛，言质之甚也。余味，谓乐、羹皆古，不能备五声、五味，故曰有余也。……然大羹之有余味，以为古矣，而又阙之，甚之之辞也。"

药，如忠言，其价值高于饧饴。[1] 欧阳修的橄榄之喻一方面指出了平淡的美感过程具有变化性及其前后阶段之间的冲突与对立性，另一方面亦隐含了平淡为上之意。苏轼承欧梅平淡论并对其作进一步推展，不仅从时间上强调平淡之美感过程之差异、冲突与先后变化，还进一步将其推展至空间之上，不仅把美感看作时间上的过程，而且把美感分为空间内外，即美感有中边内外之分，是以"枯澹者""其外枯而中膏，似澹而实美"。[2] 其《橄榄》诗曰："纷纷青子落红盐，正味森森苦且严。待得微甘回齿颊，已输崖蜜十分甜。"将橄榄之味与崖蜜之味相比较，橄榄之味先苦后甘，有变化，而蜜则开始即甜，始终如一。与欧阳修一样用橄榄之喻强调美感的先后变化，所不同的是苏轼进一步强调橄榄之味外在之苦味先呈现，内在之甘味后呈现，此内外、前后，实际亦包含了味之持久之意。在苏轼看来，先感受到外在的枯淡，后感受到内在之膏美，此种美感特征，即是陶诗平淡之韵之所在，是以，宋元平淡之首要特征实乃外简淡而内腴美。

宋元"平淡"之特征其次是简远而超逸绝尘、脱俗。宋人普遍追求格高，[3] 苏轼更是将格与韵作为两个并列之标准来评价人与艺术，就其而言，格韵不是评价某一单一文类的特殊范畴，而是超越文类之上的普遍性价值范畴。在论文与书画方面，其所言之格，有二层含义：一指体格，二指品格。体格即形式风格，指形式技巧与文体意义之格；品格即审美品格，指某种艺术特征之

---

[1] 欧阳修《水谷夜行寄子美圣俞》诗云："文词愈清新，心意虽老大。譬如妖韶女，老自有余态。近诗尤古硬（一作淡），咀嚼苦难嘬。初如食橄榄，真味久愈在。"

[2] 见苏轼《书唐氏六家书后》《评韩柳诗》，中边，即内外，味觉有中边内外之分，来自佛书："佛云：'如人食蜜，中边皆甜。'人食无味，知甘苦者皆是，能分别其中边者，百无一二。"

[3] 如前文欧阳修提倡"李杜豪放之格"，评石延年"诗格奇峭"，批评郑谷诗格不高。苏轼谓黄陂令李吁"格韵殊高"，批评晚唐五代与宋初文章与艺术"格韵卑浊"，言曹希蕴诗时有巧语，但格韵不高，评黄庭坚诗文"格韵高绝"。

审美价值以及精神意义上之价值,它与体格最显著之不同在于含有高下之价值判断。苏轼所谓格高、格卑之分,正是谓此。格之高下可以从人格境界与表现方式两方面判断,由此苏轼认为格与工拙没有直接联系,格乃工拙之上之更高标准和境界。一部作品可以在技术上达到高度精巧的程度,但这种技巧所具有之审美品格却有可能很低。[1] 黄庭坚亦重格与韵,但更推崇韵胜。其所言之格,大体与苏轼同,[2] 但其所言之韵,在苏轼基础上更进一步。苏轼追求"高风绝尘"之"远韵",此种远韵是将深刻之美感内容寄寓于平淡古朴之艺术形式之中,外简淡而内腴美,含光内敛而高风绝尘。[3] 黄庭坚则进一步认为韵之精神内核即脱俗。其于《白山茶赋》中明确指出百花丽紫妖红争春取宠是俗,而白山茶素淡其色,不与众争艳,则是脱俗,乃韵胜之代表。[4] 他还以韵论诗文书画,并以韵作为各门类艺术普遍之价值标准,[5] 同时尤其强调韵之超越于技术层面之精神内涵。他认为,就各门艺术而言,

---

1. 苏轼《画水记》云:"古今画水,多作平远细皱,其善者不过能为波头起伏。使人以手扪之,谓有洼隆,以为至妙矣。然其品格,特与印板水纸争工拙于毫厘间耳。"又《跋内教博士水墨天龙八部图卷》曰:"旧说,狗马难于鬼神,此非至论。鬼神非人所见,然其步趋动作,要以人理考之,岂可欺哉? 难易在工拙,不在所画。工拙之中,又有格焉。画虽工而格卑,不害为庸品。"[见(宋)苏轼著,孔凡礼点校:《苏轼文集》卷二〇,《苏轼佚文汇编》卷六,第408页,第2572页。]
2. 黄庭坚《题刘法直诗卷》云:"诗句侵唐格,慨然古人风。"又陈师道《后山诗话》评其曰:"鲁直谓荆公之诗,暮年方妙,然格高体下。"前者之格即形式风格之格,后者之格即品格之格。
3. 参见苏轼:《书黄子思诗集后》,其集中体现了苏轼对"韵"之理解。
4. 黄庭坚《白山茶赋》云:"孔子曰:'岁寒然后知松柏之后凋也。'丽紫妖红争春而取宠,然后知白山茶之韵胜也。"[见(宋)黄庭坚撰:《类编增广黄先生大全文集》卷一,王水照编:《宋刊孤本三苏温公山谷集六种》第五册,第110页。]
5. 黄庭坚《题绛本法帖》云:"论人物,要是韵胜为尤难得。蓄书者能以韵观之,当得仿佛。"又云:"凡书画当观韵。"《与党伯舟帖七》云:"诗颂要得出尘拔俗,有远韵而语平易。"[见(宋)黄庭坚撰:《类编增广黄先生大全文集》卷四三,王水照编:《宋刊孤本三苏温公山谷集六种》第六册,第355页。(宋)黄庭坚著,刘琳、李勇先、王蓉贵校点:《黄庭坚全集》《宋黄文节公全集·别集》卷一六,成都:四川大学出版社,2001,第1805页。]

韵与工兼是最高标准亦是最完美的,其次是韵胜,再次是工。[1] 他还认为,韵之精神内涵乃人格上之脱俗精神。其《跋法帖》云:"由晋以来,难得脱然都无风尘气似二王者。"[2] 在他看来,二王之韵胜从根本上言即其"无风尘气"。相反,"病韵"者即有"俗气""尘埃气。"[3] 有无"尘埃气""风尘气"是判定作者作品"病韵"或"韵胜"的标准。在黄庭坚那里,韵与超俗精神关系密切,"韵"是不俗之表征,其反面即是"俗"。如何通向"不俗",如何才能"韵胜"? 他认为,去俗最佳方法在于多读书。因为胸襟超俗是韵之源泉,而超俗胸襟可以通过知识途径培养。胸襟未能脱俗,乃在于读书少,如果"胸中有书数千卷",胸襟就会不俗,就会有韵。[4] 例如他认为苏轼书法之缺点在于用墨太丰,但其韵有余即韵

---

1 黄庭坚《书徐浩题经后》云:"书家论徐会稽(徐浩,唐书家,越州人,封会稽郡公)笔法,怒猊抉石,渴骥奔泉,以余观之,诚不虚语。如季海(徐浩字)笔少令韵胜,则与稚恭(庾翼,晋书家,名亚羲之)并驱争先后也。季海长处,正是用笔劲正而心圆,若论工不论韵,则王著优于季海,季海不下子敬(王献之)。若论韵胜,则右军、大令(献之任中书令)之门,谁不服膺。……前朝翰林侍书王著(字知微),笔法圆劲,……此其长处不减季海,所乏者韵尔。"在黄庭坚看来,徐浩笔墨之工不亚于王献之,但韵胜有所欠缺,王著笔墨之工更是超过徐浩乃至王献之,但韵胜不如二王乃至徐浩,故尽管王著书极工,但与二王与徐浩相比,价值最下。而王羲之父子以韵胜而兼笔墨之工,故其书法达到了最高之境界。[参见(宋)黄庭坚撰:《类编增广黄先生大全文集》卷四三,王水照编:《宋刊孤本三苏温公山谷集六种》第六册,第361页。]

2 (宋)黄庭坚撰:《类编增广黄先生大全文集》卷四三,王水照编:《宋刊孤本三苏温公山谷集六种》第六册,第353页。

3 黄庭坚《跋王立之诸家书》云:"见杨少师(杨凝式)书,然后知徐(徐浩)、沈(沈传师)有尘埃气。"徐浩、沈传师书有尘埃气,故病韵。杨凝式书韵胜,即在于其无尘埃气。[参见(宋)黄庭坚撰:《类编增广黄先生大全文集》卷四三,王水照编:《宋刊孤本三苏温公山谷集六种》第六册,第360页,第361页。]

4 黄庭坚《跋东坡乐府》评苏轼《卜算子·黄州定惠院寓居作》云:"语意高妙,似非吃烟火食人语,非胸中有万卷书,笔下无一点尘俗气,孰能如此?"又《书刘景文诗后》云:"余尝评景文(季孙)胸中有万卷书,笔下无一点尘俗气。"又《跋自所书与宗室景道》云:"翰林苏子瞻书法娟秀,虽用墨太丰,而韵有余,于今为天下第一。"《跋东坡书远景楼赋后》云:"余谓东坡书,学问文章之气郁郁芊芊,发于笔墨之间,此所以他(转下页)

胜，而其书韵胜即在于笔墨流露出来的学问文章气，所谓"胸有万卷书"。这即意味着，一方面，韵之脱俗精神，不仅仅体现在人格精神上，还要通过技术层面体现出来。脱俗精神有无透过技术层面得以体现，亦是有韵无韵的标志之一。精神层面是脱俗的，那么相应技术层面亦须不俗，才能有韵。技术层面如何做到不俗？黄庭坚认为，技术层面要做到不俗，必须师古。因为古人之传统是雅的，今人之风气是俗的，今人必须师古才能雅。他本人之草书先学周越，而不是古人，所以俗，后从张旭、怀素的草书得"古人笔意""笔法之妙"，才变俗为雅。[1] 在黄庭坚看来，"古"即雅，即简远。不俗就得"师古"。另一方面，读书可以让人明辨事理，不随俗低昂，并提升人的品格，从而提高艺术的格调。一个饱读诗书且有内在品格修养的人，虽然"视其平居无异于俗人"，但却能"临大节而不可夺"。在黄庭坚这里，"俗"与"不俗"实乃道德修养之问题，学问道德的修养可以在一定程度上弥补书法功力的不足。其于《题王观复书后》《跋砥柱铭后》中将不随俗低昂、不随波逐流拟之为中流砥柱，并指出士君子之节，若中流砥柱，卓然独立于世道之颓波之间，不随波逐流。这种独立之人格精神，即所谓"不俗"，亦即韵之精神内核。[2] 是以欲不

（接上页）人终莫能及尔。"［见（宋）黄庭坚撰：《类编增广黄先生大全文集》卷四六，卷四八，卷四三，王水照编：《宋刊孤本三苏温公山谷集六种》第 401 页，第 387 页，第 437 页，第 369 页。］

1 黄庭坚《书草老杜诗后与黄斌老》曰："予学草书三十余年，初以周越为师，故二十年神薮俗气不脱。晚得苏才翁、子美书，观之乃得古人笔意。其后又得张长史、僧怀素高闲墨迹，乃窥笔法之妙。"［见（宋）黄庭坚撰：《类编增广黄先生大全文集》卷四八，王水照编：《宋刊孤本三苏温公山谷集六种》第六册，第 441 页。］

2 黄庭坚《题王观复书后》云："此书虽未及工，要是无秋毫俗气。盖其人胸中块磊，不随俗低昂，故能若是。今世人字字得古法而俗气可掬者，又何足贵哉！"《跋砥柱铭后》曰："余观砥柱之屹中流，阅颓波之东注，有似乎君子士大夫立于世道之风波，可以托六尺之孤，寄百里之命，不以千乘之利夺其大节，则可不为此石羞矣。"［见（宋）黄庭坚撰：《类编增广黄先生大全文集》卷四四，卷四六，王水照编：《宋刊孤本三苏温公山谷集六种》第六册，第 374 页，第 410 页。］

俗，就必须悖俗。世人尚巧，则崇拙，世人喜华腴，则尚枯瘦，世人崇声律和谐，则破弃声律，喜拗律，如此等等。是以砥柱者不仅仅是人格精神的象征，亦是审美精神之写照。此种独立之审美精神与俗相违，即是不俗或脱俗，此恰是韵之内涵。是以宋元平淡特征之二即简远而超逸绝尘、脱俗。

宋元"平淡"之特征之三是众善兼备，对立统一。继苏黄之后，对韵作集中且有理论深度之讨论者当属范温。其于《潜溪诗眼》云：

且以文章言之，有巧丽，有雄伟，有奇，有巧，有典，有富，有深，有稳，有清，有古。有此一者，则可以立于世而成名矣。然而一不备焉，不足以为韵，众善皆备而露才见长，亦不足以为韵。必也备众善而自韬晦，行于简易闲澹之中，而有深远无穷之味，观于世俗，若出寻常，至于识者遇之，则暗然心服，油然神会。测之而益深，究之而益来，其是之谓矣。其次一长有余，亦足以为韵。故巧丽者发之于平澹，奇伟者行之于简易，如此之类是也。……唯陶彭泽体兼众妙，不露锋芒，故曰："质而实绮，癯而实腴。""初若散缓不收，反复观之，乃得其奇处。"夫绮而腴与其奇处，韵之所从生，行乎质与癯，而又若散缓不收，韵于是乎成。1

范温认为，韵即有余意。所谓余意，在他看来即是外在之简朴与内在之美的紧张统一。内在之美一为备众善，一为具单长。备众善即所谓"尽其美"，兼有典、丽、奇、巧等各种美。单长即具有某种单一之美，如巧丽、奇伟等。但无论是众善还是单长，关键是要以简化质朴之形式呈现出来，而不能有直接呈露，如此，内在之美与外在之形式看似矛盾而实则统一。并且范温与苏轼一样，以陶渊明作为"兼众妙"而"行以简易闲澹"之韵的代表，2

---

1 参见郭绍虞辑：《宋诗话辑佚》，北京：中华书局，1980，第372—375页。
2 苏轼言"体兼众妙"即"众体皆善"，其言"体兼众妙""反造疏淡"，亦是强调内美与外形之间的反差，外形简化，色彩淡化而内奇、巧、典、（转下页）

他言"古今诗人,惟渊明最高",即以陶诗作为韵胜之最高典范。在范温看来,诗文之韵,一方面就美感而言,作品本身蕴含多重美感,比如巧、丽、奇、典等,却出之以简易平淡,另一方面就言意而言,内容丰富而出之以简易平淡。书法之韵亦如是,他于《诗眼》中论书法认为,黄庭坚书法没有"精能之至",亦没有"曲尽法度",但能"知见高妙",有超常的解悟力,即黄庭坚书法之韵在于可悟道,此与陶诗是一致的。同时,他还引述苏轼《杂评》之观点,认为真正之"有余"乃内在之丰富性与外在之简朴形式的对立统一。[1] 总括而言,范温所言之韵,即内在充足或丰富而外在敛藏,就内容形式而言即意多言简,就法度而言即内尽法度而妙于法外,就美感而言则外枯中膏,外淡内美。总之,韵是众善皆备,对立统一,这也就决定了平淡之美的众善皆备,对立统一之特性。此可以从范温对王偁之观点的否定进一步得到印证。[2] 王

(接上页)富等兼具。他还言观智永书法如观陶渊明诗,具有相同之美感。而范温于《诗眼》中论诗亦曰:"《饮酒》诗云:'荣衰无定在,彼此更共之。'山谷云:'此是西汉人文章,他人多少语言,尽得此理?'《归园田居》诗,超然有尘外之趣。《赠周祖谢》诗,皎然明出处之节。《三良》诗,慨然致忠臣之愿。《荆轲》诗,毅然彰烈士之愤。一时之意,必反复形容;所见之景,皆亲切模写。如'孟夏草木长,绕屋树扶疏''日暮天无云,春风扇微和',乃更丰浓华美。然人无得而称其长。……所谓出于有余者如此。"认为陶诗有各种内容,有些写景描写甚至很华美,但形式却简易平淡,"不自矜炫",没有突出形式本身之美感,故有韵。[参见(宋)苏轼著,孔凡礼点校:《苏轼文集》卷六九《书唐氏六家书》,第 2206 页;郭绍虞辑:《宋诗话辑佚》,第 372—375 页。]

1 范温《诗眼》中论书云:"至于书之韵,二王独尊。唐以来颜杨为胜。……近时学高韵胜者,唯老坡……坡之言曰:'苏子美兄弟大俊,非有余,乃不足。'使果有余,则将收藏于内,必不如是尽发于外也。……至于山谷书,气骨、法度皆有可议,惟偏得《兰亭》之韵。或曰:'子前所论韵,皆生于有余,今不足而韵,又有说乎?'盖古人之学,各有所得,如禅宗之悟入也。山谷之悟入在韵,故开辟此妙,一成家之学,宜乎取快捷方式而径造也。如释氏所谓'一超直入如来地'者,考其戒、定、神通,容有未至,而知见高妙,自有超然神会,冥然吻合者矣。是以识有余者,无往而不韵也。"[参见郭绍虞辑:《宋诗话辑佚》,第 372—375 页。]

2 范温《诗眼》云:"定观曰:'不俗之谓韵。'余曰:'夫俗者,恶之先;韵者,美之极。书画之不俗,譬如人之不为恶。自不为恶至于圣贤,(转下页)

俉认为"不俗之谓韵""潇洒之谓韵",气韵生动谓韵,笔简而穷理谓之韵。范温一一进行了否定,首先否定"不俗之谓韵",认为不俗仅为不丑,中间有很多层次,故不俗不能谓之韵,同时用繁多言辞体现不俗精神,亦不能为韵,韵必须是以简言淡语表现不俗精神。其次否定"潇洒之谓韵",认为潇洒即是清,清作为一长可以为韵,关键在于清须出于简质平淡。再次否定气韵生动谓韵,认为生动表现了生命,是神而非韵。作品可以生动,关键亦在于是否出于简素平淡。最后否定笔简而穷理谓之韵,笔简而穷理,看似与黄庭坚所言"语少而意密"同,事实上简而穷理乃以简约之方式穷尽其理,而不是有余,"语少意密"乃意溢于言,则是不尽,是有余。由是可见,范温将苏轼关于韵之论述从艺术史范围提升至纯美学范畴,再从美学范畴提升至文化范畴。他像苏轼一样将韵概括为魏晋审美精神,即以二王书法、陶渊明诗歌所代表的审美传统,同时又如黄庭坚一样试图兼容晋唐传统。他关于韵之阐述,一言以蔽之,皆指向平淡,而韵之众善皆备,对立统一,亦决定了平淡之特性:它不是单纯之不俗、清、简淡、简质、疏淡,也不是单纯之平俗、无意、朴拙,更不是单纯之典雅、有意、绮丽、工巧,而是各组矛盾因素之中和统一,是矛盾双方之包综兼容,此实乃平淡之包容性、辩证性或曰思辨性特征。

需要指出的是,宋人之格韵,至南宋实际已经融为一体了。如林俀将陶渊明视为格高之代表,意味着苏轼所谓韵之特征在林俀看来正是格之内涵,其所举格高之梅花与黄庭坚所言代表韵胜之白山茶类似,二者皆无艳丽色彩,外在素朴,其价值在于所透

(接上页)其间等级固多,则不俗之去韵也远矣。'定观曰:'潇洒之谓韵。'予曰:'夫潇洒,清也。清乃一长,安得为尽美之韵乎?'定观曰:'古人谓气韵生动,若吴生笔势飞动,可以为韵乎?'予曰:'夫生动者,是得其神,曰神则尽之,不必谓之韵也。'定观曰:'如陆探微数笔作须貌,可以为韵乎?夫数笔作须貌,是简而穷其理;曰理则尽之,亦不必谓之韵也。'"
[参见郭绍虞辑:《宋诗话辑佚》,第372—375页。]

露出来的内在精神。¹ 是以林倬所谓格,正是黄庭坚所谓韵。格偏于内在精神之品级,而外在形态朴素平淡,韵尽管外在美并非俗艳,但较注重呈现外在之动人美感,² 格韵相融,即意味着平淡与风神并不矛盾,平淡亦可以动人而具风神。是以,宋元平淡众善兼备、对立统一之特征更见一斑。

---

1 陈善《扪虱新话》载:一日见林倬于径山,夜话及此,林倬曰:"诗有格有韵,故自不同,如渊明诗,是其格高,谢灵运'池塘春草'之句,乃其韵胜也。格高似梅花,韵胜似海棠花。"予时听之,矍然若有所悟,自此读诗顿进,便觉两眼如月,尽见古人旨趣。[见(宋)陈善撰,袁向彤点校:《扪虱新话》下集卷一,济南:山东人民出版社,2018,第104页。]

2 从张健说,参见张健:《知识与抒情:宋代诗学研究》,第128页。

第三章 社会生活与文化的土壤

从社会政治与经济角度看,宋代经济与文化空前繁荣,元代国之疆域空前广大,理应不该"平淡",然而却在文化艺术领域产生了平淡,究竟为什么?究竟是怎样独特的社会生活与文化土壤孕育出这种别具特色的"平淡"艺术?本章将从承平之世与士人追求、生活世俗化与市民文艺雅化、禅理推进与文艺共融等方面着眼以窥一二,并由此进一步探索和揭示宋元文化艺术"平淡"之特性与内涵。

第一节 承平之世与士人追求

宋朝的崇文抑武国策,一定程度上换来了国家的承平之世,宋之政治与士人的享乐之风、忧患意识、山林精神和禅悦之风等孕育了平淡之新内涵与特征。而欧阳修的"平澹典要"取士之政治改革措施以及"穷而后工"之文学命题,一定程度上促成了宋代士人对平淡的艺术追求。

一、享乐之风与穷乱悲怨

平淡在宋代产生,与其政治有密切关联。宋代无疑是一个专制社会,但是,不同的专制时代表现会有很大不同。宋代统治阶级的上层集团也和其他时代一样经常发生激烈的冲突,常常亦是你死我活、毫不相让。然而,宋代统治集团建立了一种控制机制,有效地控制了冲突的烈度和破坏性。首先是不杀政敌。宋太祖在治国方略上比较倾向于用较温和的方法解决问题,他给宋朝规定的基本国策是"重文轻武",在建国第二年(公元961年)即用"杯酒释兵权"之计谋解除了武将石守信等人的兵权,在灭蜀时又说"作相须读书人"(《宋史》卷三)。"重文轻武"的用人政策,造就了宋代特有的宽松的政治环境,一方面出现了古代历史学家津津乐道的"政治清明"局面,促进了文化艺术的全面繁荣,另一方面,营造了一派升平气象,以巩固赵氏王权统治。宋代对于失去权力的官员,给予的经济待遇是非常优厚的,[1] 如此即促成了宋代士人的享乐之风,他们沉迷于优游宴饮,酬答唱和。尤其宋初,一批身居高位而对文坛有直接影响的作家,他们回避社会现实,仅从自身利益和兴趣出发创作,或取悦君王,或粉饰太平,或吟咏玩味,自我愉悦,各门艺术成为娱乐和排遣的工具,是以艺术领域不可避免地呈现出一片富贵闲情的为平淡而平淡之气象。"逢人不喜谈时事,养性惟便读道书""自喜身无事,闲吟适性情",[2] 一方面将文学作为养性怡情之媒介,另一方面"辞重位""养闲情"之心态趋于清静内向而乏飞动壮阔之势,两方面相互作用使作品呈现出闲和淡然之气。这种闲淡之气在晏殊的词作里表现得最突出。其《珠玉词》大量词作所表达的情感皆是淡淡的,并不用力刻画,然而透过情景交融,透过一切皆淡,可以看到他

---

1 如宋太祖"陈桥兵变"成功后,就"迁恭帝及符后于西宫,易其帝号曰郑王,而尊符后为周太后",厚待前朝皇帝和太后,并起用前朝宰相为宰相。又如蜀主孟昶投降,太祖"遣皇城使窦思俨迎劳孟昶",然后亲自"宴孟昶及其子弟于大明殿"。《宋史纪事本末·太祖建隆以来诸政》载:"帝幸武成王庙,历观两庑,指白起像曰:'起杀已降,不武之甚,岂宜受享!'命去之。"在赵匡胤看来,已经投降的军队就不是敌人,当然就不应该以敌待之。屠杀已降士兵,不仅不能算勇敢,且背叛了武德,故认为白起不配成为人们祭祀之对象。基于此观念,宋代对待失去权力之官员,给予他们的待遇是比较优厚的。[见(元)脱脱等:《宋史》卷一,北京:中华书局,1985,第4页,第21页,第22页;(明)陈邦瞻:《宋史纪事本末》,北京:中华书局,2015,第38页。]

2 参见李昉:《昉著灸数朝废吟累日继披佳什莫匪正声亦贡七章补为十首学颦之诮诚所甘心》其七,《自过节辰又逢连假既闭关而不出但敧枕以闲眠》其一。

尤喜把浓情一掩，刻意地只透露出一点点闲情，可谓是为平淡而平淡。[1] 宋初以晏殊为代表的所谓富贵闲人之唱和作品，大多是以学习白居易之闲淡为主，是以晏殊之词作，尽管温润深婉，充满富贵闲淡之气，但是为平淡而平淡，难免失之以格不高。[2] 宋初之平淡，可以说是在一方面力矫绮靡，另一方面又在力矫浅俗之中确立起来的。

宋朝的基本国策之所以重文轻武，其目的即是为了防止重蹈后周之覆辙。因而重心指导思想在于对内防止叛乱，而对外则采取守势。为了清除内患，除了采用温和手段，鼓励官员尽情享受，营造太平气象之外，在军队管理上，采取兵与将分，官与职分，优待士人等一系列政治措施，建立更为彻底的中央集权制度。如此，防止了将领拥兵自重而发生叛乱，但是军队的战斗力却被大大削弱了，因而在与契丹、女真之战争中始终处于劣势，加之对外采取守势之态度，常常退让妥协以求边境安宁，尽管社会得到了某种程度的稳定，生产亦得到了一定发展，可是国势却一直处于贫弱状态，远不及唐朝。加上冗官、冗兵与冗费之累，整个宋朝之政治状况，可谓积贫积弱。对内以鼓励享乐，营造太平祥和气象，对外以巨额之岁币，换来国家之承平之世，是整个宋代的社会政治之突出特征。政治的保守，军事的无力，使宋人没有了如唐人般追求建功立业的宏伟气魄与豪迈气概。然而，同时，宋代士大夫的家国意识又十分强烈，他们以天下为己任，密切关注

---

1 马自力：《清淡的歌吟——中国古代清淡诗风与诗人心态》，第70页。
2 李昉于《二李唱和集·序》曰："南宫师长之任，官重而身闲，内府图书之司，地清而务简。朝谒之暇，颇得自适，而篇章和答，仅无虚日。缘情遣兴，何乐如之。"又曰："昔乐天、梦得有《刘白唱和集》，流布海内，为不朽之盛事。公此诗安知异日不为人之传写乎？"指出宋初富贵闲人之作在艺术表现上是学习白居易的。李至于《二李唱和集》中云："实喜优闲之任，居常事简，得以狂吟，成恶诗十章，以'蓬阁多余暇'冠其篇而为之目，亦乐天'何处难忘酒'之类也。"又曰："意转新而韵皆紧，才益赡而调弥高。始知元白之前贤，虚擅车斜之美誉。"指出白居易与元稹之唱和诗多独善其身之消遣作品，情俗词浅，精神格调不高。

国家隐患,范仲淹的名言"先天下之忧而忧"(《岳阳楼记》),正是他们所追求的风范。尤其南宋偏安淮河、秦岭以南只剩半壁江山之后,面对严重的内忧外患,他们可谓忧心忡忡。深沉的忧患意识,一方面使整个宋代文化艺术在整体上显得比较冷静、沉稳,另一方面则将士人推入了穷途而悲乱而怨之境地。首倡平淡之风的梅尧臣即是典型。梅尧臣与李昉、晏殊一样,亦有不少书写闲适情调之作品,充斥着闲和淡然之气。[1] 但是其更多作品则是抒写"穷巷敞茅茨,高言出廊庙"(《彦国通判绛州》)之志向难以伸展的悲愤以及"谈兵究弊又何益,万口不谓儒者知"(《醉中留别永叔子履》)之怀才不遇的悲怨。其《大水后城中坏庐舍千余作诗自咎》诗中不仅仅表达自己打算引咎辞职之心情:"岂敢问天灾,但惭为政恶。""独此怀百忧,思归卧云壑。"其中的"百忧",又岂单单指洪灾一事,无路请缨的悲哀,国家前途和个人出路之无望以及眼见生灵涂炭而又无可奈何之愧疚,无不是其所忧,《田家语》诗中最后的喟叹:"却咏归去来,刘薪向深谷。"有着多少的不甘与无奈。他还有些诗,描写欲进无路、欲罢不能的状况与心情,悲凉凄切。[2] 但是梅尧臣并没有在悲怨中沉沦,他以陶渊明自居,强调陶渊明"傲佚"的一面,指出陶诗平淡中的不平淡处即在于此"傲佚",从而形成了平淡诗风"平淡而山高水深"之新特点。如其《送永叔归乾德》诗将陶渊明的节高不屈与诗人傲然遗物相互掩映,在一种悠然旷达之基调中达到了统一。[3] 又《与蒋秘别二十六年田冰棐二十二年罗拯十年今始见之》诗中感

---

[1] 如为钱惟演所写的《留守相公新创双桂楼》诗:"藻栋起云间,芳条俯可攀。晚云谈次改,高鸟坐中还。日映城边树,虹明雨外山。唯应谢池月,来映衮衣闲。"

[2] 如《回自青龙呈谢师直》诗:"嗟余老大无所用,白发冉冉将侵颠。文章自是与时背,妻饿儿啼无一钱。幸得诗书销白日,岂顾富贵摩青天。而今饮酒亦复少,未及再酌肠如煎。……起来整巾不称意,挂帆直走沧海边。便欲骑鲸去万里,列缺不借霹雳鞭。气沮心衰计欲睡,梦想先到萍渚前。与君无复更留醉,醉死谁能如谪仙。"

[3] 马自力:《清淡的歌吟——中国古代清淡诗风与诗人心态》,第69页。

叹:"安得有园庐,宽闲近林泉。""毕竟将何穷,磨灭愚与贤。"又称"予非陶靖节,老去爱田园"(《早春田行》),从中可见其矛盾之心态。此种心态正乃整个宋元怀才不遇而又不甘寂寞的正直士人们所共有:"平生好《书》《诗》,一意在抱絮。既无抉云剑,身世遭黜黩。耻游公相门,甘自守恬淡。妻孥每寒饥,内愧剧剜㡀。……"(《正仲见赠依韵和答》)壮志难酬,转而为诗,并执着于诗,与李昉"万事不关思想内,一心长在咏歌中",沉迷于"闲吟适性情"是完全不同的。穷途而悲乱而怨而又向内收敛,冷静沉稳,身处困顿而诗主平淡,其诗必有不同于一般平淡诗之不平淡处,此即梅尧臣与当时那些为平淡而平淡(李昉、晏殊)之士的区别所在。可以说士人穷途而悲乱而怨是"平淡而山高水深"成为现实的逻辑起点,在力矫享乐之风影响下的绮靡和平易浅俗文风的同时,宋之政治与士人之忧患意识孕育了平淡之新内涵与特征。

二、山林精神与禅悦之风

宋朝在鼓励享乐之风的同时,在政治上还主张清静无为,对山林隐士给予推崇与表彰。隐、仕之间的对立意味着出世人格的纯粹化,一般认为,在天下分裂丧乱之时,隐者决然出世的态度更为坚定,故而出世人格更为纯粹。宋代随着中央政权的建立和巩固,隐逸群体阔步世外、罕与俗接的纯粹人格必然会迅速改变,但事实却并非如此。宋初几朝,虽然帝王和朝廷对乡野岩穴之士眷顾有加,不少隐士得到赐号之荣或粟帛钱米之赐,但这些举措并没有改变遁世之风以及隐逸者不屑于世俗名利的纯粹人格。如陈抟于太平兴国初奉诏至京师,雍熙元年(公元984年)十月赐号希夷先生,然数月请还,其超逸风采依旧。还有曹汝弼,《江南通志·人物志·隐逸二》载:"曹汝弼字梦得,休宁人。高蹈不仕，与林逋、魏野齐名。"[1] 可见隐德之纯粹。但是，宋代隐士不再满足于寄身林泉、躬耕渔钓以及炼丹养气那样凸显"遁世"特性的生存方式，他们实现自我价值的途径日渐多元化。例如有部分隐士通过蓄书、兴教等新的生活方式丰富自己的精神世界，同时彰显了"不仕者"之特殊价值。这种方式，不仅仅是未能完全忘世之无意识行为，更是一种顺时应势之自然选择，其现实作用与价值亦得到了宋代社会的认可与尊重。是以隐逸群体之人格出现多元化之特性，而伴随着隐逸群体多元化之人格蜕变，他们的平淡之作，亦呈现出多元化之风采。或质朴含蓄，如陈抟。其诗无论五言、七言，绝无苦求冥搜之态，浅淡闲远中自有一种超逸韵致。[2] 或冲淡闲逸，如魏野。明人镏绩《霏雪录》卷下亦称其诗"有闲逸之趣"[3]。其《春日述怀》与《四十自咏》诗尽显冲淡闲逸。[4] 或澄澹高逸，清赡淡远，如潘阆、林逋。关于潘阆，四库馆臣概括其诗"风格孤峭"[5]，《小畜外集》卷一〇《潘阆咏潮图赞并序》称其诗"寒苦清奇""趣尚自远""不减刘长卿"（《中山诗话》），即所谓"发白诗清"[6]。其《望湖楼上作》诗写隐居之闲适生活，有一种淡泊尘世之味道，但以清词丽句抒写超逸脱

1　《江南通志》卷一六九《人物志·隐逸二》，文津阁四库全书第173册，第496页上。
2　陈抟《归隐》诗："十年踪迹走红尘，回首青山入梦频。紫陌纵荣争及睡，朱门虽贵不如贫。愁闻剑戟扶危主，闷见笙歌聒醉人。携取旧书归旧隐，野花啼鸟一般春。"又《西峰》诗："为爱西峰好，吟头尽日昂。岩花红作阵，溪水绿成行。几夜碍新月，半山无夕阳。寄言嘉遁客，此处是仙乡。"
3　镏绩《霏雪录》卷下云："魏野《闲居即事》云：'成家书满屋，添口鹤生孙。'有闲逸之趣。"
4　魏野《春日述怀》诗："春暖出茅亭，携筇傍水行。易谙驯鹿性，难辨斗禽情。妻喜栽花活，童夸斗草赢。翻嫌我慵拙，不解强谋生。"《四十自咏》诗："闲心虽不动，记性觉潜衰。棋退难饶客，琴生却问儿。手慵农器信，身谢道装知。笔砚将何用，天阴改旧诗。"
5　（清）永瑢：《四库全书总目》卷一五〇，《逍遥集提要》，北京：中华书局，1965，第1306页。
6　潘阆《叙吟》诗云："高吟见太平，不耻老无成。发任茎茎白，诗须字字清。搜疑沧海竭，得恐鬼神惊。此外非关念，人间万事轻。"

俗之情怀，于平淡之中给人以清远之感觉。[1] 关于林逋，其"恬淡好古，不趋荣于利"[2]，沈括《梦溪笔谈》称其"高逸倨傲"，智圆称其"深居猿鸟共忘机，荀孟才华鹤氅衣"（《赠林逋处士》），而其自称"梅妻鹤子"，超逸而孤傲的人生境界成就了其诗作"孤峭澄淡"[3] "澄澹高逸"[4] 的艺术品格。而清高脱俗的节操与高雅闲逸之人格反映在诗歌中，即给人以一种清远明瑟、平淡邃美之感觉，《宋史》称其"词澄浃峭特"[5]。其《湖村晚兴》《池阳山店》诗皆写薄暮时分景色，心境一片澄静平淡，而此心境于水月之波动与山鸟之惊飞中，愈显深微幽远和从容泰然，情思可谓明净纯美、高逸清远。[6] 而其备受盛赞之《山园小梅》诗，格调清冷、意态隽永，皆反映出以其为代表的宋代诗人们高雅闲逸的山林精神与平淡清远的艺术追求。

与山林密切相连的是禅悦之风。宋代文人学士参禅学佛非常普遍，而僧人作诗亦很流行。可以说，佛教的完全中国化与僧人之士大夫化是紧密相连的。僧人逍遥于山林，放荡于江湖，生活闲散，情感平和，是以他们的作品往往情思平淡宁静。如九僧。保暹与行肇之诗格调皆平淡，淡得近乎无味。[7] 僧人讲究禅悟，

---

1 潘阆《望湖楼上作》诗："望湖楼上立，竟日懒思还。听水分他浦，看云过别山。孤舟依岸静，独鸟向人闲。回首重门闭，蛙鸣夕照间。"
2 （宋）李焘：《续资治通鉴长编》卷七八，北京：中华书局，2016，第685页。
3 （宋）晁公武撰，孙猛校证：《郡斋读书志校证》卷十九，《林君复集》提要，上海：上海古籍出版社，2011，第1037页。
4 （清）永瑢等：《四库全书总目》卷一五二，《和靖诗集》提要，第1308页。
5 （元）脱脱等：《宋史》卷四五七，第13432页。
6 林逋《湖村晚兴》诗："沧洲白鸟飞，山影落晴晖。映竹犬初吠，弄船人合归。水波随月动，林翠带烟微。寺近疏钟起，萧然还掩扉。"《池阳山店》诗："数家村店簇山旁，下马危桥已夕阳。惊鸟忽冲溪霭破，暗花闲堕堑风香。时间盘泊心犹恋，日后寻思兴必狂。可惜回头一声笛，酒旗斜曳出疏篁。"
7 如保暹《早秋闲寄宇昭》诗："窗虚枕簟明，微觉早凉生。深院无人语，长松滴雨声。诗来禅外得，愁入静中平。远念西林下，相思合慰情。"行肇《送希昼之九华》诗："忽谢尘外心，迹谢人中境。云去竹堂空，鹭下秋池静。野宿清溪深，月在诸峰顶。日暮立长江，遥看片帆影。"

能将禅之静默观照用于作诗。如希昼诗"春生桂岭外，人在海门西"（《怀广南转运除学士状元》），宇昭诗"马放降来地，雕闲战后云"（《塞上赠王太尉》），惟凤诗"岸尽吴山谷，潮平越树低"（《送人归天台》），惠崇诗"云归树欲无，潮落山疑长"（《剡中秋怀书师》），简长诗"露冷蛰声咽，风微叶影翻"（《书行肇行壁》）等，意态清冷，感情平淡，正如张景所言："始发于寂寞，渐进于冲和，尽出于清奇，卒归于雅静。"在寂以通感中让人感受到一片冲和淡远之宁静。然而，九僧不仅游历名山大川，寄情和吟咏山林，他们也出入豪门官府，与文人士大夫结友，写诗作画，在生活情趣和学问素养方面皆士大夫化了。同时，士大夫也研习禅理，禅悦之风盛行，成为他们仕途失意时的精神解脱，是以他们的诗歌亦多平淡清远。如王禹偁的诗虽然没有僧人诗的空寂禅趣，但却自有一种清远格调。其亦明确指出作诗要"清其格态，幽其旨趣"（《小畜外集》卷十三），清即清淡，幽即幽远。又如寇准，喜欢与惠崇、魏野、林逋等隐者来往，彼此有诗赠答，诗风相近，但又有不同。其与梅尧臣一样将诗作为述志之工具，展现出士大夫"出世"与"入世"之心理矛盾。受禅悦之风影响的诗人还有杨亿。其曾"留心释典禅观之学"（《宋史·本传》），其诗"凉风卷雨忽中断，明月背云还倒行"（《夜行》），"梅花绕槛惊春早，布水当帘觉夏寒"（《偶书》），皆平淡清远。可以说，山林精神与禅悦之风孕育了宋元平淡之禅趣、禅理。然而，尽管宋初诗人们已经受禅悦之风影响，但是将禅趣和禅理与山林精神融合在一起，构成宋元真正之平淡，则是苏轼等人出现之后了。

三、平澹典要与穷而后工

梅尧臣首倡平淡诗美，有功甚大，但是欧阳修知之，推之，贡献尤巨大。欧阳修推崇梅诗之古淡、平淡，并进一步以此作为诗歌鉴赏与评价之重要标准。其云：

世好竞辛咸，古味殊淡泊。否泰理有时，惟穷见其确。(《送杨辟秀才》)

其文章淳雅，尤长于诗，淡泊闲远，往往造人不至。(《江邻几墓志铭》)

欧阳修认为梅尧臣诗古味、淡泊，虽淡而醇厚，并认为梅诗本真、境高，其"淡泊闲远"之境界，往往是人所难以达到的。由此借复古以革新，力矫晚唐五代之险怪、绮丽、雕琢之文风。欧阳修对梅诗之古淡旨趣深表赞赏，[1] 而梅尧臣也辅佐欧阳修变革诗体，二人志同道合，趣味相投。[2] 更重要的是，欧阳修是文坛上的领袖，也是政坛上的领袖，他在进行文风革新的同时，亦利用政治革新推动文坛革新。如其在权知贡举时，对科考取士作了重大改革，制定了新型的取士标准：黜去"险怪之语"者，而取"平澹造理"者。[3] 此项改革举措，开始时怨谤纷纭，后来即被社会所接受，对北宋诗风之改变，起到了决定性之作用，亦促使了平淡之风的形成。

欧阳修对平淡之风做出的政治贡献，还表现在借梅尧臣诗之艺术感染力，提出"穷而后工"之命题。其于《书梅圣俞稿后》中从"乐"之巨大感染力切入，论梅尧臣诗之感染力，认为"乐"

---

[1] 刘性于《宛陵先生年谱序》中云："宛陵梅先生以道德文学发而为诗，变晚唐卑陋之习，启盛宋和平之音，有功斯文甚大。欧阳文忠公知之最深，既题其诗稿，又序其集，又序其所注《孙子》，又铭其墓而哀之以文。盖文忠公之知先生，犹子房渭沛公为殆天授者，是岂容赞一辞哉！"[见（宋）梅尧臣：《宛陵先生集》附录，四部丛刊本，上海：商务印书馆，1936，第492页。]

[2] 《宛陵集提要》载："宋初诗文尚沿唐末五代之习，柳开、穆修欲变文体，王禹偁欲变诗体，皆力有未逮。欧阳修崛起，为雄力复古格。……其佐修以变文体者尹洙，佐修以变诗体者则尧臣也。其诗旨趣古淡，惟修深赏。"[见（清）永瑢等：《四库全书总目》卷一五三，《宛陵集提要》，第1309页。]

[3] 韩琦《欧阳公墓志铭并序》云："嘉祐初，权知贡举时，举者务为险怪之语，号太学体。公一切黜去，取其平澹造理者，即预奏名。初虽怨讟纷纭，而文格终以复古者，公之力也。"[见（宋）欧阳修《欧阳修全集》附录卷二，第1346页。]

有可喜可悲或歌或泣之巨大感染作用，唐人之诗，或得其"淳古淡泊之声"，或得其"舒和高畅之节"，或得其"悲愁郁堙之气"。而梅尧臣诗亦得于"乐"，读其诗如感春秋之风物英华，姿态百变，使人可悲可喜，陶畅酣适，感人之至，完全达到"与乐同其苗裔"之审美效果与境界。[1] 其于《梅圣俞诗集序》中提出"穷而后工"之观点，[2] 在他看来，"非诗之能穷人，殆穷者而后工也"，原因在于：其一，士之有才而不得施于世，"多喜自放于山巅水涯之外"，与外界自然建立起较为纯粹的审美关系以"探其奇怪"，故能描绘出独特之山水景致；其二，士人之内心郁积之忧思感愤，往往借助于比兴等各种艺术手段抒发怨刺情绪，内情外景相融合，能书写出一般人难以体验、难以言说之感情，故士人愈穷则其诗文书画愈工，愈工则愈感人；其三，处穷而能恬然淡泊，风节自持，则诗文书画格高境远，故愈穷而恬淡则愈格高韵远。梅尧臣之诗，正是抒发其"不得志者"，处穷而乐于诗而发之，故得其工也。欧阳修强调"穷而后工"，其本人即自幼贫穷，入仕后屡遭贬迁，然"志气自若"。[3] 并且，他不喜贬谪之士作"戚戚之文"，故其诗清新秀丽，平淡有味，朱熹称赞曰："虽平淡，其中却自美丽，有好处，有不可及处，却不是阒茸无意思。"[4] 指出其

---

1 （宋）欧阳修：《欧阳修全集》卷七三，第531页。
2 欧阳修于《梅圣俞诗集序》中云："予闻世谓诗人少达而多穷，夫岂然哉？盖世所传诗者，多出于古穷人之辞也。凡士之蕴其所有而不得施于世者，多喜自放于山巅水涯之外，见虫鱼草木风云鸟兽之状类，往往探其奇怪，内有忧思感愤之郁积，其兴于怨刺，以道羁臣寡妇之所叹，而写人情之难言，盖愈穷则愈工。然则非诗之能穷人，殆穷者而后工也。……圣俞亦自以其不得志者，乐于诗而发之，故其平生所作于诗尤多。……世徒喜其工，不知其穷之久而将老也，可不惜哉！"[见（宋）欧阳修：《欧阳修全集》卷四二，第295页。]
3 欧阳修本人"四岁而孤""家贫，至以荻画地学书"，入仕后因耿直敢言，"放逐流离，至于再三，志气自若"。[参见（宋）脱脱等：《宋史》卷三一九《欧阳修传》，第10375页，第10380页。]
4 （宋）黎靖德编，王星贤点校：《朱子语类》卷一三九，北京：中华书局，2020，第4047页。

诗文之平淡但却美丽，而平淡与美丽，不仅在于行文之纡徐委婉，条达疏畅，更在于心态之容与闲易，格高境远，即人生境界之淡泊高远。

可以说，欧阳修在文坛上之复古运动，对梅尧臣平淡诗美的推崇，在政坛上之借古革新，以"平淡典要"取士，及由此提出的"穷而后工"之命题以及其本人诗文对平淡文风的践行，皆促成了宋代士人对平淡的艺术追求，并使平淡之内涵特征更明晰。

第二节　生活世俗化与市民文艺雅化

宋代国力贫弱，但是经济与文化却高度繁荣。从宋代经济的繁荣（包括城市和商业的繁荣）以及市井文艺之兴起，可以看到宋代社会世俗化的进程和宋人的世俗化追求，而士人世俗平凡生活中的感情与境界的平淡追求以及艺术以俗为雅的思潮，在俗与反俗之间，孕育了平淡并给平淡注入了更丰富的内涵与精神。

一、商业繁荣与社会价值世俗化倾向

宋代经济高度繁荣，主要表现在城市与商业繁荣两个方面。孟元老《东京梦华录》、周密《武林旧事》、吴自牧《梦粱录》等书，皆对汴京、临安城的商业繁华景象有生动的记录。如汴京，店铺林立，勾栏、瓦肆遍布，其商业种类之繁多，见《东京梦华录》所记就有三十多行，各类商店生意兴隆，夜市直至三更尽。柳永《望海潮》词云："烟柳画桥，风帘翠幕，参差十万人家。……市列珠玑，户盈罗绮、竞豪奢。"即描绘了杭州城户口的繁盛，民居屋宇的雅致，市场的繁华，居民的富裕。而杭州城大街上的买卖，除了日市、夜市，还有早市。"冬月虽大雨雪，也有

夜市盘卖。""五鼓钟鸣，卖早市者又开店矣。"[1] 夜市不受季节与气候影响，通宵营业供应，至天晓才散，接着早市又开，可谓昼夜不绝，兴隆异常，是杭州商业空前繁荣之盛况的显著表现之一。此外，略次于都城的其他城市如苏州、建康、扬州、洛阳、成都等，它们的市场与商业亦相当地繁荣。如洛阳，其酒楼业之盛可与东京媲美，宋彭乘撰《墨客挥犀》卷七载："酒苑叔平无比店，洛中君锡有巴楼。"[2] 时人将洛阳之巴楼与东京之"无比店"相提并论，巴楼之壮丽可知，而洛阳酒楼业与商业之繁盛亦可知。

伴随城市商业繁荣的是商人地位的变化与市民阶层的兴起，新的审美趣味与观念，使士人的社会价值取向随之发生了根本性变化。首先，商业的繁荣带来的是"农本商末"文化观念的动摇。在宋代，商业繁盛，商业活动作为城市生活的经济命脉，使商人地位有了显著提高。商人的子弟可以入官学读书，参加科考，出任官职，跻身士流。商人亦成为世人羡慕之对象，即使是自命清高之士大夫也愿意接受甚至主动与他们结交。而文人的很多作品亦描绘和渲染了商人与儒生的苦乐之别，商人依仗其财力可以豪迈潇洒，漠视公卿贵族，而儒生却因贫困，仰人鼻息，只求一饱，财富显示出它的力量："个体价值之实现与人生享乐必须仰仗财富的支持。"[3] 是以，这种财富价值观深刻地影响了士大夫阶层，孔子所倡导的"君子喻于义，小人喻于利"以及"饭蔬食饮水，曲肱而枕之，乐亦在其中矣"之重义轻利的思想和社会价值观受到了前所未有的冲击。重"利"与重"欲"普遍存在于士大夫的日常生活中，它与宋太祖"杯酒释兵权"之政治举措一起，共同促

---

1 （宋）吴自牧：《梦粱录》卷十三，北京：中国商业出版社，1982，第110页，第108页。
2 叔平指赵叔平，曾任东京参知政事，其府第在东京丽景门内，后致仕归睢阳故里，东京府第改为旅店，此府第"材植雄壮，非他可比，时谓之无比店。"君锡指李君锡，洛阳城有人新购酒楼，他感其壮丽，称其为"有巴"。
3 王晓骊：《唐宋词与商业文化关系研究》，北京：中国社会科学出版社，2004，第107页。

成了两宋文人的享乐思想以及两宋享乐之风的盛行，进而使宋代士人风气和价值评判标准发生了大转变。从宋末笔记小说《绿窗新话》引《湘江近事》载陶榖"取雪烹茶"事可以看到，整个宋代社会文化生活的选择发生了重大转移。[1] 而晏殊所发出的"人生行乐耳"之感慨，可谓是对世俗"人欲"的心灵呼声。[2] 可见，在商业繁荣之影响下，整个社会的价值取向由建功立业、安贫乐道之高尚与高雅之人生追求，逐渐转变为对世俗享乐和平常生活的追崇，[3] 文艺观念亦随之向"俗"之方向转型，文化艺术亦随之具有了浓郁的"俗化""平常化"之特征。

其次需要指出的是，商业的兴起，不仅提高了商人之地位，亦促使市民阶层的兴起，同时在科举的推动下整个社会结构出现多元化的特征，社会价值取向"世俗化"之内容亦变得复杂，其中最突出的是文士的世俗化。宋代之前，读书与为官并没有必然之逻辑关系。而宋代完结了门阀士族垄断之局面，彻底取消门第限制，扩大取士范围，凡读书人皆可投牒自进，如此不仅造就了大量庶族官僚，还生产出大批量的读书人，这些读书人或未入仕或被罢官或不求功名，他们形成了一个庞大的社会群体。他们置身于世俗的环境之中，具有双重精神气格。一方面，他们放浪世

---

[1] 《湘江近事》载："陶榖学士，尝买党太尉家故妓。过定陶，取雪水烹团茶，谓妓曰：'党太尉家应不识此。'妓曰：'彼粗人也，安有此景，但能销金帐下，浅斟低唱，饮羊羔美酒耳。'榖愧其言。"取雪烹茶原是文人追求之雅事，是"销金帐下，浅斟低唱，饮羊羔美酒"之"党家风味"无法比拟的，但在宋代，在世人眼里它无法和声色之乐事相抗衡，"榖愧其言"说明士人精神之追求已经无法抗拒声色诱惑之物质享受了。[转引自王晓骊：《唐宋词与商业文化关系研究》，第 116 页。]

[2] 《道山清话》载："晏元献公为京兆尹，辟张先为通判。新纳侍儿，公甚属意。……其后王夫人不容，公即出之。一日，子野至，公与之饮。子野作《碧牡丹》词，令营妓歌之，有云：'望极蓝桥，但暮云千里。几重山，几重水。'之句。公闻之怃然，曰：'人生行乐耳，何自苦如此！'亟命于宅库支钱若干，复取前所出侍儿。"[见（清）谢旻等：《江西通志》卷一五九，文渊阁四库全书电子版地理类三，香港：迪志文化出版有限公司，2001。]

[3] 王晓骊：《唐宋词与商业文化关系研究》，第 118 页。

俗江湖，另一方面，他们往往有从政之愿望，较为关心时政。但是他们既无庄子式之超然，亦无范仲淹式之牵挂，他们游离于宗法政治之外，有更多的市民式之自由意志，是以精神比入仕者更超脱、独立。如果说宋人的世俗化社会价值取向给宋元平淡之观念平添了"俗"之色彩，那么这种"世俗"之复杂性，则给宋元士人世俗化之平淡生活与内涵带来了巨大张力。

二、士人世俗化生活之诗意追求

宋代是一个非常讲究世俗享乐的朝代。其享乐之风的一个具体体现是宋人特别喜欢热闹，喜爱过节。孟元老《东京梦华录》对此多有描绘，它不仅记录了东京城市的繁荣、人文鼎盛之景象，更是多角度展现了市民日常生活之丰富性以及元宵、乞巧等节日之繁华喧闹，充满声色之乐。[1] 此外，《宋史》、吴自牧《梦粱录》、周密《武林旧事》亦皆记载了宋都元宵节万人空巷、人声鼎沸、普天同乐之盛景。[2] 而辛弃疾《青玉案·元夕》、周邦彦《解

---

1 孟元老《东京梦华录》序描绘："太平日久，人物繁阜。垂髫之童，但习鼓舞；班（斑）白之老，不识干戈。时节相次，各有观赏。灯宵月夕，雪际花时，乞巧登高，教池游苑。举目则青楼画阁，绣户珠帘，雕车竞驻于天街，宝马争驰于御路，金翠耀目，罗绮飘香。新声巧笑于柳陌花衢，按管调弦于茶坊酒肆。八荒争凑，万国咸通，集四海之珍奇，皆归市易；会寰区之异味，悉在庖厨。花光满路，何限春游，箫鼓喧空，几家夜宴。伎巧则惊人耳目，侈奢则长人精神。"［见（宋）孟元老：《东京梦华录》，北京：中国商业出版社，1982，第1页。］

2 《宋史》载："上元前后各一日，城中张灯，大内正门结彩为山楼影灯，起露台，教坊陈百戏。天子先幸寺观行香，遂御楼，或御东华门及东西角楼，饮从臣。四夷蕃客各依本国歌舞列于楼上……其夕，开旧城门达旦，纵士民观。"吴自牧《梦粱录》载："公子王孙，五陵年少，更以纱笼喝道，将带佳人美女，遍地游赏。人都道玉漏频催，金鸡屡唱，兴犹未已。甚至饮酒醺醺，倩人扶着，堕翠遗簪，难以枚举。"周密《武林旧事》载："终夕天街鼓吹不绝，都民士女，罗绮如云。"［见（元）脱脱等：《宋史》卷一一三，第3228页；（宋）吴自牧：《梦粱录》卷一，第3页；（宋）周密：《武林旧事》卷二，北京：中国商业出版社，1982，第35页，第36页。］

语花·元宵》、吴礼之《喜迁莺·闰元宵》等亦生动地描绘了元宵节的繁华与浪漫：宝马香车，人流如海，饮酒歌舞，嬉笑游冶，通宵达旦。又如七夕，原为乞巧节，在宋代则蜕变成了尽情享乐的娱乐活动，[1] 所谓"七夕知何夕，云是牛女期。俚俗具瓜华，阶除儿女嬉"[2]。苏轼《鹊桥仙·七夕和苏坚韵》词云："人生何处不儿嬉，看乞巧、朱楼彩舫。"七夕成为全民欢乐之节日。孟元老《东京梦华录》更是描绘了七夕之盛况：七夕前三至五天已经车马盈市，罗绮满街，人们手执荷花、荷叶，儿童们则早早穿上了新衣，一片节日喜庆。[3] 在宋人那里，世俗之欢娱享乐，不仅淡化了七夕牛女故事，稀释了乞巧性质，亦使寒食节的祭祀悼念之感伤与悲切荡然无存。[4] 对节日的喜爱，节日之繁华盛景、人们的宴赏欢娱，皆昭示了宋人欢娱享乐之情感诉求。

然而，宋人欢娱享乐不仅仅体现在世俗物质上，更体现在精神上。宋人世俗化生活之特点在于：品味艺术之生活，享受诗意之人生。[5] 是以他们的生活丰富多彩，他们不仅喜爱过节，亦喜爱郊游活动，尤其文人士大夫，总会忙里偷闲地利用时间享受生命之多彩。节假日里，他们或与君同庆，或邀好友观灯，或与家人共享节日欢快，其乐融融。梅尧臣有《金明池游》诗，描绘了三月游金明池之盛况：人来人往，熙熙攘攘，[6] 池水碧波荡漾，池

---

1 参见程民生：《七夕节在宋代汴京的裂变与鼎盛》，《中州学刊》，2016 年第 1 期，第 114—119 页。
2 （宋）李廌：《济南集》卷二，《景印本文渊阁四库全书》第 1115 册，台北：台湾商务印书馆，1986，第 726 页。
3 （宋）孟元老：《东京梦华录》卷八，第 54 页。
4 如仲殊《诉衷情·寒食》词云："涌金门外小瀛洲，寒食更风流。红船满湖歌吹，花外有高楼。晴日暖，淡烟浮，恣嬉游。三千粉黛，十二阑干，一片云头。"倾城寻胜，繁弦脆管，祭祀悼念之感伤与悲切荡然无存。
5 宋人已经从魏晋士人挑战生命极限的天真空想中跳了出来，他们清楚地认识到不可能增加生命的长度，于是自觉地走上了增加生命密度的道路上来，努力地打造生命之质量。
6 梅尧臣《金明池游》诗云："三月天池上，都人祓服多。水明摇碧玉，岸响集灵鼍。画舸龙延尾，长桥霓饮波。苑光花槃槃，女齿笑瑳瑳。行（转下页）

中舟船云集,长桥卧于波中,宛如一道霓虹;"挈榼车傍缀,归郎马上歌。川鱼应望幸,几日翠华过"写出了游之尽欢尽兴。又如刘几《花发状元红慢》词描绘了暮春三月出游上苑,于天光云影、芳草风月中,赏花歌吟,世俗平常之生活充满高情雅趣和诗情画意的场景。欧阳修《渔家傲》词写重阳节赏菊"欢游":天朗气清,菊开香绕,神清气爽,直至醉卧丛边。宋人节假休闲日出游大多"丛边莫厌金尊倒"(欧阳修《渔家傲》)或"马头乘兴尚谁先,曲巷横街一一穿"(王安石《上元夜戏作》),在世俗生活中尽享大自然之乐,他们把世俗生活过得典雅化、精神化、诗意化、审美化了。苏轼《临江仙·冬日即事》词云"自古相从休务日,何妨低唱微吟",其《望江南·超然台作》词曰"且将新火试新茶,诗酒趁年华",很好地概括了宋人世俗化生活的诗意化之追求。在宋人的世俗平常生活中,有诗酒,有花茶,有细柳,有烟霞,世俗平常生活中的每一次远足、每一程风景、每一样事物都可以被他们营造出艺术的情趣,世俗平常生活可谓彻底审美化、艺术化了。宋人在目迷五色、繁华喧闹的世俗生活中放情自然,感悟人生的从容与艰辛,彰示了对生命异常厚重之人文关怀以及无限之热爱和珍视,同时他们的知足常乐、澹泊明志,又自觉建构起了一个自我的诗意之精神家园。如此世俗生活中对人生诗意化之追求,促使他们世俗而不庸俗,平常而富有乐趣,困苦而旷达。是以,他们所追求的世俗之平淡,由此包含有不平淡、不俗之辩证意蕴。

(接上页)袂相朋接,游肩与贱摩。津楼金间采,幄殿锦文窠。挈榼车傍缀,归郎马上歌。川鱼应望幸,几日翠华过。"金明池乃皇家之园林,于三月三日开放,金明池开池日是都城士民一个盛大的游观节日。此日,不仅都城士民倾城而出,前往游观,连四野乡村无论男女老少,亦都入城游观,谚云:"三月十八,村里老婆风发。……是日郡府盛会,争标,水秋千之戏,皆如上巳,而观众杂遝过之远甚。"[(宋)金盈之:《醉翁谈录》卷三]

三、以俗为雅之艺术思潮

　　世俗化之核心在于"俗"。"俗"有两端,一端乃庸俗化,一端乃圣洁。因而世俗化之生活,既有高尚亦有庸俗,有廉洁亦有腐败,有腐朽亦有神奇。世俗化作为宋代社会文化生活取向,它趋向于市民之价值与评判标准,反映市民世俗生活的期盼和情绪。当文人士大夫将这种价值与标准、情绪与情感纳入他们的创作中,通过市民文艺如说唱文学尤其词这种文艺样式表现出来,并加以诗化或士大夫化,提高至醇雅境地时,即形成了"以俗为雅"的文艺思潮,它不仅使宋元市民文艺摆脱庸俗化,走向高雅,亦进一步推进了平淡之艺术的辩证性、丰富性特征与内涵。

　　伴随商业文化兴起的市民文艺,一方面不可避免地带有"俗气",另一方面在文人自身文艺修养的引导下,它又不断雅化。是以市民文艺其实是一个去除"俗气"不断雅化的过程。关于"雅化",具体表现在文辞上即追求典雅,反对艳语、俚语和粗豪语。如就"俗"之代表词而言,一方面他们对词的音乐进行了格律化、对词的结构进行了严整化、对词的语言进行了典雅化,另一方面他们又反对雕饰,追求平易自然。他们认为市民文艺例如词既是游戏之作,又乃心灵之自然抒发,故"如风吹水,自成文理"的自然文艺观念不仅影响他们诗文的创作,[1] 亦影响了他们的市井文

1　周裕锴言:崇尚"自然"之诗学理论有两种不同的倾向:一是如神韵派标举之"自然",主要提倡非理性之直觉与客观物象之天然契合,以自然自身呈露的方式呈露自然,不依赖隐喻或象征,也不作议论说明,只是尽可能按物象原样显现。二是如性灵派标举之"自然",主要强调主观审美意识之自由无拘束的表达,顺应内在于心灵之自然,反对任何人为的规范、外在的格套或前人的成法。前者"俯拾即是,不取诸邻"的即物即真之态度而接近于对外界自然之摹仿,后者则以"独抒性灵,不拘格套"的唯心任运之态度而接近于对内在自然的表现。如果说神韵派之"自然"总结了盛唐王、孟一派的审美境界,那么宋之"自然"恰巧是由盛唐之"无我之境"(自然呈露)到晚明之"有我之境"(自我表现)的中转站,故宋(转下页)

艺创作。是以在词的创作中，他们一方面注重真情之抒发和精力弥漫之气势的显示，甚至主张"旬锻月炼"的张炎亦曾以"莲子结成花自落"来比喻学词之门径。另一方面，他们又坚持词在命意、用字、造语、炼字方面的锤炼功夫，同时又追求用词"务在自然"。这种自然与雕琢之矛盾实际即是他们在文艺理论和实践上的矛盾：一方面追求自由挥洒自然之性情，另一方面又追寻一种有法可循之创作规范。如清真词既没有违背市井文艺自身的发展规律——商业文化、市井文化的滋养与支持，又保持了词之俗媚风格，同时还使词向以诗为代表的雅文学靠拢，善于将他人之句融化无痕、浑然天成，使词雅化的同时保持平易自然流畅之特色，故而其词所透出的士人之历史感、书卷气并不影响其于市井中流行与被平常市民接受和欣赏。[1] 雅乃文人意趣，俗乃市井习气，可以说，典雅与俗艳，自然与雕琢，自然有"清水出芙蓉"般之天然风致，平易浅近有巧夺天工之匠心，这些矛盾力量互相作用、共同形成"合力"，深刻地影响了宋元文艺"平淡"观发展的轨迹。

"雅"在内容上实则包含两层含义：一是雅正，即所谓"发乎情，止乎礼仪"，亦所谓"乐而不淫，哀而不伤""温柔敦厚"。[2] 二是包含"尘外之意"。两宋文人，最为赞赏的是"超然尘垢之外"的文人逸怀。在两宋市井文艺尤其词的发展进程中，柳永、苏轼和黄庭坚是最具影响力的文人作家。柳永虽然也有"不减唐人高处"之雅词，但亦有"俗极"之艳词。晏殊词以闲雅之审美追求对抗柳永词之"浅近卑俗"，不仅难以与俗词相抗，且走入为

（接上页）"自然"之诗学理论体现出自我表现与自然呈露相契合的鲜明特色。事实上不仅宋代诗学观念，整个宋元文艺理论亦皆具有此鲜明特色：不仅具有简约收敛的静态美，亦具有挥洒放纵的动态美。［参见周裕锴：《宋代诗学通论》，上海：上海古籍出版社，2007，第386—387页。］
1　如陈振孙《直斋书录解题》评清真词云："多用唐人诗语，隐括入律，浑然天成。"张炎《词源》赞清真词曰："所作之词，浑厚和雅，善于融化诗句。"沈义父《乐府指迷》称清真词曰："且无一点市井气，下字用意皆有法度，往往自唐宋诸贤诗句中来，而不用经史中生硬文字面。"
2　如林景熙将"清而腴，丽而则，逸而敛，婉而庄"作为雅词创作原则。

平淡而平淡之境，阻碍了词自身的发展。这说明市井文艺出身于民间里巷，流行在宋代这样一个歌舞升平的社会氛围中，要想真正雅化，唯有注入文人之高情雅趣：一种文人化之人格追求。[1]作为宋代文坛的代表性人物，苏轼与黄庭坚分别在其《于潜僧绿筠轩》诗与《书缯卷后》文中阐述了他们所追求的"雅"。[2] 他们所追求的"雅"，以高尚之人格为核心，展现的是平常与崇高、真实与高雅、世俗与脱俗相结合的人格美。是以苏、黄对市民文艺的贡献之一在于以市民文艺样式不仅书写普通百姓之丰富生活，具有浓厚的平民化、世俗化特征，还书写士大夫之日常生活，使市民文艺士大夫化。士大夫高洁博大的胸怀与人格为市民文艺注入了新的生命力，世俗平常生活因士人的高雅不仅具有"不以物喜，不以己悲"的平和超脱，又充满热爱生命之生机和情趣。此即宋代士人何以会世俗而不庸俗，平常而富有乐趣，困苦而旷达的重要因由之一。宋代文人对苏轼之赞赏，即在于他的"天然绝世""尘外之想"与对陶渊明之推崇。如"高处出神入天，平处尚临镜笑春，不顾侪辈"（王灼《碧鸡漫志》卷二），"使人甘心淡泊，而有种菊东篱之兴。俗士则酣寐而不闻"（陈鬵《燕喜词叙》），此皆说明苏轼词所体现的文人雅趣——平和淡泊、超逸绝尘是宋代士人的共同追求，宋元平淡之文艺观形成之因由可见一斑。

第三节　禅理推进与文艺共融

中国文化与宋代文化中本有追求"平淡"的基调，宋代儒释

1　从王晓骊说，参见王晓骊：《唐宋词与商业文化关系研究》，第172页。
2　苏轼《于潜僧绿筠轩》诗云："可使食无肉，不可居无竹。无肉使人瘦，无竹令人俗。人瘦尚可肥，士俗不可医。"黄庭坚《书缯卷后》亦云："余尝为少年言：士大夫处世可以百为，唯不可俗，俗便不可医也。"其进而解释不俗之标准："视其平居无以异于俗人，临大节而不可夺。"[见（宋）苏轼著，（清）王文诰辑注，孔凡礼点校：《苏轼诗集》，北京：中华书局，1982，第448页；（宋）黄庭坚撰：《类编增广黄先生大全文集》卷四八，王水照编：《宋刊孤本三苏温公山谷集六种》第六册，第438页。]

道三教融合背景下，士大夫化了的禅学即新禅学以"无物不真"之解脱心境与"繁华落尽"之解脱功夫，对"平淡"范畴之内在逻辑进行了进一步建构，是平淡产生巨大之审美张力的重要因素之一，而消化和扬弃了禅学的理学的产生，则标志着"平淡"的形成，同时理学家"修身养性"之内敛性格和"穷理格物"之理性精神又助长了宋代文艺理性之精神，促进"平淡"的不断生成。宋元文艺各门类皆崇尚平淡美，它们相互影响、生发，共同走向平淡。

一、新禅学的影响

儒释道三家哲学观念对平淡之概念形成有重要作用，然而孕育宋元之"平淡"构建与生成的更重要的因素则是三教合流背景下的新禅学和理学。尽管三教合流之思潮早已存在，[1] 但是到宋代才进入完全成熟之阶段，士大夫阶层老庄化了的佛学新禅宗的流行，和僧人的士大夫化，进一步促进了儒释道的融合蜕变，形成"以儒修身、以释治心、以道养生"的格局，此种格局产生了一种巨大的整合力量，强烈而深刻地影响着宋元的"平淡"文化精神与文艺观念。[2] 然而三教融合对"平淡"生成之作用并不仅于

---

[1] 中国文化以儒、道为根底，然而自先秦时代始，这两种思想观念实际上既各自为政，又互为渗透，同时构筑着传统文化的本质内涵乃至士大夫的人格特征。汉武帝"罢黜百家，独尊儒术"使二者形成悖立，然而魏晋经学的玄学化，使冲突着的它们开始从悖立走向渗透、互补乃至融合。东汉时期佛教传入中国，在经过借黄老之术以行的过程后，它逐渐摆脱道家的范围而独立出来，在魏晋时期终于形成与儒、道鼎立而三的局面，同时亦加入了文化趋融的历史进程。在文化开放的唐代，儒、释、道文化趋融的进程得到进一步加速，宋代即达到了成熟阶段，新禅宗与理学的构建，实际上即可视为儒、释、道文化在新的历史条件下所表现出的一种新的趋融方式与整合结果。

[2] 学界众多学者皆指出三教融合对"平淡"生成的这种整合力量，如周裕锴指出"儒家的中和静穆，道家的冲虚简淡，释家的清静空寂"能够形成"平和闲淡的心境"，这种心境就"决定宋人倾向于欣赏同样平和（转下页）

此，它们对"平淡"之内在逻辑建构的作用也不容忽视。

就禅而言，其追求的主要乃心境上之东西，所谓"心性本觉"，指清静空明的心境觉悟，具体表现则是表里澄明、了无挂碍，于静默冥想之中，有一种体察入微、宁静幽远的心之喜悦。是以三教融合思潮背景下，新禅学与文艺思想之关系，即在于这种禅悦情趣与道家崇尚自然淡朴之思想和儒家"独善其身"之人格美相结合，为宋代文人提供一个保持心理平衡和人格完整的退避之地，从而形成了追求自然平淡的文艺思想倾向。[1] 充满禅意的"平淡"，在文艺作品中大致表现为三个方面。一为色彩之清淡。习禅往往由感官愉悦而至心灵领悟，进而至于理性之直觉，由物质追求、向外开拓转向顿悟自性、向内退避，是以习禅使宋人日益失去对感性美的兴趣，更倾向于以本色代替丹膜之辞。是以宋元文艺呈现一种清丽枯淡之水墨意味。二为语言之平淡。禅家主张不立文字，实际主要指不执着于、粘滞于文字，是以对文艺创作而言，即要求遣词造句不露人工雕琢之迹，如风吹水，如月印潭，淡然无痕。三为情感之恬淡。禅宗把佛家所倡的本性——"自性"看成是每个人空明静寂的"本心"。其对文艺之渗透，在于弱化、淡化其情感色彩，同时通过心灵与自然化合，将情感消融于永恒不朽的本体存在之中，并以任运随缘之生活方式，引导人们不执着于任何是非爱憎、悲欢离合之情。是以"枯木寒

（接上页）闲淡的诗境"。郭鹏认为"平淡"综合了儒、道、佛中间某些具体共通性的精神气质，既有"孔颜汲汲仁义之途的古雅恬淡，同时融合了道家道教的淳古淡泊之气和佛教的空静绝尘"。张进则进一步指出儒释道合流与理学的兴起，使宋人特别注重心性之平和，在此种平和之心性作用下，宋人"始能追求诗语之真淳平淡"。他们皆从心境、心态平和角度认识儒、释、道对"平淡"生成之作用。（参见周裕锴：《宋代诗学通论》，第349页；郭鹏：《诗心与文道——北宋诗学的以文为诗问题研究》，北京：北京语言大学出版社，2003，第55页；张进：《论苏轼"平淡"诗美观之实质》，见徐中玉、郭豫适主编：《古代文学理论研究》第二十二辑，上海：华东师范大学出版社，2004，第142页。）

1　参见本章第一节中的"山林精神与禅悦之风"。

岩，全无暖气"的清寒枯寂之境，既是"蔬笋气"又是"极无烟火"的体现。由此可见，三教融合背景下的新禅宗，其对平淡之作用不仅仅在心境方面如此简单，它还在内在情感价值体验（意）与语言形式本身（语）方面对平淡产生了重要影响，更重要的是，它还对此"意"与"语"进行了辩证性规范。宋元的平淡说，至少有三种含义：一是某种情感倾向，即所谓"冲淡""闲澹""澹泊"；二是语言使用倾向，即所谓"平易""清淡"；三是文字技巧境界，如"平夷""拙淡""简易""简澹""疏淡"。前者为"意"，后两者即"语"（语言形式本身），新禅宗通过其"无物不真"之解脱心境与"繁华落尽"之解脱功夫，对宋元平淡之"意"与"语"进行了辩证性规范。

平淡作为一种感情价值倾向，与宋人对生活意趣之审美观相关联。与唐人多取譬寄讽、寓物写愤，更多地带有诗歌感事怨刺的色彩不同，宋人把重点转向社会、历史尤其是自然、人生一般规律和基本信念的思索推求，表现出冷静、平实、客观、富有历史感和家常味的理性色彩。在家用日常生活里，从身体力行的经历里，从耳闻目睹的一事一物中去感受、体会，把握天地人生、为人为物之道理，由此建立并不断贞定社会人生之观念。这是宋人最一般的文化心理和思维方式。[1] "欧阳修牢固树立了'道'之平常、简易、信实、恒久、切实可行的信念。这为有宋一代'君子明道'明确了一个平实、理性的原则。……宋代文化因之形成了平易通达，清新明快，富有创造性的氛围。宋代文学就是笼罩在这一氛围之中。"[2] 在这种文人心理和文化气质上，文人处处从生活中掘发生命之意趣，将超然物外之意趣在日用生活中发挥无遗。宋代文人由文化心态所产生的"物外之趣"恰恰与禅学随缘运用、触事皆真之精神结合起来，即形成了一种"无物不真"的

---

[1] 程杰：《北宋诗文革新研究》，呼和浩特：内蒙古教育出版社，2000，第402—402页。

[2] 程杰：《北宋诗文革新研究》，第437页。

创作心态，同时选择陶渊明之"真"为代表，[1] 强调"无心任自然""无所用意"之精神，如此即构建了"平淡"的悖立一面。苏轼首先认为陶诗具有"外枯中膏，似淡而实美""质而实绮，癯而实腴"的辩证内涵，从情感体验之品质上，丰富了平淡的内涵。这也启发了后人常从此角度欣赏陶诗。如葛立方云"陶潜、谢朓诗，皆平淡有思致"（《韵语阳秋》）；包恢曰"虽若天下之至枯，而实天下之至腴。如彭泽一派，来自天稷者"（《答傅当可论诗》）；陈模曰"渊明则皮毛落尽，唯有真实，虽是枯槁，而实至腴"（《怀古录》）等。说明陶诗为代表的"平淡"，基本具有某种"中膏"而"实腴"的辩证内在情感体验。而这种"中膏""实腴"之情感体验，宋人认为源自于其"超然""自得""悠然""闲趣""自在"的解脱心境，陈师道《后山诗话》云："右丞苏州，皆学于陶王，得其自在。"[2] 可见，宋人对陶诗的欣赏，除了前代所认识到的操守、个性与志向等人格特征外，最重要的是其"悠然自得之趣"，此即"悠然忘情，趣闲而景远"的审美意趣，而这种意趣宋人认为来自创作者自在心境的寄托，体现了"无所用意"和"随所遇而皆适"之精神。在他们看来，陶渊明所谓"不为诗""未尝以为诗"，其实皆乃诗人"无所用意"，无意而为的"超然自得"心态。[3] 是以陶诗"胸中之妙"的平淡，表现的即"无所用意""无意于平淡"之平淡，充满了"随所遇而皆适"的禅学之解

---

1 众所周知，陶渊明之作品在宋代受到前所未有的重视，对陶渊明人格之景仰早已有之，然而对其作品之欣赏却极为冷落，直到宋代尤其苏轼以后，随着学陶、和陶蔚然成风，其诗遂成为宋诗及其文艺之最高典范。
2 （宋）陈师道：《后山诗话》，见（清）何文焕辑：《历代诗话》，第313页。
3 如陈师道《后山诗话》云："渊明不为诗，写其胸中之妙尔。"陈模《怀古录》云："盖渊明人品素高，胸次洒落，信笔而成，不过胸中之妙尔，未尝以为诗，亦未尝不人称其好。"《苕溪渔隐丛话前集》卷十九引《蔡宽夫诗话》云："观其《贫士》《责子》与其他所作，当忧则忧，遇喜则喜，忽然忧乐两忘，则随所遇而皆适，未尝有择于其间，所谓超世遗物者，要当如是而后可也。"汪藻《信州郑固道侍郎寓屋记》曰："渊明之方出也，不以田园将芜为忧；其既归也，不以松菊犹存为喜；视物聚散，如浮云之过前，初未尝往来于胸中，盖知夫物我之皆寓也。"

脱意义与超世遗物之精神。禅宗主张"平常心是道",俗谛即真谛,于行住坐卧、一切日用之中,透显自性真如之全体大用。陶诗之"真"趣即类于此。[1] 其欲仕则仕,欲隐则隐,对进退出处无系无累,不以去之为高,不以求之为嫌的情"真",对生命无常不喜不惧的豁达,于日常生活中的安心适意,恰是文人意趣与禅学理想的折射。[2] 是以"胸中之妙"作为诗人主体自由解脱的价值在于,将禅学"无物不真"境界转化为创作理想。是以陶诗在宋人看来乃"冲淡深粹。出于自然……非着力之所能成也"[3],认为正是陶诗自然天成、不可作意之精神成就了其诗之"冲淡深粹"之境界。这种境界专注于主体之心境,为一种非功利的、非伦理的、纯粹的心灵体验,是以它所包含的价值内涵,已超出了儒道之范围,而另有开拓。禅学"无物不真"境界,即便平常日用,即便过着世俗的生活,精神指向皆清高淡雅,情感倾向皆淡泊高远,意蕴指向皆平易深邃。是以就宋人而言,无论是"淡泊""古淡""闲淡""平易""冲淡",都以传导"至味"为前提,"淡之味则有余而无穷也"(《汪古淡诗集序》),正代表了宋代情感价值倾向之平淡。[4] 是以"至味""致远""致高""深粹""深邃""深远""高远""超逸"等作为悖立的一面,构建与加强了平淡之"意"(情感价值倾向或内容上)的辩证性内涵与特性。

元好问《论诗三十首》云:"一语天然万古新,豪华落尽见真淳。"这是从心性功夫和语言品质之关系来看待陶诗之"平淡",

---

1 如葛天民云:"赵州禅在口头边,渊明诗写心中妙。"(《寄杨诚斋诗》)以赵州禅与陶诗并提,用以称赞杨万里诗之灵活透脱,于自得的平淡中处处呈现随机应物的活泼机趣。又施德操云:"渊明随其所见,指点成诗,见花即道花,遇竹即说竹,更无一毫作为。"(《北窗炙輠录》卷下)以禅宗常用之"郁郁黄花,无非般若。青青翠竹,尽是法身"之典故,比喻陶诗"超世遗物""随所遇而皆道",充满了禅宗随时解脱、随处解脱的触处即真、念念无往之精神。

2 林湘华:《禅宗与宋代诗学理论》,台北:台湾文津出版社,2002,第162页。

3 见胡仔《苕溪渔隐丛话后集》卷三《陶靖节》引《龟山语录》。

4 林湘华:《禅宗与宋代诗学理论》,第151页。

指出新禅宗"繁华落尽"之解脱功夫对宋元平淡之"语"的辩证性规范。元好问认为"语"即文字及其他表现技巧,陶诗平淡即体现在"语"经由技巧圆熟达到了"繁华落尽"的境界。也就是将文字等表现技法等同于禅之修行的功夫(皮毛落尽、息妄修心),而"平淡"则是功夫极致"道"的显现。宋元士人以此来肯定文字等表现技巧的价值,从而构建起了"平淡"在"语"方面的辩证性特征。一方面,肯定功夫的必要性,在"学至于无学"的意义上,肯定文字等表现技法的价值和重要性。另一方面,"繁华落尽"的息妄修心功夫,规范了人为制作之目的,追求经由损之又损,翻过刻镂之迹而到达"无相"之道的层次。如此,平淡"语"之矛盾对立性特征诸如"大巧不工""简易而大巧出""拙而浑然天成""至质而至华""至迂而至奇""至清而至工""至枯而至腴"等遂得到辩证之统一。[1] 然而新禅宗"繁华落尽"之解脱功夫对宋元平淡之"语"的辩证性规范不仅于此。宋元的"平淡"观实质上就是"圆熟"观。[2] 宋元人认为功夫深处即是平淡拙易,手法圆熟而致平淡之高境。[3] 可见宋元平淡指向技法功夫的价值,而技法功夫又与"繁华落尽""皮毛剥落"的修心功夫密切关联。所谓"皮毛剥落"指不染外境、无是非、无造作、平常自在的功夫。[4]

---

1 如罗大经《鹤林玉露》丙卷之三云:"至于拙,则浑然天全,工巧不足言矣。"包恢《答傅当可论诗》曰:"故观之虽若天下之至质,而实天下之至华;虽若天下之至枯,而实天下之至腴。"(《敝帚稿略》卷二)刘克庄《跋傅自得文卷》云:"迂则不俗,不俗则奇;非极天下之迂,不能极天下之奇。"《跋毛震龙诗稿》云:"然惟极天下之清,乃能极天下之工。"(《后村先生大全集》卷一〇〇,卷一九〇)
2 韩经太:《宋代诗歌史论》,长春:吉林出版社,1995,第175页。
3 如黄庭坚《与王观复书》云:"句法简易而大巧出。"王安石《题张司业诗》云:"看似寻常最奇崛,成如容易却艰辛。"苏轼《与二郎侄书》曰:"平淡,绚烂之极也。"又《书唐氏六家书后》曰:"精能之至,反造疏淡。"陆游《追怀曾文清公呈赵教授赵近尝示诗》曰:"工夫深处却平夷。"皆持手法圆熟而致平淡高境的主张。
4 "皮毛剥落"出自禅语,《五灯会元》卷五《乐山惟严禅师》载:"一日,祖(马祖道一)问:'子近日见处怎么生?'师(惟俨)曰:'皮肤脱落尽,唯有一真实。'"又《苕溪渔隐丛话》(前集卷四八)云:"正法眼藏(转下页)

如黄庭坚论画强调"无功之功"。[1] "无功之功",其实即"不断不造,任运自在"(宗密《圆觉经大疏钞》卷三)的修行态度,与"繁华落尽"同属不染外境的心性功夫。"无功之功"的意义在于超越外象巧拙,洞悉造妙入微之天然工巧,在于摆脱处境、意象刻意的营造,而纯任"意"的自然朗现。可见,宋元士人视诗文、书画的终极目的在"意"而非仅仅是"语"。"繁华落尽"之真实观,实际是将人格修养和作诗功夫相提并论,[2] 黄庭坚《赠高子勉四首》诗云:

文章瑞世惊人,学行刳心润身。(其一)

妙在和光同尘,事须钩深入神。(其三)

拾遗句中有眼,彭泽意在无弦。(其四)

"刳心润身"之功与"语不惊人死不休"的文章事业是一体的,钩深入神的文字艺术,目的在于和光同尘、无形无迹的自然妙境,无弦的境界,必须从句中有眼的创作淬炼中刻画出来。从有为之作到无意之工,有为到无为,有形到无形,有意到无意,皆把句法的探索视为息妄存真的功夫修炼,即"皮毛落尽",经由为道日损的途径,达到妄念都尽,真实出世的纯真心性。在这个意义上,对句法的形式追求之功夫本身就是学道的功夫。是以,"繁华落尽"的心性功夫实际具有道与艺的辩证关系,所谓"用拙存吾道""拙之所在,道之所存也"。[3] 是以愈是"平淡",愈"山

(接上页)云:'石头'一日问乐山,曰:'子近日作么生?'山曰:'皮肤脱落尽,惟有真实在。'鲁直《别杨明叔诗》云:'皮毛剥落尽,惟有真实在。'全用乐山禅语也。"马祖禅法之特色在于"触类是道而任心",主张"不取诸法""不涉外因素",惟严与石头希迁问答,与弟子问答,皆着重在顺任自然,不着意作念而自性朗现。[见(宋)释普济著,苏渊雷点校:《五灯会元》,北京:中华书局,1984,第257页。]

1 (宋)黄庭坚撰:《类编增广黄先生大全文集》卷四七《题赵公佑画》,王水照编:《宋刊孤本三苏温公山谷集六种》第六册,第427页。
2 从林湘华说,见林湘华:《禅宗与宋代诗学理论》,第154页。
3 罗大经《鹤林玉露》丙卷之三载:"杜陵云:'用拙存吾道。'夫拙之所在,道之所存也,诗文独外乎?"

高水深",此即"平淡而山高水深"的"入道"价值,亦是宋元平淡观在"语"(形式上)与"意"(内容上)之间的辩证性内涵。可以说,三教融合背景下的新禅宗,不仅分别加强了平淡在"语"与"意"上的辩证性内涵,亦完整了平淡在"语"与"意"间的辩证性,从而使平淡具有了"语"与"意"本身以及"语"与"意"之间的巨大审美张力。

二、理学的推进

宋代理学是继先秦子学、汉唐经学之后兴起的新儒学,其首先立足于儒家思想,以儒学为本体,因而可以说是儒学复兴之产物。然而,就其本质建构而言,它既是儒、释、道文化相互交融和整合的结果,亦可视为佛禅思想儒学化的结果。在三教融合背景下产生的理学,其对宋元平淡观产生的影响具有推波助澜之效。

首先,宋代理学在借鉴吸收佛禅心性论的基础上,形成了自己的心性学说,其讲究涵泳,以主敬为主的治心养气的心性涵养论,进一步促成了宋元文人平淡心境的形成。"涵泳"之原初语义为沉浸其中,就理学而言,它是理学一种涵养心性的方法,与"敬"密切关联。在两宋理学中,"敬"被作为一种心性修养的功夫。"敬"乃心有专注、用志不分的一种心理状态,是以与"静"关系密切。"主敬"讲求静坐功夫,"程门立雪"之故事从某种意义上表现的即为程颐的静坐功夫。同时,"主敬"不是枯坐,除了讲求静坐外,还讲求动,"敬只是常惺惺法,所谓静中有个觉处"[1]。"收敛身心""主一无适""整齐严肃"一起构成主体之心境。是以心境须"涵养",是以"涵泳"与"敬"密切关联。"涵泳"是一种心理表达,一种体认方式和心态表现,以体认、体会的方式进行,它要求认知主体以渐熟渐进、反复玩味之体认方式

---

[1] (宋)黎靖德编,王星贤点校:《朱子语类》卷六二,第1828页。

去接近对象。反复玩味需要收视返听、虚静平和的心境。如此，理学的"敬""涵泳"等观念进一步推动了文人们对平淡艺术心境之追求。

其次，理学的"已发""未发"之观念，是宋代平淡之审美追求的哲学基础。"未发""已发"首见于《中庸》，中庸思想深刻影响着理学家对人生境界的追求。就理学家而言，"中"为最理想之人生境界。是以他们对人对事皆以"不竞不矜""动不失宜"为标准进行审视，[1] 对于声色俱厉者皆持"愿平气以听"之态。[2] 程颐提出的"英气甚害事"[3]，即是他们主张平和冲淡的反映。而所谓未发，乃"心体流行、寂然不动之处"[4]；所谓已发，乃"感而遂通天下之故"[5]。就理学家而言，未发、已发是两种修养方法，未发状态主敬、涵泳，是一种涵养论，需要静心。已发状态追求格物致知，是一种认识论。而"格物致知"之前提即是"观物"。邵雍提出"忘情的观照方式"，程颢提出"万物静观皆自得""道通天地有形外，思入风云变态中"（《秋日偶成》）之观照方法，此种静观是精骛八极、心游万仞式的"动态"静观。邵雍的"忘情"静观注重主体意识层面被抑制之心理状态，接近于禅宗早期坐禅修习法，而程颢之"动态"静观则注重主体活跃的潜意识层面之心理状态，与慧能南禅相通。两种静观在观照事物上皆要求

---

[1] 《伊川易传》载二程"乐天顺命"之人生哲学，云："君子处险难而能自保者，刚中而已。刚则才足自卫，中则动不失宜。"（卷二《习坎》卦）又云："君子志存乎谦巽，达理，故乐天而不竞；内充，故退让而不矜。"（卷二《谦》卦）[（宋）程颐、程颢著，王孝鱼点校：《二程集》第二《周易程氏传》，北京：中华书局，2004，第773页、第846页。]

[2] 如程颐为人宽厚，于朝廷上遇王安石厉色对其进言，以"愿平气以听"而婉劝，王安石为之愧屈。[见（清）黄宗羲撰：《宋元学案》卷一三《明道学案》，台北：台湾世界书局股份有限公司，2012，第538页。]

[3] （宋）程颐、程颢著，王孝鱼点校：《二程集》卷一八《遗书》，第197页。

[4] （宋）朱熹著，郭齐、尹波点校：《朱熹集》卷六七《已发未发说》，成都：四川教育出版社，1996，第3528页。

[5] （宋）程颐、程颢著，王孝鱼点校：《二程集》卷九《与吕大临论中书》，第608页。

持有宁静、静穆之状态，可以说，以理性为内核的静观之观物态度是宋代士人的思维共性，并成为了他们进行文学活动与艺术实践的一种集体无意识，是以不可避免地形成了他们对平淡之审美境界与审美风格的追求倾向。如朱熹赞赏颜渊之"乐而平淡"，曰："颜子之乐平淡，曾点之乐已劳攘了。"[1] 肯定屈原忠君爱国之诚心，但却认为其言行文辞有失儒家温柔敦厚之"中"道，[2] 可见其推崇平淡雅正之诗美风格。他对陶渊明倍加赞赏："他自豪放，但豪放得来不觉耳。"[3] 认为陶渊明平淡并非仅仅浅切平易，其平淡可从豪放中出，是不平淡中的平淡。他还以平淡之境为高论时人，如赞赏吴龙图"诗之平淡"，[4] 言刘叔通诗"平易从容""有余味"，[5] 批评苏轼曰："坡公文如说不办后，对人闹相似，都无恁地安详。"认为苏轼"对人闹"心里不虚静，因而其诗"华艳处多"而不能平淡。[6] 他甚至还从人们几乎从不把平淡与之相联系的诗人身上，发现他们的平淡之处，[7] 可见他对平淡之偏爱。朱熹是宋代理学的代表性人物，亦是宋代理学家中文艺素养最高、文艺成就最突出者，其文艺观堪称理学家对文艺态度之代表。而其文艺观与对文学史上屈原、陶渊明、苏轼等文人的品评，说明了理学家对平淡境界与风格之审美追求的肯定。可以说，三教融

1　（宋）黎靖德编，王星贤点校：《朱子语类》卷三一，第970页。
2　其认为屈原言行文辞"或过于中庸而不可以为法""或流于跌宕怪神、怨怼激发而不可以为训"。［见（宋）朱熹撰，黄灵庚点校：《楚辞集注》，上海：上海古籍出版社，2015，第8页。］
3　（宋）黎靖德编，王星贤点校：《朱子语类》卷一四〇，第4063页。
4　（宋）朱熹著，郭齐、尹波点校：《朱熹集》卷八八《龙图阁直学士吴公神道碑》，第4541页。
5　（宋）朱熹著，郭齐、尹波点校：《朱熹集》卷八三《跋刘叔通诗卷》，第4271页。
6　（宋）黎靖德编，王星贤点校：《朱子语类》卷一三九，第4047页，第4049页。
7　如认为李白诗："不专是豪放，亦有雍容和缓底。如首篇大雅久不作，多少和缓。"认为韩愈诗"平易"，卢仝诗因平易不费事而"意思亦有混成气象"。［见（宋）黎靖德编，王星贤点校：《朱子语类》卷一四〇，第4063页，第4065页。］

合背景下的理学审美指向——虚静平和、中和雅正、平淡如常、恬静淡泊是推动形成宋代文化艺术平淡特质的重要哲学内核。

三、文艺之共融

宋元文艺对平淡之审美追求倾向的形成,还与文艺自身发展规律密切关联。宋人认为,唐人以"英玮绝世之姿"将其文艺推向了最高峰,其所欠缺的是"魏晋以来的高风绝尘",是以,宋人文艺所应着力处即在于"高风绝尘"。而魏晋文艺"高风绝尘"的典范代表,即为陶渊明。是以,他们普遍关注推崇陶渊明,崇陶尚陶之平淡由此而成为宋元普遍时尚与风气,平淡遂成为了宋元文艺普遍的审美理想追求倾向。

崇尚平淡遍及宋代文艺的各个门类。诗歌方面,梅尧臣首倡平淡。[1] 文章与书法方面,苏轼明确指出文尚平淡之思想,以及对钟、王萧散简远之书的赞赏;[2] 米芾批评颜真卿书法"作用太多,无平淡天成之趣"(《跋颜书》);姜夔追求具体笔法之平淡;[3] 皆表现出对平淡之追求。绘画方面,米芾评价董源曰:"巨然少年时多作矾头,老年平淡趣高。董源平淡天真多,唐无此品。"(《画史》)刘克庄称赞李公麟云:"淡毫轻墨,高雅超诣。""褐衣草履,居然简远。"(《题李伯时罗汉》)[4] 皆指出绘画领域兴起的平淡之新潮流。音乐方面,成玉磵《琴论》中所谓"似淡而实甘"与苏轼评陶渊明诗"似淡而实美"相类,"淡而有味,如

---

1 如"中作渊明诗,平淡可拟伦"(《寄宋次道中道》),"因吟适情性,稍欲到平淡"(《依韵和晏相公》),"作诗无古今,唯造平淡难"(《读邵不疑学士诗卷杜挺之忽来因出示之且伏高致辄书一时之语以奉呈》)。
2 苏轼《书黄子思集后》云:"凡文字,少小时令气象峥嵘,彩色绚烂,渐老渐熟,乃造平淡。"称"钟、王之迹,萧散简远,妙在笔墨之外"。
3 姜夔《续书谱用笔》云:"用笔不欲太肥,肥则形浊;又不欲太瘦,瘦则形枯;不欲多露锋芒,露则意不持重;不欲深藏圭角,藏则体不精神。"
4 (宋)刘克庄:《后村先生大全集》卷九九,成都:四川大学出版社,2008,第3301页。

食橄榄"的"橄榄"之喻亦与苏轼喻诗之平淡而有味相同，对弹琴具体指法之规定亦与"平淡"有意无意相靠合。[1] 可以说，宋代各门类艺术抛开了唐代的雄强博大，而更趋于飘逸淡雅，整体上透露出一种平淡审美倾向，并共同走向平淡。

如果说宋代更趋于在理论上构建了平淡之观念的话，那么，元代则在艺术实践上将平淡审美理想推向了圆融精致。影响元代艺术实践崇尚平淡的最主要因素有二：一为吏隐，一为诗书画同体。金元士人之人格精神与人之审美情调有自己的特点和内涵。尽管他们的审美风调走入疏淡，但依旧与平淡一路。在人格审美精神之理想上，金元士人崇尚隐逸，并以白居易为范本，白居易之隐逸精神被他们所吸取，尤其元人，由于特定时代、社会条件、环境，遂形成了对隐逸之向往。然而，元代隐逸与前代的不同之处在于，为宦和隐逸原本是互相对立的，但是，元人却将其统一起来，产生了"吏隐"。这是对中国隐逸文化的新发展和新补充，对前代大隐、小隐与中隐论的新阐述。所谓"吏隐"，就是在"吏"之现实地位与环境中，保持着"隐"之心态与生活方式，所谓"邻邑疲于奔命，曾不得一日休"，终日劳顿不堪，而自己却以隐逸生活自居，从而获得自身的心理慰藉和安顿。"吏隐"的形成与出现，不仅体现了金元时代隐逸文化之新内涵与表现，亦可见金元士人心态之变化：在隐逸之内蕴中有着对古朴之风的向往，对散淡人格之赞赏。元好问于《送秦中诸人引》中叙述了神往于风淳秦中、春风辋川，而绝意于美食大官、高赀华屋的隐逸情绪，体现了高风绝尘的意趣。[2] 这种意趣体现了金、元人的文化审美

---

[1] 成玉磵《琴论》云："指法，遒劲则失于太过，懦弱则失于不及，是皆未探古人真意。惟优游自得，不为来去所窘，乃为合道。"

[2] 元好问《送秦中诸人引》云："关中风土完厚，人质直而尚义。……予年二十许时……与秦人游益多……常约近南山，寻一牛田，营五亩之宅，如举子结夏课时，聚书深读，时时酿酒为具，从宾客游，伸眉高谈，脱屣世事，览山川之胜概，考前世之遗迹，庶几于不负古人者。……今夫世俗惬意事，如美食大官、高赀华屋，皆众人所必争，而造物者之所甚靳，有不可得者。若夫闲居之乐，淡乎其无味，漠乎其所先得闻，盖自放于方之外（转下页）

特点。就元人而言，隐是逸的存在方式，隐中显得潇洒出尘，表现出逸的超然精神，即所谓逸气。戏曲中元初胡衹遹于《〈黄氏诗卷〉序》中对表演之演员提出"九美"的规范，其中第二美即要求"举止闲雅，无尘俗态"，即追求逸之气质。绘画中倪瓒所推崇之逸笔，亦以此为社会意识背景，从而形成了元四家之审美主题。四家以个体性审美特色而存在，吴镇深厚，黄公望苍古，王蒙秀润，他们的画在秉承宋法萧散中奔放自如，唯独倪瓒的画在宋法萧散中古淡天真。[1] 在体现元绘画艺术精神和技巧方面，倪瓒是最杰出的代表，其绘画萧散简洁，淡远天然，在淡泊平和中更多高风绝尘之气，此即体现了宋元平淡艺术所追求的圆融境界。

然而，更重要的是，就各艺术门类而言，宋元出现两次艺术门类间的融合现象，一为宋代的诗画融合，一为元代的书画融合，最后形成了元代独特的文化审美现象，即诗书画同体，出现如高克恭、赵孟頫、虞集诗书画"三绝"的文化审美趣闻。[2] 诗画融合诞生了苏轼著名的"诗中有画，画中有诗"论，而关于书画关系的体认，郭熙《山水训》曰："人之学画，无异学书。"已将书画作为同一性艺术来体认，其《画诀》更是论述了书画在用笔上的一致及其原因。[3] 赵希鹄于《洞天清录集》亦提出"书画其实一

（接上页）者之所贪，人何所争，而造物者亦何靳耶？行矣诸君，明年春风，待我于辋川之上矣。"［见元好问著，姚奠中主编：《元好问全集》，太原：三晋出版社，2015，第443页。］

1　董其昌《画眼》指出："元之能者虽多，然禀承宋法，稍加萧散耳。吴仲圭大有神气，黄子久特妙风格，王叔明奄有前规，而三家皆有纵横习气，独云林（倪瓒）古淡天真，米颠（米芾）后一人而已。"［见（清）秦祖永辑：《画学心印》卷三，上海：商务出版社，1937，第134页。］

2　陶宗仪《辍耕录》载："高文简公（高克恭）一日与客游西湖，见素屏洁雅，乘兴画奇石古木。数日后，文敏公（赵孟頫）为补丛竹。后为户部杨侍郎所得。虞文靖公（虞集）题诗其上云：'不见湖州三百年，高公尚书生古燕。西湖醉归写古木，吴兴为补幽篁妍。国朝名笔谁第一，尚书醉后妙无敌……'此图遂成三绝矣。"［见（元）陶宗仪著，徐永明、杨光辉整理：《南村辍耕录》卷二十六《诗画题三绝》，杭州：浙江古籍出版社，2014，第640页。］

3　郭熙《画诀》云："笔与墨之浅近事，二物且不知所以操纵，又焉得成绝妙也哉！此亦非难，近取诸书法正与此类也。故说者谓王右军喜鹅，（转下页）

事尔"之观点。[1] 这些诗画一体与书画同源论，体现了宋元各艺术门类之间的相互影响与相互生发。诗书画同体在宋元至少被赋予了两个层面的意义，其一是文化、审美之品味，其二是技术层面的行为，如借用书法以之绘画或者借用绘画以之诗歌。柯九思从运笔方式即技术层面说明书画相通，孙武仲更从技术与文化审美层面明确指出书画形迹不同，却意趣相通。[2] 在宋元诗论中持此相同见解者颇多，如黄庭坚、钱鍪、郭熙皆有论述，而苏轼提出的"诗中有画"最具代表性。[3] 中国之文艺原本就讲求多元化合与意境通透，无论诗书画还是诗乐舞皆是浑然一体。宋金元诗书画同体，一方面说明艺术意境之老熟，另一方面说明各类艺术相互渗透更加明显。苏轼《书鄢陵王主簿所画折枝二首》云："诗画本一律，天工与清新。"又《听武道士弹〈贺若〉》曰："琴里

（接上页）意在取其转项如人之执笔转腕以结字，此正与论画用笔同。故世之人，多谓善书者往往善画，盖由其转腕用笔之不滞也。"［见（宋）郭熙著，周远斌点校纂注：《林泉高致》，济南：山东画报出版社，2010，第18页，第77页。］

1 《洞天清录集》"古画辨"云："画无笔迹，非谓其墨淡模糊而无分晓也。正如善书者藏笔锋，如锥画沙，印印泥耳。书之藏锋在乎执笔沉着痛快。人能知善书执笔之法，则知名画无笔迹之说，故古人如王大令，今人如元章，善书必能画，善画必能书，书画其实一事尔。"［见（宋）赵希鹄撰《洞天清录集》，清乾隆49年（1784）抄本］

2 柯九思《丹邱题跋》云："凡踢枝当用行书法为之，古人之能事者，惟文、苏二公，北方王子端得其法，今代高彦敬、王淡游、赵子昂其庶几。"又《论画》言："写竹干用篆法，枝用草书法，写叶用八分法，或用鲁公撇笔法，木石用折钗股、屋漏痕之遗意。"孙武仲《东坡居士画怪石赋》曰："文者无形之画，画者有形之文，二者异迹而同趣。"［见（清）秦祖永辑：《画学心印》卷二，第101页；（清）陈元龙撰：《历代赋汇正本》卷二百二，清康熙四十五年刊本，第1424页。］

3 如黄庭坚《次韵子瞻子由题〈憩寂图〉》云："李侯有句不肯吐，淡墨写作无声诗。"钱鍪《汉袁尚书巫山诗》曰："终朝诵公有声画，却来看此无声诗。"郭熙《林泉高致·画意》曰："诗是无形画，画是有形诗。"而苏轼提出的"诗中有画"，表现在创作上即是要求诗人作诗须形象生动，得画之气韵；而"画中有诗"则要求画家作画要意境深丰，得诗之韵味。故其于《欧阳少师令赋所蓄石屏》云："古来画师非俗士，摹写物象略与诗人同。"又《跋蒲传正燕公山水》曰："燕公之笔，浑然天成，粲然日新，已离画工之度数，而得诗人之清丽也。"皆表达了诗画同体、诗画意趣相通之观点。

若能知《贺若》，诗中定合爱陶潜。"姜夔《续书谱情性》云："艺之至，未始不与精神通。"可以说，诗、文、书、画、乐相通并相互影响，是宋元文艺共同走向平淡的重要因素，也就是说宋元文化艺术之平淡是其艺术各门类相互影响、相互生发的结果，是文艺共融的结果。

从上述论析可以看到，由哲学史、思想史向艺术史的转变，正是平淡从哲学、美学、诗学之概念向一种新的艺术审美精神的转变，而宋元社会文化生活对其转变与独特内涵及特征形成有着重要作用。就概念与概念史而言，中国哲学儒释道在论道中首先赋予了宋元平淡概念丰富的哲学内涵。道家之味淡，如老子的体道之淡和庄子人生之淡赋予了平淡辩证的思辨色彩与深远无穷尽性之哲思内涵，平淡包含了自然、中和、平静、清虚、虚静等特征。儒家之中道即中和之道或中庸之道，混合着道家淡然的人生姿态以十足的正面特征影响了宋元文化对平淡的诠释，一定程度上促成了宋元平淡思想的平常而圆满的圆融意味以及"外枯中膏"与"反常合道"的审美倾向。而佛教中观理论对"中"之超越模式、"二谛圆融"之思想及其经过儒道"格义"后的心本论模式，混合着道家之味淡与儒家之中道，共同孕育了中国文化之平淡的哲学与智慧。可以说，哲学史上的平淡概念，双重思辨性是其最为突出的特性，而宋元文化艺术之平淡概念的源起与意义首先即是以此为基础而构建的。从词语史与批评史角度考虑，作为中国文化中之性、本之性的平淡，与"素""朴""自然"之概念关系密切，它们在衍生众多与平淡相关的概念诸如素淡、质朴、朴素、直寻、直致、恬淡、平易、朴真、古朴、淡然、空灵、冲淡、自然、清新等的同时，亦推动了平淡概念的生成。在本色、尚质、天然、朴真、平易，去雕饰、藻饰、机心、奢华、造作等方面平淡与"素""朴""自然"有着一致性，在艺术表达与创作主体心性融合呈现出来的高远深邃的追求上平淡与"素""朴""自然"亦具有同一性，然而平淡作为味的特征，作为一种情志、韵味和情调，关涉主体创作之主体精神，使其必然具有中和性特征，是"素""朴"和"自然"等多样概念内涵的和谐统一。平淡概念从双重思辨性至中和性或多样和谐统一性的转变，其实正是其由哲学史、思想史向艺术史上的转变。

就艺术与艺术史而言，平淡经由了魏晋艺术之清淡、玄淡至唐代艺术之冲淡空灵的流变历程。魏晋是哲学、诗学与艺术交织产生大灵感与大智慧的时代，哲学的艺术，艺术的哲学，诗意的哲学，哲学的诗意，形而上与形而下的相互交织，赋予"清"多维辩证意义，影响着中古哲学、美学、文学与艺术相关的众多问题，包括对宋元士人在思想观念及语言艺术方面对平淡的认知。同时魏晋士人所追求的澄淡融朗般诗情画意之美与陶式平淡，亦影响着宋元文士平淡观念之形成。至唐代，其文化艺术主流由魏晋清淡转为清空又转为冲淡，冲和纳风雅是唐人普遍追求的诗美理想，冲淡空灵之艺术境界是唐代主流文化艺术精神。一方面唐诗"清空"之雄阔、空灵与荒寒之力健给宋元"平淡"之艺术精神形成带来了诸多启示，另一方面"清空"之内核——"闲淡"，所讲求的文之自然平易、朴素淡雅，情之平和淡泊、闲逸悠然，对宋人影响深远。可以说，清空与冲淡在"俗"与"雅"（清）、"真"与"空"之间纠结共融，从多方面圆满了宋元"平淡"之文化艺术精神。同时，中唐完成了对自然冲淡之艺术理想风范辩证运动的建构，如果说自然在平易、拙朴、天真、流畅等方面丰富了宋元平淡艺术审美精神的话，那么冲淡则在灵动、飘逸、力柔等方面充实了宋元平淡艺术审美精神之张力，而唐人冲和纳风雅之诗美理想呈现出各种诸如闲远与忧思、自然与人工、冲淡与绚烂等相斥相和之景观，亦正是此种张力的表现。从魏晋至唐之平淡的流变历程看，其艺术审美呈现出两极因素之交错与融合的局面，其思辨性与中和性特征得以形成与长足彰显。宋代兼容晋唐传统，推崇格力与格高，气格与气韵，确立了平淡之格韵审美标准，不仅意味着平淡从哲学、美学、诗学之概念嬗变为一种新的艺术审美精神,亦决定了宋元文化艺术之平淡所具有的三大独特特征:外简淡而内腴美;简远而超逸绝尘、脱俗;众善兼备、对立统一。

宋元文化艺术平淡之特征与内涵的形成,有着独特的社会生活文化背景。宋之政治与士人之享乐之风、忧患意识、山林精神和禅悦之风等一定程度上促成了宋代士人对平淡的艺术追求,并孕育了平淡而山高水深,平淡而邃美,平淡而清远,平淡而富禅理、禅趣,平淡而美丽的新内涵。宋代经济的繁荣(包括城市和商业的繁荣)以及市井文艺之兴起,体现了宋代社会世俗化的进程和宋人的世俗化追求,士人之世俗平凡生活中的感情与境界的平淡追求以及艺术之以俗为雅的思潮,在俗与反俗之间,皆孕育了平淡并给平淡注入了更丰富的内涵与精神。一方面,如果说宋人的世俗化社会价值取向给宋元平淡之观念平添了"俗"之色彩,那么"世俗"之复杂性,则给宋元士人世俗化之平淡生活与内涵带来了巨大张力。另一方面,宋元士人世俗化生活之诗意追求,使世俗之平淡,包涵了不平淡、不俗之辩证意蕴。而"以俗为雅"的文艺思潮,更是进一步推进和扩大了平淡之典雅与俗艳、自然与雕琢、平易浅近与巧夺天工、平常与崇高、世俗与脱俗之辩证性内涵张力。此外,宋代三教合流背景下的新禅学和理学,它们对平淡之内在逻辑建构的作用不容忽视。新禅宗"无物不真"之境界,构建了平淡在"意"(内在情感价值体验)之层面的"至味"之内涵,"繁华落尽"之解脱功夫,构建平淡在"语"(语言形式本身)之层面的"大巧不工"之圆熟意蕴的同时,亦完善了平淡于道与艺间的辩证关系。理学涵泳,以主敬为主的治心养气的心性涵养论,已发、未发之观念对宋元平淡观形成有推波助澜之效,而理学之审美指向——虚静平和、中和雅正、平淡如常、恬静淡泊则是推动形成宋代文化艺术平淡特质的重要哲学内核。可以说,崇尚平淡遍及宋代文艺的各个门类。宋代更趋于在理论上构建了平淡之观念,元代则在艺术实践上将平淡审美理想推向了圆融精致。元代对"吏隐"之崇尚使平淡充满逸气，而宋元出现两次艺术门类间的融合——诗画融合、书画融合到元代出现诗书画同体的文化审美现象，体现了宋元各艺术门类之间的相互影响与相互生发，而平淡则是文艺共融即各艺术门类相互影响、生发的结果。

  总而言之，宋元文化艺术平淡之源起与意义复杂而多样，思辨性、中和性贯穿了始终，其流变、其社会文化生活之背景更是增加了此复杂性与多样化，增强了其思辨性与中和性。其于概念史中的转变、于艺术史中的流变过程，即是其由哲学史、思想史向艺术史的转变过程，亦是其由一个哲学、美学、诗学之概念嬗变为一种新的艺术审美精神的过程。

中编
张力与呈现

宋元的平淡观念，正如韩经太所言："具有整合历史而又开拓未来的能动机制，具有使性情修养与艺术创作合二而一的思维张力，具有含纳唐格宋调的兼容性格。"[1] 可以说，宋元文化艺术之平淡的思辨性与中和性特征，决定了其具有深厚的文化艺术内涵和艺术张力。平淡与力健、平淡与峭丽、平淡与趣味之二元审美彰显出平淡之艺术张力，亦呈现出平淡内涵之复杂性与多元性，同时由于平淡之二元审美夹杂着雅、老、平、自然、韵等相近之审美范畴，更是增加了此复杂性与多元性，而此正是其深厚意蕴与强大艺术张力之所在。从诗文词曲到书法绘画到建筑园林，从艺术到平常生活，平淡皆是宋元士人所推崇和追求的文化艺术精神与美学人生价值。可以说在某种意义上，平淡被宋元士人推到了美学、文化艺术思潮以及平常生活的中心地带，这正说明，宋元之平淡话题是一个包孕非常丰富的话题，我们不仅必须从历史与思想相交织的角度探讨，更须从艺术各门类相互交织的角度探讨，从文化艺术自身与文化生活相交织的角度探讨。

---

[1] 韩经太：《清淡美论辨析》，第126页。

第四章 "平淡"之艺术张力

从平淡思辨性与中和性特征来看,"淡雅""淡漠""清虚""老""平易""自然""拙""直致"等概念与"平淡"皆存在非常密切的关联,它们在某一方面或者多方面与平淡相通相合,甚至达成内在统一。在宋元士人那里,某种程度上它们还等同于平淡,它们就是平淡的另一种表达方式与呈现,它们与力健、雄健、豪放、奇峭、绚丽、新巧、至味、理趣、致远、含蓄、韵味等概念相反相成,平淡在与力健,与峭丽,与趣味的二元审美中,包孕了极为丰富的文化意蕴,展现出高度的开放性和多元性,彰显出深广强大的艺术张力。本章就平淡之二元审美,分析阐述它们之间的辩证统一与艺术互补,研究其间的艺术张力与其在文学与文化上的意义。

第一节 平淡与力健

宋元人有崇雅尚健、趋老尚淡的普遍文化心理,淡与雅,老与淡,淡与空有着密切的关系,而健或者力健包括雅健、雄健,看似与淡或平淡对立,实则相融,具有相反相成之关系。

一、雅与健

"雅"作为在中国文化艺术史上的一个古老的概念,其内涵可概括为雅正、古雅和高雅三个方面。宋元崇雅,雅在其文化艺术中是一个常见的术语,诚如周裕锴所言雅在宋元文化艺术中有着非常重要的地位,它不仅是一种艺术趣味,也是一种价值取向。

就宋元士人而言，雅有雅致、雅洁、风雅、渊雅、醇雅、博雅等诸多合成词。[1] 而在宋元人的观念中，雅首先取雅正之意。宋人于《诗》取《雅》《颂》而不取《风》，或取《诗经》而不取《楚辞》，黄庭坚推崇杜诗为"大雅"，[2] 宋代格律派词人强调词之体制雅正，追求清空醇雅的共同倾向，元后期诗文效法唐音，皆是对雅正推崇的结果。其次雅与俗相对，乃高雅、典雅之意。宋元人普遍认为俗乃艺术创作之大病，就艺术创作而言，俗有二义，一指民间文艺之俚俗、粗俗，二指文人作品之陈俗、庸俗。[3] 宋元人于艺术创作中普遍主张黜俗就雅。一方面于艺术形式上善于"雅俗之变"，主张"以俗为雅"，推陈出新。另一方面，宋元人在精神形态上严守"雅俗之变"，追求精神与心灵深处一种不同流俗的高雅。他们认为人品即诗品、文品、艺品，[4] 只有人之不俗，创作出来的文艺作品才能不俗，也唯有人品不俗，文艺作品才能"脱去流俗"。[5] 因而他们极力推崇"无一尘俗气"之文人，如苏轼言其喜爱陶渊明之因由在于："岂独好其诗哉，如其为人，实有

---

[1] 周裕锴：《宋代诗学通论》，第331页。
[2] （宋）黄庭坚撰：《类编增广黄先生大全文集》卷三十《大雅堂记》，王水照编：《宋刊孤本三苏温公山谷集六种》第六册，第136页。
[3] 周裕锴：《宋代诗学通论》，第332页。
[4] 如苏轼《答张文潜书》云："子由之文实胜仆……其为人，深不愿人知之；其文如其为人，故汪洋澹泊，有一唱三叹之声，而其秀杰之气，终不可没。"即正式提出文如其人的命题。他还于《书唐氏六家书后》中以人品论书品，云："古之论书者，兼论其平生。苟非其人，虽工不贵。"言欧阳询"貌寒寝，敏悟绝人"，方有其"劲崄刻厉"之书风，言柳公权"心正则笔正"。又欧阳修《世人肥字说》云"独其人之贤者传遂远"，认为只有其"人之贤者"即人品贤达之人才能传名后世，杨凝式有"直言谏其父"之胸怀，才有其潇洒磊落之书艺，李建中有"清慎温雅"之品行，才有其隽秀雅致之书作。郝经《陵川集·论书》云"寓性情襟度风格其中，而见其为人"，主张"书以人品为本"。苏轼的"象其为人"、欧阳修的"取其为人"、郝经的"见其为人"，皆为宋元人对于人品即文品、艺品之观念体现。
[5] 苏轼《于潜僧绿筠轩》诗中明确要求士人须人格不俗，一旦俗便无法医治。又《雪浪斋日记》云："陶谢诗所以妙者，由其人品高。"直接将陶谢诗之高妙归功于人品的高雅。

感焉。"[1] 黄庭坚称赞嵇康诗、苏轼词"无一点尘俗气"。其云："视其平居无异于俗人，临大节而不可夺，此不俗人也。"[2] 在反流俗中明确指出俗与不俗的关键在于人品。士之人品不俗，则文品、诗品、艺品即不俗，去俗之关键在于去世俗。由此可见，宋元之雅，一定程度上继承了唐之风雅之内涵即雅正之体制、脱俗之品格，然而又有所突破。[3]

宋元之雅对唐之雅的突破，还在于它突出的儒雅、文雅之意。由于尚文不尚武，与唐人之功业在沙场马背上不同，宋人之功业在翰墨书斋，他们醉心于人文产品的创造、研究和欣赏。故此与唐之文学艺术相比，宋之文学艺术少了几分英雄气、游侠气，而多了几分书卷气、学术气，而元代由于对于隐逸的崇尚、吏隐的流行，则又平添了几分逸气。书斋之熏染，翰墨之浸淫，艺术之陶冶，隐逸之渗透，凝结融合成一种儒雅的气质，而这种气质的欣赏无疑形成一种不同寻常的艺术境界，即雅的境界。宋元人这种雅的境界，从他们推崇之大雅可窥一二。宋元推崇大雅的代表性文人是黄庭坚。黄庭坚认为杜甫所作夔州诗乃真正的"大雅"之音，情感内容雅正，艺术自然天工。其《与王观复书三首》（其二）更是指出杜诗之雅在于自然、平淡、简易。而平淡不仅指自然简易的字句，还包括闲远与忧思相互渗融之情感，恬淡冲和、寂寞幽独之意绪与古雅高洁之自我形象。从此角度而言，宋元推崇的大雅，与唐人冲和纳风雅乃一脉相承。然而，宋元人雅的境

---

1 （宋）苏轼著，（清）王文诰辑注：《苏轼诗集》，上海：上海古籍出版社，2001，第 1779 页。
2 黄庭坚于《书嵇叔夜诗与侄榎》中称赞嵇康诗云"豪壮清丽，无一点尘俗气，凡学作诗者，不可不成诵在心，想见其人"，于《跋东坡乐府》中称赞苏轼词曰："语意高妙，似非吃烟火食人语，非胸中有万卷书，笔下无一点尘俗气。"［见（宋）黄庭坚著，刘琳、李勇先、王蓉贵校点：《黄庭坚全集》《宋黄文节公全集·别集》卷六，第 1562 页。黄庭坚撰：《类编增广黄先生大全文集》卷四六，见王水照编：《宋刊孤本三苏温公山谷集六种》第六册，第 401 页。］
3 参见上编第二章第二节第三小节"冲和纳风雅之诗美理想"。

界还远不止于此。黄庭坚除了认为杜诗乃大雅之音以外，还认为晏几道词也为"大雅"。他认为小晏词之"雅"在于，尽管小晏词没有脱离艳情词之范畴，为所谓的"俗"，但是却能以最平常之物象，最简洁平易之语言，达到"字外盘旋，句中含吐"之艺术境界，[1] 其词"清壮顿挫，能动摇人心"。晁补之进一步补充小晏词"雅"之所在："风调闲雅""不住三家村也。"[2] 从中可见小晏词之雅的两层含义。一为语言艺术之平淡自然。清人冯煦评云："淡语皆有味，浅语皆有致，求之两宋词人，实罕其匹。"[3] 二为"不住三家村"的富贵气息（非俗世平民）与和婉不迫之风。这种富贵气并非柳永词所描写的带有市井气息的雕缋满眼的金碧富贵，而是"不言金玉锦绣，而惟说气象"[4]，是没有卑俗的世俗气的。闲雅即闲适雅致，展现的是心灵的自适与宁静平和，由是可见黄庭坚所推崇之大雅，实际体现了宋元人对于远逸、平淡的艺术追求和美学趣味，此为宋元"雅"内涵的新意所在，亦是宋元人追求的"雅"的境界。是故宋元"雅"的境界至少有三大特征。一为尚淡泊。所谓洗尽尘俗，无功、无己、无名，超俗绝尘。二为尚平和。如米芾认为吴道子笔法豪放纵横，出奇无穷乏蕴藉，有伤高雅之致，表现出对笔法平和的崇尚。[5] 三为尚自然。刻露、浅陋、俚直，皆为不雅，但是富艳、雕饰亦为雅所不容。米芾《画史》云："徐熙花皆如生，黄筌惟莲差胜徐。徐虽富艳皆俗。"表现出抑富艳尚平淡清雅的艺术观念。可见，宋元尚雅实际是与

1　（清）先著、程洪撰，胡念贻辑：《词洁辑评》，见唐圭璋编：《词话丛编》，北京：中华书局，2005，第1344页。

2　"三家村"指人烟稀少、偏僻的小山村。魏庆之《诗人玉屑》卷二〇载：晁补之评小晏词云："晏元献不蹈袭人语，而风调闲雅，如'舞低杨柳楼心月，歌尽桃花扇底风'，知此人不住三家村也。"指出小晏之雅在于其"闲雅"。李之仪《跋吴思道小词》亦云："晏元献、欧阳文忠、宋景文，则以其余力游戏，而风流娴雅，超出意表。"

3　（清）冯煦：《蒿庵论词》，见唐圭璋编：《词话丛编》，第3587页。

4　（宋）吴处厚：《青箱杂记》，上海：上海古籍出版社，2012，第26页。

5　唐吴道子始创"莼条"线条，奔放有力，富于变化。

尚淡密切关联的，无论他们是以古为雅，还是以不俗为雅，还是以平和为雅，最终皆指向"淡雅"。就宋元人而言，淡雅又称平淡、枯淡、平淡天然，是一种"落花无言，人淡如菊"的冲和平淡。[1] 是以对于宋元人而言，淡雅与平淡相合相融，甚至在他们的观念里，淡雅就是平淡。

与"雅"一样，"健"也是宋元文化艺术中一个常见的术语。《说文》释云："健，伉也。从人，建声。"本义是指人体强壮有力，是以"健"之第一义即"强有力"。《易·乾》云："天行健，君子以自强不息。"所谓"天行健"，指大自然充沛的生命力。就儒学君子而言，"健"实乃他们倡导的一种刚强有力的人格精神。[2] 而在文艺领域，"健"作为文学批评术语最早出现在汉魏时期。首先用以品评文风。曹丕、刘勰皆以"健"称赞陈琳文章之文辞、文风，并以"风骨"誉之，[3] 并指出"风骨"的内核所在即是作家所呈现出来的"刚气"之内在气质，是以后人称赏"建安风骨"常以"健"论之。[4] 其后，"健"由评品文风用于评品诗风。钟嵘《诗品》所言之"健"，指笔健气豪、老而弥坚之诗风，与其诗论之"风力"一致。可见"健"意味着"刚气"与"力劲"。至宋，"健"更是被诗坛称颂。如欧阳修不仅称颂健之诗风，且身体力行。自此后，"健"由古文传统向诗学领域全面渗透，成了宋元文化艺术中一个常见的术语和一种重要的审美风尚。在宋元人那里，"健"的合成词有雄健、雅健、清健、老健、劲健、瘦健、爽健、矫健、峭健、峻健等，近义词则有劲峭、瘦劲、古硬

---

1 李天道：《"淡雅"说的美学意义解读》，《云南民族大学学报》（人文社科版），2017年第12期，第145—148页。

2 《论语》云："四时行焉，百物生焉。"（《阳货》）"逝者如斯夫，不舍昼夜。"（《子罕》）又《诗·大雅》云："鸢飞戾天，鱼跃于渊。"（《旱麓》）皆是儒学君子从大自然蓬勃旺盛、生命不息中体悟到的人生自强向上之哲理。

3 曹丕《与吴质书》云："孔璋章表殊健，微为繁富。"刘勰《文心雕龙·章表》曰："琳瑀章表，有誉当时。孔璋称健，则其标也。"

4 如魏庆之《诗人玉屑》云："建安之风豪健，晋宋之风放荡，齐梁之风流丽。"

等，而"健"之含义即刚健和有力，即力健。[1] 宋元文艺尚健，讲求字健、意健和格健三个方面或层次。[2] 字健，指笔力之刚健有力。曾季貍《艇斋诗话》载："汪信民尝言荆公语失软弱，每一诗中，必有依依袅袅等字。"[3] 借汪信民言指斥柔软无力之字而推崇刚健有力之字；杜甫诗反复被宋元士人称美，原因即在于"语势矫健"；[4] 江西诗派倡导"点铁成金""夺胎换骨""以故为新""字字要响"等，追求生新、清奇、深隽、瘦劲，亦实乃朗健之生命力量的表现，[5] 宋人练字，正可谓"力求峭健"（潘德舆《养一斋诗话》）。[6] 而宋元书法，亦力求"笔意遒劲"，[7] 严羽《答出继叔临安吴景仙书》云"米元章之字""笔力劲健"。宋人尚健养气，还表现在意健上。"意健"指作品所显示的意气骏爽，蔡启云："语工而意不足，格力必弱。"（《蔡宽夫诗话》）宋人多以健气之有无作为评价之标准，论相通题材之诗之高下。[8] 一方面认为

1　周裕锴：《宋代诗学通论》，第327页。
2　胡晓明：《中国诗学之精神》，第106页。
3　（宋）曾季貍撰：《艇斋诗话》，见丁福保辑：《历代诗话续编》，第286页。
4　如方回评杜甫《刈稻子咏怀》诗"寒风疏草木，旭日散鸡豚"云："乃诗家句法，必合如此下字则健峭。"罗大经《鹤林玉露》云："作诗要健字撑拄，要活字斡旋，如'红入桃花嫩，青归柳叶新''弟子贫原宪，诸生老伏虔'。'入'与'归'字，'贫'与'老'字，乃撑拄也。"元代杨载《诗法家数》亦曰："'红入桃花嫩，青归柳叶新'炼第二字，非炼'归、入'字，则是儿童诗。"孙奕《诗说》指出"杜诗只一字出奇，便有过人处""凡倒著字，自爽健也"。
5　胡晓明：《中国诗学之精神》，第107页。
6　郭绍虞辑，富寿荪校点：《清诗话续编》，上海：上海古籍出版社，1983，第2014页。
7　如元代鲜于枢与赵孟頫并称书法"二雄"，其草书即以"奇态横发"之生气与"笔意遒劲"之特色被时人所称颂。
8　我们可从宋人诗论略知一二。如陈善《扪虱新话》云："予尝与林邦翰论诗及'四雨'字句，邦翰云：''梨花一枝春带雨'，句虽佳，不免有脂粉气，不似'朱帘暮卷西山雨'，多少豪杰！"胡仔《苕溪渔隐丛话》载："太白《望庐山瀑布》绝句云：'日照香炉生紫烟，遥看瀑布挂前川。飞流直下三千尺，疑是银河落九天。'东坡美之。……然余谓太白前篇古诗：'海风吹不断，江月照还空。'磊落清壮，语简而意尽，优于绝句多。"又俞文豹《吹剑录》曰："高蟾《下第后上永崇高侍郎》诗云：'天上碧桃和（转下页）

诗意健者则优胜；另一方面认为"豪气""壮气""生气""健气"贯穿诗意之中，则气长意健。是以意健者，气必刚健，而气刚健者，意亦健。意健否，根源在于人之生命气象之健与否。是以句法清新刚劲在于诗意之清新劲健，而诗意之健则在于人之生命气象之清爽振奋，是以字健、意健之关键在于格健。"格健"指作品显露之人格面目精神之形象的刚健。李纲《读四家诗选四首并序》云："退之诗雄厚雅健，毅然不可屈。"韩元吉《李编修器之惠诗卷》曰："语新格健意有余，风骨峭硬中含腴。"吴可《海藏诗话》载："欧公云：'古诗时为一对，则体格峭健。'"可见在宋元人之观念中，"健"更侧重于作品呈现之高尚品格与胸襟气骨。由字至意而格，由艺术锤炼至至高境界，实际即是健之人格的塑立。

在宋元士人的观念里，淡即雅，而健与淡之关系亦非常密切。严羽曾指出，就宋人而言，"健"是他们的一种重要的审美风尚，更是他们理想的一种文风和诗风。但是宋人之"健"与唐人之"健"不同。他认为唐人之"健"是雄壮浑厚，[1] 而宋人之"健"是劲健，所谓"健而野""劲而莽"，如子路，且为未事孔夫子时之子路，太直接太直露太直促，不平和不委婉。[2] 事实上，诚然

（接上页）露种，日边红杏倚云栽。芙蓉生在秋江上，不向春风怨未开。'雍容闲雅，全无蹙迫气象。至贾浪仙云：'下第惟空囊，如何住帝乡。杏园啼百舌，谁醉在花旁。泪落故山远，病来春草长。知音逢岂易，孤棹负三湘。'略无一毫生气，宜其终身流落不偶。"

1 "浑"即浑然化合，无际可求，不落言筌，即司空图所语"不著一字，尽得风流"。"厚"即敦厚温婉，蕴藉隽永，即严羽语"言有尽而意无穷"。

2 严羽《答出继叔临安吴景仙书》云："我叔《诗说》……又谓盛唐之诗'雄深雅健'，仆谓此四字但可评文，于诗则用'健'字不得。不若《诗辨》'雄浑悲壮'之语为得诗之体也。毫厘之差，不可不辨。坡、谷诸公之诗，如米元章之字，虽笔力劲健，终有子路未事夫子时气象。盛唐诸公之诗，如颜鲁公书，既笔力雄壮，又气象浑厚，其不同如此。"严羽反对以"健"论诗，认为"雄深雅健"只可评文，不可评诗。但从中可知，就宋人而言，"健"是他们的一种重要的审美风尚，更是他们理想的一种文风和诗风。

［（宋）严羽：《沧浪诗话》，见（清）何文焕辑：《历代诗话》，第707页。］

宋人之"健"与唐人之"健"确实不同，已经呈现出新的面貌，但此面貌却与严羽所言不尽相同。宋人所推崇之"健"，以平和闲淡的方式显现，而其实内蕴生命之刚健有力，所谓平和淡泊中流荡着刚健与豪迈。而此亦即宋元人所推崇之"平淡"，外平淡而实则力健。陈善《扪虱新话》曰：

> 陶渊明诗："采菊东篱下，悠然见南山。"采菊之际，无意于山，而景与意会，此渊明得意处也。而老杜亦曰："夜阑接软语，落月如金盆。"予爱其意度闲雅不减渊明，而语句雄健过之。[1]

这是以雄健称许杜诗，但意义不仅于此。此段文字至少有两点关键信息：一为宋人尚淡，淡与雅相通，故认为渊明诗平淡闲雅。二为宋人尚淡亦尚健，故推崇陶渊明亦推崇杜甫，并认为杜甫诗平淡闲雅而又雄健豪迈。范温《潜溪诗眼》载："老杜云'不知西阁意，肯别定留人'。肯别邪，定留人邪？山谷尤爱其深远。"[2] 指出杜诗之美不仅在于力度，在于雄健，而且在于平和淡雅、典雅深邃，即宋人所言之"雅健"，亦即他们所推崇的"平淡"。周裕锴先生曾明确指出宋诗风格的两大基本形态即"平淡"与"雅健"，[3] 郭绍虞评价朱熹言："由诗人的见地言，更有诗人之所谓高格。于是他再拈出两个观点，一曰俊健，一曰平淡。……俊健和平淡，一则锋棱毕露，一则矜躁悉蠲，正代表二种不同的风格，而他却能沟通此二者之关系，使归于调和。"[4] 宋人杜范云："陶诗平淡闲远，韩诗英健瑰杰，如天球神剑，不同其为器，而同其为实也。"（《清献集》卷十七）宋人每每将以平淡而著称之诗人梅尧臣与以雄豪见长之诗人苏舜钦并称为苏梅，而苏

1　（宋）陈善撰，袁向彤点校：《扪虱新话》下集卷三，第81页。
2　参见郭绍虞辑：《宋诗话辑佚》，第330页，第331页。
3　周裕锴：《宋代诗学通论》，第325页，第346页。
4　郭绍虞：《中国文学批评史》（下卷），天津：百花文艺出版社，1999，第36页，第37页。

舜钦亦自述其诗歌雄健终归平淡，[1] 豪放派文人苏轼与刘克庄等，皆倡导豪放之同时亦推崇平淡。凡此种种，其实正证明和体现了"平淡"与"健"相反相成之关系。

然而这只是宋元推崇杜诗的一面，更重要的一面在于，杜诗于他们而言最重要的是平淡中内蕴生命之劲健刚大之气，即前所言之"健气"。是以在宋人文艺观念里，"平淡"与"健"不仅是相反相成的两条线，更是相合相融的一条线。平淡中内蕴健气，雄健中有平和淡泊，这才是宋人之"健"，更是宋元人所推崇的"平淡"。如苏轼《送参寥师》云："颓然寄淡泊，谁与发豪猛。细思乃不然，真巧非幻影。"程俱《北山集》云："有南丰居士诗十二卷，平澹峻激，杂见于波澜动静之间，自成一家。"皆持平淡与"健"相融合的观念，并付诸创作实践之中。如梅尧臣力主平淡，但其诗又追求"苦硬""瘦劲"，其实即是要平淡其表，力健而深邃其里。此于苏、黄诗中更是屡见。如苏轼南贬诗与和陶诗皆于冲淡平和中呈现一种生命刚大之健气，"常充塞天地之间"。而黄庭坚诗"闲暇""坦易"，虽没有苏轼的英特之气，但依旧在平和闲淡中有一种困境中坚韧不拔的生命强力。[2] 魏了翁就曾指出黄庭坚诗"虑澹气夷，无一毫憔悴陨获之态""恢广而平实""乐不及淫，怨不及怼"，[3] 此均表明黄庭坚诗文平和冲淡中而含刚健圆

1　苏舜钦《赠释秘演》诗云："作诗千篇颇振绝，放意吐出吁可惊。不肯低心事镌凿，直欲淡泊趋杳冥。"

2　《古今诗话》云："黄鲁直谪宜州，作诗曰：'老色日上面，……轻纱一幅巾，短簟六尺床。无客日自静，有风终夕凉。'……鲁直学为道，故诗闲暇。"又《冷斋诗话》曰："山谷谪宜州，殊坦易。作诗曰：'老色日上面，欢情日去心。今既不如昔，后当不如今……'，山谷学道休歇，故其诗闲暇如此。"

3　《鹤山先生大全文集》卷五三《黄太史文集序》云："元佑史笔，守正不阿，迨章、蔡用事，摘所书王介甫事，将以瑕众正而疹焉，公于是有黔戎之役。囚狁之所嗥，木石之与居，间关百罹。然自诵其文，则虑澹气夷，无一毫憔悴陨获之态。以草木文章发帝杼机，以花竹和气验人安乐，虽百岁之相后，犹使人跃跃兴起也。……荆江亭以后诸诗，又何其恢广而平实，乐不及淫，怨不及怼也。"

融。是以周裕锴以"雅健"二字概括宋诗之"健",是非常中肯的。因为"雅健"含义不只是力量与气势,同时还包括了平和淡雅、典正厚重与温文尔雅、平和闲婉,它具有外柔内刚,外平淡而内力健之特点。而此亦很好地说明了宋元于"平淡"中对雅健、雄健的追求,此即平淡与力健二元审美之一端,亦是平淡之艺术张力之一端。

二、老与健

"老"本义是人的自然年龄大、历时长。《说文》云:"七十曰老。"即言人年老。《老子》三十章曰:"物壮则老。"则由人年老引申为事物之衰顿,此后又引申为老而有成德,与成熟和完成的含义联系起来。魏晋时期,开始以"老"评品人物。《世说新语·赏誉》载:"吴府君,圣王之老成,明时之俊乂。"以"老"评价吴中秀才吴展;贾思勰《齐民要术》(卷一)评西兖州刺史刘仁之为"老成懿德";《魏书·列传》以"国家之桢干,当今之老成"评价尚书李欣,"老"皆为老而成德之意。而在文学批评中,"老"之概念指作品意蕴如老年之境深沉厚重。[1] 唐代,"老"还被用于评价书法艺术,指笔力老到有风骨。张彦远《法书要录》云:"老:无心自达曰老。"对"老"之内涵定义为"气脉贯通""恰到好处""平正拙朴""力而圆备",可谓"随心所欲,各法兼备"。[2]

---

1 如钟嵘《诗品》卷下云:"孟坚才流,而老于掌故。观其《咏史》有感叹之词。文胜托咏'灵芝',怀寄不浅。"又陶弘景《与梁武帝论书启》曰:"启:伏览书前,意虽二六,而规矩必周,后字不出二百,亦褒贬大备。一言以蔽,便书情顿极,使元常老骨,更蒙荣造,子敬懦肌,不沉泉夜"(陶弘景《华阳陶隐居集》卷上)。皆以"老"品评文学作品。
2 张彦远《法书要录·述书赋》云:"枯槁欲北还南,气脉断绝……稳结构平正曰稳……薄阙于圆备曰薄……嫩力不副心曰嫩……熟过犹不及曰熟……拙不依致巧曰拙。"通过相似这些相近概念之间的对比,可见"老"之内涵。"枯槁"非"老","枯槁"之特征乃"气脉断绝"。故"气脉贯通"乃"老"应有之义;"熟"非"老",因"熟"之特征乃"过"与"不(转下页)

孙过庭于《书谱》中更是提出对后世文学与艺术产生重大影响之"人书俱老"命题。[1] "老"之内涵既指心境平和练达，亦指书艺之成熟老到。李白将"老"用于绘画领域，[2] 杜甫则开启了"老"用于评价诗歌的先河，其诗出现很多与"老"相关之词语。[3] 他们关于"老"之概念内涵既涉及年龄心理之成熟平和，又涉及笔力章法技巧之严谨顿挫，还涉及风格之清壮感慨。此后王仲舒、白居易、柳宗元、皎然等对"老"之概念进行了进一步丰富。[4] 就唐人而言，"老"为老成，不仅是成熟与完成，亦是文与质、才与气、风与雅的相互激发，和谐统一。并且，"老"与"懦"不兼容，但与"强""健""雄"相关联，只有强健、雄杰之格调才具有能表现为"老"之风格的潜质。

（接上页）及"，故"恰到好处"乃"老"之特征之一；"稳"乃"平正"摒除"险怪"，"拙"乃求"朴钝"而避"巧致"，二者均有偏执一端之缺憾，而"老"则能将对立面统一成一个和谐体；"嫩"乃"力不副心"，"薄"乃"阙于圆备"，而"老"则是"随心所欲、各法兼备"。［参见（唐）张彦远辑，洪丕漠点校：《法书要录》卷六，上海：上海书画出版社，1986，第177—179页。］

1 孙过庭《书谱》云："若思通楷则，少不如老；学成规矩，老不如少。思则老而愈妙，学乃少而可勉。勉之不已，抑有三时；时然一变，极其分矣。至如初学分布，但求平正；既知平正，务追险绝，既能险绝，复归平正。初谓未及，中则过之，后乃通会，通会之际，人书俱老。仲尼云'五十知命''七十从心'。故以达夷险之情，体权变之道，亦犹谋而后动，动不失宜；时然后言，言必中理矣。是以右军之书，末年多妙，当缘思虑通审，志气和平，不激不厉，而风规自远。"［参见叶朗总主编：《中国历代美学文库·隋唐卷上》，北京：高等教育出版社，2003，第233页。］

2 李白《上阳台帖》云："山高水长，物象千万，非有老笔，清壮何穷?"

3 如"庾信文章老更成，凌云健笔意纵横"（《戏为六绝句》），"枚乘文章老"（《奉汉中王手札》），"毫发无遗憾，波澜独老成"（《敬赠郑谏议十韵》），"座中薛华善醉歌，歌辞自作风格老"（《苏端薛复筵简薛华醉歌》））等。

4 如王仲舒《崔处士集序》云："帝唐绥佩之士，年未壮，其文老成，曰博陵崔秀文。峻亮而坚，刚贞而和，止立而毅，其行也不迩声利，其文也文质相制，才气相发，于古人立意中，往往振起风雅。"皎然《论卢藏用〈陈子昂集序〉》曰："卢黄门《序》评贾谊，司马迁'宪章礼乐，有老成之风'。"相传为白居易所作之《金针诗格》云："诗有五忌。格懦，则诗不老。"柳宗元《杨评事文集后序》曰："若杨君者，少以篇什着声于时，……其雄杰老成之风于时增加。"

宋元时期,"老"成为古典艺术各个门类的常见术语,尽管"老"的合成词有很多。[1] 然而他们最推崇、最欣赏的是"老成"与"老格"。[2] 就宋元人而言,"老成""老格"首先具有唐人所推崇的两层含义。一为老而有所成就,如杜甫所言"庾信文章老更成"。二为辞章笔力深厚,所谓"毫发无遗憾,波澜独老成"。并由此他们提出"老而诗工"之命题,一方面认为老人阅历丰富,历坎坷,洞明世事,练达人情,所谓知天命,识人事,明事理,故能道通天地,思入风云,思虑深沉;且书卷富,经典熟,故而学问深厚。由是其诗文必句法高,诗律细,书画必笔力纯熟,乐艺必精湛高妙。另一方面还认为人年老往往心境淡泊,能够遗声利,冥得丧,超然物外,即对个体生命存在更有一种超然了悟,从而易于挣脱形式技巧之束缚,获得审美主体之自由,故而艺术更能达到至境。然而宋人关于"老"之概念的含义远不止于此,他们对唐人"老"之强健、雄杰之格调进行了生发。楼钥《题杨子元琪所藏东坡古木》称苏轼画:"东坡笔端游戏,槎牙老气横秋。"就宋元人而言,"老"是成熟人格生命的象征,充满人格挺立、生命之刚劲绵力,它不仅仅是一种艺术技巧,一种艺术风格,一种艺术境界,更是一种艺术精神。[3] 宋元人普遍对这种艺术精神倍加推崇,并尤其追求其间的刚劲力健。如张戒称赞刘长卿诗"老成"而有"气格",[4] 黄庭坚亦强调"老成"所内蕴

1　如"老格""老笔""老气""老劲""老淡""老硬""老重""老健""老成""笔老""老古""语老""老苍"等。
2　周裕锴言:"宋人一致推崇、共同欣赏的理想诗风有三种:'一是'雄健'或'雅健',二是'古淡'或'平淡',三是'老成'与'老格'。"[参见周裕锴:《宋代诗学通论》,第321页。]
3　苏轼《墨君堂记》析"老气横秋"云:"稚壮枯老之容,披折偃仰之势。风雪凌厉以观其操,崖石荦确以致其节。得志,遂茂而不骄;不得志,瘁瘠而不辱。群居不倚,独立不惧。"[见(宋)苏轼著,孔凡礼点校:《苏轼文集》卷一〇,第356页。]
4　张戒《岁寒堂诗话》云:"随州诗,韵度不能如韦苏州之高简,意味不能如王摩诘孟浩然之胜绝,然其笔力豪赡,气格老成,则皆过之。"[(宋)张戒:《岁寒堂诗话》卷上,见丁福保辑:《历代诗话续编》,第460页。]

之力。[1] 郭若虚称裴文睍"工画水牛，骨气老重"。米芾《书史》曰："诸书方圆肥瘦适中，锋藏笔劲，气清韵古，老而不俗者为上。"亦追求老而劲力。此外，刘克庄《赵戣诗卷题跋》云："歌行中悲愤慷慨苦硬老辣者，卢仝、刘义。""老辣"意为老练刚劲。黄庭坚《次韵答邢惇夫》诗曰："儿中兀老苍，趣造甚奇异。""老苍"同样内蕴刚劲之力。而其《论书》更是以"老气"来评价书法之笔力及整体气象。[2] "老气"表现出一种"挺特""劲拔"之"韵"，其内涵与"姿媚""萎弱"相对，而与筋骨、笔力、遒劲紧密联系，全无衰飒之气而含有更多的刚性因素。宋元人普遍认识到"老"与"健""劲""硬""重""古"等刚性因素密切关联，是以最具刚性意义的"老健"一词被他们运用尤其频繁。如惠洪、苏轼、朱熹、方回等都曾以"老健"论诗，[3] 而黄庭坚不仅自己喜欢用"老"评论诗文，当时评论家亦用"老健超迈"来称赞其律诗。[4] 不仅诗坛如此，艺苑亦追求同样之"老健"。如姜夔论书

1　黄庭坚《忆邢惇夫》诗云："诗到随州更老成，江山为助笔纵横。"
2　黄庭坚《论书》云："余书姿媚而乏老气，自不足学，学者辄萎弱不能立笔。虽然笔墨各系其人工拙，要须韵胜耳。病在此处，笔墨虽工不近也。学书端正，则窘于法度；侧笔取妍，往往工左尚病右。正如右军《霜寒表》，大令《乞解台职状》，张长史《郎官厅壁记》，皆不为法度病其风神。至于行书，则王氏父子随肥瘠皆有佳处，不复可置议论。近世惟颜鲁公、杨少师特为绝伦，甚妙于用笔，不好处亦妩媚，大抵更无一点一画俗气。比来士大夫惟荆公有古人气质而不端正，然笔间甚遒。温公正书不甚善，而隶及端劲似其为人。"［见（宋）黄庭坚撰：《类编增广黄先生大全文集》卷四九，王水照编：《宋刊孤本三苏温公山谷集六种》第六册，第 466 页。］
3　惠洪《冷斋夜话》云："句法欲老健有英气。"苏轼评张先诗云："子野诗笔老健，歌词乃其余波耳。"（《苕溪渔隐丛话前集·张东野》）朱熹评刘子翚诗曰："逮其晚岁，笔力老健，出入众作，自成一家，则已稍变此体矣。"（《跋病翁先生诗》）方回评杜甫诗曰："笔犹老健，瘦铁屈盘，而哀怨痛快。"（《刘元晖诗评》）其于《瀛奎律髓》中更是特别强调江西诗人的老健和老劲之风，如评陈师道《十五夜月》曰："老硬。"评陈与义《别刘郎》曰："三四老劲，尾句逼老杜。"
4　普闻《诗论》评黄庭坚诗曰："鲁直长于律诗，老健超迈。"黄庭坚本人除"诗到随州更老成""儿中兀老苍"外，又有如"谁能与作赤挽板，老笔犹堪寿百年""寄诗语意老重，数过独不能去手"等用"老"评价时人诗文之句。

法推崇"筋骨老健",韩拙《山水纯全集》评范宽画云:"如面前真列,峰峦浑厚,气壮雄逸,笔力老健。"皆体现了宋元人追求"老"而"健"的审美趣向。梅尧臣《东溪》诗云:"老树著花无丑枝",此句名句可以说是宋元"老"之艺术精神的绝佳表征。

"老"作为宋元的一种艺术精神,它不只是辞力深厚、技艺成熟老到的表现,更是人生和艺术圆融通透的体征。此种境界被称为"老境"。就宋元人而言,"老境"的最佳形式呈现即平淡。苏轼与吴可明确指出:

凡文字,少小时须令气象峥嵘,彩色绚烂,渐老渐熟,乃造平淡;其实不是平淡,绚烂之极也。(《与二郎侄书》)

杜诗叙年谱,得以考其辞力。少而锐,壮而肆,老而严,非妙于文章不足以致此。如说华丽平淡,此是造语也。方少则华丽,年加长渐入平淡也。(《藏海诗话》)

在宋元人看来,老境就意味着平淡,而平淡就是一种老境,所谓"乃造平淡时也,然而境亦从兹老矣"(王士祯语)。自然平淡的老境乃是精心锤炼的结果,是一种内蕴丰富的平淡。因为一是年老益造平淡,所谓"老平淡"。如"都官郎署老平淡"(赵湘《南阳集》),楼钥认为王之信"暮年益造平淡"(《攻媿集》),赵翼指出陆游诗"少工藻缋,中务宏肆,晚造平淡"(《瓯北诗话》),《宋史》称张耒"作诗,晚岁亦务平淡"。而实际创作中,"东坡海南诗、荆公钟山诗,超然迈伦,能逐李杜陶谢"(许顗《彦周诗话》),言苏轼只有晚年贬谪岭海,才能真正体味陶诗之平淡,写出大量平淡而超拔挺立的诗歌,王安石晚年退隐钟山,诗歌才能"始尽深婉不迫之趣",内蕴平淡超迈之气。二是心态老成即平淡。如"心闲身老趋平淡"(李光《庄简集》)、"平淡精神最老成"(葛绍体《赠休斋沈老丈》)。老成之心态可谓平和练达,平易简单。尹洙评价秘演诗云:"演始健于诗,老而愈壮,不知年之衰。……岂演老益更事,且不预世故,遂汩汩顺外流俗,其外若衰,其中挺然"(《浮图秘演诗集序》)。所谓"不预世故""顺外流俗"即平和练达之老成心态，即平淡。而"其外若衰，其中挺然"即平和淡泊中内蕴刚劲力健。三是艺技之老到即平淡。戴复古《读放翁先生剑南诗草》曰："入妙文章本乎澹，等闲言语变瑰琦。"只有以平常心达到平和淡泊的境界，技艺才能进入至工无工，至法无法之自然境界。赵翼《瓯北诗话》指出功修到深处，便能收放自如，达平和练达、平易简单之平淡境界。[1] 而陆游《追怀曾文清公呈赵教授赵近尝示诗》更具总结性："律令合时方妥帖，工夫深处却平夷。"明确指出功夫达到貌似浑然天成，看不出用功之迹的境界，即技艺稳妥、成熟、老到的境界，就是自然平淡之境界。也就是说，一方面，锻炼而造平淡。"老"不是天生而成，乃法度、技巧等经过精心锤炼并超越具体法度技巧的一种至法无法之自然境界。另一方面，平淡出于自然，所谓"皮毛落尽""工夫深处却平夷"。

上述可见，"老"与"平淡"相通相合，一方面，它们皆是对创作技巧的超越，以此进入至工无工、至法无法之自然境界，并强调经过长期锻炼才可获得此种境界。另一方面，它们皆外示出一种平和淡泊的人格与境界，但是"平淡"更强调平和中涵有隽永之韵味，"老"则更注重平和中昂扬"健"之气势与力量。[2] 基于此，"老平淡"就具有了深博的内涵。"健"的气势和力量使"老气""老劲""老瘦""老苍"等从老气、死劲、颓废、枯败的死气沉沉中解脱出来而具有蓬勃的生气与力量，此即宋元人尤其强调"老健"之重要因由之一。是以"老"不仅具有平淡自然的气质，并使平淡具有了老健的内涵。是以无论是"渐老渐熟，乃造平淡""愈老愈剥落"，还是"先华丽后平淡""豪华落尽见真

---

1 《瓯北诗话》云："放翁诗之宏肆，自从戎巴、蜀，而境界又一变。及乎晚年，则又造平淡，并从前求工见好之意亦尽消除，所谓'诗到无人爱处工'者，刘后村谓其皮毛落尽矣。"[见（宋）赵翼：《赵翼全集》（第五册），南京：凤凰出版社，2009，第67页。]

2 参见杨方彦：《论"老"作为文论范畴的发生与发展》，《文学评论》，2005年第3期，第40—46页。

淳"以及"外枯而中膏""始腴而终枯"的老境,皆于或平和淡泊或平和练达或平易简单中昂扬着"健"之气势与力量。就宋元人而言,老气枯败不是平淡,非平易自然亦不是平淡,老气但有力量,枯败但充满生气,平易简单自然而又充满刚劲健气,即所谓外平淡而内力健,才是他们所追求的真正之平淡。是以,宋元平淡之艺术张力可见一斑。

三、空与力

"淡"与"空"有着密切关系。淡之为澹,最初写为"澹",与"水"相关联,有着水展开的各种形态及变异形态,如水的液态,雪的固态以及烟云雾等气态。《管子·水地》云:"水者,万物之准也,诸生之淡也,违非得失之质也。"不仅指出水为万物之本源,还指出水是淡而无味无色的。老子曰"上善若水",水无味无色却最能体现生命之力道。是以平淡之境界,即无味无色之"空灵"境界,它如同清洁的水镜般映照出生命的灵动与绵力。而"空",意味着虚与无、广与尽、静寂与明净。"空"即有道家玄虚、玄阔、玄远的意味,亦有佛家空无、色空的内涵。苏轼《送参廖师》诗云:"上人学苦空,百念已灰冷。"参廖上人因其精神上的升华,领会了人间苦痛之根源且看破了世间万象之空虚,其心中因此得以免除各种干扰而达平和淡泊之境界。但是这种平和淡泊并没有使其像高闲那样"其心泊然无所起,其于世必淡然无所嗜"。"无所起""无所嗜"使高闲的字迹致命地变得"无象之然乎"。[1] 然而"淡泊"却并没有使参廖上人个性颓废萎靡,当"其

---

1 苏轼《送参廖师》全诗为:"上人学苦空,百念已灰冷。剑头惟一映,焦谷无新颖。胡为逐吾辈,文字争蔚炳。新诗如玉屑,出语便清警。退之论草书,万事未尝屏。忧愁不平气,一寓笔所骋。颇怪浮屠人,视身如丘井。颓然寄淡泊,谁与发豪猛。细思乃不然,真巧非幻影。欲令诗语妙,无厌空且静。静故了群动,空故纳万境。阅世走人间,观身卧云岭。咸酸杂众好,中有至味永。诗法不相妨,此语更当请。"诗中"浮屠人"即(转下页)

心泊然无所起,其于世必淡然无所嗜"之时,他没有溃败不可收拾("颓然寄淡泊"),而是于平和淡泊中参证了"豪猛",原因在于其"空"。当"其心泊然无所起,其于世必淡然无所嗜"的平和淡泊之时,即内心平静、空寂之时,人们对外在万象的感知了悟之能力会非常强大。也就是说"当我们进入平淡的境界,我们就不再受情绪和感觉左右,我们的激动情绪会沉淀,一如平静的水面或镜面……更能反映出我们内心生活的无穷丰富"以及热情和生活的热闹无比"。[1] 佛家言"四大皆空""五蕴皆空",认为世间一切生灭现象皆为虚空。而道家言"虚空",二者不仅强调空中生有,还强调虚无中见真性情之品格。是以禅宗强调空寂与空无,以及安息和安静,道家强调虚无与玄远,以及虚静和无为等,又如陶渊明《桃花源记》的虚无,王维辋川山水的空静,柳宗元江雪的空寒等都于平淡中透出一种本真之人格力量与气势。可以说,"空"是"气"之所在,文学艺术作品之所以"气韵生动",具"神气"与"灵气",一定程度上即得益于这种平淡之"空"。尤其是绘画,其大片空白,其实充满生命的灵动之气与力。

　　就宋元人而言,淡即意味着"空",无色无味,是以"留白"有着深刻的含义,它是他们对平淡追求的最好体现形式之一。"白"首先是一种颜色,它是五彩之外的第六彩"素"色,它"淡"得接近无色或者无色。无色乃天下之本色、至色。所以"素"是一种极色,"淡"且空。是以,白又不仅仅是一种颜色,而是无处不在的白。"素"与庄子对纯素的要求相通,而"空白"是一种虚灵的形式,潜在地暗合着庄子所言的虚室生白之"坐弛"之修身方

(接上页)为高闲。韩愈《送高闲上人序》云:"今闲师浮屠氏一死生解外胶是其为。其心泊然无所起,其于世必淡然无所嗜。泊与淡相遭,颓堕委靡,溃败不可收拾,则其于书得无象之然乎!"韩愈认为,僧人"四大皆空",一心出世,不具备"利害必明""欲斗进"之条件,一切归于淡泊,就不可能产生激情,也就不可能创作出"有动于心""可喜可愕"之草书。但是以苏轼为代表的宋元士人则持相反看法。

1　(法)朱利安著:《淡之颂——论中国思想与美学》,卓立译:第87页。

式,在观养中,感触空白,以"无知"来"知虚"。例如文学,语不必尽,以空留情,具有辞约旨丰的含蓄力。绘画的留白,更是"素"而生景,"白"而生意,于"淡"与"空"中彰显悠远不尽之韵味。在宋元人那里,平淡不仅气韵生动,平淡还有致远之力。郭若虚《图画见闻志》言:"留素以成云,或借地以为雪。"[1] 即指出绘画留白这一妙处。如倪瓒嗜白成癖,其山水画,几乎不画水,淡且空,但更体现生命之顽强。太湖的山水,倪瓒将它画成遥遥相对的岸边,大量的空白,平面的视角,稀稀疏疏的树木;江亭的山色,倪瓒于山的皴法之内亦大量留白,远山非常淡,只有一点点痕迹,如同涂抹之后的再涂抹,但是就是这稀疏空白的平淡山水,却开向旷渺的空间(天空或者水面),激发出一种玄远。这种玄远,是一种平远、冲融、冲澹,带有柔性和随意放任的意味。弘仁《偈外诗续》评倪瓒太湖山水之简淡云:"云林逸兴自高孤,古木虚堂面太湖。旷览不容尘土隔,一痕山影淡如无。"指出大量的空白,使远处或者高处的山水向远处延展,虚空与淡远加强了人对"远方"的感觉力,一个隐蔽的世界随之敞开。又如董源之《潇湘图》,亦由于水之淡且空,被誉为"平淡天真,一片江南"。烟云在平面的流动,带来平远的空间感,这个平面空间,并不走向深度,而是有着层次变化的远之又远的流动之韵,深远和高远之空间也随之被打开。是以"空"看似无,实则有,浅而有深邃之内容,平而有高远之精神,淡而有伸向无穷无尽的致远力。同时需要指出的是,这种平远之空间,向着远处徐徐退去、隐去,实际意味着一种退隐,一种内缩,引领带入的是一种"无势"的境况或者说无味平凡的状态。从此角度看,就宋元人而言,平远有着玄远的内涵,"远"是隐藏、隐逸。[2] 而势之为"无

---

1 (宋)郭若虚:《图画见闻志》,第10页。
2 在元代,异族的强势入侵,知识分子无所着落,只能退隐江湖,无势成为他们的基本生活境况,此即平淡之意趣在元代达到高峰的重要原因之一端。[参见夏可君:《平淡的哲学》,北京:中国社会科学出版社,2009,第158页。]

势",不是因为处于颓势或者败势之后的失去了势力,而是以无为势,以"无"之敞开和空无之力量来保持"势"之流动生成。是以留白和不画之画,其实就暗示着无势之势。"空"与"远"都是平淡向"虚"、向"无"发展的状态之表象。这些表象、状态皆"以淡为宗""以无势为势",而至高之势本来就是无势。是以"空""远"之平淡,就宋元人而言,它不是力量,它亦不以气势取胜,但是它并不缺乏力量,"而是一种内在绵绵不绝的气息的积养……积累无尽绵绵的虚空,这个虚气有着内在的力量——不是力量的力量"[1]。

平淡之"空"的力量还不仅在于"气"与"势",因为留白还有着中国文化特有的光感,是"气"与"光"的结合。中国文化往往不直接表现"光",而是通过留白转变为空白之光,通过虚气来表现光影,风景之"光"的元素转变为"气"的元素,是宋元人普遍的审美意趣。例如他们诸多的寒林图和雪景图,即是这种意趣的体现。雪景图里的雪不仅仅是白色,也是"光"。而留白不仅仅是白色,它还暗示着白色的洁净精神、人格以及空明澄澈的心境,以留白来展现气与光,无疑是平淡追求的最佳体现。风光和物境、风物和景物以及良辰美景的事件向着景空转变,也就渐渐失去了"光"之意,但是生气与"光感"却得到了强化,是以空寒之平淡,于微茫惨淡中最见生命之"自然性"。是以,就宋元人而言,至无、至空即至平、至淡,它有着所有不能尽者,平淡之意蕴与张力在于其空淡而又有无穷无尽之力。

第二节 平淡与峭丽

与平淡相对的概念还有奇峭与绚丽,但是宋元之平淡并不排斥峭丽,它们如平淡与力健一样,是相反相生的。

---

1 夏可君:《平淡的哲学》,第178页。

一、平与奇

"平"是中国文化艺术中的一个重要概念,在钟嵘《诗品》中常被用以批评那些表现平庸的作家作品,[1] 宋元"平淡"强大的涵盖力和包容性,使"平"也具有了有别于平庸的生命强力。作为"平淡"之平,具有平常、平正、平和、平直、平简等含义,这些含义蕴涵于文学艺术的气、势与语言之中。气原义为云气,引申为天地之元气。于人而言,气有二义,一指人之先天气性秉赋,二指人之后天气质修养。宋元尚养气,是以气之意涵主要表现在用气之上。在宋元人观念里,作文即"用气""气之和且平也,故物不得而激之",是以"用气之平"即胸次平和淡然、气度从容不迫。宋元人之"平"还体现在势的方面。在中国传统思想中,势之体源于气,不同之气,必呈现不同之势,气有多种,势亦必有多种。势不仅有多种,势还乃自然而生,并随情感之起伏而呈不同态势。这也就意味着,一方面势体现着气之美。不同之气,势亦不同,如杜甫诗"境语蕴藉,波势平远"[2],张华诗"引调居平,引势居缓"[3]。另一方面,势与象、形、体之间关系密切。王微云:"夫言绘画者,竟求容势而已。"(《叙画》)刘勰云:"形生势成。"(《文心雕龙·定势》)皆指出势依托于形。然而就宋元人而言,他们重神似而轻形似,重意而轻法,如邵雍主张

1　钟嵘于《诗品》中以"平美"为标准进行诗歌批评。如评宋傅亮诗"亦复平美",评齐王巾、卞杉、卞录诗"去平美远矣"。但是钟嵘之平美与宋元之平美是不同的。钟嵘对平淡的解释是"平典似道德论,建安风力尽矣",此与宋元之平淡之意涵亦是有区别的。〔参见上编第一章第二节第三小节"自然与平淡:淡乎寡味与初发芙蓉"。〕
2　王夫之评杜甫《野老》语。(引自王夫之评选,王学太校点:《唐诗评选》卷四,北京:文化艺术出版社,1997,第 201 页。)
3　王夫之评张华《励志诗》语。(引自王夫之评选,张国星校点:《古诗评选》卷二,北京:文化艺术出版社,1997,第 113 页。)

"花妙在精神"[1]，苏轼主张"取其意气所到""通其意""书无法"等，取势、得势、布势对于他们而言，取决于他们的心气性情。宋元人"用气之平"，心气性情之平和淡然、从容不迫，即决定了他们追求平常、平正、平和、平直、平简之势。他们推崇陶渊明之平淡，正如王夫之所言："平者，取势不杂也；淡者遣意不烦之谓也。"[2] 陶渊明之平淡贵乎取势平、自然，正如刘勰所言："势者，乘利而为制，如机发矢直，涧曲湍回，自然之趣也。"（《文心雕龙·定势》）取势不杂即平正简净，平易自然。同时势需要通过艺术语言而得以表达，就宋元人而言，平直省净、深衷浅貌之艺术语言是他们的不懈追求。如尚气的陆游主张"文以气为主"，其《感事六言》其一诗云："老去转无饱计，醉来暂豁忧端。双鬓多年作雪，寸心至死如丹。"又其二诗云："五尺童知大义，三家市有公言。但使一眠得熟，自余万事宁论。"短诗可谓言简意赅，语言平直简净，平易而耐人寻味，充满平淡之平美。

与"平"对立的概念是"奇"。《说文》释云："奇，异也，一曰不耦（偶）。从大从可。""奇"与"偶"相对相生，段玉裁注云："奇，不群之谓。"不群即与众不同。"奇"的生成可溯源于《孙子兵法》和《老子》，其最初是相对于"正""常"秩序而言的一个社会价值概念。在中国文化艺术中，"奇"不仅具有社会价值，更具有美学意义。简括之，奇之内涵要素有三：[3] 一为不偶（耦），与偶相对。不偶、不遇，按卦象解释为不祥，是以古人常贬斥"奇计淫巧"，文学艺术创作中亦往往主张"黜奇"。二为"不正"，与正相对。就文学艺术而言，"申正黜奇"是其创作所坚

---

1 邵雍《善赏花吟》云："人不善赏花，只爱花之貌；人或善赏花，只爱花之妙。花貌在颜色，颜色人可效；花妙在精神，精神人莫造。"所谓"精神"实为自然物之生命气韵与生命节奏。

2 转引自陈勇：《王夫之尚"平"的诗学观及理论渊源》，《兰州交通大学学报》，2010年第5期，第14—17页。

3 从郭守运说。[参见郭守运：《古典美学"奇"范畴的逻辑生成》，《求索》，2008年第2期，第109—111页。]

持之重要一面。[1] 三为"异",即特殊、非常、反俗。就文艺而言,"新"与"奇"并称,"新奇"与"雅正"相对,[2] 而"奇"与"俗"亦高下相对,如钟嵘《诗品》评刘桢诗:"仗气爱奇,动多振绝,贞骨凌霜,高风跨俗。"指出"爱奇"则有"跨俗"之高品,"奇"既为人之不俗,亦为创作不逐流俗。又评曹植诗曰:"骨气奇高,词采华茂。"即指出"奇"即高,迥出流俗。

就宋元人而言,在唐人将文学艺术皆推向了高峰之后,他们想再有所作为,唯有另辟蹊径,寻求超越。一方面这种超越既往的坚持努力本身就隐含着一种崇尚新奇的不懈追求,另一方面在实际创作中,宋元对唐代文学艺术的超越,具体亦表现在炼字、炼句、炼意等上的求奇,是以"奇"就宋元人而言,即意味着"异""新",不寻常,即超越,"奇"即"异乎经典"之新,对经典之标新立奇。是以在宋元文化艺术中,"奇"主要与"常""凡""俗""平"对举,其基本内涵为生新、反常、不凡、不俗,其合成词众多,[3] 大抵含有异乎平常之意味,诸如险、怪、峭、崛(倔)等。宋元人皆悉数"戛戛独造",他们对唐代文化艺术之超越,可谓皆于一"奇"之中,是以虽然历代文人尚奇求异的超然之风盛行,但是宋元尤之。如苏、黄好奇,黄庭坚诗刻意求奇,多用奇字僻典,拗律险韵,"清新奇峭",苏轼论书法观赏主张"反复不已,乃识其奇趣"。又如江西诗派更是"好奇",且不仅"好为奇论",还以作文立言与人雷同为耻。[4] 此外如朱熹认为文

---

1 如刘勰反对刻意求奇,反对"逐奇而失正",并提出"执正而驭奇"之主张。
2 如刘勰《文心雕龙·体性》云:"新奇者,摈古竞今,危侧趣诡者也……故雅与奇反,奥与显殊。"将"新"与"奇"并称,并将"新奇"和"雅正"进行对比。
3 如新奇、奇怪、奇绝、奇古、高奇、雄奇、奇异、奇妙、奇丽、奇伟、奇崛、奇古、奇肆、奇趣、珍奇、神奇、惊奇、清奇、奇正、奇峭、奇艳、奇谲、奇险、幽奇、奇逸等。
4 朱熹《陆氏》指出:"江西士人好为奇论,耻与人同,每立异以求胜。"如陈师道"闭门觅句",苦吟雕造,追求"诗语惊人笔益奇"。[见(宋)黎靖德编,王星贤点校:《朱子语类》卷一二四,第2971页。]

章当"奇""稳"并举,文章稳而不奇,则拖沓,委靡不振。[1] 刘辰翁散文"言率奇逸,自成一家""奇诡纵横,深入蒙庄化境";金人刘祁认为:"文章各有体,本不可相犯。故古文不宜蹈袭前人成语,当以奇异自强。"[2] 等皆好奇。而尚奇于宋词而言更是常态,两宋词人尚奇者不胜枚举。范仲淹《渔家傲》(塞下秋来风景异)被称为"奇境";[3] 宋祁《玉楼春》(东城渐觉风光好)"'春意闹'三字,尤为奇辟也";[4] 王安石词"自雍容奇特""笔笔清奇";[5] 秦观词"奇丽""奇语""造语奇警";[6] 贺铸、周邦彦词"奇崛";[7] 朱敦儒词"意奇绝,似不食烟火人语""奇矫无匹";[8] 苏轼词更是被公认为"高妙有奇趣",奇之"压倒今古""格奇而语隽,斯为超诣神品"。[9] 其他词人如李清照词奇俊,杨万里词奇致,辛弃疾、刘过词雄奇,陈与义、姜夔、吴文英词奇丽,元好

---

1 朱熹《论文上》云:"文字奇而稳方好。不奇而稳,只是阘靸。"[见(宋)黎靖德编,王星贤点校:《朱子语类》卷一三九,第 3297 页。]
2 (金)刘祁:《辩亡》,《归潜志》卷一二,引自《历代史料笔记丛刊》,北京:中华书局,1983,第 138 页。
3 (清)先著、程洪著,胡念贻辑《词洁辑评》云:"一幅绝塞图,已包括于'长烟落日'十字中。唐人塞下诗最工、最多,不意词中复有此奇境。"
4 参见唐圭璋编:《词话丛编》,第 3043 页。
5 王灼《碧鸡漫志》云:"王荆公长短句不多,合绳墨处,自雍容奇特。"黄氏《蓼园词评》评王安石《渔家傲》(平岸小桥千障抱):"首阕笔笔清奇。"
6 惠洪《冷斋夜话》云:"少游小词奇丽。"梁启超《饮冰室评词》评其《浣溪沙》云:"自在飞花轻似梦,无边丝雨细如愁""奇语"。周济《宋四家词选目录序论》评其《好事近》曰:"造语奇警,不似少游寻常手笔。"
7 王灼《碧鸡漫志》云:"贺《六州歌头》《望湘人》《吴音子》诸曲,周《大酺》《兰陵王》诸曲最奇崛。"张炎《词源》评周邦彦词:"出奇之语,以白石骚雅句法润色之,真天机云锦也。"
8 张正夫曰:"希真赋月词'插天翠柳,被何人、推上一轮明月',赋梅词'横枝消瘦一如无,但空裹疏花数点',词意奇绝,似不食烟火人语。"黄氏《蓼园词评》云:"希真作梅词最多,以其性之所近也。此作尤奇矫无匹。"
9 张綖《草堂诗余别录》云:"'燕子来时,绿水人家绕'二句,高妙有奇趣。"又张炎评云:"东坡和章质夫杨花一首,后段愈出愈奇,压倒今古。"范成大评曰:"格奇而语隽,斯为超诣神品。"

问词奇崛……宋元词人尚奇,可谓蔚为大观,[1] 他们将"奇"推向了极端,惊世骇俗,极大地彰显了"奇"之特立不耦精神。

然而物极必反,尚奇过甚即成弊,在宋元人看来,过于好奇将会导致生僻、艰险、晦涩而失去古雅之味等弊端。因此他们一方面崇奇,另一方面又警觉于过奇,主张对"奇"持中和之态度。贺方回云:"平淡不涉流俗,奇古不邻于怪僻",将平淡与流俗,奇与怪僻严格区分开来,"奇"与"正""常""平"关系密切,过奇以矫正,很自然即复归于"平""常""正"。是以宋元人的矫奇之路,并"没有返归盛唐的浑融正大,而是选择了'自然''平淡'一路"[2]。如宋初"庶复素风"的诏令,即是此体现。[3] 宋初西昆体的雕章丽句与太学体的艰涩古奥,从本质上而言即是力图超越唐之成就,在唐诗的基础上求奇寻异而最终由于过奇而走向浮华与艰涩,"庶复素风"的诏令即是以平易、素简矫之。又《宋朝事实类苑》卷三十七载:"时方竞务西昆体,碟裂雕篆,亲以御笔选其平淡者。"直接表明以平淡矫奇;欧阳修于嘉佑二年

---

[1] 关于李清照词,黄升评云:"宠柳娇花语亦甚奇俊,前此未有能道之者。"张正夫评曰:"妇人中有此奇笔,真间气也。"关于杨万里,《续清言》云:"杨万里不特诗有别才,即词亦有奇致。"关于辛弃疾、刘过词,李调元《雨村词话》云:"辛稼轩词肝胆激烈,有奇气。"又陈廷焯《词坛丛话》云:"稼轩词,粗粗莽莽,桀傲雄奇,出坡老之上。"陶宗仪曰:"刘改之造词赡逸有思致,沁园春二首尤纤刻奇丽可爱。"关于陈与义、姜夔、吴文英词,张淑夏云:"(陈与义)清婉奇丽,集中惟此最优。"范成大云:"白石词有裁云缝月之妙手,敲金戛玉之奇声。"又杨慎《词品》云:"(白石词)句法奇丽。"周济《宋四家词选目录序论》曰:"梦窗奇思壮采。"关于元好问词,陈廷焯《白雨斋词话》曰:"遗山词刻意争奇求胜,亦有可观。"况周颐《蕙风词话》云:"崎崛排奡,坡之所不可及者,尤能于此等处不露筋骨耳。"称赞元好问为"金之坡公"。

[2] 侯文学:《"奇"范畴的生成演变及其诗学内涵》,《文学评论》,2013年第5期,第40—47页。

[3] 宋真宗大中祥符二年(1009年)诏云:"而近代已还,属辞之弊,侈靡滋甚,浮艳相高,忘祖述之大猷,竞雕刻之小技。……今后属文之士,有辞涉浮华,玷于名教者,必加朝典,庶复素风。"[参见(宋)佚名:《宋朝大诏令集》卷第一九一,政事四四,二年二月庚午。]

（1057年）借权知贡举而推行平淡文风，[1] 前者是反对西昆体浮艳而倡导平易简素之风，后者是反对太学体的艰涩而倡导平淡，对西昆体和太学体的矫正，正表明了宋人以"平"矫"奇"之态度。

但是，值得注意的是，在以平矫奇之路上，在宋元人的观念里，"奇"与"平""常""正"并不构成截然的对立，他们大多主张正中有奇，常中出奇，平中见奇，且此主张集中见于对陶渊明诗之评价。如苏轼云："渊明诗初看若散缓，熟看有奇趣。"[2] 言陶渊明诗语似平淡而意存奇趣，平实与平常是陶诗初看时之整体印象，而"熟视"之后则发现其奇趣与精妙，指出陶诗在平淡之中包孕着非同凡响之内容。范温亦云："惟陶彭泽体兼众妙……反复观之，乃得其奇处。"（《潜溪诗眼》）王安石称赞陶渊明诗有"奇绝不可及之语"，并举"结庐在人境"一首，以为"有诗人以来无此句也"[3]。而周紫芝则云："盖明玕谓竹，清瑶谓水，与所谓'红玻檐晒瓦，黄团系门衡'者奚异。"言《读山海经》"亭亭明玕照，落落清瑶流"，有雕琢之功。[4] 陈师道评论陶诗之语"即使不文，但平淡入神，故不足为病"[5]。他们皆指出陶渊明诗于平中见奇，奇以平出的特点。在宋元人看来，堪称上乘之奇，并非"有奇而奇"，乃为"不奇而奇"，即寓奇于平，平中见奇。如黄庭坚诗虽以夐夐独造、奇崛生新为胜场，但是却"虽间出险绝句，而法度森严，卒造平淡"（王庭珪《跋刘伯山诗》），以"平淡"为其旨归。朱光潜先生曾于《诗论》中对苏轼所倡导之平与奇、

---

1 参见上编第三章第一节第三小节"平澹典要与穷而后工"。
2 （宋）魏庆之：《诗人玉屑》卷十"奇趣"，钦定四库全书本，北京：中国书店，2018，第163页。
3 （宋）蔡正孙：《诗林广记》前集卷，见吴文治主编：《宋诗话全编》第九册，苏州：江苏古籍出版社，1998，第9658页。
4 （宋）周紫芝：《竹坡诗话》，见（清）何文焕辑：《历代诗话》，第346页。
5 引自潘德舆《养一斋诗话》云："（陈后山）论陶之语，实有三病：陶诗之美，不止于切事情，一也；陶诗未尝不文，其文并胜后山之诗，二也；陶诗之平淡入神，即不文，并不足以为陶病，三也。"

质与绮、枯与腴之辩证关系进行了分析,借苏轼之观点指出平、枯、质与奇、腴、绮都是相对的概念,不可能截然地区分开来,陶诗之特色即在于不平不奇、亦平亦奇,不枯不腴、亦枯亦腴,不质不绮、亦质亦绮。此即苏轼崇陶诗之所在,也是宋元文人崇陶之所在。[1] 可以说"不求与古人合而不能不合,不求与古人异而不能不异"[2] 是宋元人文艺所追求的理想之境界。

在宋元人那里,"奇"与"平常""平淡"之对立是消解的,而最能表现此种消解的是首倡平淡之风的梅尧臣。梅氏诗古淡而奇巧,雅正而奇异,平淡而怪巧,是以朱东润先生曾言:"把尧臣作品归结为平淡……不符合梅诗的实际情况。"事实上梅氏诗是"看似寻常最奇崛"(王安石《题张司业诗》),他一面倡导"唯造平淡难",一面主张"复想李杜韩"。梅氏所谓"复想李杜韩"之意义是多层交织的。李白诗平易而又奇瑰,杜甫诗"平淡而山高水深"而又"语不惊人死不休",而韩愈,以其为代表的韩孟诗派以刻意求"奇"著名。韩愈"少小尚奇伟""搜奇日有富",尚"感激怨怼奇怪之辞",喜"搜奇抉怪,雕镂文字",推崇以尚奇著称的孟郊、卢仝、贾岛诸人。而其诗歌无论是选材、运思还是句法、造语、用韵皆刻意追求愈险愈奇。然而韩愈尚奇,但同时又主张为文"文从字顺",为诗造乎平淡,如称贾岛诗"奸穷怪变

---

[1] 朱光潜先生《诗论》第十三章《陶渊明》言:"把诗文风格分为平与奇,枯与腴、质与绮两种,其实根于一种错误底理论,仿佛说这两种之中有一个中和点(如磁铁的正负两极之中有一个不正不负底部分),没有到这一点就是平、枯、质;超过了这一点便是奇、腴、绮。诗文实在不能有这种分别,它有一种情感思想,表现于恰到好处底意象语言,这恰到好处便是'中',有过或不及便是毛病。……事实上平、枯、质与奇、腴、绮这种的分别确是存在,而所指底却都是偏弊,不能算是诗文的胜境。陶诗的特色正在不平不奇,不枯不腴,不质不绮,因为它恰到好处,适得其中;也正因为这个缘故,它一眼看去,却是亦平亦奇,亦枯亦腴,亦质亦绮。这是艺术的最高境界。"〔参见朱光潜:《诗论》,长沙:岳麓书社,2009,第249页,第250页。〕

[2] (宋)姜夔:《白石道人诗集自叙》,《白石道人诗集》,上海:上海书店,1937,第1页。

得"而又"往往造平淡"(《送无本师归范阳》)。从此角度而言，梅氏的"复想李杜韩"，实际就不仅带有含豪放于平淡之中的意思，亦有平中见奇，奇中含平的内涵了。是以宋元人追求的平淡，其实是相对意义上的平淡，正因为是相对的，其可塑性就很大，其实质也就必然具有辩证的内在结构，而这种平与奇的辩证关系，也成就了平淡之张力之一端。

二、淡与丽

"丽"亦是中国文化艺术中的一个重要概念，其含义诸多，其中有三义项对中国文化艺术影响颇大，并被使用频繁。一为附着意。在中国文化艺术中一般多将"附着"解释为"人为之加工"，故有"工丽"之称，体现出雕琢之美。二为偶，成对意。均衡美、和谐美、"成对的、成双的"中和性是"丽"的重要内涵。三为美好、华美、华丽之意。"丽"反映出中国哲学"一阴一阳之谓道"之理念，由此引申出美好、光华等意。如《楚辞·招魂》云："被文服纤，丽而不奇兮。"王逸注："丽，美好也。"是以，"丽"在中国文化中，是一切美丽的东西，它具有中和性、和谐美，对艳丽美好的追求，是人之一种天性与本能。

"丽"概念最早用于文学批评大约是在战国后期，"文丽"指文采华美、艳丽。而后扬雄、曹丕皆将"丽"作为诗赋艺术形式上的雕绘词采、华美华丽之特征，[1] 而陆机、刘勰则阐发了"丽"与"情"之关系。[2] 刘勰一方面主张"巧丽"，另一方面又认为"文质附乎性情"(《情采》)，文学艺术之形式与情感相互依附，"繁采寡情，味之必厌"(《情采》)，过"丽"或者寡"情"之文学乃无味之文学。钟嵘则以"丽"评论诗人诗品与人品，六朝尚

---

[1] 扬雄《法言·吾子》云："诗人之赋丽以则，辞人之赋丽以淫。"曹丕《典论·论文》曰："诗赋欲丽。"
[2] 《文赋》云："诗缘情而绮靡。"

"绮丽",可谓从其《诗品》之评论窥见一斑。[1] 至唐,尽管唐人反对六朝绮丽,[2] 但是他们并不排除"丽",他们所追求的"丽",实乃一种自然之丽,而非雕琢之丽。[3] 而司空图则将"丽"与"淡"联系起来。其《二十四诗品·绮丽》品云:"浓尽必枯,淡者屡深。"他认为"淡"有两层含义:辞藻之淡与精神之淡。他强调辞采之淡与浓须要相互补充,而主体人格之"淡",可以增加诗作的精神深度,故绮丽与纤秾以"淡"为内在支撑和调节,其艺术表现才更深切有味。王维诗则在实践中构筑了司空图所言之绮丽、纤秾境界,一方面情思浓郁,心境淡泊,另一方面辞采丰缛而又不华靡。魏庆之云:"王右丞韦苏州,澄淡精致。"(《诗人玉屑》卷一二)元范椁云:"王维诗典重靓深。"(《木天禁语》)指出王维诗绮丽秾艳但"典重靓深",精致而又澄淡,高雅而又华美,浓艳美盛而不俗,而这种"丽"又非雕琢而是自然涌现而来的,且浓淡得宜,明丽舒朗。

在宋元,"丽"是其诗、书、词、曲论等中的一个重要概念,其合成词有清丽、雄丽、富丽、瑰丽、秀丽、流丽、明丽、婉丽、

---

[1] 《说文》释"绮"云:"绮,文缯也。"段玉裁注曰:"谓缯之有文者也。"缯,古代对丝织品的总称。绮本义指有花纹或图案之丝织品。《汉书·高帝纪》八年载:"贾人毋得衣锦、绣、绮、縠、絺、纻、罽。"师古注云:"绮,文缯也,即今之细绫也。"后引申为华丽、美丽、精美等。钟嵘《诗品》评曹植诗"骨气奇高,词采华茂";评陆机诗"才高词赡,举体华美";评潘岳诗"烂若舒锦,无处不佳";评张协诗"词采葱茜,音韵铿锵";评谢灵运诗"如芙蓉出水";评颜延之诗"如错采镂金"(引汤惠休语);评范云诗"清便宛转,如流风回雪";评丘迟诗"点缀映媚,似落花依草"。此外,又以"典丽"概括谢灵运诗,以"工丽"概括沈约诗,以"温丽"概括《古诗十九首》,以"高丽"概括何晏等人之诗,等等,皆以"丽"评论诗人诗品与人品,从中可见六朝尚"丽"之风。

[2] 如以陈子昂、李白为代表之唐人,反对六朝之绮丽。陈子昂批评齐梁诗曰:"彩丽竞繁,而兴寄都绝。"(《修竹篇序》)李白亦云:"自从建安来,绮丽不足珍。"(《古风》其一)

[3] 李白非常酷爱自然的丽质,无论是山水诗,还是游宴、赠答或者送别,皆热衷于描绘绮丽之风光,但是"自然中的绮丽在李白不是一种刻意的追求,而是一种自然的涌现,天性的拥有"。[参见胡晓明:《万川之月——中国山水诗的心灵境界》,北京:北京大学出版社,2005,第181页,第182页。]

雅丽、壮丽、美丽等。宋元人尚丽。如诗，诗豪苏轼明确提出"端庄杂流丽，刚健含婀娜"（《和子由论书》）的文艺主张，而江西诗派诗人更是追求诗歌形式之"丽"。南宋四大中兴诗人陆游诗亦专以"藻绘"为工，以"工丽"著称，杨万里诗则纤秾且绮丽无限。又如宋词，相较于诗，其丽更是令人炫目。清代冯煦赞晏殊词"左宫右徵，和婉而明丽"（《宋六十一家词选·例言》）；明代孟称舜赞柳永词"婉丽"[1]；明代王世贞评苏轼词"丽而壮"[2]；刘克庄评陆游词"流丽绵密者，欲出晏叔原、贺方回之上"（《后村大全集》卷一八〇）；而黄庭坚词雅丽，秦观词清丽，[3] 后周邦彦得其"丽"，富丽精工，李清照得其"清"，清淡雅丽。张炎以"清空"论词，并以之称道姜夔词"清空"，"清空"实质亦是"丽"之一种表现。[4] 而后吴文英、周密之词"丽"更为明显，吴文英词字句工丽，意象密集，含意曲折，可谓"密丽"。[5] 而周密词兼取姜夔、吴文英之长，典雅清丽，可谓"典丽"。此外，元曲

---

1 （明）孟称舜《古今名剧合选序》云："若夫曲之为词，分途不同，大要则宋伶人之论柳屯田、苏学士者尽之。一主婉丽，一主雄爽。婉丽者如十七八女娘，唱'杨柳岸晓风残月'，而雄爽者如铜将军铁绰板，唱'大江东去'词也。"［见孙克强主编：《中国历代分体文论选》下卷，北京：北京交通大学出版社，2006，第 649 页。］

2 （明）王世贞《艺苑卮言》云："温韦艳而促，黄九精而刻，长公丽而壮，幼安辨而奇。"［见陈良运主编：《中国历代词学论著选》，南昌：百花洲文艺出版社，1998，第 306 页。］

3 张炎《词源》卷下载："秦少游体制淡雅，气骨不衰。清丽中不断意脉，咀嚼无滓，久而知味。"近人夏敬观《映庵手校淮海词跋》云："少游词清丽婉约，辞情相称，诵之回肠荡气，自是词中上品。"［见张葆全主编：《中国古代诗话词话辞典》，桂林：广西师范大学出版社，1992，第 638 页。］

4 张炎《词源》云："词要清空，不要质实。……姜白石词如野云孤飞，去留无迹。吴梦窗词如七宝楼台，眩人眼目，碎拆下来，不成片断。此清空质实之说。"清人沈祥龙《论词随笔》云："词宜清空，然须才华富，藻采缛，而能清空一气者为贵。清者不染尘埃之谓，空者不著色相之谓。清则丽，空则灵。"［见张葆全主编：《中国古代诗话词话辞典》，第 592 页，第 594 页。］

5 （清）蒋兆兰《词说》云："继清真而起者，厥惟梦窗，英思壮采，绵丽沉警。……其实梦窗佳处，正在密丽，疏快非其本色也。"［见张葆全主编：《中国古代诗话词话辞典》，第 669 页。］

亦追求"丽"。如元末陶宗仪引乔吉语强调曲之始应当"美丽",[1]"丽"是元曲一个重要的审美立论标准,文采、声律之丽遂成为后世戏曲批评的重要内容。

在宋元文学艺术中,"丽"具有多层含义:一指文辞之丽,包括雕琢之丽与自然之丽;二为情思之丽;三为风格之丽。[2] 无论文辞、情思还是风格之丽,它们皆倾向于自然之丽与绚烂之丽。首先是"至丽而自然"。"自然"源于本色,源于真,丽之至境即自然之丽。就文辞之丽而言,尽管六朝有滑向雕琢之丽之倾向,但是对自然之丽一直持肯定态度。[3] 而唐代李白、王维诗皆绮丽,然亦皆乃自然之流露;司空图《二十四诗品》"绮丽"品对"绮丽"之描绘,主要表述的亦是"天然去雕饰的绮丽之美"[4]。就宋元人而言,他们推崇文辞之丽,如尤袤《全唐诗话》云:"庭筠才思艳丽,工于小赋。"称赞温庭筠词辞藻"艳丽",但是他们亦更倾向于自然之丽。如柳永词,工于铺叙,富丽旖旎而又平易自然。王安石暮年小诗,黄庭坚赞云:"雅丽精绝,脱去流俗。"就宋元人而言,语言平易晓畅,章法整饬谨严,工丽而不落纤巧,新奇而不至雕琢,此即文辞丽而自然也。就情思之丽而言,主要表现为本色天真之丽。在宋元人的观念里,情思之丽即以平易、简淡、自然之语抒写浓郁之真切情感。如杨万里"诚斋体"诗画面绮丽清新,然而语言平易浅近,可谓"天机清澈""胸次玲珑""绮丽华滋";[5]

---

1 (元)陶宗仪《辍耕录》载:"(乔孟符吉)尝云'作乐府亦有法。曰凤头、猪肚、豹尾六字是也。大概起要美丽,中要浩荡,结要响亮。尤贵在首尾贯穿,意思清新。苟能若是,斯可以言乐府矣。'此所谓乐府,乃今乐府。"〔见(元)陶宗仪著,徐永明、杨光辉整理:《南村辍耕录》卷八,第325页。〕

2 唐祖敏:《论古代文学观念中的"丽"》,长沙:中南大学硕士学位论文,2010年6月,第64—68页。

3 如前举钟嵘《诗品》尚丽,一方面不遗余力赞美曹植、陆机、张协等诗之丽,一方面又认为"丽""皆由直寻",出于自然,乃自然之丽。

4 参见祖保泉:《祖保泉选集》第七章,合肥:安徽教育出版社,2012,第125页。

5 参见胡晓明:《万川之月——中国山水诗的心灵境界》,第190页,第191页。

李清照词无浓墨重彩，语言雅丽浅淡却蕴含无限情思。就风格之丽而言，它是与雕饰相对的一种真淳、质朴、清新之艺术风格。如晏殊词风清丽淡雅，冯舒评曰"自然美丽"，陆贻典评云"艳丽无脂粉气"。

其次绚烂至极归平淡。在宋元人观念里，淡亦是一种"丽"，并且是丽的至高层次。如欧阳修文就"平淡"但"自美丽"。[1] 而苏轼、吴可更是认为"绚烂之极"实为"平淡"。淡与丽，在宋元人那里是有机统一的，相较前人，他们更强调"丽"之中和性特征。如苏轼称赞陶、韦、韩、柳之诗用语"简"而含义"丰"，平淡而又"绮""腴"，[2] 可见其追求"平淡"之丽，而其诗亦刚柔相济，清远雄丽。"丽"于苏子而言，于宋元人而言，是相辅相成，有机统一的。即使是梅尧臣力主平淡，其诗平淡亦含于丽中。欧阳修评云："其初喜为清丽，闲肆平淡。"[3] 清丽自然是梅诗"平淡"之主要特点，方回评梅诗云："淡而实丽。"[4] 方回常以"丽"言"淡"，如"次联丽甚""流丽圆活""五六清丽""五六流丽劲健"。[5] 就宋元人而言，"淡"与"丽"可谓相互依存。在他们的观念里，平淡中有"丽"彩，出于"平淡"心态之"丽"，未尝不是一种自然之美。如以密丽著称的吴文英，况周颐《蕙风词

---

1 朱熹云："道夫因言欧阳公文平淡。曰'虽平淡，其中却自美丽。有好处，有不可及处，却不是阘茸无意思'。"［见（宋）黎靖德编，王星贤点校：《朱子语类》卷一三九《论书》，第4047页。］
2 苏轼《追和陶渊明诗引》评陶渊明诗曰："质而实绮，癯而实腴。"《书黄子思诗集后》评韦、柳诗云："发纤秾于简古，寄至味于淡泊。"《评韩柳诗》曰："外枯而中膏，似淡而实美。"
3 （宋）欧阳修《欧阳修全集》卷三三《梅圣俞墓志铭》，第235页。
4 如梅尧臣《黄河》诗："积石导渊源，沄沄泻昆阆。龙门自吞险，鲸海终涵量。怒泆生万涡，惊流非一状。浅深殊可测，激射无时壮。常苦事堤防，何曾息波浪。川气迷远山，沙痕落秋涨。槎沫夜浮光，舟人朝发唱。洪梁画鹢连，古戍苍崖向。浴鸟不知清，夕阳空在望。谁当大雪天，走马坚冰上。"景象气势浑涵壮丽，心境诗风则平易畅和。
5 （元）方回《瀛奎律髓》卷二评《谢永叔答述旧之作和禹玉》、评《次韵景彝赴省直宿马上》、卷十评《寒食前一日陪希深远游大字院》、卷十九评《答高判官和唐店夜饮》之语。

话》评其"能令无数丽字，一一生动飞舞，如万花为春"[1]。但此丽非仅仅"雕绘满眼"，其密丽但有灵气，似李商隐诗辞藻瑰丽而神韵流传，韵味无穷。[2] 之所以如此，便在于丽之中和性。宋元人认为，浓丽可避词之"虚"与"空"，丽美是一种和谐之美，是以他们皆追求丽与淡，追求浓淡相宜。总之，在宋元人的观念里，绮艳华丽之极致即平淡，"丽"与"淡"互为点染，便可营造出自然浑成之艺术效果，达到妙造自然之美学境界。

三、拙与工

"拙"与"工"是中国文化艺术中一对重要的概念，两者具有对立、转化与统一的辩证关系。《说文》释"拙"云："不巧也。"段玉裁注云："不能为技巧也。"在中华原典中，拙指不灵巧与笨拙，有"欠缺""愚钝"之义。[3]"工"，《说文》释云："巧饰也，象人有规矩也。"引申为乐工、乐人，后又逐渐演变为擅长、善于以及技术娴熟之意，并具有美好、巧妙之意。[4] 在古代文化艺术

1　（清）况周颐著，俞润生笺：《蕙风词话·蕙风词笺注》卷二第七九，成都：巴蜀书社，2006，第174页。
2　（清）戈载《宋七家词选》云："梦窗从吴履斋诸公游，晚年好填词，以绵丽为尚，运意深远，用笔幽邃，迥不犹人。貌观之雕绘满眼，而实有灵气行乎其间。细心吟绎，觉味美方回，引人入胜，既不病其晦涩，亦不见其堆垛，此与清真、梅溪、白石并为词学之正宗，一脉真传，特稍变其面目耳。犹之玉溪生之诗，藻采组织，而神韵流传，旨趣永长，未可妄讥其獭祭也。"
3　如《广雅》云："拙，钝也。"《老子》云："大直若屈，大巧若拙，大辩若讷。"《墨子·贵义》曰："不利于人谓之拙。"《抱朴子》云："每动作而受嗤，言发口而违理者，拙人也。"《离骚》云："理弱而媒拙兮。"
4　如《公羊传·襄公二十九年》云："吴公子札来聘……请观于周乐。请工为之歌《周南》《召南》，曰：美哉！""工"指乐工、乐人。又如《韩非子·五蠹》云："故行仁义者非所誉，誉之则害功；工文学者非所用，用之则乱法。"王充《论衡·自纪》曰："文必有与合然后称善，是则代匠斫不伤手然后称工巧也。""工"指技艺娴熟。又如晋挚虞《文章流别论》云："工歌其章，以奏于宗庙，告知于鬼神。"以"工"称赞"颂"体之美，"工"为美好、巧妙之意。

中，尽管"拙"与"工"尤其"拙"的合成词很多，[1] 但是"工"与"拙"相互对立，一般指"工巧"与"朴拙"或者"拙朴"。"工巧"含有工整、工丽、精练、精妙、精警、凝练等意，"拙朴"或者"朴拙"含有质朴、粗疏、粗放、率易、不经意、不修饰等意。"工"与"巧"关系密切，"工拙"源于"巧拙"。[2]"巧"，《说文》释云："技也，从工丂声。"技即技艺，技术。"巧"即技艺、技术精妙、灵巧。"工"与"巧"在雕饰、精妙、灵巧等义项上是一致的。中国文学艺术尚工巧，并常常以"巧"论"工"，[3]自六朝至唐，尚"工"可谓一直是文学艺术的一致追求。刘勰曾一针见血地指出六朝文学之追求乃"辞必巧丽"（《文心雕龙·诠赋》），无论是辞采、声律、修辞、风格、技法等都追求"工"之美。对于工拙，六朝文学艺术的主流观念乃工尊拙卑。[4] 至唐代，尽管陈子昂提出"汉魏风骨"以矫六朝文风之"工"弊端，但有

---

[1] 如"拙"的合成词有"古拙""老拙""拙真""笨拙""愚拙""朴拙""拙直""丑拙""拙涩""拙劣""拙率""拙讷""拙陋""拙朴"等，"工"的合成词有"工巧""工丽""工妙""工整""精工"等。

[2] 如《文心雕龙》"巧"字共出现50余次，评价曹植"应物制巧"，称赞蔡邕碑文"巧义"，评价潘岳"巧于序悲"（《诔碑》），称赞东方朔"尤巧辞述"（《谐隐》），主张"辞必巧丽""巧言切状"，并云："志足而言文，情信而辞巧，乃含章之玉牒，秉文之金科矣。"认为圣人之文也不能脱离"辞巧"，推崇"析密理之巧""飞靡弄巧"（《杂文》）等"工"之技法，而"神思"篇更是论"文"如何才能达到"工"之境地。同时还指出"率好诡巧"是近代辞人的创作风格，如崔骃"七依""博雅之巧"，陆机《文赋》"巧而碎乱"，王褒"密巧"，并认为不同文体又有不同之"工"，如小赋"奇巧"，颂体"纤巧"，连珠体"巧艳"等。

[3] 如钟嵘《诗品》云"巧用文字""巧构形似之言"，《宋书·谢灵运传论》曰"相如巧为形似之言"等，均以巧论工，强调修辞之"工"。曹丕《典论·论文》云："至于引气不齐，巧拙有素。"指出"气"之运用有工技和拙技之别。陆机《文赋》云："或言拙而喻巧。"沈约云："十字之文，颠倒相配，字不过十，巧历已不能尽。"（萧子显《南齐书·陆厥传》）"曲折声韵之巧"（《答陆厥书》），亦以巧论工，推崇技法之工。

[4] "拙"在六朝是被否定的，如钟嵘《诗品》云："次有轻薄之徒，笑曹刘为古拙。"

唐一代文学艺术整体取向仍是尚"工"。¹ 皎然《诗式》更是确定了诗之"工"的标准——"典丽不得遗""至丽而自然",以情多、兴远、语丽为上。² 以至于宋人言:"唐人虽小诗,必极工而后已。"³ 当然,六朝与唐代文学艺术亦不乏"拙朴"之作,如陶渊明与杜甫夔州后之作品,但它们在当时皆未受到文坛肯定,其根本原因即在于它们与主流观念"工"相悖。

在宋元,尚"工"贬"拙"之倾向发生了转向。一方面,宋元人一定程度上承袭了六朝与唐代"工拙"之观念,依旧尚工。如宋初诗坛三体之流行实际乃唐人之"工"观念影响的体现。宋元人作诗力求"用事押韵之工",他们注重炼字、炼句、炼意,研磨技法、推敲字句,本身即是计较工拙、有意为诗,其实亦是对"工"的追求。另一方面,宋元人又尚拙。陈师道所言:"宁拙毋巧,宁朴毋华,宁粗毋弱,宁僻毋俗,诗文皆然。"⁴(《后山诗话》)可谓宋人尚"拙"之宣言。就宋元人而言,"拙"乃其文学艺术创作的一大审美准则,他们还一致认为追求"工巧"会造成文风靡弱。⁵ 是以尽管宋元人尚"工",但是他们又皆务求"朴

---

1 初唐君臣主张文质并重,然而他们并未将文质彬彬之主张付于实践,如唐太宗、上官仪等人依旧流连于南朝文风,"四杰"等人依然"词旨华靡,固沿陈、隋之遗"。并且他们对六朝文学艺术之工丽依旧持赞赏姿态:"其调也尚远,其旨也在深,其理也贵当,其辞也尚巧。""和而能壮,丽而能典,焕乎若五色之成章,纷乎犹八音之繁会。"盛唐杜甫集六朝之大成,体现出重技巧与追求形式之"工"的美学取向,如罗宗强先生就认为杜甫诗歌思想的主要特征即是重技巧与追求形式美,而晚唐温庭筠、李商隐追求绮丽轻艳之诗风,明显乃崇尚"工丽"的代表。[参见(唐)令狐德棻《周书》卷三三,北京:中华书局,1971,第745页。罗宗强:《隋唐五代文学思想史》,北京:中华书局,2016,第139页]
2 (唐)释皎然:《诗式》,见(清)何文焕辑:《历代诗话》,第27页,第28页。
3 (宋)魏庆之:《诗人玉屑》卷八,钦定四库全书本,第68页。
4 (宋)陈师道撰,任渊注:《后山诗注补笺》,北京:中华书局,1985,第8页。
5 如吴可《藏海诗话》云:"凡诗切对求工,必气弱。宁对不工,不可使气弱。"就认为由于六朝以来诗歌追求"工"(骈整、对仗),从而导致了诗歌气骨衰弱,缺乏刚健之美。[(宋)吴可《藏海诗话》,见丁福保辑:《历代诗话续编》,第331页。]

拙"而力避"工巧",否定六朝至唐代所追求之"工"美。可谓一方面尚工,一方面又反拨六朝尚"工"之倾向,力主"拙"。尤其黄庭坚,其诗"点铁成金、夺胎换骨"有尚工之意味,更有以拙见工之目的。这不仅仅表明宋元尚"工"贬"拙"之倾向发生了转向,更表明宋元工拙观具有了新的审美特质。

宋元工拙观之审美新特质,具体有三:其一,就"工"而言,"以不工为工""至工不工"是他们对"工"的追求。在他们看来,作诗需在字句上下功夫,拙笔、拙句才可至天然之境界。是以化"拙"为"工",达至"浑然天成"之工巧境地,即所追求之"工"的真正境地。同时,他们所追求的"拙朴",亦非有意为之。如黄庭坚于《论诗》中认为谢灵运、庾信之诗不如陶氏诗,在于它们太过求"工",而陶氏诗之"拙"非有意为之。严羽《沧浪诗话》对此更为明确地指出:"谢所以不及陶者,康乐之诗精工,渊明之诗质而自然耳。"[1] 是以宋元"以不工为工"就包含了两层含义:非人工而天工,非有意之拙而无意之拙。"工"包含天工,亦包含拙朴。是以"至工不工",即所谓"古诗句格自质,然大入工"。是以,善文艺者须"至工而入于不工",因为工则粗,则生;不工则细,则熟。以巧进,以拙成,至于拙则"浑然天全"。

其二,就"拙"而言,真拙、古拙是宋元"拙朴"的内涵。宋之前,"拙"有两翼之内涵。一翼为"拙钝"之贬义,包含"无技巧""无灵气,不生动"之意,并常与"涩"连用,与劣相关联。[2] 一翼为褒义,受道家抱朴守拙才能保其真思想的影响,"拙"乃"拙朴",是一种弃绝功名利禄、回归自然天地的人生态度和价值追求。[3] 而宋元"拙"之含义呈现出两翼并飞之状况。一方面,它是贬义,指呆板无变化,无生气。另一方面,它是褒

---

1 (宋)严羽:《沧浪诗话》,见(清)何文焕辑:《历代诗话》,第696页。
2 如韩愈以"辞郦而义拙""凡外重者内拙"等语论文,并多次"拙""涩"连用,"拙"皆与劣相关联。
3 如白居易涉及"拙"之词句:"拙直不合时,无益同素餐。""我受狷介性,立为顽拙身。""我为郡司马,散拙无所营。"皆与此翼意。

义，表"平易淡然""自然浑成"之艺术品格。宋元人认为文学艺术形式之"工"固然重要，但过于刻意雕琢，追求辞采、声律、对偶之工巧，文学艺术本身之思想情感、意义内蕴则被此种"精工"所掩盖，所谓"诗之本旨扫地"，诗不再是真性情之抒发，亦不再是"情动于中而形于言"，更像是一种雕琢赏玩之物。相反，形式上笨拙粗放，不饰雕琢，古朴无华，这可使艺术达"真"之境界。是以"质朴""古拙""高古"是宋元文人纠正时人过分雕砌之审美准则，而"拙"即乃拙朴，真拙，古拙，体现出一种炉火纯青、浑然一体、返璞归真的艺术境界。如"情拙"体现为性灵之直率，所谓"于淡泊中有醇味，其境皆真境，其情皆真情"；"语拙"体现为语言之质朴平淡，所谓"语俚而意切""词拙而意工"；"笔拙"体现为句式上力求打破精工纤巧柔弱，回归平易自然；境拙体现为克服雕琢过甚，施彩太浓后达到的一种浑朴平淡自然的意境。可以说，宋元将中古负面之"拙"转化为正价之范畴，给"拙"注入了自然、质朴、平淡之新特质，平淡自然遂成为宋元文学艺术的最高追求。如苏轼称赞辩才作诗"如风吹水，自成文理"（《书辩才次韵参寥诗》），张元干认为文章应如"风行水上，自然成文"（《跋苏诏君赠王道士诗后》）。而黄休复《益州名画录》云："拙规矩于方圆，鄙精研于彩绘。笔简形具，得之自然。"[1] 将绘画分为逸、神、妙、能四品论，认为"能"之所以为第四品，在于过于追求精工娴熟之技巧，而失纯真质朴之自然美，"逸"之所以为第一品，则在于其平淡自然而高风远韵。是以就宋元人而言，"拙"是"拙朴"，是"真拙""古拙"，一定程度上即是一种平淡自然。

其三，就拙与工之关系而言，工拙相济，工拙参半，大巧若拙是宋元人对工拙的辩证态度，无计工拙是他们的最终追求。宋元人反对过工，如苏轼认为杜诗之失在于过工，因而失去了前人

---

[1] 转引自朱志荣：《中国美学简史》，北京：北京大学出版社，2007，第263页。

之"高风远韵";陆游批评黄庭坚诗过于工,难免刀斧痕迹,失去本真与气骨。他们亦反对过拙与有意为拙,认为有意为拙,过于拙易,皆会走向呆板、不自然、无生气。对于工拙,他们持辩证态度,推崇"巧拙相参"。"相参"包含工拙相半与工拙相济两意。所谓"工拙相半",即工拙相生相克,意味着"工拙并驱"。所谓"工拙相济",首先指"工""拙"各有不足,可相互弥补,其次指化拙为巧,藏拙于工,工拙相互映衬。如叶梦得、李涂、罗大经关于"天工"之论述,张耒称赞黄庭坚诗"浑然天成"之论,皆表现了化拙为巧,藏拙于工,工中求拙,拙中有工,工拙相辅相成,相激相荡,相互映衬之追求。宋元人认为,工与拙相互映衬,拙中有工,至工不工,工拙相兼,彼此浑融,即可达到超越本体而彼此和谐之生命状态,呈现出一种生命的智慧之美。此种生命智慧美即所谓大巧若拙。关于"大巧若拙",欧阳修于《斫雕为朴赋》中指出,它其实即是于简古中展现纤秾,于淡泊中寄托至味。[1] 然而无论是"以不工为工""至工不工"还是"以拙为工""大巧若拙",终究还是需要人工,但此人工乃无心为之。而无心,即自然之心,合自然之性,体现自然之精神,若此,就不会有意追求巧饰,而能得自然之趣。同时,大巧若拙乃有巧入于无巧,所谓"无意于工而无不工"[2]。是以"大巧"须通过锻炼,须"意匠"之惨淡经营,达到"道进乎技"之境界,是以至工不工,大

---

[1] 欧阳修《斫雕为朴赋》云:"彼琢玉然后成器,命工列乎雕人,务以文而胜质,徒散朴以还淳。曷若刳剔之工靡施,大巧若拙;刻镂之华尽减,其德乃真。"(《欧阳文忠公文集·居士外集》卷二四)在欧公看来,"大巧若拙"其实乃"大巧之朴""浓后之淡",所谓"外枯而中膏,似淡而实美",外表似平淡,但却有"中膏",内蕴丰富、充盈且多彩。又王恽《题张嘉贞北岳碑后》曰:"前人谓焦山鹤铭乃逸少龙爪书,或者谓未若以大辩若讷、大巧若拙方之为近似。"童冀《拙斋记》云:"以君之意匠经营,动肖天巧,拙云乎哉?然闻古有大巧若拙,意者君之拙,其殆近是乎!"皆与欧公"大巧若拙"观同。

[2] (明)胡应麟撰:《诗薮·内编》卷二,上海:上海古籍出版社,1958,第22页。

巧若拙就有了绚烂至极归于平淡之意味。然而，宋元人之工拙新观念还不仅于此。他们认为刻意之工巧，难以抒发真性情，是以提出"拙多于巧""不计工拙"之主张，以自然抒发本真性情为主旨。他们认为诗不当以工拙论，而应以"志"论之，是以无论是米芾、方回推崇性情之本真，还是叶适、朱熹强调有关政教，他们皆追求"无心于工拙之间"。然而就宋元人而言，"无心于工拙之间"的关键还并不在于此。就他们而言，杜甫之所以被推为诗圣，并非仅仅因为其有关教化，更非因为其"工"，乃是因为其平淡自然，而他们对于陶渊明之推崇，亦指向其平淡自然，[1] 如此，这种"无心于工拙之间"的追求，使平淡自然顺理成章地取代了工与拙。

总之，就宋元人而言，工与拙是一对矛盾对立而又辩证统一的概念。"工"包含对天工与自然之拙的追求，"拙"是真拙、古拙，是一种浑然天成的平淡自然，它们相生相克，相辅相成，相映相济，工中见拙，拙藏于工，体现出平淡与精工、自然与工峭的辩证统一。至工不工、大巧若拙是绚烂至极归于平淡，不计工拙是无心工拙之间归平淡，它们皆是对工拙的超越而走向平淡。是以，在宋元文化艺术中，平淡与工峭是矛盾对立而辩证统一的，此亦是平淡之强大张力之一端。

第三节　平淡与趣味

平淡与趣味亦是一对相反相生的概念，平常中见哲理，反常而合

---

[1] 如《石林诗话》卷中云："诗人以一字为工，世固知之。惟杜老变化开阖，出奇无穷，殆不可以形迹捕……此皆工妙至到，人力不可及，而此老独雍容闲肆，出于自然，略不见其用力处。"《滹南诗话》卷二曰："山谷之诗，有奇而无妙，有斩绝而无横放，铺张学问以为富，点化陈腐以为新，而浑然天成，如肺肝中流出者，不足也。此所以力追东坡而不及欤？"〔(宋)叶梦得：《石林诗话》，见(清)何文焕辑：《历代诗话》，第420页；(金)王若虚：《滹南诗话》，见丁福保辑：《历代诗话续编》，第518页。〕

道，淡而有味，平淡与韵味内在统一，平淡与趣味相通相生，共同构筑出平淡之平易而深邃、寡淡而至味、直致而含蓄等艺术张力。

一、淡与趣

"趣"，《说文》释云："疾也。从走，取声。""趣"指旨趣、意味，它与动、"情""心"相关联，是一种观物鉴赏方法，亦指一种审美情感。[1] 它作为一个审美概念于魏晋六朝时期开始出现在文艺批评中，主要包含两方面含义：一指创作主体的审美情趣，包括其意识指向以及对艺术美的认识、欣赏、要求等；二指艺术品的意旨或情味，是创作主体审美情趣的物化。[2] 此时出现"情趣""意趣""万趣""媚趣""风趣""自然之趣"等概念，或指人物之气质、风度使人或文章呈现出来的一种审美特质，或指文艺作品的风致与情味。[3] 唐代"趣"概念之含义进一步发展，出现了兴致、兴趣之义。司空图更是将"趣"与"味"关联在一起，指作品所包孕的兴致与兴趣之美感特征。[4] 可以说，宋代之前，

---

1 如《庄子·秋水》云："以趣观之，因其所然而然之，则万物莫不然，因其所非而非之，则万物莫不非，知尧、桀之自然而相非，则趣操睹矣。"唐成玄英释曰"以趣观之"乃以物情趣而观之，"趣操睹矣"即"天下万物情趣志操可以见之矣"。清郭庆藩《庄子集释》亦云："趣者，一心之旨趣也。"皆指出"趣"具有审美的特性。

2 周裕锴：《宋代诗学通论》，第316页。

3 如《晋书·嵇康传》云："康善谈理，又能属文，其高情远趣，率然玄远。"《宋书·胡藩传》云："桓玄意趣不常，每泱泱失职。"趣指风致、情态，是人物之气质、风度使人或文章呈现出来的一种审美特质。又如宗炳《画山水序》云："圣贤映于绝代，万趣融其神思。"钟嵘《诗品》评谢瞻诗云："才力苦弱，故务其清浅，殊得风流媚趣。"万趣指画中山水之风致、情态，媚趣指作品华美言辞所呈现出的一种风流柔婉之美。刘勰《文心雕龙》更是多次提到"趣"："辞理庸俊，莫能翻其才；风趣刚柔，宁或改其气。"（《体性》）"势者，乘利而为制也。如机发矢直，涧曲湍回，自然之趣也。"（《定势》）风趣、自然之趣皆指文艺作品的风致与情味。

4 其《与王驾评诗书》云："右丞苏州趣味澄夐，若清风之出岫。"［见郭绍虞主编：《中国历代文论选》，上海：上海古籍出版社，2016，第217页。］

"趣"仿佛与平淡没有关联,但与味相关联,味是"趣"与平淡相关联的肇始。

宋代,宋人尚趣,"趣"的合成词除风趣、意趣、兴趣等外,如奇趣、异趣、至趣、高趣、理趣、胜趣、生趣、天趣、不迫之趣、野人之趣、闲适之趣、冲澹之趣、登高临远之趣等也频繁出现。就宋人而言,"趣"是他们评价文艺作品的又一重要审美标准之一。如司马光赞赏"野人之趣",[1] 苏轼更是提出了"奇趣"说,认为"反常合道为趣",并引柳宗元诗对"反常合道"进行了阐释,认为语浅而道深,反常而平常,平常而富有深刻意味,此即为"趣"和"奇趣"。[2] 在宋人看来,首先"趣"即反常,有不寻常、不平淡之意味;其次"趣"与"奇"通,戛戛独造而又平易淡然;再次,"趣"与"味"通,不寻常但又合乎平常,平淡而有味。可见,就宋元人而言,"趣"在一定程度上与平淡是矛盾而辩证统一的。[3] 如王安石称陶诗"奇绝不可及"且"趣向不群",平淡而又充满哲理趣味。[4] 就宋元人而言,"趣"反常而又寻常,是超越常情识解即包含"奇"之意味而又合乎大道即平常之道的

---

[1] 司马光称赞魏野诗云:"仲先诗有'妻喜栽花活,童夸斗草赢',真得野人之趣。""野人之趣"指自然淳朴而蕴含童趣,乃童趣、生趣、真趣与自然之趣相统一。[〔宋〕司马光:《温公续诗话》,见王大鹏、张宝坤、田树生等编选:《中国历代诗话选》,长沙:岳麓书社,1985,第171页。]

[2] (宋)惠洪《冷斋夜话》载:"柳子厚诗曰:'渔翁夜傍西岩宿,晓汲清湘燃楚竹。烟销日出不见人,欸乃一声山水绿。回看天际下中流,岩上无心云相逐。'东坡云:'诗以奇趣为宗,反常合道为趣,熟味此诗有奇趣。'"[见王大鹏、张宝坤、田树生等编选:《中国历代诗话选》,第366页,第367页。]

[3] (宋)惠洪《冷斋夜话》载:"东坡云:'渊明诗,初视若散缓,熟视有奇趣。'"此句记载广为宋元诗话所引用,如《潜溪诗眼》《苕溪渔隐丛话》《诗人玉屑》等皆有称引,可见宋人对"趣"概念之辩证性的共识。

[4] 《苕溪渔隐丛话》前集卷三引陈正敏《遁斋闲览》云:"荆公在金陵,作诗多用渊明诗中事,至有四韵诗全使渊明诗者。又尝言其诗有奇绝不可及之语,如'结庐在人境,而无车马喧,问君何能尔,心远地自偏',由诗人以来,无此句也。然则渊明趣向不群,词彩精拔,晋、宋之间,一人而已。"

艺术趣味。惠洪对苏子之"趣"说进一步引申，指出诗之"趣"有三种：奇趣、天趣和胜趣。奇趣乃新奇生动而浑然无迹，平易淡泊而高情远韵；天趣乃无雕琢，平常素朴而自然清新；胜趣乃平淡而含蓄蕴藉，意在言外，淡而余味无穷。[1] 由是可见宋元论"趣"的两种走向：一为追求"谐趣"，在"反"与"合"，于不平常而平常之对立统一的艺术辩证中获得平淡而又新颖动人之美学效果。二为追求"理趣"，使平常人生诗意化，哲理化，力图创造一种融化道德感受、哲理认识的平淡而又意味无穷的艺术境界。[2]

关于"谐趣"，苏轼称为"三反"。[3] 所谓"三反"即艺术创作中的三种"反常合道"。一反为"以平等观作欹侧字"，即"侧笔以显正"，正面题目从侧面、反面入手而作。如江西诗派黄庭坚、陈师道那些被喻为"不犯正位，切忌死语"的诗歌，即具有此特点。二反为"以真实相出游戏法"，即"戏言近庄"。"真实相"即佛家所言"实相"，指宇宙万物之真相，"游戏法"乃禅宗不执着于任何观点的禅法，禅师总以戏言让人破除迷执，悟入真谛。宋元人借此思维方式，运用于艺术创作中，以获得平淡而新颖动人的艺术趣味。三反为"以磊落人书细碎事"，即以俗见雅。

---

1 （宋）惠洪《天厨禁脔》载："诗分三种趣：奇趣、天趣、胜趣。《田家》：'高原耕种罢，牵犊负薪归。深夜一炉火，浑家身上衣。'江淹《效渊明体》：'日暮巾柴车，路暗光已夕。归人望烟火，稚子候檐隙。'此二诗脱去翰墨痕迹，读之令人想见其处，此谓之奇趣也。《宫词》：'白发宫娃不解悲，满头犹自插花枝。曾缘玉貌君王宠，准拟人看似旧时。'《大林寺》：'人间四月芳菲尽，山寺桃花始盛开。长恨归无觅处，不知转入此中来。'此二诗，前乃牡牧之作，后乃白乐天作。其词语如水流花开，不假工力，此谓之天趣。天趣者，自然之趣耳。《东林寺》：'昔为东掖垣中客，今作西方社内人。手把杨枝临水坐，闲思往事似前身。'《长安道中》：'镜中白发悲来惯，衣上尘痕拂转难。惆怅江湖钓鱼手，却遮西日望长安。'前诗白乐天作，后诗杜牧之作。吐词气宛在事物之外，殆所谓胜趣也。"［参见王大鹏、张宝坤、田树生等编选：《中国历代诗话选》，第 373 页、第 374 页。］

2 从周裕锴说，周裕锴：《宋代诗学通论》，第 317 页。

3 苏轼评山谷书法云："鲁直以平等观作欹侧字，以真实相出游戏法，以磊落人书细碎事，可谓三反。"［见（宋）苏轼著，孔凡礼点校：《苏轼文集》卷六九《跋鲁直为王晋卿小书尔雅》，第 2195 页。］

宋元人常于琐碎俗滥中翻陈出新，别具雅趣，以游戏之态度，于丑拙鄙俗中发现真趣，这种以俗为真、以俗为雅的人生观和艺术观，创造出宋元特有的充满机智的谐趣，这种谐趣具有平常而新颖动人，平淡而意味无穷的艺术趣味。其中最具代表性的是杨万里，他称此种谐趣为"风趣"。[1] 他所倡导的风趣，即情趣、风味表现在以下方面：在艺术创作题材上追求平淡而高远情味，从日常生活琐事和寻常景物中，发现谐趣之题材，从而超越人生存在之困境，获得深刻的宇宙人生之感悟；在艺术语言上追求自然质朴、清新秀丽的语言美；在艺术意境上追求淡而非淡、味外之味的意境美。

关于"理趣"，苏轼给"趣"之定义，除了"反"与"正"、"反常"与"平常"之对立统一外，还规定了"趣"须"合道"之原则，即"趣"具有理性之特征。就宋元人而言，"趣"与"理"是相统一的。他们尚理趣，认为陶诗、韩文非他人所及，正是由于其富于理趣。[2] "理趣"之概念具有三大特点：一出自天籁之自鸣，不假雕琢，浑然天成；二意味深长；三理与趣相互融合，浑化无迹。宋元人认为艺术作品中理与趣是不可分割的，他们既反对无趣，更反对无理。他们推崇陶诗"悠然自得之趣"（魏了翁《费元甫注陶靖节诗序》），即因为"趣"中有"随所遇而皆适""以物观物而不牵于物"的人生哲理存在。换言之，宋元人对陶诗"趣"的理解，即集中在其"悠然自得之趣"，这其实即是一种"诗意地栖居"的人生态度，也是一种"俗里光尘合，胸中泾渭

1　袁枚《随园诗话》卷一二载："杨诚斋曰：'从来天分低拙之人，好谈格调，而不解风趣，何也？格调是空架子，有腔口易描；风趣专写性灵，非天才不办。余深爱其言。须知有性情，便有格律；格律不在性情外。'"［见（清）袁枚著，顾学颉点校：《袁枚诗话》，北京：人民出版社，1982，第2页。］

2　如苏轼称赞陶诗"奇趣"，晁补之称赞陶诗"悠然忘情，趣闲而意远"，宋元人之所以欣赏陶诗，原因之一即在于陶诗乃"谈理之诗""皆以为知道之言"。［（宋）葛立方：《韵语阳秋》卷三，见（清）何文焕辑：《历代诗话》，第507页。］

分"的人生态度,"一种人生如被围困的哲学感悟"[1],包含着平淡与趣味、趣中含淡、淡中有趣的矛盾统一之辩证关系,这种关系始终贯穿于宋元人对平淡之艺术美的追求之中。如苏轼指出永禅师书法之奇趣在于平淡中见神奇,[2] 而其本人咏梅诗亦平白易懂而具幽静闲雅之趣味。[3] 又如王安石晚年诗有"深婉不迫之趣"[4]。所谓"深婉不迫"即平和淡然而又含蓄深远。而葛立方认为,陶诗之特点在于"睹道"而"出语自然超诣"。[5] 所谓"睹道"即理趣,指诗人淡泊名利,忘却世俗,达到庄子所言与道(天地精神)合一之境界;所谓"出语自然超诣",即"不烦雕琢"。葛立方指出,陶诗于平淡中见出了悟人生之透彻与深刻,即平淡中见理趣。可见,平淡自适心态与尚趣意识、尚理精神的相互纠结,相合相融,是宋元艺术的审美追求亦是其最突出的特征之一,而"淡"与"趣"之艺术张力,则是构筑宋元艺术平淡而

---

1 韩经太:《论宋诗谐趣》,《中国社会科学》,1993 年第 5 期,第 133—147 页。

2 苏轼《书唐氏六家书后》云:"永禅师书,骨气深稳,体兼众妙,精能之至,反造疏淡。如观陶彭泽诗,初若散缓不收,反复不已,乃识其奇趣。"以陶诗形容永禅师书法。[见(宋)苏轼著,孔凡礼点校:《苏轼文集》卷六九,第 2206 页。]

3 阮阅《诗话总龟》载:"凡咏梅多咏白,而荆公诗独云'须捻黄金危欲堕,蒂团红腊巧能妆',不惟造语巧丽,可谓能道人不到处矣。又东坡咏梅一句云'竹外一枝斜更好',语虽平易,然颇得梅之幽独闲静之趣。"[见(宋)阮阅编,周本淳校点:《诗话总龟·咏物门》(后集)卷二八,北京:人民出版社,2005,第 177 页、第 178 页。]

4 叶梦得《石林诗话》云:"王荆公少以意气自许,故诗语惟其所向,不复更为涵蓄。如'天下苍生待霖雨,不知龙向此中蟠',又'浓绿万枝红一点,动人春色不须多''平治险秽非无力,润泽焦枯是有材'之类,皆直道其胸中事。后为群牧判官,从宋次道尽假唐人诗集,博观而约取,晚年始尽深婉不迫之趣。"[(宋)叶梦得:《石林诗话》卷中,见(清)何文焕辑:《历代诗话》,第 419 页。]

5 葛立方《韵语阳秋》载:"东坡拈出陶渊明谈理之诗,前后有三:一曰:'采菊东篱下,悠然见南山。'二曰:'笑傲东轩下,聊复得此生。'三曰:'客养千金躯,临化消其宝。'皆以为知道之言。盖摘章绘句,嘲弄风月,虽工亦何补!若睹道者,出语自然超诣,非常人能蹈其轨辙也。"[(宋)葛立方:《韵语阳秋》卷三,见(清)何文焕辑:《历代诗话》,第 507 页。]

深邃之美学特性的重要因素之一。

二、淡与味

"味"本义为名词，指饮食之味，即滋味、味道，后来名词的"味道"又演变出动词"味道"之义。味与淡有着密切的关系，"淡味"是一种中和之味，其概念根植于哲学中的"无味"。[1] 关于"淡味"，两汉魏晋士人进行了生动的诠释，[2] 他们认为，一方面，"淡味"指简质、平淡之味，另一方面，"淡味"即无味，无味乃最高的"味"，即"至味"。"味"于此时期已经被广泛运用于文学与艺术的各个门类和各种样式的鉴赏与批评中。如陆机《文赋》首先将"味"引进了文论；桓玄以"味"论歌赋；王羲之以"味"论书法；宗炳以"味"论绘画。[3] 刘勰《文心雕龙》大量出现"味"字，钟嵘的"滋味"说更是代表了文学之"味"的成熟。[4] 此后唐代皎然的"风味"说，司空图提出的"味外之旨""味外之味"，皆是对"味"之为"味"的本质超越，指向"至味"与"无味"，被宋元人普遍接受，并提升为文艺最终的价值。

---

1 老子曾以"味"喻"道"："道之出口，淡乎其无味。"（《老子》三十五章）"为无为，事无事，味无味。"（《老子》三十六章）关于"淡乎其无味"，王弼注曰"以恬淡为味"，"无味"即"淡味"。[参见上编第一章第一节之"道家之味淡"。]

2 如王充《论衡·自纪篇》云："大羹必有淡味，至宝必有瑕秽，大简必有大好，良工必有不巧。"扬雄《解难》曰："大味必淡，大音必希，大语叫叫，大道低回。"嵇康《答难养生论》云："以太和为至乐，则荣华不足顾也；以恬澹为至味，则酒色不足钦也。"阮籍《乐论》曰："乾坤易简，故雅乐不烦；道德平淡，故无声无味；不烦则阴阳自通，无味则百物自乐；日迁善成化，而不自知，风俗移易而同于是乐。"

3 桓玄《与袁宜都论啸书》云："读卿歌赋，序咏音声皆有清味。"王羲之《书论》曰："若直笔急牵裹，此暂视似书，久味无力。"宗炳《画山水序》曰："圣人含道应物，贤者澄怀味象。"

4 林湘华撰：《禅宗与宋代诗学理论》，第61页。

宋元人尚味，但是由于他们尚理、重内省、崇人文的文化心理，使得他们所嗜之"味"与汉魏六朝、唐人所嗜之"味"大不相同。他们欣赏苦涩之味，以橄榄喻味。[1] 橄榄别称"余甘"。"余甘"意味着外朴拙生涩，内隽永甘甜，乃苦后之甘之味。他们还欣赏复合之味，苏轼云："咸酸杂众味，中有至味永。"（《送参寥师》）发展了司空图"美在咸酸之外"之思想，认为咸酸众味之调和，多种审美趣味之有机组合之味才是至味。此外他们还欣赏独特之异味，如苏轼称黄庭坚诗"如蝤蛑、江瑶柱，格韵高绝"（《书黄鲁直诗后》），杨万里欣赏的诗味乃"霜螯略带糟"（《和李天麟二首》），蝤蛑、江瑶柱、霜螯之味，皆为"异味"。然而，尽管宋元人欣赏苦味、复合之味和异味，但是被他们奉为文艺最终之价值的"味"却是"淡味"。就宋元人而言，"淡味"是一种"古味""真味"。古淡之味、真味与嗜欲之心相对立，是一种超越世俗的古典精神，[2] 是以"淡味"之根本在于平和淡泊、超尘绝俗之精神境界，此即他们"淡味"的审美取向，可见他们欣赏的"淡味"其实就是平淡之味。他们认为陶诗以"味"胜并妙在"有味"，而陶诗之"味"或"有味"即"至闲至静之味"，即司空图所言之"冲淡"。[3] 冲淡，以"素"为本，"素"无欲无求，即平和淡泊。陶渊明诗之"有味"，皆在于一个"淡"字：平和、闲静、冲淡。是以"闲远""淡泊"之味，就是他们所追求的"有味"。"淡"本"无味"，但是在宋元人这里，"淡"即"有味"，不仅"有味"，还是"至味"。如梅尧臣认为"至味"非咸非酸，乃"淡泊"之味；苏轼认为陶、柳诗外枯槁平淡，内膏腴丰美，

1　如欧阳修《水谷夜行寄子美圣俞》诗云："近诗尤古硬，咀嚼苦难嘬，初如食橄榄，真味久愈在。"又黄庭坚《谢王子予送橄榄》诗曰："方怀味谏轩中果，忽见金盘橄榄来。想共余甘有瓜葛，苦中真味晚方回。"

2　周裕锴：《宋代诗学通论》，第311页。

3　司空图《诗品·冲淡》云："素处以默，妙机其微。饮之太和，独鹤与飞。犹之惠风，荏苒在衣，阅音修篁，美曰载归。遇之匪深，即之愈稀，脱有形似，握手已违。"〔（唐）司空图：《二十四诗品》，见（清）何文焕辑：《历代诗话》，第38页。〕

而这种枯槁平淡而又膏腴丰美即"至味";张炎认为秦观词淡雅清丽而有味;包恢"表里论"更是明确宋人所追求的朴素平淡内蕴着含蓄蕴藉之韵味。[1] 总之,就宋元人而言,"淡"是"无味",但事实上又并非真正"无味",是"淡而有味",是"至味""真味"。"淡"与"味"的矛盾辩证统一,平淡与有味、平淡与至味之间的张力,使宋元文艺平易淡泊却又含蓄蕴藉、意味无穷。是以于平淡质朴中蕴藏"至味""真味",是宋元文艺所追求的一种美的理想与范式。[2]

三、淡与韵

宋元人对"格韵"的推崇,对其"平淡"概念之特征形成具有重要影响,是以他们对"平淡"的追求,其间不可避免地包含着对含蓄蕴藉之"韵"的独特阐释,加之唐代"韵味"说,韵与味、淡与味之间的关联,都不可避免地使韵与淡之间紧密相关。

"韵"最早见于战国《尹文子》,本义指声音、音乐、节律之和谐优美。魏晋时期,"韵"不仅用于品评声韵、音乐之美,还开始用于品评人物,并由音乐领域蔓延到其他各艺术门类。如《世

---

[1] 梅尧臣《依韵和王平甫见寄》云:"至味非咸酸。"苏轼《书黄子思诗集后》曰:"质而实绮,癯而实腴,发纤秾于简古,寄至味于淡泊。"《评韩柳诗》云:"所贵乎枯淡者,谓其外枯而中膏,似淡而实美,渊明、子厚之流是也。"张炎《词源》卷下曰:"秦少游词体制淡雅,气骨不衰。清丽中不断意脉,咀嚼无滓,久而知味。"包恢《书徐致远无弦稿后》云:"诗有表里浅深,人直见其表而浅者,孰为能见其里而深者哉?犹之花鸟,凡其华彩光焰漏泄呈露、烨然尽发于表,而其里索然绝无余蕴者,浅也。若其意味风韵含蓄蕴藉、隐然潜寓于里,而其表淡然若朴无外饰者,深也。"

[2] 朱熹《答巩仲至》云:"夫古人之诗本岂有意于平淡哉?但对今之狂怪雕镌,神头鬼面,则见其平;对今之肥腻腥臊,酸咸苦涩,则见其淡耳。自有诗之初,以及魏、晋,作者非一,而其高处,无不出此左右。"(《晦庵先生文集》卷六四)朱子明确指出,平淡即至味,文人们追求的最高艺术标准与美学理想就应当是蕴含"味"与"至味"的平淡。

说新语》与《宋书》《晋书》《南史》等史传以"韵"论人,"韵"常与"雅""澄""疏""简""素""清""逸""淡""远""高""不群""拔俗"等字词并现以论人物风姿神貌,包含了人们对冲淡、素雅、清远等精神与品格的追求,"韵标示着一种平和淡泊与高洁脱俗之美感内涵。在绘画领域,谢赫《古画品录》提出"气韵生动"之命题,以"体韵遒举,风采飘然""力遒韵雅,超迈绝伦"形容画中人物,[1] "韵"依旧与人之"风姿神貌"相关,无论人物还是山水,皆重视情调个性,"韵"是一种平淡、放旷、通达、清远之美。在诗文评论领域,尽管"韵"有指韵文或者文章以及语言本身之声韵和押韵,[2] 但是更多地被用于指诗文之韵味美。如萧纲以"韵"论诗:"丽辞方吐,逸韵乃生。"沈约以"高韵"评价潘、陆之诗,刘勰《文心雕龙》更是多处以"韵"论诗文,"韵"已经脱离了声音之义,颇有"言之无文,行而不远"之意味,具有"致远"之特点,暗含了形与神,虚与实,含与露,淡与味的双重辩证关系。唐代"韵"内涵更为丰富。王绩追求"韵趣高奇,词义旷远"之韵,李白提倡"清真"之韵,杜甫追求雄深雅健之韵,"大历十才子"诗歌追求平和冲淡中蕴含言外之思与韵味隽永之韵,皎然追求"高""逸""闲""静""远"之韵。"韵"之内涵可谓丰富,但皆向平淡自然、意味深远靠拢。而司空图提出"韵味"说,将"韵"与"味"、"韵外之致"与"味外之旨"并举,追求恬淡、闲趣之韵。他推崇王、韦一派的诗歌,认为他们的诗"趣味澄夐""澄澹精致",即高雅清远、冲淡自然。其"韵味"彰显了对淡泊之情思、宁静之境界与空灵致远之意境的追求。

---

[1] (南朝齐)谢赫:《古画品录》,见俞剑华编著:《中国画论类编》,北京:人民美术出版社,1986,第359页,第360页。

[2] 如《文心雕龙》云:"曹摅清靡于长篇,季鹰辨切于短韵,各其善也。""是以声画妍蚩,寄在吟咏,吟咏滋味流于下句,风力穷于和韵。"前者指代针对散文的有韵之文,后者指语言本身之声韵和押韵。又《文赋》云:"收百世之阙文,采千载之遗韵。""韵"指文章。

宋元时期,"韵"是其文化艺术中的重要概念,"韵"的合成词有"格韵""远韵""气韵""余韵""雅韵""风韵""高韵""天韵""清韵""音韵""神韵""和韵""韵味""体韵""拔俗之韵"等。宋元人尚"韵",如苏轼向往"高风绝尘"之"远韵",其于《书黄子思诗集后》中集中阐述了对"韵"的理解,认为"韵"一方面"妙在笔画之外""美在咸酸之外",有司空图所言"韵外之致""味外之旨"之意味,另一方面又"发纤秾于简古,寄至味于淡泊"。又如黄庭坚论韵甚多,他推崇"韵胜",认为"韵"与"韵胜"是一种含蓄不尽之余意,所谓"语少而意密",外简淡而内涵丰富。而范温所推崇之"韵",一为"韵谓有余意",所谓"有余意之谓韵",二为"备众善"且行于简澹之中,三为平淡而内涵深邃,所谓"质而绮""癯而腴"。这促成了宋元"韵"概念之内涵的成熟。陈善对"淡"与"韵"之密切关系亦进行了详细论述,他认为"韵"具有自然天成,质朴简古的内在气格,其倡导的"气韵"或"韵",主要是指外枯淡而内有味。在他看来,平和婉顺、优游不迫之平淡就是"韵胜"。[1] 此后,南宋人论韵,即常以人格精神为依托,强调情志之平和淡泊,他们所追求的"韵",其境界皆是远、淡、逸,与苏、黄所标举的"格韵"一致。[2] 但

---

[1] 陈善于《扪虱新话》云:"文章以气韵为主,气韵不足,虽有辞藻,要非佳作也。乍读渊明诗,颇似枯淡,久久有味,东坡晚年酷好之,谓李杜不及也。此无他,韵胜而已。韩退之诗,世谓押韵之文尔,然自有一种风韵。如《庭楸》诗:'朝日出其东,我常坐西偏。夕在其西,我常坐东边。当昼日在上,我坐中央焉。'不知者便谓语无工夫,盖是未窥见古人妙处尔。且如老杜云:'黄四娘家花满蹊,千朵万朵压枝低。'此又可嫌其太易乎!论者谓子美'无数蜻蜓齐上下,一双䴔䴖对浮沉',便有'关关雎鸠,在河之洲'气象。予亦谓渊明'暧暧远人村,依依墟里烟。犬吠深巷中,鸡鸣桑树巅',当与《豳风·七月》相表里,此殆难与俗人言也。予每见人爱诵'影摇千丈龙蛇动,声撼半天风雨寒'之句,以为工,此如富家子弟,非无福相,但未免俗耳。若比之'霜皮溜雨四十围,黛色参天二千尺',便觉气韵不侔也。达此理者,始可论文。"〔参见(宋)陈善撰,袁向彤点校:《扪虱新话》卷七,第80页,第81页。〕
[2] 参见上编第二章第三节之"平淡之格韵审美标准的确立"。

是，在南宋，"韵"又有新的内涵。如张戒论"味"亦论"韵"，[1]认为"韵"包括语言的含蓄蕴藉、从容不迫，语气的温润清和、节制娴雅，节奏的浏亮、和谐、优美三方面，与苏子、范温所提倡之"韵"有相通处，"韵"平和淡泊而又含光内敛、丰厚深沉。同时张戒又认为曹植诗"韵"含有"微婉之情"，从而赋予了"韵""雅正"的新内涵。金元诸家论"韵"，如赵秉文、元好问、方回、郝经、虞集、傅若金等皆继张戒之"韵"观，标榜"风雅"。其中郝经认为"言""意""味""韵"是构成"风雅"的四大环节，"简静高古"是"风雅"之内核，"韵"具有"怨而不怒""哀而不伤"的简澹静远之"风雅"精神。[2] 陈旅更是对"韵"进行了深刻思考，认为"韵"必须是于"辞淡""貌直""声约"中蕴含醇厚之主旨、深婉含蓄之情思与充沛深远之意味，即"韵"乃平淡简约而又意蕴深厚、意味深长。[3]

总之，宋元人所标举的"韵"大多趋向于简澹静远，以简易平澹而造极致之美是他们的最高艺术追求。可以说，宋元平淡是

---

1 张戒于《岁寒堂诗话》云："若子建李杜之诗，亦何愧于渊明，即渊明之诗妙在有味耳，而子建诗微婉之情、洒落之韵、抑扬顿挫之气，固不可以优劣论也。"又云"文章古今迥然不同，钟嵘《诗品》以古诗第一，子建次之，此论诚然。观子建'明月照高楼''高台多悲风''南国有佳人''惊风飘白日''渴帝承明庐'等篇，铿锵音节，抑扬态度，温润清和，金声而玉振之，辞不迫切，而意已独至，与三百五篇异世同律，此所谓韵不可及也。"〔(宋)张戒：《岁寒堂诗话》卷上，见丁福保辑：《历代诗话续编》，第451页。〕

2 郝经于《与阖彦举论诗书》中云："文之至精者也，所以歌咏性情，以为风雅。故摅写襟素、托物寓怀，有言外之意、意外之味、味外之韵。"

3 陈旅于《安雅堂集》卷五《静观斋吟稿序》云："三百篇而下，汉魏诸诗弗可及已，之务为平澹者多本诸此，然而甚难也。澹而貌不凡、味不薄，此以为甚难也。晋宋间则陶渊明为最高。后世盖平则貌凡、澹则味薄，为平澹而貌不凡、味不薄，此以为甚难也。……若韦苏州辈，其亦平而不凡、澹而不薄者乎？盖其天趣道韵之妙，有非学力所能致者。"又《安雅堂集》卷十三《跋段氏庸音集》曰："文章贵奇崛而忌奇崛，尚平易而厌平易，古之作者辞淡而旨醇、貌直而思婉、声约而韵充。"〔参见(元)陈旅：《安雅堂集》，文渊阁四库全书电子版，香港：迪志文化出版有限公司，2003。〕

孕育"韵"的温床,"韵胜"是"中膏"的一部分,平淡中蕴含深邃广博的思致韵味,丰富深刻之情感内容通过冲淡平和、自然简易之形式呈现,此乃宋元各艺术门类的共同倾向,亦是它们的审美张力所在。

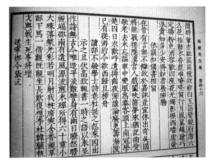

(宋)梅尧臣首倡"平淡"

第五章 "平淡"之审美演绎

追求"平淡"是宋元文化艺术与生活的主流,就宋元人而言,平淡自然、悠然高远、淡雅静正是他们在艺术领域的最高理想境界,也是他们审美趣味的最高追求,是以,宋元的各艺术门类都随之走向平淡,并对"平淡"之内涵与特征进行了丰富之演绎。

第一节 平淡之体

"平淡体"最早出自钟嵘《诗品》"中品"郭璞条:"始变永嘉平淡之体,故称中兴第一。"指的是永嘉时期,以孙绰、许询、桓温、庾亮、王济、刘惔、王蒙等为代表的一批专善"恬淡之词"的诗人所创作的平典似《道德论》、且缺乏建安风力的诗歌。这里借指宋元具有自身平淡之独特内涵的诗文作品。宋元诗文作品的平淡内涵与特征主要表现在题材、语言和风格等方面。

一、触事即真

触事即真是禅门的主要精神与特色之一,意为佛法无所不在,普现在一切应机接物中,体现在诗文中即诗文题材与构思无所不在,随处可得。宋元的文学观念,在欧阳修等提倡的平易流畅之文风影响下,加之文人广泛地涉猎各种层面的知识,重视日用,隐然形成了一种尚"俗"的风气,诗文取材不限六经,喻示了与之相对应的诗文内涵、诗文情味也不必在经典之内。这种诗文的取材和构思观念,在禅学随机应用的精神理论支持下,在万物存在之"理"的保证下,在"静观""妙悟"思维的作用下,皆具有了触事即真的特点,而这种特点即是宋元平淡之观念在诗文中的具体呈现。

(一)题材日常化

宋元诗文触事即真之平淡精神与特点首先表现在题材"日常"化、平常化之倾向方面。翻阅宋元诗文集,各种日常琐细画面纷至沓来,令人目不暇接,翁方纲于《石洲诗话》中指出宋诗题材几乎无所不包、无所不有,所谓"万象毕来,献予诗材",取材广泛,幽微琐细。[1] 如梅尧臣诗大量关涉日常生活细碎事物之描写,甚至连蜘蛛、聚蚊、头虱等日常琐碎且丑陋的物象,都成为他吟咏描写的对象,传达着他对事物的细致观察和对生活的独特体验。又如"白体"诗歌的代表李昉、李至的《二李唱和集》,亦非常显著地表现出"日常化"的写作倾向,唱和的内容无非乃读书、抄书、喝酒、下棋、访友、栽竹、养花、喂犬、生病、须白、齿落、苦热、请假等日常琐碎生活,王禹偁评云:"须知文集里,全似白公诗。"而欧阳修则更是被视为宋代诗文"日常化"倾向的代表。他的诗描绘字画、笔墨纸砚和尝茶等文人日常雅物和雅事,如《古瓦砚》《盘车图》《和梅公仪尝茶》等;亦关注日常自然之美景和美味佳肴,如《菱溪石记》《菱溪大石》《梅圣俞寄银杏》《千叶红梨花》《初食车螯》《奉答圣俞达头鱼之作》《初食鸡头有感》《橄榄》等;而蚊子、蝗虫、鬼车、瘿瘤等日常丑怪粗俗之物在其诗中亦独占一角。他的杂记三十余篇,或记厅堂,或记园林,或记佛屠,或记花木,其《醉翁亭记》描绘琅琊山朝暮、四时景色

---

[1] (清)翁方纲《石洲诗话》云:"唐诗妙境在虚处,宋诗妙境在实处。……宋人之学,全在研理日精,观书日富,因而论事日密。如熙宁、元祐一切用人行政,往往有史传不及载,而于诸公赠答议论之章略见其概。至如茶马、盐法、河渠、市货,一一皆可推析。南渡而后,如武林之遗事,汴土之旧闻,故老名臣之言行、学术,师承之绪论、渊源,莫不借诗以资考据,而其言之是非得失,与其声之贞淫正变,亦从可互按焉。"[见郭绍虞编选,富寿荪点校:《清诗话续编》卷四,第675页。]

变化以及与宾客的游宴之乐,皆是平常之景物与日常之生活。又如王安石虽然于熙宁年间任宰相,但亦很少描写重大社会政治题材之诗文,更多的作品乃描绘自我日常生活之所见所感。如《和农具诗十五首》描写樵斧、耕牛、水车、牧笛等极为常见的农业器物,《车螯二首》《信都公家白兔》吟咏的亦是日常之物。而苏轼诗文对日常生活细事杂物亦充满关怀与兴趣,尤其贬谪时期创作注意力转为个人抒慨,题材日常化、平常化倾向非常明显。其此期的诗文,大多皆描绘和记载岭海的平常风光以及自我访友交游、品食赏物、重九登山、上元夜游等日常生活,以至于《风月堂诗话》评其诗文取材"全不拣择,入手便用"。而与苏轼并称的黄庭坚,更是连市井中的刀镊工也曾被其写入诗中。[1] 南宋诗文作家代表陆游,对日常生活的书写亦包罗万象,极其细微的日常琐事,亦是其笔下之诗材。最经典的如《戏咏乡里食物示邻曲》:

茗芽落硙压北苑,药苗入馔逾天台。明珠百舸载芡实,火齐千担装杨梅。湘湖莼长涎正滑,秦望蕨生拳未开。箭萌蛰藏待时雨,桑蕈菌蠢惊春雷。棕花蒸煮蘸醯酱,姜苗披剥腌糟醅。细研罂粟具汤液,湿裹山蓣供炮煨。

罗列了山阴的特色食物杨梅、莼菜、蕨菜、箭萌(小笋)、蕈、山蓣(山药)、棕花、姜等,而《早饭后戏作》《午炊》《灯下晚飧》则对早、中、晚一日三餐进行了细致描写,其他如"苦笋先调酱,青梅小蘸盐"(《山家暮春》)更是宛如一张"菜谱"。而其《剑南诗稿》有睡寝诗100余首,全面展示了其各种各样的日常睡寝活动,如有睡"回笼觉"、酒后"午睡",有"熟睡""坐睡""小憩""晚起"等,可谓全面生动。同时还有大量书写耕读生活的诗文,或描绘荷锄三山,灌蔬园圃的锄地、种菜、灌溉等一系列农业劳作活动,或描写斋中博览,灯下苦读情景,内容关涉春夏秋冬四季读书、挑灯夜读、雨夜苦读等方面。此外,除了

---

[1] (宋)黄庭坚撰:《类编增广黄先生大全文集》卷五《陈留市隐并序》,见王水照编:《宋刊孤本三苏温公山谷集六种》第六册,第184页。

饮食睡寝活动、文人雅趣和耕读生活这些与日常"食""住"相关的作品，还有很多描绘"衣""行"诸如骑驴、步行、晚步、闲步、缓步、独步、野步、漫步和关涉步行器具如拐杖等一系列的诗文，还有一系列关涉自身疟疾、头风、齿痛、齿落、肺病、足疾、心腹痛等书写日常疾病体验或卧病生活状态的疾病诗，以及一系列与儿孙一起诵读经典，讨论文义，"园蔬幸无恙，父子日荷锄"（《书叹》）、"半酣自喜有儿酬"（《与儿辈小集》）等书写日常家庭生活之天伦乐事的诗文，题材可谓包罗万象，琐碎日常。与陆诗并称的"诚斋体"诗亦不避题材之平常凡俗，题材大量来自日常生活与平常自然景物，但不似梅尧臣《师厚云虱古未有诗邀予赋之》、苏轼《谪居三适》，于日常细小题材中包蕴重大命意，其于平常中并无蕴藏深意，只是平淡地展现平常的生活，感受平常得不能再平常的日子，可谓平淡至极。又如范成大，其晚年所作约831首诗，大都描写游山玩水、赏花品茶的日常生活，正所谓"江山平日眼，花鸟暮年心"（《悼石湖三首》其一）。而元代诗文尽管在理学创作宗旨指导下，将较为日常化、市民化、世俗化的题材转移到词令散曲中去表现，但亦不乏平常山川景色、日常人情风俗的描绘。如《四库全书总目》将杨允孚诗与《梦粱录》《武林旧事》并称，实际即指出了元代诗人对宋代诗文日常化取材观念的延续与承接。[1]

此外，引人注目的是宋代日记体诗文与元代题画诗文，它们

---

[1] 《四库全书总目》（卷一六八）评价杨允孚诗云："允孚……一岁走万里，穷西北之胜。凡山川物产、典章风俗无不以咏歌记之……其诗凡一百八首，题曰百咏，盖举成数……诗中所记元一代避暑行幸之典，多史所未详。其诗下自注，亦皆赅悉。盖其体本王建宫词，而故宫禾离之感，则与孟元老之《东京梦华录》、吴自牧之《梦粱录》、周密之《武林旧事》同一用意矣。"《东京梦华录》记录了北宋上至王公贵族、下及庶民百姓的日常生活情景，《梦粱录》与《武林旧事》记录了南宋都城临安城市风貌，涉及山川风俗、朝廷典礼、四时节物、市肆经纪、教坊乐部、市民日常生活等方面。将杨允孚诗与它们并称，实际上即指出了元代诗人对宋代诗文日常化取材观念的延续与承接。

亦是宋元诗文日常化、生活化、琐细化特征的表现之一。就宋代日记体诗文而言，如梅尧臣即以众多日记体诗文表现观花、赏景、喜雪、雨中饮以及交游、记梦等。司马光、宋祁亦有众多日记体诗文。而南宋日记体更是成为其诗文坛的常见类型，他们除了将"私史"与"历史"相融合以外，大多书写日常生活的平凡琐细之事，由此带来了"宋诗日常化、生活化特色的形成"。[1] 日记体创作既有对日常生活的诗意表现，更以题材之奇、笔法之奇、风格之奇，形成对庸常生活的悖反，从而典型地呈现了宋代诗文的平淡特征。而就元代诗文而言，题画诗文是元代文学题材的一大特点。元代文人更关注的亦乃其日常生活、身边琐事，他们大多既是文学家也是画家，如赵孟頫、柯九思、王冕、黄公望、吴镇、王蒙、倪瓒等，他们常常通过绘画描绘他们的日常生活，而其他文学家如元好问、王恽、方回等亦通过大量题画诗文，展现他们的平常生活旨趣，题画诗文实际即是元代诗文取材日常化的一种曲折呈现。

（二）笔法细致入微

宋元诗文触事即真之平淡精神与特点还表现在笔法细致入微方面。受理学与禅学的影响，宋元人喜欢"静观"，所谓静观，即冷静细致地观物，要求人在观照事物时持有宁静与静穆态度，这导致宋元文人多忠实于现实，不仅在题材上常常选取细小的日常生活，在笔法运用上亦常常采用白描式的写实笔法，细致入微地进行描绘，所谓"须把乖张眼，偷窥造化工"（杨万里《观化》）。

在诗歌方面，北宋文人如苏轼《泛颍》诗描绘泛舟颍水之上、临水揽照、潜鳞破水、影散复聚之景象，笔触平实传神、细致生动。欧阳修《千叶红梨花》诗以一双善于发现事物之独特处的眼睛，用细致入微的笔法将千叶梨花描绘成宛如一位"幽人"，平常

---

[1] 胡传志：《日课一诗论》，《文学遗产》，2015年第1期，第82—89页。

的梨花具有了不寻常的意义。王安石亦有对日常事物之独特细微视角,如《强起》诗:

> 寒堂耿不寐,辘辘闻车声。不知谁家儿,先我霜上行。叹息夜未央,呼灯置前楹。推枕欲强起,问知星正明。昧旦圣所勉,《齐》诗有《鸡鸣》。嗟予以窃食,更觉负平生。

"早起"题材平常而古老,荆公描绘了很多早起的真实细节,"闻车声""霜上行"描绘屋外传来的声音,书写了寒冬昧旦之情景,"呼灯""推枕""问知"等动作,细致地刻画了诗人的细微动作,透露出诗人勤勉之人生态度。诗歌笔法细致入微,细节丰富传神,平常而真切。又如《示长安君》书写思亲之情。亲情乃人生最自然之情感,亦是最平常之题材,程千帆先生评此诗言:"写得极朴实,极沉着,而且从生活的描写中透露了诗人的个性。"[1] 点明了此诗平常中见深挚的特点。其他如《自舒州追送朱氏女弟憩独山馆宿木瘤僧舍明日度长安岭至皖口》《寄虔州江阴二妹》《寄蔡氏女子二首》等亦有着这种平常而不寻常的特点。清人姚范《援鹑堂笔记》评曰:"大约荆公于诗才不能奇,非如'文笔别有天授'也。"指出王安石诗"平""不能奇",此正是宋元文学艺术平淡之审美呈现。

南宋文人如陆游《风雨》诗描画了雨夜灯下读书之场景,前两句写窗外环境,风雨大作,后两句写窗内情形,诗人昏灯之下,伏案苦读,一动一静相互衬托,风声、雨声、读书声相互交织,细致入微的笔法将雨夜苦读之日常生活描绘得有声有色。又如《初夏闲步村落间》二首:

> 薄云韬日不成晴,野水通池渐欲平。绿叶忽低知鸟立,青萍微动觉鱼行。醉游放荡初何适,睡起逍遥未易名。忽遇湖边隐君子,相携一笑慰余生。

诗歌写初夏闲步所见:天久未晴,野水漫涨,掠岸欲平。荷

---

[1] 程千帆:《古诗今选》,《程千帆全集》(卷十一),石家庄:河北教育出版社,2000,第220页。

叶田田，鸟立其上，偶尔青萍微动，小鱼游息其间。首联写池面欲平之静，次联写鸟鱼之动，可谓体察入微，笔法细腻，由静而动，意境清幽。一般而言，诗文以日常琐屑凡庸事物作为创作对象，很容易缺乏诗意与美感，但陆氏诗对琐屑凡庸之日常生活的描写，却能于凡庸中实现诗意之超越，具有平凡而不平庸，浅切而不庸俗，即平淡而清新脱俗的特点。明人袁宗道赞其诗曰："模写事情俱透脱，品题花鸟亦清奇。"[1] "透脱""清奇"即是对陆氏诗模写事物细微而具有清新脱俗特点的概括。此特点在杨万里诗中更为突出，他以极其细腻的笔触，将日常生活之细碎事情平实地描绘出来，以彰显观察与描写事物之本领，以至于姜夔评其云："年年花月无闲日，处处山川怕见君。"（《送朝天续集归诚斋时在金陵》）其诗描绘的事物与景物，皆是日常生活中人们常见而往往不甚经意的情景与细节，由于这些情状为人们所熟悉，所以在诗中一经细腻笔法点出，即能引起人们之共鸣，诗歌由此具有了平常而不寻常之意义。此外如江西诗人，他们描绘日常琐细事物的笔法细致入微，更是令人叹为观止。如陈与义《春寒》平实细致地描画了雨中的海棠，不仅写出了海棠之形，更突出了海棠花独立寒雨之精魂，是以物俗而脱俗，诗平而奇，境平而高，是宋代其他海棠诗所不能及的。[2]

元代诗坛，在理学的影响下，以元诗四大家虞集、杨载、范梈、揭傒斯为代表，诗文虽以典雅雍容、委婉含蓄为宗，但是理学家崇尚清心寡欲，偏好平淡质朴简素之生活，加之北人平实质朴之性格与元代"文倡于下"之文学现象，皆使平淡自然成为元代诗坛的审美期待与追求。大批南方文人如方回、戴表元、仇远、

---

1 引自孔凡礼，齐治平编：《陆游资料汇编》，北京：中华书局，1962，第133页。
2 陈与义《春寒》诗云："二月巴陵日日风，春寒未了怯园公。海棠不惜胭脂色，独立蒙蒙细雨中。"早春二月，寒气犹重，然而海棠花不惧春寒之侵凌，独立蒙蒙细雨中。钱锺书先生认为陈与义另一海棠诗"暮雨霏霏湿海棠"、宋祁的"海棠经雨胭脂透"、王雱的"海棠著雨胭脂透"等皆不如此诗境界之高。

牟巇、舒岳祥、方凤、赵文、吴澄、方逢辰、何梦桂、程端礼等，他们大多经历了兵戈相接、山河破碎、颠沛流离、民不聊生、降元失节、千夫所指、仕途多艰、归隐躬耕、老贫多病等之真事，心有所触，自然产生守节与失节、报国与退隐、出仕与入仕矛盾相交织等真情，为了保持相对自由自适的精神状态，他们更多地是对理学的挣脱转而对陶氏任真自得、自然心境等人格的接受，因而在创作上，皆倾向于真事真景、真情真意的平实自然之书写，诗文表现倾向由一味的大我转而兼重小我，取材倾向于与陶诗一样表现日常，笔法亦大多采用白描且细致入微地平平道来，质朴简净。如刘因《山家》以白描手法，通过对马匹、溪水、明霞、落花、童子、喜鹊的细致描绘，展现了一幅很平常的暮春山行图，平淡中洋溢着浓浓的生活气息。又如虞集《题渔村图》中平常之江南渔村通过平实细致的笔法展现，给人以闲适缓慢，平和淡然之感。再如杨载《题赵千里山水扇面歌》，通过对飞泉、行舟、弹琴、醉酒等场景的细致描述，引出归隐之思，平常之景象由此具有了不同寻常之意义。[1]

在散文方面，宋元散文如苏轼、欧阳修、王安石的记体文，陆游、周必大的日记文，大多文笔精练而叙事详尽，描写细致入微而平实简洁，而赵孟頫的题画文笔法细致，清邃奇逸，体现出画家特有的灵性和敏锐的观察力，刘因的《辋川图记》更是"辞章闲婉冲澹，清壮顿挫，理融而旨远"（李谦《静修先生文集

---

[1] 刘因《山家》诗："马蹄踏水乱明霞，醉袖迎风爱落花。怪见溪童出门望，鹊声先我到山家。"虞集《题渔村图》诗："黄叶江南何处村，渔翁三两坐槐根。隔溪相就一烟棹，老妪具炊双瓦盆。"杨载《题赵千里山水扇面歌》诗："公子丹青艺绝伦，喜画江山上纨扇。祇今好事购千金，四幅相连成一卷。春流漠漠如江湖，飞烟著树相有无。岚光注射翻长虚，白玉盘浸青珊瑚。追随流俗转萧疏，对此便欲山林居。旗亭花发酒须沽，舟行为致双提壶。抱琴之子来相须，醉归不省何人扶。旁有飞泉出岩隙，掣电飞霜相荡激。蛟龙不爱鲵桓食，但见垂纶古盘石。人生万事无根柢，出处任藏须早计。一丘一壑傥如斯，便可束书从此逝。君不见郑子真，躬耕谷口垂千春。毫芒世纪能没身，汝胡龌龊为庸人。"

序》)。其他众多笔记文如孟元老《东京梦华录》、吴自牧《梦粱录》、周密《武林旧事》、刘一清《钱塘遗事》、黄潜《日损斋笔记》、陈世隆《北轩笔记》、苏天爵《春风亭笔记》、盛如梓《庶斋老学丛谈》、刘祁《归潜志》、伊世珍《琅嬛记》、郭翼《雪履斋笔记》、陆友仁《砚北杂志》、陈世隆《北轩笔记》、李冶《敬斋古今桩》、杨栐《山居新话》、夏庭芝《青楼集》等,皆笔法细致入微,文笔朴实平易,把琐屑的日常景象和漫然轻松的日常生活感受平实质朴、细致入微地描绘出来,传达出一种平常而又不寻常,平凡而不庸俗所谓"俗谛即真谛"的意味,或者说是在寻常与平静之下,隐藏着文人内心世界最强烈的波澜,是以愈是平常,愈是展现出某种不同寻常。所谓"古声无惛淫,真味有淡泊。追攀风月久,貌简非心略"(王安石《冲卿席上得昨字》),质朴的形式寓含着真味,"貌简"透露出丰富的心灵世界,此即宋元文化艺术平中见奇、平淡中见真性情,平与奇,淡与真,癯而腴之平淡内涵与张力在诗文中的一种表现。

(三) 构思理禅融合

缪钺先生《论宋诗》言:"由理学,可见宋人思想之精微,向内收敛。"[1] 指出宋元诗文取材日常化、生活化、世俗化倾向与理学之密切关系,然而,事实上,禅宗的影响亦不容忽视。禅宗关注外在之形式,而注重内在之顿悟和修养,所谓"一花一世界,一叶一菩提",生活处处蕴含着人生道理即"触事即真"这种思维观念对宋元文化艺术之表现也产生着重要作用。禅宗教义以悟为本,悟有渐悟与顿悟两种,宋元人并不执着于渐与顿两端,认为诗思的过程,往往是先有一个较为艰苦(渐悟)的过程,然后在不经意间,达到顿悟之境界,即所谓渐悟加顿悟的过程,并且认为悟是多途的。这就促成了宋元文人对生活各个方面的仔细体味

---

[1] 缪钺著:《冰茧庵古典文学论集》,《缪钺全集》第二卷,石家庄:河北教育出版社,2004,第156页。

与观察,把"悟"贯穿到现实人生的各个方面。是以宋元人常常在日常生活中,通过观物体物,由目之所及、身之所历,或描摹琐细物象并推究物理,寄寓或阐发哲理,或引申出对自然与人类社会客观规律的思考,或表现对佛禅之理的体悟,这种理禅融会的构思方式在宋元诗文中十分常见,是宋元诗文触事即真之平淡精神与特征的一大体现。

在诗歌方面,于日常中推究物理、阐发哲理、体悟禅理、理禅融会是非常普遍的现象。[1] 其中最具代表性的是苏、黄。苏轼诗如《题西林壁》为人称道,写山中不识山之真面貌,只缘身处山中,日常事相中蕴含着人生深刻的哲理。与此诗相类似的有欧阳修《远山》、王安石《登飞来峰》以及元好问《台山杂咏十六首》其五,[2] 他们皆写身在山中之平常事。山上看山,不畏浮云遮眼,只因站在最高处;山行看山,峰峦自改而行客不知,而元好问诗则在苏、欧、王诗的哲理上更进一层,含有只有在最高峰才能享受无限美景的深层哲理,对日常事相的人生之顿悟深刻且幽远。苏轼诗又如《和子由渑池怀旧》:

人生到处知何似?应似飞鸿踏雪泥。泥上偶然留指爪,鸿飞那复计东西。

由飞鸿踏雪偶尔留下足迹,但足迹很快就会被大雪所覆盖此种平常事相,引发出人生转瞬即逝,难以长久之深刻感悟。这种

---

1 如王安石《元日》通过描写元日炮竹、屠苏和桃符之变更的平常景象,欧阳修《春日西湖谢法曹歌》通过细致描绘春天西湖美景与诗人白发多情等,说明事物之新旧更替乃是自然平常之理,张栻《立春偶成》通过"东风吹水绿参差"的细节描绘冬去春来、万物复苏的自然运行规律,杨万里《晓行望云山》、陈与义《襄阳道中》、翁卷《冯公岭》等通过描写日常生活景象,揭示事物运动与静止相对存在的客观道理。而梅尧臣《师厚云虱古未有诗邀予赋之》更是描绘日常细琐而缺乏美感的虱子,在对物象本身进行细致描摹的同时,抽绎出"人世犹俯仰,尔生何足观"的哲理思考。
2 欧阳修《山行》诗:"山色无远近,看山终日行。峰峦随处改,行客不知名。"王安石《登飞来峰》诗:"飞来山上千寻塔,闻说鸡鸣见日升。不畏浮云遮望眼,自缘身在最高层。"元好问《台山杂咏十六首》其五:"山云吞吐翠微中,淡绿深青一万重。此景只应天上有,岂知身在妙高峰。"

人生之感悟与佛禅的般若空观几无二致,[1] 是以清代王文诰评苏子诗云:"凡此等诗,皆性灵所发,实以禅语。"指出苏子诗从用语到内蕴皆具有禅意。而黄庭坚诗如"但得螺蛳吞大象,从来美酒无深巷"(《送密老住五峰》)、"千里追奔两蜗角,百年得意大槐宫"(《元丰癸亥经行石潭寺见旧和栖蟾诗甚可笑因削柎灭藁别和一章》)则更是体现了禅宗的小大圆融观。如果说唐诗重在对空灵静穆之禅境的体现的话,宋元诗则重在对禅理体悟的表现,并且理禅完美融会。这在诚斋体诗中表现最明显,杨诚斋细察物象,体味物理,一方面将物理与诗之兴象相融合,诗歌既富哲理,又具诗情,另一方面又把佛禅之超脱精神寄托于诗篇中,诗歌"胸襟透脱矣"[2],可谓"触事即真"、理学与禅学互融之典型。理禅互融在宋元散文中亦很常见。如王安石的《游褒禅山记》、苏轼的《石钟山记》,景与理完美融合。苏轼其他散文如《前赤壁赋》透过江山景色深入到"变"与"不变"的深奥理性思考之中,文章由美景到哀乐到凭吊古事到思及今我的过程,实际即是一个万事皆空之禅理与道家天人合一境界互融为一体的过程,是以全篇充满平和淡然、超然旷达之气息。《后赤壁赋》与《前赤壁赋》一样亦是描绘月夜,在对万物皆空之禅理与道家羽化登仙之思想的体悟中表现超脱俗世、随意放旷的处世哲理,更是理禅道交融了。

于平常真实情态中理禅甚至理禅道相融合,使宋元诗文平淡而深邃,在情感内容上呈现出一片平和淡泊,在诗思文心上深细邃远。如梅尧臣《林翠》诗:

郁郁长条抽,林间翠堪剪。背岭山气浓,幽人趣不浅。

呈现的是物我无间、等无差别的和谐圆融境界,是空寂幽

---

1 《五灯会元》卷一六载:"雁过长空,影沉寒水,雁无遗踪之意,水无留影之心。"[参见(宋)普济著,苏渊雷点校:《五灯会元》,第1016页。]
2 宋代张紫岩评杨万里七绝"梅子留酸软齿牙"一诗所言。[参见(宋)罗大经:《鹤林玉露》甲编卷四,北京:中华书局,1983,第60页]。

静的禅境，颇有"青青翠竹""郁郁黄花"的禅意。这种对静寂幽僻环境的刻画，随缘自适与闲淡散逸之情怀的书写，宁谧恬淡心境的表现，清幽忘机境界的描绘，佛禅淡泊超尘之理趣的表达大量充斥在宋元诗文中，俯仰可拾。[1] 然而，宋元人并没有把触事即真的理禅之悟停留在日常琐事如衣食住行、爱物放生、访僧游寺、舍宅充田等表面行为上，而是将理禅融入生命与灵魂的深层次中。就他们而言，理禅与其生命可谓融为一体，透过日常生活琐碎事物之描绘，透过琐碎细微之笔法，在理禅融会之下，可以看到他们真实的、具有真性情与真生活的生命世界。

相比唐代诗文，宋元诗文朝着"易道易晓"之方向发展，其"琐屑毕备"之题材、细致入微之笔法、理禅相融之构思，既典型地体现了宋元诗文的平淡特征，又彰显了宋元平淡之平与奇、癯与腴、简而深、平淡而深邃的内涵与张力。

二、意在言外

中国古代文艺重含蓄、重余蕴、重韵味和重言外之意的特点，在宋元诗文中表现非常明显。宋元诗文追求语言平易而精深，平淡而含蓄，如张戒《岁寒堂诗话》论诗反对"意伤于太尽"和"词意浅露"，强调"情意有余"，即强调诗文平淡而有余味。此正是宋元诗文在语言方面所体现出的平淡特征与内涵。

---

[1] 如欧阳修《竹间亭》诗："啾啾竹间鸟，日夕相嘤鸣。悠悠水中鱼，出入藻与萍。水竹鱼鸟家，伊谁作斯亭。翁来无车马，非与弹弋并。潜者入深渊，飞者散纵横。奈何翁屡来，浪使飞走惊。忘尔荣与利，脱尔冠与缨。还来寻鱼鸟，傍此水竹行。鸟语弄苍翠，鱼游玩清澄。而翁乃何为，独醉还自醒。三者各自适，要归亦同情。翁乎知此乐，无厌日来登。"又如释智圆《山行》诗："策杖乘闲兴，山深人迹稀。断桥摧宿雨，高树挂残晖。岩静云孤起，潭空鸟独飞。前峰有兰若，吟赏自忘归。"皆彰显出佛禅淡泊超尘之理趣。

(一) 意新与语工

"意新语工"是梅尧臣提出来的。[1] 梅氏所谓的"意新语工",包含三方面内涵:一为"意新",即命意新奇。二为"语工",即语言工巧。三为意新与语工双向互动,相辅相成,二者不可偏废。梅氏认为在创作中讲求"意新语工",才可达"状难写之景,如在目前,含不尽之意,见于言外"之美学效果。然而,意与语尽管双向互动,相辅相成,但是意之阐发离不开语之媒介,意以词显,且合适的语言形式可以更好地表情达意。是以宋元诗文一方面讲求思想之新,如着意扩大诗文题材的表现范围,取材日常化即是此之具体表现;另一方面,追求翻陈出新,如细致入微之笔法与理禅互融之构思即是此表现之一。而讲求"炼字""炼句""诗眼""文眼"等,即追求语言的覃思精微、巧夺天工,更是宋元诗文"意新语工"最直接的体现。更重要的是,"意新语工"力求诗文言与意巧妙融合,追求的是以质朴之语潜藏深远之意的"平淡",这种平淡乃言与意的完美统一,是以宋元诗文之平淡,体现在语言上既朴素平易而又极工极巧,既平淡浅俗而又深邃精雅,既平淡而又奇崛,既浅易而又韵味无穷。

首先语淡而意深,即语言明白晓畅,情感深藏不露,是宋元诗文语言之平淡追求的首要体现。所谓深心而貌淡,也即宋人所言"淡而腴""外枯而中膏,似淡而实美",是宋元诗文的普遍追求。如梅尧臣,"平淡"是其一生所追求的至高境界,他认为诗文须以平淡自然之语表现出丰富而深邃之意,而其诗文创作亦尤擅于此常常以平淡简洁朴素之语直抒胸臆,自然呈现其真情实感,是以情深意远,表现出"深心淡貌"之特点。又如王安石诗歌语

---

[1] 欧阳修《六一诗话》云:"圣俞尝语余曰:'诗家虽率意,而造语亦难。若意新语工,得前人所未道者,斯为善也。必能状难写之景,如在目前,含不尽之意,见于言外,然后为至矣。'"[(宋)欧阳修:《六一诗话》,见(清)何文焕辑:《历代诗话》,第 267 页。]

言晓白流畅，但平淡中呈现出"随意飘然"的闲远禅意，颇为"深婉不迫"。又如苏轼，推崇"辞达"，主张语言不事雕琢、平淡自然，其诗文语言在平淡中亦蕴含着浓烈的情感和亲切的生活气息，如《小圃五咏》《残腊独出》《雨后行菜圃》《撷菜》，皆具有"似淡而实美"之特点。再如欧阳修，力主平易，其诗文更是"言多平易疏畅"，如《戏答元珍》《题滁州醉翁亭》《醉翁亭记》《幽谷晚饮》等，语言平易浅切，寓意深刻。而黄庭坚诗更是语工而平淡简放，可谓语淡意深，最能体现意语新工之特点。如《跋子瞻和陶诗》最具代表性：

> 子瞻谪岭南，时宰欲杀之。饱吃惠州饭，细和渊明诗。彭泽千载人，东坡百世士。出处虽不同，风味乃相似。

全诗无景语、情语、典故，语词十分平淡，而情感却极为深沉，力透纸背。

其次，语浅而熟，即语言平淡浅易而又工巧圆熟，是宋元诗文对语言的普遍追求。面对唐诗这座高峰，"宋代诗人就学了乖，会在技巧和语言方面精益求精"[1]，宋元诗文很多优秀作品，其语言貌似信手写成，事实上却乃诗人千锤百炼之功。如梅尧臣诗多平淡浅易而对仗工巧之句，可谓以平易之语"状难写之景，如在目前"，工巧圆熟，不见斧凿痕迹。如《鲁山山行》诗，语淡、情淡、景淡、色淡、意淡，最符合宋诗"平淡"之特点。尤其颈联"霜落熊升树，林空鹿饮溪"，"熊"之意象，平常而又使人耳目一新，可谓"意新语工"。又如《东溪》诗，"老"与"丑"两字，平淡又奇崛。其他如"山形无地接，寺界与波分"（《金山寺》）、"五更千里梦，残月一城鸡"（《梦后寄欧阳永叔》）、"窗间晴气入，空际昼凉生"（《失题》），皆平淡而工巧，陆游评云："锻炼无遗力，渊源有自来。平生解牛手，馀刃独恢恢。"（《读宛陵先生诗》）宋元诗文之语言大都如梅氏诗语一般，"平淡"往往被其刻

---

[1] 钱锺书：《宋诗选注·序》，北京：人民文学出版社，1989，第10页。

画与锤炼所掩盖,具有一种耐人咀嚼、醒目惊人的艺术效果,雕琢追新而又不刻露斧凿之痕,平淡而工巧圆熟。[1] 如陆游诗,语言上最突出的特色乃简练生动,平易自然,明白流畅,所谓"工夫深处却平夷"(《追怀曾文清公呈赵教授》)。其中《剑门道中遇微雨》最具代表性:

  衣上征尘杂酒痕,远游无处不消魂!此身合是诗人未,细雨骑驴入剑门!

  语言工巧圆熟,平淡浅易而情致沉婉,颇有唐人绝句语言与意境之妙。戴复古评曰:"入妙文章本平淡,等闲言语变瑰奇。"(《读放翁先生剑南诗草》)指出陆氏诗语言平淡而工巧圆熟之特点。其他宋元诗文如王安石《初夏即事》《春日》《山前》《书湖阴先生壁二首》等语言亦皆具有平淡清新质朴,工巧又宛若天造之特点;苏轼《惠崇春江晚景二首》《饮湖上初晴后雨》等语言的平易流畅、珠圆玉润、工巧圆熟更是明显超越了宋元其他诗文,达到了一种绚烂至极而归于平淡的境界;黄庭坚晚年诗如《跋子瞻和陶诗》以及《和高仲本喜相见》《追和东坡题李亮功归来图》《新喻道中寄元明用筯字韵》等,语言平易质朴,对仗疏宕而有古意,亦已达到了其所追求的"不烦绳削而自合"与剥落浮华之境界。而元代诗文语言之平淡,尽管工巧与圆熟之魅力难及宋代诗文,但用语平易,却亦是"得处平常磨练来",锤炼之功不容忽视。

  再次,语淡而境远,即语言清新简易而造境淡远,亦是宋元诗文语言的又一特色。如梅尧臣《鲁山山行》,平淡之语言仿佛展现出一轴淡墨山水画,没有"葩卉咏青红"之气味却又有静有动,于无色处充满着自然色彩,尾联"人家在何许,云外一声鸡"更

---

[1] 朱自清先生于《宋五家诗钞》言:"平淡有二:韩诗云:'艰穷怪变得,往往造平淡。'梅平淡是此种。朱子谓:'陶渊明诗平淡出于自然。'此又是一种。"指出梅氏之平淡从峭奇怪变中来,不同于陶氏出于自然之平淡。而梅氏由奇峭险怪而归于平淡的倾向即是宋代诗文的普遍归向。

显语淡而境远。其他如《东溪》《京师逢卖梅花五首》（其三）、《献甫过》等诗以及"焚香露莲泣，闻磬霜鸥迈"(《依韵和希深游大字院》)、"风雨幽林静，云烟古寺深"(《河阳秋夕梦与永叔游嵩避雨于峻极院赋诗及觉》)等诗句，皆语言清新简易，画面平淡而意境深远。又如欧阳修《晚泊岳阳》："正见空江明月来，云水苍茫失江路。"苏舜钦《淮中晚泊犊头》："春阴垂野草青青，时有幽花一树明。"黄庭坚《次韵杨明叔见饯十首》其十："梦作白鸥去，江南水如天。"范祖禹《秋夜》："天静纤毫见，山空落叶闻。"等诗句皆清新简易，设色清淡，意境淡泊空静。这在苏轼诗文中表现得最为突出，苏轼诗文"妙处在乎心境空明，自然流出"。以清空胸怀体察万物，通过清新简洁之语言传达出清远之意境。如《东坡》诗以清新简洁之语言描绘了"清"之景色与心境，清景与清心两相融合，营造出清新淡远之境界。而《藤州江上夜起对月赠邵道士》则更是语淡境远，清新简易、自然天成的语言，江清月朗、水天一色的清美意境，犹如"寒梅秋菊，幽韵冷香。如曲涧寻幽，清境冷峭"。再如党怀英《夜发蔡口》《日照道中》诗语言平淡简易，境界悠然闲远，代表了金代"国朝文派"语言清新简切、平淡自然，意境清雅淡远而充满深情的创作倾向。

最后，语淡情淡即语言平易浅切，情怀恬淡闲静是宋元诗文语言最突出的特点。宋元文人大多学习白居易与陶渊明，白氏与陶氏诗文的共同点即在于语言平易浅切，平淡自然而情怀恬淡闲静。如陆游《闲思》诗语平淡，与白氏诗平淡浅切相类。苏辙《春日耕者》诗语自然质朴，有似于陶氏诗绵长淳厚之宁静。而梅尧臣诗，更是集白氏与陶氏语浅切而意平淡之特点。如《宣州环波亭》：

冒暑驻轮毂，徘徊北壕上，栋宇起中央，芙蓉生四向。今吾太守乐，慰此郡人望。雨从昭亭来，水入句溪涨。蜻蜓立栏角，朱鲤吹荷浪。岸木影下布，水鸟时引吭。心闲不竞物，兴适每倾酿。薄暮咏醉归，陪车知几两。

"心闲不竞物,兴适每倾酿"有白氏之闲适,亦有陶氏之淡泊。梅氏之"平淡"可谓大多体现在语淡心淡情淡上。值得一提的是,最能体现宋元诗文语淡心淡情淡之特点的,非宋元和陶诗文莫属。宋元文人苏轼、苏辙、晁补之、张耒、朱熹、李纲、陈与义、吴芾、陈造、陈起、于石、赵蕃、释觉范、张式、张磁、王质、刘黻、舒岳祥、赵秉文、郝经、方回、刘因、戴表元、戴良、王恽、安熙、谢应芳、牟巘、吴莱、程文海、仇远、汪克宽等,皆创作了大量的和陶诗,他们的"和陶诗"尽管侧重不同,成就不一,但在语言上皆以平淡自然为宗旨,务求以平易浅切之语抒恬淡闲静之情。其中苏轼和陶诗最能体现宋元诗文语淡心淡情淡之特点。如《和陶归园田居六首》其三,[1] 诗歌语言浅易,平淡朴素,诗序云:"沐浴于汤泉,晞发于悬瀑之下,浩歌而归,肩舆却行。"此种生活情景呈现出一种恬淡闲适之情怀。是以纪昀于《纪批苏诗》评此诗云:"极平浅而有深味,神似陶公。"即指出苏轼和陶诗语淡意淡之特点。

此外,特别指出的是,就宋元而言,散文与诗歌是会通的,宋元诗歌所具有的上述种种语言平淡之特点,亦是宋元散文语言之特色。宋元散文在美学上的突破之一,即表现在以平淡自然之语营造意境深远之美的追求上。清代学者袁枚言:"大抵唐文峭,宋文平,唐文曲,宋文直。"(《与孙俌之秀才书》)指出宋代散文语言平直之特点。然而平中见奇,直中寓曲,以平易见新、深之意,乃审美之最高层次,如欧阳修《醉翁亭记》、王安石《游褒禅山记》、苏轼《石钟山记》、曾巩《墨池记》、周敦颐《爱莲说》等,无不乃"豪华落尽见真淳"之佳篇,陆游、周必大、周紫芝、赵秉文等人的散文,无不清新平淡、平易晓畅。是以,宋元散文语言的平与直并非浅露平淡,无波澜跌宕,而乃"文理自然,姿态横生"之平,乃"天工与清新"之直。

---

[1] 苏轼《和陶归园田居六首》其三云:"新浴觉身轻,新沐感发稀。风乎悬瀑下,却行咏而归。仰观江摇山,俯见月在衣。步从父老语,有约吾敢违。"

(二) 点铁与成金

"点铁成金"是黄庭坚提出来的。[1] 它出自禅宗典籍，常用来譬喻凡俗人的顿悟成佛，黄氏借用来比喻诗文创作中对旧语言材料的改造提炼，化腐朽为神奇。[2] 是以"点铁成金"其实即是陈言俗语的点化与活用，它包括陈言俗语的改造利用，也包括典故的灵活运用。是以从"点铁成金"的角度而言，宋元诗文语言之平淡一方面表现在以故为新，化俗为雅，另一方面表现在用典的天然浓厚，语意明白晓畅，精确深密且清新灵变。

一方面，宋元诗文语言之平淡首先表现为"以故为新"而了无痕迹，平易自然。"点铁成金"的前提是"用古人语，而不用其意"（《诚斋诗话》），所谓"取古人之陈言入于翰墨"，这种做法不是蹈袭，而是改造，甚至创造，此即宋元人之"以故为新"。然而尽管宋元人时常点化前人诗句，追求意义焕然一新，[3] 但是他们的"点铁成金"所要达到的境界还是"平淡"，其中王安石与黄庭坚最具代表性。王安石化用前人诗句得心应手，仿佛自然天成，如其《舟夜即事》诗中"水明鱼中饵，沙暖鹭忘眠"句从杜甫《绝句二首》其一"泥融飞燕子，沙暖睡鸳鸯"句点化而来，均为

---

1 黄庭坚《答洪驹父书》云："自作语最难，老杜作诗，退之作文，无一字无来处，盖后人读书少，故谓韩、杜自作此语耳。古之能为文章者，真能陶冶万物，虽取古人之陈言入于翰墨，如灵丹一粒，点铁成金也。"〔见（宋）黄庭坚撰：《类编增广黄先生大全文集》卷三四，王水照编：《宋刊孤本三苏温公山谷集六种》第六册，第 205 页。〕
2 从周裕锴说，参见周裕锴：《宋代诗学通论》，第 177 页。
3 如黄庭坚《病起荆江亭即事十首》其一："近人积水无鸥鹭，时有归牛浮鼻过。"点化陈咏诗句"隔岸水牛浮鼻渡，傍溪沙鸟点头行"，陈诗原本乃一般景句，黄庭坚化用其语，以"归牛"与"鸥鹭"对举，指眼前无佳侣，只有俗物，使旧句有了新之隐喻意义。又如《次韵杨叔明见饯十首》其八："皮毛剥落尽，惟有真情在。"全用寒山子"有树先材生"诗结尾两句，寒山子诗用《涅槃经》之意，以喻离迷情，绝虚妄，穷极真如之源，黄诗则用以喻士人修养应去华返朴，尽管形式上与旧句同，但其意义已焕然一新。

"沙暖"，然而杜诗称睡，王诗称忘眠，杜诗写静，王诗写动，各臻其妙。荆公晚期诗歌点化前人诗句，更是由模仿升华为创造，其对"绿"字的点化已堪为经典，自不必言。如其《题舫子》诗中"眠分黄犊草，坐占白鸥沙"句从卢仝《山中绝句》"阳坡草软厚如织，因与鹿麂相伴眠"中点化而来。惠洪评云："笔力高妙，殆若天成。"（《天厨禁脔》）胡仔评曰："简而妙。"（《苕溪渔隐丛话》后集卷十一）而黄庭坚在点化前人诗句方面比王安石走得更远，他在"点铁成金"的基础上又提出"夺胎换骨"理论，并更倾心于追求平淡之美。如：

1. 青春白日无公事，紫燕黄鹂俱好音。（《次韵盖郎中率郭郎中休官二首》）

杜甫：隔夜黄鹂空好音（《蜀相》）

2. 孤城三日风吹雨，小市人家只菜蔬。（《池口风雨留三日》）

杜甫：小市常争米，孤城早闭门。（《题忠州龙兴寺所居院壁》）

3. 酒兴情亲俱不浅，贱生何取罄交欢。（《劝交代张和父酒》）

杜甫：老农何有罄交欢（《严公仲夏枉驾草堂，兼携酒馔，得寒字》）

4. 诗比淮南似小山，酒名曲米出云安。（《和答孙不愚见赠》）

杜甫：闻道云安曲米春，才倾一盏即醺人。（《拨闷》）

黄庭坚点化前人诗句或只改变些许字词，组合成符合诗之主旨的新诗句，如第1和第3例；或将原句中的句式结构更改，与前句形成对应，如第4例；最炉火纯青之处则在于取前人诗句之意而自造其语，如第2例，从杜诗点化而来，将"争"改为"只"，将"米"改为"菜蔬"，在"孤"之中平添了一层诗意与情趣，呈现一种平和之美，可谓造语平淡而新奇。黄公后期诗文点化更是浑化无迹，平淡自然。如《和答元明黔南赠别》诗之颔联

"夜雨何时对榻凉"化用韦应物诗句"宁知风雪夜，复此对床眠"与苏轼诗句"夜雨何时听萧瑟"，尾联"归舟天际常回首"化用谢朓诗"天际识归舟"，虽取古人意象而不求奇造意，将点化之功契合无间，浑融无迹。加之"脊令""鸿雁"之典故运用，将兄弟间的深情厚谊表现得淋漓尽致，可谓平淡而山高水深，外枯中膏，老成浑融。又如《鄂州南楼书事》其一诗描绘夏夜南楼恬静的景象：山色水光隐隐绰绰，十里荷花铺展，清风徐徐，明月静照。第二句"凭栏十里芰荷香"化用韩愈诗句"曲江荷花盖十里"，尾句"并作南楼一味凉"化用欧阳修诗句"唯有新秋一味凉"，点化与诗意完美契合，了无痕迹，将"清风明月"似的自由闲适心境，化为诗歌平淡悠远之韵味，可谓皮毛剥落尽，唯有真实存。[1] 其他如"风生高竹凉，雨送新荷气"（《又答斌老病愈遣闷二首》其二），"自张壁间行坐看，更教儿诵醉时听"（《宋懋宗寄夔州五十诗三首》其二），"江津道人心源清，不系虚舟尽日横"（《再次韵兼简履中南玉三首》其二）等诗句以及《戏题巫山县用杜子美韵》《病起荆江亭即事十首》《跋子瞻和陶诗》《武昌松风阁》《新喻道中寄元明用觞字韵》等作品，皆洗尽铅华，内质醇厚，真正达到宋元人所推崇的平淡老成之境界。

除点化前人语句，宋元诗文的另一种"以故为新"，乃化俗为雅，即语言之以俗为雅。[2] 宋元"以俗为雅"的造语方式有四：一为采用方言、俗语造雅，二为采用民间歇后语或借代字造雅，三为采用官府公文之套语、熟语造雅，四为妙用佛语造雅。佛禅

---

1 黄庭坚《和答元明黔南赠别》诗："万里相看忘逆旅，三声清泪落离觞。朝云往日攀天梦，夜雨何时对榻凉。急雪脊令相并影，惊风鸿雁不成行。归舟天际常回首，从此频书慰断肠。"《鄂州南楼书事》其一："四顾山光接水光，凭栏十里芰荷香。清风明月无人管，并作南楼一味凉。"
2 蔡绦《西清诗话》载：王君玉谓人曰："诗家不妨间用俗语，尤见工夫，雪止未消者，俗谓之侍伴。尝有雪诗：'侍伴不禁鸳瓦冷，羞明常怯玉钩斜。'侍伴、羞明皆俗语，而采拾入句，了无痕颣，此点瓦砾为黄金手也。"指出"点铁成金"为善用俗语，乃语言上之以俗为雅，是以化俗为雅乃广义上的一种"以故为新"。[参见周裕锴：《宋代诗学通论》，第181页。]

注重日常生活，佛语禅语很多皆来自日常，故深微而浅显。如王安石诗文采用的佛禅语词非常多：请坐、芭蕉、妙莲、斋蔬、云泉、兰若、遥岑、灵鹫、帝青、浮屠、香火、岑寂、寂寞、因缘、实相、静观等，或妙用或喻理精深，大多深入浅出，自然天成，平淡自然。而黄庭坚诗文常使用俗语、俚语等"拙朴"之形式造雅，如"牛砺角尚可，牛斗残我竹"（《题竹石牧牛》）、"饱吃惠州饭，细和渊明诗"（《跋子瞻和陶诗》），"牛斗""饱吃""细和"皆为乡村生活之俗语。又如"管城子无食肉相，孔方兄有绝交书""眼见人情如格五，心知事世等朝三""语言少味无阿堵，冰雪相看有此君"等运用了歇后语或借代语。又如曾几，亦善用方言、口语造雅。其《茶山集》中"老子""三老"等方言俗语随处可见，而当代口语乃其最惯用之词汇，如"渠"字，《茶山集》中出现十余次之多。[1]"渠"乃当时民间的口语词汇，以其入诗，诗歌非但不浅俗，而是平易浅切且新鲜生动。此外如"浪说（浪许、浪语）""哦诗""呜呼"等口语词汇在《茶山集》中亦屡屡出现，使诗歌平淡浅切而又轻快流动，清新生动。再如其使用俗语，"岂期黑甜乡，于此得栖径"（《坐睡》）、"小诗却欠涪翁句，为问衔蝉聘得不"（《乞猫二首》其二），其中"黑甜乡"指熟睡，"衔蝉"指猫，皆为当时俗语。这种大量运用口语俗语的现象在宋元诗文中非常普遍，仅以"浪说""哦诗""呜呼"为例，粗略统计，"浪说"约130余例，如"玃郎一肚皮周礼，浪说求田意最高"（刘克庄《田舍二首》其二）、"浪说归朝归豫章，新居万柳百花傍"（戴复古《湖南漕李革夫被召乃丐归》其一）、"浪说春归已四旬，淮南元自不知春"（杨万里《过杨子桥二首》其一）、"浪说涵空未是

---

[1] 如"叶端须雨打，有句索渠催"（《似贤斋竹》）、"万山不隔襟期处，赖有渠侬一味禅"（《寄浙东参议郑禹功》）、"丁宁下番须留取，障日遮风却要渠"（《食笋》）、"杯浊酒非难事，未有新诗报答渠"（《八月十五夜月二首》其一）、"花肌自是冰和雪，那得生儿不似渠"（《消梅花》）、"清谈似微馥，妙处渠应闻"（《东轩小室即事五首》其五）、"青春挽留渠不住，白发抛去吾安能"（《春晴》）等。

空,一阑罗列几巑岏"(叶茵《涵空阁》)、"浪说兰亭禊事修,年年春好锦堤游"(王恽《清明日锦堤行乐》)、"浪说今宵明月好,干戈满地几人看"(鲍恂《次竹林先生中秋玩月作三首》其三)等。"哦诗"约340余例,如"张侯哦诗松韵寒,六月火云蒸肉山"(黄庭坚《戏和文潜谢穆父松扇》)、"醉里哦诗诗欲就,风月平欺两肩瘦"(周紫芝《题赵安定像》)、"病妻索火少声韵,稚子哦诗应歌节"(吕本中《雪夜》)、"趁韵哦诗老未工,不如总角口吹葱"(刘克庄《和徐总管雨山堂一首》)、"呼酒欲鲸吞,哦诗有神助"(刘因《喜雨》)"为客尚嫌吴俗薄,哦诗久别楚音存"(萨都剌《广平马怀素寓居姑苏雨中见过》)、"张子早英发,哦诗遗垢氛"(赵孟頫《送张仲实还杭州》)、"采药清晨出,哦诗静夜闻"(倪瓒《秋日赠张茂实》)等。而"呜呼"更是多达700余例,从梅尧臣、欧阳修到苏轼、黄庭坚,从陆游、曾几到刘克庄,从李纲、戴复古到王恽、杨维桢、揭傒斯,皆有入诗,仅陆游一人就有28首诗以"呜呼"入诗。大量地引方言、口语、俗语入诗,使得宋元诗文更贴近日常生活,更为口语化,然而又不浅俗,平淡而清新晓畅。苏轼诗文亦喜用俚语俗字,周紫芝《竹坡诗话》指出,东坡诗语"街谈市语,皆可入诗"[1]。相较于黄庭坚、曾几诗文之造雅,苏子诗文更是做到不有意为而为之,于不刻意中了无痕迹,成为宋元诗文"化俗为雅"的主要代表。如其《次韵沈长官三首》其三中的"风来震泽帆初饱,雨入松江水渐肥"诗句,描绘风将太湖上的船帆吹得长足地展开,雨落松江使江水逐渐涨起来,"饱""肥"彼此对应,可以想见行船之顺畅,扁舟之轻快,诗人愉悦之情跃然纸上,语言浅切,形象生动,后李清照"绿肥红瘦"明显受其影响,语浅易而清新。而《发广州》诗中的"三杯软饱后,一枕黑甜余",意谓饮了多杯酒后,做了一个酣甜的白日梦,将南北俗语融入诗中,语流畅且闲散自然。此外续苏、黄、

---

[1] (宋)周紫芝:《竹坡诗话》,见(清)何文焕辑:《历代诗话》,第354页。

曾几之后,造雅在杨万里那里亦得到了进一步铺张,毁誉可谓参半,[1] 但普遍认为,"诚斋体"之"轻""活"风格特色与其以俚语俗字造雅乃密切关联,其脱口而出的口语、俗语之运用已近于苏子之"自然成文",亦乃平淡自然的重要体现。

另一方面,宋元诗文语言之平淡还表现在用典天然浓厚,语意明白晓畅,精确深密且清新灵变。用典即用事,用事不尽同于造雅中古人陈言的使用,它兼采语典与事典,是词与事,事与义的统一体,是以典故包括语典和事典,它作为一种艺术符号很受宋元人的青睐。宋人推崇"以才学为诗",王安石、苏轼、黄庭坚三大文坛巨擘将此习气推向了顶点。他们提倡"用事当以故为新,以俗为雅"(《题柳子厚诗》)、"无一字无来处"(《答洪驹父书》),主张用典要天然浓厚,典故须与诗情文意融合无间,且语意明白晓畅,犹如"水中着盐,饮水乃知其盐味"(蔡绦《西清诗话》)。如王安石好用典且用典绝妙,其《书湖阴先生壁》诗中"护田""排闼"之典的运用,典故对典故,在给人精巧典雅的同时又很好地表情达意。并且"排闼"与"推门"意同,但"推门"缺少"排闼"的深厚绵邈的韵味,用典可谓平易自然,浑化无迹。[2] 又如黄庭坚用典广博富赡而天然浑厚,其《戏呈孔毅父》诗中的"管城子""食肉相""孔方兄""绝交书"等六个典故,不仅自然贴切,且出奇制胜,既精确深密又明白晓畅,既富赡广博

---

1 如罗大经《鹤林玉露》卷三云:"杜少陵诗亦有全篇用常俗语者,然不害其为超妙……杨诚斋多效此体,亦自痛快可喜。"翁方纲《石洲诗话》卷四曰:"诚斋之诗,巧处即其理处。"而清赵翼《瓯北诗话》评云:"诚斋以俚言俗语阑入诗中,以为新奇。"李树滋《石樵诗话》卷四则云:"用俗语入诗,始于宋人;而莫善于杨诚斋。"李慈铭《越缦堂日记》亦云:"满纸村气。"

2 《书湖阴先生壁二首》其一诗:"一水护田将绿绕,两山排闼送青来。""护田"与"排闼"皆用了汉朝典故,"护田"典出《汉书·西域传序》:"自敦煌西至盐泽,往往起亭,而轮台、渠犁,皆有田卒数百人,置使者校尉领护。""排闼"典出《汉书·樊哙传》:"高帝尝病,恶见人,卧禁中,诏户者无得入群臣,哙乃排闼直入。"

又天然浑成,将不平与不满之丰富情感通过用典平淡自然地展现出来,此即宋元文艺所追求的外简而内丰。又如《寄黄几复》诗更为经典,首联前句用《左传》"北海""南海"典指两人距离遥远,[1] 亦指黄几复谪处荒远之地,后句反用苏武鸿雁传书典,表二人书信不能来往,亦更突出黄几复谪处荒远。颔联前句用李白《春夜宴桃李园序》"会桃李之芳园,序天伦之乐事"典,后句用李商隐《夜雨寄北》"何当共剪西窗烛,却话巴山夜雨时"典,写昔日之交情,今日之怀想。"桃李春风"欢会恬畅却短暂,"江湖夜雨"漂泊十年悲苦且漫长。颈联前句用司马相如典,《史记·司马相如传》载:"文君夜奔相如,相如驰归成都,家徒四壁立。"突出黄几复清贫好学,清正廉洁。后句用《左传》典,《左传》定公十三年:"齐高强曰:'三折肱知为良医。'"以良医善治病,喻黄几复善"治国",干练有为。最后以"隔溪猿哭瘴溪藤"作映衬,再表对黄几复的思念,更表对其垂暮之年,只为荒远海滨县令之境遇鸣不平与怜才之意。全诗用典富赡而天然浑成,尤其颔联,语言晓白流畅,而又浓缩了复杂的意义与情感信息,真正矫正了晚唐五代"学贫才馁""气弱格卑"以及李商隐式的"用事僻涩""语僻难晓"。再如苏轼,用事亦非常高超,其七律《贺陈述古弟章生子》《张子野年八十五尚闻买妾述古令作诗》皆八句诗中用了七个典故,前首全用生子事,后首全用张姓人风流事,淋漓尽致地表现了诗之题旨。与李商隐诗喜句句用典相比较,李诗用典范围大致不超出唐代类书且晦涩难懂,而苏诗所用之典,不仅扩展到稗官小说,非类书可查找,如"诗人老去莺莺在,公子归来燕燕忙",所用张姓事,皆前人所未曾拈出,但却平易晓畅,所谓奇而平。叶梦得《石林诗话》曾评苏子用典云:"莫见其安排斗

---

1 《左传》僖公四年载:"四年春,齐侯以诸侯之师侵蔡,蔡溃,遂伐楚。楚子使与师言曰:'君处北海,寡人处南海,唯是风马牛不相及也。'"[见(战国)左丘明撰,(西晋)杜预集解:《左传》,上海:上海古籍出版社,2015,第153页。]

凑之迹……乃天生作对，不假人力。"[1] 宋元人用典之技艺高超者，除王、黄、苏三位文坛巨擘外，还有作为文坛领袖的欧阳修。相较于王、黄、苏，尽管欧公较少用典，但是其用典亦斗凑无迹，并呈现出别样的用典之平淡特色。不同于王、黄、苏用典不避生僻，欧公用典力避生僻，多用浅熟典故。如其《水谷夜行寄子美圣俞》诗中："譬如妖韶女，老自有余态。"用《南史·徐妃传》"徐娘虽老，犹善多情"典，喻梅氏诗风之古淡，浅切幽默。欧公用典往往能深入浅出地表情达意，如果说王、黄、苏用典乃奇与平，浅与深，简与密之辩证统一的话，那么欧公用典则是平平中见深婉，追求的是一种更平易、更平淡的不平淡。

此外，宋元人主张用典要精确深密，即简易精练的形式中包含丰富的多层次内涵，精当而含蓄。王、黄、苏用典皆妥当精妙稳密，不同于"点鬼簿""獭祭鱼"。如黄庭坚《寄黄几复》《戏呈孔毅父》，皆八句六个典故，事与义，语与意相互融合，浓缩了复杂的意义和情感信息，此意义与信息还得以平易晓畅又精妙深婉地表达出来。如《和答钱穆父咏猩猩毛笔》中"平生几两屐，身后五车书"一句，用了四个典故，"平生"出自《论语》，"身后"出自《晋书·张翰传》，"几两屐"典出《晋书·阮孚传》，"五车书"语出《庄子》，真可谓无一字无来处，但绝无填塞故实之弊，准确地刻画出猩猩爱着屐和猩猩毛笔的功用，层次丰富，意义曲折，与李商隐、杨亿、刘筠《泪》诗比较，他们所用之典皆在意义上与其描写对象无关，[2] 但黄庭坚诗用典却能语与意，事与义相合相融，可谓"精妙稳密，不可加矣"[3]。然而用事最精确深密者要数苏诗。如朱弁《风月堂诗话》曾称赞云："其用事精切，虽

1　(宋) 叶梦得：《石林诗话》卷上，见 (清) 何文焕辑：《历代诗话》，第413页。
2　李商隐《泪》诗八句用七个泪之典故，其间全无逻辑联系，纯粹泪典罗列，只有最后一句"未抵青袍送玉珂"颇有身世之感，然意义成了陪衬，典喧宾夺主了，杨亿、刘筠《泪》，用典更是流于堆砌罗列，语与意，事与义分离割裂。
3　(宋) 魏庆之：《诗人玉屑》卷七"用事精密"引，钦定四库全书本，第19页。

老杜、白乐天集中未尝见也。"明确指出其用典精切而深密,婉曲而平易,在宋元人心目中,苏子用事之艺术技巧超过了杜甫。

最后,宋元人主张用事灵活变化,不拘泥原典,主张"使事不为事使",所谓反用、活用典故或者"翻案法"。王、苏、黄三位诗文坛巨擘皆有大量"翻案法"之作品。其中王安石最是好反用典,其翻案文章如《读孟尝君传》《伯夷》《读柳宗元传》《答司马谏议书》等,翻案诗如《乌江亭》《明妃曲》《商鞅》《贾生》等,皆翻奇出新又不失平易流畅。其晚年作品则最能体现宋元诗文用典翻新出奇而平淡自然之特点。如其《梅花》诗的"暗香"典翻于苏子卿《梅花落》,[1] 但子卿写花之纯洁遮盖了对花香之体悟,意为突出花香,然前后句搭配缺乏相对之美感,不能突出梅花之香魂。而荆公诗直翻为"为有暗香来","暗香"在于赞美梅不屈于恶劣环境之高贵品格,故其"香"胜雪一筹,可谓"点铁成金",无一丝刻意雕琢之迹,语句朴素自然、浅显平白,意蕴却深远悠长,所谓语平淡而韵高远。

(三) 余味与余蕴

宋元诗文好议论,难免流于浅露,张戒于《岁寒堂诗话》中明确表示对苏、黄好议论之不满,[2] 反对"意伤于太尽"和"词意浅露",注重诗之含蓄,并吸收刘勰"状溢目前""情在词外"之思想,强调诗之"情意有余",所谓"意"深远,"情"无限,即余味或余蕴。[3] 胡仔与张戒一样,强调以"意在言外"来显示作

---

[1] 王安石《梅花》:"墙角数枝梅,凌寒独自开。遥知不是雪,为有暗香来。"苏子卿《梅花落》诗:"中庭一树海,寒多叶未开。只言花似雪,不悟有香来。上郡春恒晚,高楼年易催。织书偏有意,教逐锦文回。"

[2] 张戒《岁寒堂诗话》云:"诗妙于子建,成于李杜,而坏于苏黄。"[(宋)张戒:《岁寒堂诗话》卷上,见丁福保辑:《历代诗话续编》,第455页。]

[3] 张戒《岁寒堂诗话》云:"《诗序》云:'情动于中而形于言,言之不足,故嗟叹之。'子建李杜皆情意有余,汹涌而后发者也。刘勰云:'因情造文,不为文造情。'若他人之诗,皆为文造情耳。沈约云:'相如工为形(转下页)

者之"情"。[1] 人本即包含有很深的喜怒哀乐之情，但宋元人内敛和安静之性格，使他们不喜以感情色彩强烈之语言将其坦露出来，而追求如品香茗，如食橄榄之平淡语，真味久在。他们主张"有余意之谓韵"之观点，强调"韵"之表现在于"意多语简"，而不在奇巧烦杂。是以他们的诗文追求语言表达萧散简远，气敛神藏，所谓"气高而不怒"，平淡而有余味、余蕴。如苏辙《南窗》诗，[2] 描绘了诗人冬日日常生活情态：连日大雪，雪停泥深，闭门谢客，读书西斋，书多杂乱，南窗日升，晚不能寐，晨不能起……以简单平淡之语言展现平凡日常之生活场景，语言毫无锤炼之力而又蕴含深厚之功力与涵义，闲适疏懒的平淡生活，深藏着诗人郁郁寡欢之情。苏轼赞云："以为人间当有数百本，盖闲淡简远，得味外之味。"[3] 又如陈与义后期诗亦力求以简洁、平实之语传达出无限之诗意。其《纵步至董氏园亭三首》其三诗中"十丈虚庭借雨看"的"借"字，细致深刻地表达了诗人强烈的客居意识与复杂情感，[4] 刘辰翁赞云："借字用得奇杰。"又赞曰："每以平平倾尽垒块，故自难得。"

（接上页）似之言，二班长于情理之说。'刘勰云：'情在词外曰隐，状溢目前曰秀。'梅圣俞云：'含不尽之意，见于言外，状难写之景，如在目前。'三人之论，其实一也。"［（宋）张戒：《岁寒堂诗话》卷上，见丁福保辑：《历代诗话续编》，第455页，第456页］

1 胡仔《苕溪渔隐丛话后集》卷十五载："《宫词》云：'绝句极佳，意在言外，而幽怨之情自见，不待明言之也。诗贵夫如此，若使人一览而意尽，亦何足道哉。'"

2 苏辙《南窗》诗云："京师三日雪，雪尽泥方深。闭门谢还往，不闻车马音。西斋书帙乱，南窗初日升。展转守床榻，欲起复不能。开户失琼玉，满阶松竹阴。客从远方来，疑我何苦心。疏拙自当尔，有酒聊共斟。"

3 （宋）洪迈撰，孔凡礼点校：《容斋随笔》卷十五，北京：中华书局，2015，第152页。

4 陈与义《纵步至董氏园亭三首》其三诗云："客子今年驼褐宽，邓州三月始春寒。帘钩挂尽蒲团稳，十丈虚庭借雨看。"时诗人正于逃难中，借居于他人家中，身居异乡，漂泊失所，使其对自然界之雨亦产生了异乡之感觉，只能借来观赏。是以"借"字，细致深刻地表达了诗人强烈的客居意识与复杂情感。

宋元诗文语言追求平淡而有余味，平淡的楷模乃陶渊明诗，余味的范本则是唐诗，是以宋元文人在学习陶诗平淡的同时，不可避免地追摹唐诗而求"有味"。在理论上，黄庭坚"平淡而山高水深"之理论，不止于要在平淡中蕴含丰富之道德及文化内涵，更求平淡外的余味，神往于自然淡泊而余味悠远之境界。是以，为求余味，黄氏晚年"向唐律中作活计"（《名贤诗话》）。[1] 所谓"向唐律中作活计"，即主要取法唐诗七绝语简意多，味深意远，以充分实现其"有远韵而语平易"之诗美追求。如《刘邦直送早梅水仙花四首》（其一）、《戏答荆州王充道烹茶四首》（其四）、《次韵中玉早梅二首》（其一）、《次韵中玉水仙花二首》（其一）、《赠石敏若》《雨中登岳阳楼望君山二首》（其一）、《题徐氏书院》《南楼画阁观方公悦二小诗戏次韵》等七绝皆味深意远，不同凡俗。但唐律常常有余味而有失平淡，是以黄庭坚上列七绝诗例大多有余味而并不够平淡。想平淡须学古体诗，但古体诗又常常平淡而乏韵味，要实现平淡与余味的统一，就须古体与唐律结合，而古体诗做得平淡而有味的要数陶诗，是以黄庭坚诗歌中，最能体现其诗语平淡而有余味、余蕴者即是其晚年所作的既取法唐律又兼陶诗古朴自然的古体诗。如《晚发咸宁行松径至芦子》：

咸宁走芦子，终日乔木阴。太丘心洒落，古松韵清深。聊持不俗耳，静听无弦琴。非今胡部律，而独可人心。

"太丘心洒落，古松韵清深""静听无弦琴"，充满洒脱绝俗的陶式超旷之逸气。全诗以景写情，景情交融，语平淡自然而情韵深远，兼陶风唐韵。追模唐诗而平淡有余味者还有张舜民。其诗情感内敛，常选取极平常之景物使诗歌结句余韵悠远。如《杜城茅斋二首》其一：

已分长招湘水魂，安知却返杜陵村。陆居无屋舟无水，坐看南山飞白云。

---

[1] 参见郭绍虞辑：《宋诗话辑佚》，第 266 页。

颇似唐律"行水穷处""坐看云起"的物我合一之境界,有自在安闲之情思,又包含难以言说之人生感慨,韵味含蓄悠远,令人回味无穷。相较于黄庭坚追模唐律之诗,张舜民效唐体诗更热衷于以对景物进行简单勾勒、淡化情感于平夷简炼之景语中的方式来写诗。宋元人普遍认为,对景物勾勒愈简单,即景语愈平简,情感愈淡化,诗也愈平淡,愈显得余韵悠长。

总之,就语言而言,尽管宋元诗文"意新语工""点铁成金"和追求余味余蕴有未必成功之例,[1] 但是其目的在于一为在唐人将世间好句皆道尽之后另辟蹊径,一为矫正白体之语过于浅俗、西昆体语之雕饰浮华、气弱格卑,晚唐体之用事僻涩、语僻难晓,是以无论是语奇峭艰涩还是平易晓畅,无论语生新瘦硬还是自然含蓄,无论语简易平夷还是多意有味,最终皆以平淡为归旨。

三、雅静平易

雅静指风雅与虚静,就风格而言,"平淡"是宋元诗文所推崇的三大理想风格之一。[2] 宋元诗文的平淡风格,主要有三种基本审美形态:一风雅式平淡,二虚静式平淡,三平易式平淡。[3] 这三种平淡审美形态往往彼此间相互交融。

---

[1] 如明代许学夷《诗源辨体》中指出苏轼和陶诗"《拟古》《杂诗》等作,用事殆无虚句,去陶亦远"。即指出苏轼诗用典的不成功之处。历代对宋元诗文的评语中亦出现诸如"枯浅""少味""粗野""板实""拙而稚""俚""平钝""浅近"等批评性评价。

[2] 周裕锴先生言:"宋人一致推崇、共同欣赏的理想风格不外这三种:一是'雄健'或'雅健',二是'古淡'或'平淡',三是'老成'或'老格'。"(参见周裕锴:《宋代诗学通论》,第325页。)

[3] 从韩经太说并有所不同。韩经太先生认为,宋代诗学之平淡美有二种审美形态,一为骚雅式平淡,二为虚静式平淡,二者相互融合。笔者认为,就风格而言,骚雅式平淡为风雅式平淡更适合,因为此种平淡与诗之风雅讽谏及诗教之温柔敦厚关系更密切。同时,除风雅式与虚静式平淡外,宋元诗文还有一种以平易和平实为主的平淡风格,三者是相互交融的。

(一) 风雅式平淡

若只从文明发达程度与地大物博、民族融合角度衡量，宋元无疑是中国封建文化最光辉与国土最辽阔、民族矛盾最尖锐的时代。国家的积贫积弱与民族矛盾之尖锐，使得宋元人的历史使命感空前地强烈。在新儒学"民胞物与"之仁爱精神与人道主义精神的推动下，宋元诗文包含恤民、忧国、忠君等忧患意识尤为突出。一方面，诗文成为他们书写忧患意识，抒发政治豪情，表达政治见解的有力武器，诗文的风雅讽谏教化功能得到空前重视。另一方面，不囿于物的内省态度，所谓"处心不著"或"心无所累"与月印万川的理想精神，使他们对于天理、事理、物理有更深刻、更冷静、更细腻、更智慧的理解和表达。是以，宋元诗文中的忧患意识，并非只以感激忧愤之形式表现出来，加之文字祸患接连不断地发生，皆使他们更倾向于选择以平和冲淡的方式表达忧患之情。他们认为诗文之风格应如人"忠信笃敬，抱道而居"之温厚品性，持"为文要有温柔敦厚之气""作诗不知风雅之意，不可以作"（《龟山集》卷十）的观点。是以宋元诗文的平淡风格，不可避免地具有了风雅之特点。如梅尧臣一方面言"诗本道性情，不须大厥声。方闻理平淡，昏晓在渊明"，另一方面又言"微生守贱贫，文字出肝胆"，将"因吟适性情，稍欲到平淡"之创作心理归之于"文字出肝胆"。而朱熹更是主张"求真淡"。[1] 就宋元人而言，"真淡"之诗乃于平淡自然之风貌下敛藏发愤慷慨不平之气骨。是以宋元诗文风雅式平淡，即所谓"悲壮寓于闲淡之中"。

宋元文人多"穷而后工"之士，怀才不遇而又不甘寂寞的正直士人们壮志难酬，转而为诗文，并执着于诗文，此便是"穷而后工"之真实涵义。身处困顿而诗文主平淡，是以，平淡而有坎壈不平之气，乃宋元诗文风雅式平淡表现的主要内容，而以传达

---

[1] 朱熹《答巩仲至》云："漱六艺之芳润，以求真淡，此诚极至之论。"

闲静淡泊或寂寞幽独之意绪而流淌出不平之气，则是宋元诗文风雅式平淡的特征之一。如梅尧臣《新霁登周王城》诗，[1] 描绘游览周王朝古城所见所感，所见景象恬静祥和：水鸟在云烟中低飞，河水在林间缓缓流淌，秋山明媚，晴空万里，时有农人在田里劳作。闲适安静的环境、"民讼今已稀"与周王城后期田野荒芜，民生沸怨形成鲜明对比。"闲登厌官舍"言看到如此闲适安静与祥和景象，想弃官归隐，颇有历代文人所希翼的"功成身退"之意味。语言质朴无华，风格平淡古朴，然而其怀才不遇之经历，不可能功成，亦即无所谓归隐，欲进无路、欲罢不能的状况与心情使其诗歌在平淡之中流淌出一股不可掩饰的抑郁之气。又如《游元紫芝琴堂》：

> 访古历荒城，城孤落日鸣。人琴两不见，破月高台倾。

诗歌咏怀唐代名贤元德秀。"城孤落日鸣"勾画出仿佛一片岁月静好的景象：夕阳照在古城头上，飞鸟悲鸣，残月洒在城楼上，楼影倾斜地躺在地上。然而"人琴两不见"写独自站在城楼上，怀念先贤，道出了先贤与自我的孤独与寂寞之情。全诗语调平缓古朴，语言质朴自然，风格平淡，亦给人一种宁静安详之感觉，但一种淡淡的忧伤与孤独寂寞却透露于句里行间，这些淡淡之忧伤与孤独寂寞之根源即在于其坎壈之怀。是以其诗往往在恬淡闲适的表象之下却涌动着愤郁的暗流，悠然自得与愤郁不平构成难以觉察的矛盾胶着于字里行间，形成貌似悠然而暗寓不平的风雅式平淡风格。而此种平淡风格亦充斥在宋元文人的大部分作品之中，其中最突出者乃王安石与苏轼。王安石晚年创作的诗风格平淡清雅，被称为"寓悲壮于闲淡"[2]。如《钟山即事》诗：

---

1 梅尧臣《新霁登周王城》诗："行行古城头，历览古城下。水鸟傍人烟，河流隔桑柘。秋山豁晴翠，野老亲时稼。民讼今已稀，闲登厌官舍。"

2 清人吴之振论荆公晚年诗风云："论者谓其有工致无悲壮，读之久则令人笔拘而格退。余以为不然。安石遣情世外，其悲壮即寓闲淡之中。"〔（清）吴之振等：《宋诗钞·临川集钞》，北京：生活·读书·新知三联书店，1988，第105页。〕

涧水无声绕竹流，竹西花草弄春柔。茅檐相对坐终日，一鸟不鸣山更幽。

描绘了一片死寂的钟山：鸟不鸣、水无声，只有园内花草竹木弄春而自开自落。鸟不鸣、水无声之景象仿佛平静恬淡，然而花草弄春则暗显了其内心深处的波涌。终日孤坐于茅屋草舍，面对一片死寂的钟山，孤寂之情亦转为了死寂，在宁静甚至死寂的表面下抑郁悲怆之意绪与无可奈何之愁思不表而溢。而苏轼诗文作品风雅式平淡风格主要表现在其和陶诗中。宋元和陶现象非常普遍，他们和陶的意义首先在于精神上逃避现实，解决入世与出世之矛盾，是以和陶诗往往指向出世与入世之抒托。但是与陶渊明将归隐付诸实践不同，苏轼始终不曾归隐田园，就苏轼而言，和陶只是归隐的一种想象，尽管其有出世之心，但是入世之念始终执着。其《与滕达道书》云："虽废弃，未忘为国家虑也。"《和陶饮酒二十首》其一曰："我不如陶生，世事缠绵之。"皆直接表明了其入世之执念。是以陶诗因为归隐，而能真正写出归隐后的平静与自适，而苏轼因"寄心王室，舍身报国，又要作平地居家仙，在林下行吟坐咏皆自见"[1]，和陶诗多出世与入世之矛盾痛苦，难以真正平淡闲适。另一方面，和陶诗乃苏轼贬谪生涯之力作，其于人生忧患之际追求自适之境，和陶诗平淡中必流淌出不平淡之气。如《和陶饮酒二十首》其十九："歌呼时就君，指我醉乡里。……行乐当及时，绿发不可恃。"渴望有所作为却为现实不容，只能寄诗与酒及时行乐，闲适淡泊中透露出时不我待，功业未就，报国无门，年华虚度等复杂抑郁之情以及面对宇宙永恒、人生有限的深沉痛苦。又如《和陶饮酒二十首》其七，[2] "痛饮""孤坐"写出自由自在生活表面下流淌的辛酸、无奈与孤寂，"脱

---

1 沈松勤：《北宋文人与党争》，北京：人民出版社，1998，第308页。
2 《和陶饮酒二十首》其七："顷者大雪年，海派翻玉英。有士常痛饮，饥寒见真情。床头有败榼，孤坐时一倾。未能平体粟，且复浇肠鸣。脱衣裹冻酒，每醉念此生。"

衣裹冻酒,每醉念此生"写在醉中思索人生背后的对世事的不能解脱与超然。正如王水照先生评其诗云:"积极入世和消极出世的矛盾由勃郁不平转为委婉平和,感情的激波巨浪趋于涟漪微澜。只是平和中仍寓不平,涟漪下犹有激流,思想上的种种矛盾仍交织在一起。"[1] 明确指出苏轼诗平和淡泊之心与坎壈不平之气相互纠结的风雅式平淡风格特点。

然而,宋元人的风雅式平淡风格不仅于此,因为他们对陶渊明的追慕,并不止于其归隐,更多对其真淳人格的向往与追求。在宋元人看来,"真"乃陶渊明最为本质的精神品质,陶渊明并不仅是出世的化身,更是一种真纯人格的代表,是以书写出世之平淡中保持人格之纯真乃宋元诗文的主旋律之一,而闲淡与忧思、平淡与不平相互渗透,最终以平淡化解忧思与不平是其诗文风雅式平淡风格的又一特征。就苏轼而言,"杖藜行歌"的恬静闲适之生活,"和光同尘"的平和淡然之志向是其和陶诗努力表现的内容。如《和陶归园田居六首》其三诗中"新浴觉身轻,新沐感发稀。风乎悬瀑下,却行咏而归"用曾点不欲求仕之典,抒发远离官场,不为仕途所累的轻松心情,"仰观江摇山,俯见月在衣",忘却物我纷扰、是非纠葛,淡然潇洒。诗歌语言质朴平淡,格调萧散洒脱,心境闲适悠然,一洗慷慨不平之气,纪昀评此诗云:"极平浅而有深味,神似陶公。"其《和陶贫士七首》其三云:"谁谓渊明贫,尚有一素琴。心闲手自适,寄此无穷音。"《行香子·述怀》曰:"几时归去,作个闲人,对一张琴、一壶酒、一溪云。""闲"是以苏轼为代表的宋元文人以"退"实现"进",以平淡化解忧患与不平意绪的重要方式和手段。化悲慨为平淡,在宋元其他非和陶诗文中亦很常见,如黄庭坚诗关于落木千山、澄江月明景象的描绘,[2] 虽

---

[1] 王水照:《苏轼传》,天津:天津人民出版社,2008,第111页。
[2] 见黄庭坚《登快阁》诗:"痴儿了却公家事,快阁东西倚晚晴。落木千山天远大,澄江一道月分明。朱弦已为佳人绝,青眼聊因美酒横。万里归船弄长笛,此心吾与白鸥盟。"

不如苏子诗景象闲适恬淡，但忧思之意绪几乎不能捕捉到，全然以淡泊闲远之襟怀出之了。

（二）虚静式平淡

宋元虚静式平淡与道家"纯素"与"冲和"思想有着密切关联，"冲"乃空虚之意，所谓"大盈若冲"（《老子》），是以虚静式平淡执着于"闲和严静之趣，萧条淡泊之意"，如果说风雅式平淡是倾向于"平和"之"平淡"的话，那么虚静式平淡则倾向于"冲和"之"平淡"，它秉承彻底的超脱意识。

虚静式平淡常常借对清境静界的观照模写来寄寓闲适淡远的情趣。"大音希声"的境界是它追求的最高境界，以忘机恬淡之心投射为山水清晖、田园幽境中的自适之趣是它着力体现的趣味。是以宋元诗文虚静式平淡风格的具体呈现，即在于以清境静界书写闲心或忘机，表其淡泊超脱之情志或淡远自适之情趣，"清""静""闲""空""淡"等词语在诗文中频繁出现。如"高闲不与时俗侵，寂静岂唯鱼鸟乐"（梅尧臣《寄题千步院兼示谞上人》）、"静泛苕溪月，闲尝顾渚春"（黄庭坚《送莫郎中致仕归湖州》）、"静对煎茶灶，闲疏洗药泉"（《戏作绝句以唐人句终之二首》其二）、"山空流水上，海静寸灯明"（苏辙《病愈二首》其二）、"白水照茅屋，清风生稻花"（梅尧臣《田家》）、"暮云收尽溢清寒，银汉无声转玉盘"（苏轼《中秋月》）等，这些清词闲句，写出了诗人们内心的宁静淡泊。其中最著名的莫过于元好问的"寒波淡淡起，白鸟悠悠下"（《颖亭留别》）。[1]"淡淡"乃"澹澹"，水波动荡貌。悠悠，悠闲自在貌。白鸟，指鸥、鹭等素羽水鸟。古人常以鸥鹭为盟、白鸟忘机表淡泊隐居、忘怀世事之

---

[1] 元好问《颖亭留别》诗云："故人重分携，临流驻归驾。乾坤展清眺，万景若相借。北风三日雪，太素秉元化。九山郁峥嵘，了不受陵跨。寒波淡淡起，白鸟悠悠下。怀归人自急，物态本闲暇。壶觞负吟啸，尘土足悲咤。回首亭中人，平林澹如画。"

情志。[1]"九山郁峥嵘,了不受陵跨",九山高俊青郁,不俯尘俗,清冽的河水静静流淌,微风偶尔略过,水面泛起淡淡细纹,素羽鸟儿悠闲自在地于天空缓缓飞翔,轻轻滑落在长满水草的水渚,"怀归人自急,物态本闲暇",闲暇,指从容舒缓而不急迫之意,物态闲暇,人归去之心急迫,而外物不因人之急迫改变其闲暇节奏,水波依然澹澹,白鸟仍旧悠悠。清静悠闲之山水清晖与诗人忘机淡泊之心、崇高峻洁而又淡泊闲静之人格相互融合,可谓景清格高,闲淡有味,王国维《人间词话》称其为"无我之境"。[2] 末句"回首亭中人,平林澹如画"言亭中人融入了平林自然境界,自己正如他们一样,皆属于如画平林之下的平淡、安逸与自由。峥嵘的远山,烟波浩渺的白水,漠漠平林,清境静界流贯着冲然淡远之情愫与怀抱,此情愫怀抱大量充斥在宋元描绘清境静界的诗文中。如倪瓒《九日》将静与淡相关联,[3]"草木萧萧云更碧,山川漠漠鸟飞还"最具元好问"寒波淡淡起,白鸟悠悠下"之淡味。《淮南子·诠言训》云:"廉而能乐,静而能淡。"司空图《二十四诗品》曰:"素处以默"可"妙机其微。"皆指出"静"包含淡远的涵义。它将幽深远阔的宇宙意识和静淡闲适之生命情调融合起来,此即"采菊东篱下,悠然见南山""寒波淡淡起,白鸟悠悠下""草木萧萧云更碧,山川漠漠鸟飞还"之静淡的意义。又如梅尧臣《登许昌城望西湖》诗:

  试望许西偏,湖光浸晓烟。岸痕添宿雨,草色际平田。夏木阴犹薄,朱荷出未圆。人闲绿波静,幽鹭插头眠。

---

1 《列子·黄帝》云:"海上之人有好沤(鸥)鸟者,每旦之海上,从沤鸟游,沤鸟之至者百数而不止。其父曰:'吾闻沤鸟皆从汝游,汝取来,吾玩之。'明日之海上,沤鸟舞而不下也。"[见(宋)洪迈撰,孔凡礼点校:《容斋随笔·容斋四笔》卷一四"舞鸥游蜻",第626页。]
2 王国维:《人间词话》,南宁:广西人民出版社,2017,第4页。
3 倪瓒《九日》诗:"自笑不能孤九日,一壶浊酒对西山。遥怜玉树秋风里,静看冥鸿落日间。草木萧萧云更碧,山川漠漠鸟飞还。长途谁是陶彭泽,被褐行吟意自闲。"

将静与闲相关联。"静"乃定，强调内心的静定。皎然释云："非如松风不动，林不鸣，乃谓意中之静。"(《诗式》)指出"静"不止于物静定，还在于人心之静定。"闲",《说文》释曰"阑也"，引申为无事、闲暇、安静等意。《淮南子·本经》云："质真而朴素，闲静而不躁。"无事无欲即可从容不迫，即可静定，静定而能观万物而自得、自适。是以闲静关联，静境反照出人心之闲适与从容平淡，所谓"闲肆平淡"[1]。梅尧臣颇多此类"闲肆平淡"之诗，皆透出悠然闲逸的情思和澹泊明净的情致。而《次韵和景彝省闱宿斋二首》(其二)"静来应觉能闲少，人事区区逐日生"更是有一种"迭代物华何足较，古今荣辱岂须惊"的从容淡泊。再如王安石《长宁僧首》将静、闲与野关联起来。[2] 皎然《诗式》云："情性疏野曰闲。"是以宋元人特别热衷于书写野景逸趣。如王安石《题友人壁》诗云"涧水绕田山影转，野林留日鸟声和"，陆游《初夏闲居八首》其六诗曰"野水枫林久寄家，惯将枯淡作生涯"，刘秉忠《云内道中》诗曰"远水平芜间野花，寒云淡淡际寒沙"，元好问《仆射陂醉归即事》诗云"春波澹澹沙鸟没，野色荒荒烟树平"等，野水、野林、野花、野树、野云、野色、野旷、野蔓、野谷、野调、野春、野禾、野川、野杏等野景静境寄寓了诗人野逸疏淡之情志，所谓"野水中间落，云山西面围。长歌樵担起，短笛钓船归"(王冕《山中杂兴二十首》其十五)。此亦是宋元诗文平淡之风的一大表现。而陆游《翠微堂》、释智圆《幽居》写静与幽，将静与动相关联。[3] 一方面，"幽"有"深"与

---

[1] 欧阳修称梅尧臣诗"其初喜为清丽，闲肆平淡"。[见（宋）欧阳修：《欧阳修全集·居士集》卷三三《梅圣俞墓志铭》，第235页。]
[2] 王安石《长宁僧首》诗云："秀骨庞眉倦往还，自然清誉落人间。闲中用意归诗笔，静外安身比太山。欲倩野云朝送客，更邀江月夜临关。嗟予踪迹飘尘土，一对孤峰几厚颜。"
[3] 陆游《翠微堂》诗："万顷青山只一溪，此中聊欲效真栖。寻深巧被闲云到，破静时闻幽鸟啼。羞有卑功追管晏，惭无高节比夷齐。困眠饥食真吾事，宝篆香残日又西。"释智圆《幽居》诗："尘迹不能到，衡门鲜色侵。古杉秋韵冷，幽径月华深。窗静猿窥砚，轩闲鹤听琴。东邻有真隐，荷策夜相寻。"

"静"之含义。如幽真指幽静纯真的情趣,幽敞指幽静宽敞,幽轩指幽静有窗的小室等,以幽写静使得静更深一层。另一方面,虚静并非只静,它往往以静求动,"以平如大漠的情怀去拥抱勃郁奔腾的大千"[1],是以以动写静,可以写出静之广度,以幽写静,可以写出静之深度。"寻深巧被闲云到,破静时闻幽鸟啼"颇有"鸟鸣山更幽"的意味,"古杉秋韵冷,幽径月华深。窗静猿窥砚,轩闲鹤听琴"颇有"明月松间照,清泉石上流"的静中蕴藏着生命之旋律,动中流动着静谧。宋元诗文书写清境静界最佳者莫过于苏轼。如《前赤壁赋》水天一色之境景与清静澄明之心境相融合,彰显出其超逸绝尘之情志。其常常将清与淡关联起来,如"飞虫绕耳细而清"以"清"写飞虫之喧噪声,"睡味清且熟""耿耿清不眠"以"清"写睡意,"列屋闲居清且美"写生活环境之幽静与心态之恬淡,"雨洗东坡月色清,市人行尽野人行"写月下清景与情怀之脱俗。"清"为水之澄澈貌,"淡"为水之味淡,二者皆建立在对"水"之美学思考上,"清"与"淡"相互重合,得益于"清"的强大派生力与"淡"的广大包容力,是以苏诗大多清劲而恬淡,自然而有清韵。如《定惠院寓居月夜偶出》《寓居定惠院之东,杂花满山,有海棠一株,土人不知贵也》两首诗,[2] 前首以"无声"写静,"幽人""独吟"写情志清高洁静而淡泊,后首以"无人""清淑",点出雨中海棠花之清新脱俗,人之逍遥平淡,两首皆将"清""静"与"淡"紧密关联,以清境静界写心之平淡。"清气,固自迥绝尘嚣"(《诗薮》),清境淡心之融合,写出了诗人对闲静淡远而又清绝出尘的执着。此外如《藤州江上夜起对月

---

[1] 朱良志:《"虚静"说》,《文艺研究》,1988年第1期,第25—35页。
[2] 苏轼《定惠院寓居月夜偶出》诗:"幽人无事不出门,偶逐东风转良夜。参差玉宇飞木末,缭绕香烟来月下。江云有态清白媚,竹露无声浩如泻。已惊弱柳万丝垂,尚有残梅一枝亚。清诗独吟还自和,白酒已尽谁能借。"《寓居定惠院之东,杂花满山,有海棠一株,土人不知贵也》诗:"林深雾暗晓光迟,日暖风轻春睡足。雨中有泪亦凄怆,月下无人更清淑。先生食饱无一事,散步逍遥自扪腹。不问人家与僧舍,拄杖敲门看修竹。"

赠邵道士》诗，则更是将"清""静""空""淡""闲"紧密关联，境界更是清远，心境更是空明，正如其所言"静故了群动，空故纳万境"，清远空静之境界里传达出其清绝无尘的超脱情怀。是以，苏轼诗文之平淡有着一种"超凡不俗"的清绝韵致。

特别指出的是，风雅式平淡常与政治理想抱负相关联，正如清代学者杜文澜所言"铺叙平淡，摹缋浅近，而万感横集，五中无主"（《憩园词话》），其表现为"怨而不怒，哀而不伤"之平和淳淡，虚静式平淡常与人格、气节相关联，其表现如水一样清虚而柔弱胜刚强之健气，二者往往是相互交融的。因此，被称之为风雅别境的平淡风貌，若换一个角度，未尝不可以称为虚静别境。此后，含虚静平和闲远之趣于题内，寄忧思慷慨悲壮之意于言外的平淡成为了后来中国文人如清代文人追求的最高境界与理想审美形态。

（三）平易式平淡

"平易"有五义，一为平治，平整；二为平坦宽广；三为性情温和宁静、谦逊和蔼；四为平和简易；五为浅近易懂。而"平易"之"平"包括平实之义，平实含平整、平坦、平稳踏实与朴实无华之义。就诗文而言，"平易"大体指诗文浅近易懂，质朴无华，语言平和简易，情感宁静恬淡，章法或者体势平整舒坦，音律平稳和谐。一言以蔽之，平和浅易、质实无华乃"平易"之核心内涵。就宋元人而言，"平易"之于"平淡"或者说平易之淡这种风格，并不止于"平易"概念所包含之内涵。

宋元平易之淡是建立在宋代理性精神的基础上的。宋元较早将平易与平淡关联起来的文人是欧阳修。其诗文之"平易"主要具有擅长说理和日常化题材两个特征。[1] 但是，宋人以欧公诗文为"平易"，主要在于其诗文的理性精神，而此亦即宋元诗文平易

---

[1] 参见丁朝虹：《"淡美"论》，南京艺术学院博士学位论文，2016年5月，第56页。

之淡的基础所在。是以宋元诗文平易式平淡首先表现在说理畅达，自然成文。宋元人爱说理，是以他们总是苦心孤诣地想让读者品尝出诗文中之"理"，所以特别注意"意脉"的通畅与"语序"的日常化，认为"理得而辞顺"（黄庭坚《与王观复书三首》之一）、"理明义精，则肆笔脱口之余，文从字顺，不烦绳削而合"（魏了翁《跋康节诗》），也就是说，为了明理，诗文语言必须走向文从字顺、"辞顺""辞达"。苏轼更是提出诗文创作要实现"辞达"须"心达""口达""手达"。[1] 所谓"心达"即对现实生活"了然于心"，所谓"口达""手达"即通过口、手"达意""求物之妙"。"心达"是"口达""手达"的基础，对事物了然于心者其诗文才有真情实感。是以写诗作文应为其心灵的自然流出，所谓以自然自身呈露的方式呈露自然，所谓"如风吹水，自成文理"[2]，所谓"随物赋形"，自然成文。[3] 一方面，"如风吹水"的自然成文与人工成文相对，即质朴无华，无雕痕迹。另一方面，"如风吹水"的自然成文随意舒展，水文丰富多彩，奇异纷呈，但此种奇异乃天然而成，非人工造就。是以平易式平淡追求平实无华，但是并不排斥奇异险怪，追求平和畅达，但不排斥跌宕起伏。如此，平易之淡风格就不可避免地呈现出平中有奇、奇中见平，平淡而绚烂

---

1 苏轼于《答谢民师书》云："夫言止于达意……求物之妙，如系风捕影；能使是物了然于心者，盖千万人而不一遇也，而况能使了然于口与手者乎？是之谓辞达。辞至于能达，则文不可胜用矣。"〔见（宋）苏轼著，孔凡礼点校：《苏轼文集》卷五六，第1679页。〕

2 此比喻最初见于宋初田锡《贻宋小著书》："若使援毫之际，属思之时……随其运用而得性，任其方圆而寓理，亦犹微风动水，水无定文，太虚浮云，莫有常态。"大意为行文本无固定格式，应依据表现对象之审美特征而定，与苏轼所言"随物赋形"义同。

3 苏轼《自评文》云："吾文如万斛泉源，不择地皆可出，在平地滔滔汩汩，虽一日千里无难。及其与山石曲折，随物赋形，而不可知也。所可知者，常行于所当行，常止于不可不止，如是而已矣。其他虽吾亦不能知也。"又楼钥《答綦君更生论文书》曰："水之性本平，彼遇风而纹，遇壑而奔。浙江之涛，蜀川之险，皆非有意于奇变，所谓湛然而平者，固自若也。"

的特征了。如黄庭坚《武昌松风阁》诗,[1] 无论是情感还是用字或者说语言并不平易,然而笔致简易疏放,章法平稳踏实,平直自如,表现出平整自如与自然真朴的特点。又如欧阳修《庐山高》诗,其中"下压后土之鸿厖""攀缘石磴窥空谾""世俗不辨珉与玒"等押险韵,但用韵之险给人之印象并非刻意求奇立怪,而是平和流畅、舒卷自如,恰到好处地烘托出庐山风光之奇险,既显示出宋元诗文平易之淡风格对说理畅达、自然成文的追求,亦显示出宋元诗文平易之淡风格奇中见平、平中含奇的特征。此种特征在诗文语言方面体现最为明显,如梅尧臣诗文语平淡而奇崛,陆游诗文语"工夫深处见平夷"等,皆乃平易之淡的体现之证。而欧阳修诗文之语不拘守于雄奇豪放或舒缓平和之一端,不刻意造作、为奇为怪,根据书写对象、情志之不同,采用相应之语言,用词或避熟就生、语奇崛险怪;或行云流水,语流畅舒缓;或语清逸放旷,语言可谓异彩纷呈。然而这些异彩纷呈之语言一方面因立足于人们对现实事物的共通感受之上,是以皆易知易懂、亲切平易,另一方面这种依人之常情、物之常理做出调整的异彩纷呈之语言,而又皆归旨于平易,颇有绚烂而归平淡之意味。而苏轼诗文之语更是"随物赋形,随形赋语""短长肥瘦""淡妆浓抹""姿态横生",但皆归旨于"文理自然""浑然天成",平易之淡不仅平中含奇、奇中见平,更是绚烂归于平淡的体现了。

其次,宋元诗文平易式平淡表现在理性思辨的平和通达与平易近人。宋元人好说理,重视对"理"的叙事表现。诗文叙事之传统,由来已久,宋元诗文对白居易、韩愈诗文叙事特色多有继承但又有所突破。白居易诗文因重在为讽喻服务,故常常流于直

---

[1] 黄庭坚《武昌松风阁》诗:"依山筑阁见平川,夜阑箕斗插屋椽。我来名之意适然。老松魁梧数百年,斧斤所赦今参天。风鸣娲皇五十弦,洗耳不须菩萨泉。嘉二三子甚好贤,力贫买酒醉此筵。夜雨鸣廊到晓悬,相看不归卧僧毡。泉枯石燥复潺湲,山川光辉为我妍。野僧早饥不能餐,晓见寒溪有炊烟。东坡道人已沈泉,张侯何时到眼前。钓台惊涛可昼眠,怡亭看篆蛟龙缠。安得此身脱拘挛,舟载诸友长周旋。"

露浅白,韩愈诗文叙事因重在情之抒发,叙事本身蕴含深微的比兴寄托之意,是以叙事对象好选奇闻异事,而对习见习闻之事,又好写得千奇百怪,是以常常晦涩奇崛。而宋元诗文对"理"的叙事表现,好从日常题材入手,讲究简而有法,且议论立足常情,是以常常能平和通达、平易近人。宋元诗文突破韩愈诗文偏好奇闻异事之选材局限,叙事对象涉及社会日常生活的方方面面,于平淡细微之处见深刻哲理,此于前文题材之日常化处多有论述,此不再一一赘述。需要指出的是,宋元诗文叙事议论的思想态度与方式。就叙事议论思想态度而言,韩愈诗文叙事议论主于情,是以辞端偏激,辞锋激烈。宋元诗文议论主于理,常能从多种角度立论,不泥一端,加之思想态度平和通达,是以宋元诗文叙事议论,常常以理服人,以思致之宽和通达见长,此即宋元平易之淡在理性思辨特征上主要的具体呈现之一。其中以欧阳修诗文最具代表性,如《明妃曲和王介甫作》之二,怀才不遇之不平消释在对人生世事的思考之中,诗情平正宽和;又如《画舫斋记》,写贬谪甫安,却看淡履险蹈难之险阻宦途,是以营治偏陋小室之事显得充满闲适之意,而文中关于温室槛栏、佳花美木、可爱山林之叙事,皆流露出温和恬淡之气息。而就叙事议论方法而言,宋元诗文不以情取胜,但往往能叙事、写景、议论、抒情相融合,于简而有法的叙事写景议论之中自然而然地传达出恬淡超逸之情。此亦宋元诗文平易之淡在思辨性特征上的又一具体呈现。如苏轼《记承天寺夜游》[1],文章写寻友夜游,叙事朴素淡泊而又自然流畅。庭中夜景:月光澄碧、竹影斑驳、幽静迷人,澄明幽静之景与诗人闲适心境相融合,景语即情语;月下议论,从另一独特视角看待"闲人",月光至美,竹影至丽,而人不能识,唯此二人能

---

[1] 苏轼《记承天寺夜游》文:"元丰六年十月十二日,夜,解衣欲睡,月色入户,欣然起行。念无与为乐者,遂至承天寺,寻张怀民。怀民亦未寝,相与步于庭中,庭下如积水空明,水中藻荇交横,盖竹、柏影也。何夜无月?何处无竹柏?但少闲人如吾两者耳。"

有幸领略，岂非快事？将宦途失意苦闷之情消解于宠辱不惊、进退自如的通透超脱之中。全文情、景、理、议相结合，寄寓深远，而行文平易简洁，呈现出宋元诗文思致平易之淡美。又如欧阳修《飞盖桥玩月》诗[1]，写飞盖桥上赏月，叙事、写景、议论皆从天与水之轻清、虚静、月色之皎洁写到人心之旷远，诗题"玩"字本身就显现出人与天地万物融为一体的澄明旷达之意味，全诗情、景、理、议相交融，于对人与天地万物的平和通达、平易近人的理性思辨中显现出心忧天下之宽广思致与悠然旷远之情志，平易之淡呈现出一种心怀天下而又高风绝尘之美，宋元平淡美由是可见一斑。

最后，值得注意的是，平易式平淡风格由于思致宽广且深刻，且不避奇险，既避免了白居易平易诗文的过于浅露直白，又规避了韩愈奇崛诗文的过于奇怪，呈现出宋元独特的平淡之平易特点。而此平淡之平易与平淡之风雅、平淡之清虚往往是相互交融在一起的，因为平易之淡的语言之平和简易、质朴无华，情感之宁静恬淡，章法或者体势之平整舒坦，音律之平稳和谐，亦是风雅之淡与清虚之淡所共同之追求，而平和畅达、自然恬淡始终贯穿于三者中，并是它们最终的归旨。

第二节　词曲中声

宋元音乐追求"淡和"，"淡和"是一种融儒家之"和"与道家之"淡"的中和之美，是以与音乐密切相关的词与曲亦不可避免地呈现出以"淡"为基础的中和美之特征。

---

[1] 欧阳修《飞盖桥玩月》诗："天形积轻清，水德本虚静。云收风波止，始见天水性。澄光与粹容，上下相涵映。乃于其两间，皎皎挂寒镜。余晖所照耀，万物皆鲜莹。矧夫人之灵，岂不醒视听。而我于此时，翛然发孤咏。纷昏忻洗涤，俯仰恣涵泳。人心旷而闲，月色高愈迥。惟恐清夜阑，时时瞻斗柄。"

一、乐之淡和

"淡和"之音乐思想源远流长。如《老子》之"大音希声"论,儒家的"乐和"论,认为琴乐可使人心平与中正,击乐可使人感"和平之气"。魏晋乐之"平和"观走得更远,强调"乐"远离政治目的。宋元音乐思想理论中,人们强调"和"的同时也提倡"淡"。宋元论乐继承了《乐记》儒家之思想,普遍强调"和",认为"政和"而"乐和"而天地、万物和。是以范仲淹、欧阳修主张"以乐平心"(《送杨寘序》)。[1] 王安石与司马光亦从养生角度肯定了范、欧之"中和"乐论。元好问乐论"以诚为本",主张"中和以仁"。[2] 陈敏子《琴律发微》指出"姑以琴之为曲,举其气象之大概,善之至者,莫如中和"。周敦颐亦坚持《乐记》"声音之道与政通"之观点,认为"乐者,本乎政也",但在论述"和"之过程中更多地加入了"气""阴阳"等哲学性概念,并认为"政善民安则天下之心和",并进一步指出,"政和"则"心和",而"心和""气平"则"乐和""天地和""万物和"。但更重要的是,周子首次提出"淡和"思想。其乐论之思想精髓,在于追求"淡"与"和"之平衡。并且,他还从"声"的角度进一步阐明"淡"与"和"之关系,《周元公集》云:"淡者理之发,和者声之为。先淡后和,亦主静之意也。"就宋元人而言,"淡"含远趣、真味,"静"即"澄怀"。是以,宋元音乐之"淡和",追求声音之淡而又有远趣、真味,使人心澄明淡远。

然而,宋元音乐之"淡和"追求还不止于此。继周子之后的理学家对周子乐论进行了更丰富的阐述。理学"性""情"二分之思想体系,使得理学家们对"乐"之概念理解产生了"乐"(yuè)与"乐"(lè)两个层次之分化。在他们看来,第一层次之"乐",

---

1 (宋)欧阳修:《欧阳修全集·居士集》卷四二,第290页。
2 孔凡礼编:《元好问资料汇编》,北京:学苑出版社出版,2008,第43页。

乃"兴于诗，立于礼，成于乐"(《论语·述而》)之乐，即乐具有"乐而不淫，哀而不伤"，所谓"温柔敦厚"之中和之美。第二层次之"乐"，乃"饭疏食饮水，曲肱而枕之，乐亦在其中矣"(《论语·述而》)的"孔颜之乐"。[1] 朱熹认为，颜渊之乐与曾点之乐有本质区别。曾点之乐要"说许多乐底事来"(如"浴乎沂，风乎舞雩，咏而归")，借助外物才可实现，故劳攘。而颜子之乐只是"恁地乐""工夫到那里了"，无须借助外物，因为其本身性与情皆已平和淡泊，故能乐。并且认为"乐之者"是理"已得之己""具足吾身"，即理（道）与自己融为一体，所谓物我合一，故"乐莫大焉"。[2] 在朱熹看来，颜子之乐即在于能臻于"乐之者"之最高境界。可见宋元人追求的"乐"是见道之乐，就他们而言，"乐"与"道"同质相通，"乐"之境界即是"道"之境界，是以"道"平淡，"乐"亦平淡，"道"之平淡在于性之自由自在与情之平和淡泊，物我合一，"乐"亦在于性情之自由与平和淡泊，物我相融，此乐才是真正之乐。如邵雍就将孔颜之乐的追求具体化与形象化，其自号"安乐先生"，认为乐在于自适自乐，"自乐"而后"乐时"而后"与万物自得"，通过对有限之"自乐"追求达到无限的与天地同化，即物我合一。如果说邵雍更注重孔颜之乐的心性之自适与自由的话，朱熹则更注重心性之恬静。其云："颜子底较恬静，无许多事。"[3] 认为孔颜之乐，在于其心性恬静，不似曾点之张狂。周敦颐认为"静"乃无欲，张载认为"静"乃人之天然本性，"赤子之心，人皆不可知也，惟以一

---

[1] 朱熹云："颜子之乐平淡，曾点乐已劳攘了。"又云："颜子之乐，亦如曾点之乐。但孔子只说颜子是恁地乐，曾点却说许多乐底事来。点之乐，浅近而易见；颜子之乐，深微而难知。点只是见得如此，颜子是工夫到那里了。"[见（宋）黎靖德编，王星贤点校：《朱子语类》卷三一，第970页。]

[2] 《朱子语类》云："乐之者是好之已至，而此理已得之于己。凡天地万物之理皆具足于吾身，则乐莫大焉。"[见（宋）黎靖德编，王星贤点校：《朱子语类》卷三二，第988页。]

[3] （宋）黎靖德编，王星贤点校：《朱子语类》卷四〇，第1251页。

静言之"[1]。故静能定性。程颐以"敬"代"静",认为"敬贯动静"。朱熹则将"静"放在"动"之位置上,并认为圣人之品格多以"静"为主。[2] 如此,静与欲相对,那么乐中之"静"即可以"平心",亦可以"养德""养性",即理想之音乐具有对人性的归根返静之功,正如朱熹《紫阳琴铭》所言"养中和之德""养情性""养中和之正性"。是以,宋元音乐之"淡和",不仅表现在追求声音之淡而又有远趣、真味,使人心澄明淡远,还追求"静",声音形式之静以及弹者、听者之自适自乐,心之平和,性之恬淡,情之淡泊,格之高远或淡远。

在实际音乐实践中,宋元人尤其推崇古乐,因为古乐可以平心、荡涤邪秽,最能体现宋元音乐之"淡和"。[3] 是以就音乐乐器而言,那种最能奏弹出清澄淡远之声的管笛琴等古乐器就成为了宋元人的钟爱。宋元人爱听古音,如:

鼓琴擘阮非凡好,为有淳和太古音。(周彦质《宫词》)
闻君澹然太古音,感君悠悠太古心。(文天祐《黄山听琴》)
昨夜重思太古音,确然独抱一张琴。(徐积《上胡先生》)
懒随尘土趋时态,欲就丝桐丐古音。(彭汝砺《山林》)

他们之所以喜欢古音,就是因为古音淳淡悠然清远,可以涤虑拔俗、平心静性。如:

古音拂朱弦,一倡千虑涤。(杨冠卿《秋琴咏》)

1　(宋)张载:《张载集》,北京:中华书局,1978,第255页。
2　朱熹《答石子重》云:"圣人定之以中正仁义而主静,所以主静者,以其本静,静极而动,动极复静,静也者,物之终始也,万物始乎动,终乎静,故圣人主静。"[《晦庵先生朱文公文集》卷四二,参见(宋)朱熹撰,朱杰人、严佐之、刘永翔主编:《朱子全书》第22册,上海:上海古籍出版社,合肥:安徽教育出版社,2010,第2078页。]
3　如周子《通书》曾云:"乐者,古以平心,今以助欲,古以宣化,今以长怨,不复古礼,不变今乐,而欲至治远哉"指出了当时新声助欲长怨之弊端,认为古乐平心宣化,应推崇之。朱熹释其云:"古圣贤之论乐,曰和而已。此所谓淡,盖以今乐形之,而见其本于庄正斋肃之意……古今之异,淡与不淡,和与不和而已。"鲜明地指出周子对古乐及其功能的情有独钟及其乐论的儒家复古思想,从中即可见宋人尚古乐。

古音抱淳澹，云和与空桑。（石介《赠李常李堂》）

不有拔俗器，安得太古音。（蔡襄《安静堂书事》）

坐中忽闻太古音，宠辱顿忘那有耻。（王庭圭《次韵罗伯固听琴》）

古音净洗筝笛耳，何须更濯丹砂泉。（汪克宽《题道士张湛然弹琴诗卷》）

潇洒古音庭。独坐楷颐看道经。玄览涤除尘事冗，安宁。一洗机心耳目醒。恬淡冷清清。一炷名香满院馨。门外不知谁到此，珰玎。风顺微闻玉佩声。（侯善渊《南乡子》）

就宋元人而言，古音可以令人宠辱顿忘，可以一洗机心，可以清心净耳，可以让人逍遥于万物，恬淡自适。是以他们无事就听音，所谓"公庭无事理瑶琴，一曲阳春太古音。碧落霜清山鹤唳，寒潭烟净水龙吟"（王佐《花封琴韵》）。他们出行也不忘抱琴听音。如叶颙《松径清游》诗云："驴载新诗仆抱琴，白云幽径夕阳林。天风十里青松顶，满耳笙箫太古音。"何筹斋《题柯山道中》诗曰："扁舟空载断纹琴，横膝谁知太古音。趁取暮潮归旧隐，豆花篱落正秋深。"扁舟山行皆抱琴听音。他们还把古音比拟为山水清音，或把山水清音比拟为古音，抒发他们平和淡泊之情志。如：

问君琴中趣，好在山水间。山风吹雨木萧瑟，山月照石泉潺湲。五音低昂宫徵变，紫鸾和鸣白鹤怨。空桑既远郑卫繁，筝琵之耳谁能辨。五柳先生好素琴，君今仍爱弦上音。邈哉古音传古意，更请为问雍门子。（梁寅《琴中趣赠上饶危逸人》》

寒泉漱石齿，浙沥鸣瑶琴。坐来毛骨清，分明太古音。（释鉴《听泉亭》）

在宋元人看来，古音与山水清音同质相通，清心恬淡自然。宋元人还钟爱古琴。他们常常将古琴挂在壁上，"古琴留挂壁，此意澹无邪"（舒岳祥《送潘少白赴连山馆》）、"置琴挂壁上，吾道无古今"（赵秉文《杂拟十首》其七），不仅以此表淡泊情志，还可以自娱自乐，所谓"兴发时抚弄，悠然得真趣"（郭印《仁寿县治新开小轩以琴中趣名之用趣字韵赋之》）、"几时对雪发幽兴，独抱古琴深夜过"（李昱《题孟都司有余清轩》）。他们欣赏无弦琴，如喻良能《游柴桑怀渊明二绝》其一诗云："语客归休醉欲眠，素琴虽蓄本无弦。南窗寄傲北窗卧，买断清风不用钱。"无弦琴既寄寓了他们对陶氏恬淡的田园生活之向往，又寄寓了他们对陶氏物我合一、恬然自适的平淡品格之赞赏。[1] 他们以古音，无弦琴衬托平静淡泊之情志，书写平淡岁月之静好。"无弦琴"体现着老庄"无"之哲思以及"大音希声"之至境，彰显着他们平淡之"淡无而深有"之内涵与特征。同时，宋元很多性情恬淡之士，皆精通琴曲。如崔尊度性情平静，其《琴笺》明确提出"清丽而静，和润而远"的中和美观，其琴曲亦平和静远。林逋性情淡泊，以梅为妻，以鹤为子，其《梅梢月》曲深具其诗"疏影横斜水清浅，暗香浮动月黄昏"之清淡诗意。又如义海琴艺高超，沈括指出其琴艺不在于声之形式，而在于内在之意韵即心性情志之萧散悠远，舒卷自然。[2] 石扬休性喜闲放，平日家居养猿放鹤玩书，吟咏自适，其琴曲《猿鹤双清》，声调清高而欢畅，犹如玄猿啸月，老鹤唳风，使人听之利欲心头忘，出尘之想斯在，故为"双清"，所谓"月白风清，猿啸鹤唳，山间林下，当策杖闲行，或据床而坐，时闻其声，不减敲金击玉也；猿鹤对舞，情狂无涯也"。而欧阳修亦酷爱弹琴，其晚号六一居士，"有琴一张"则是其"六一"之一。琴家沈遵根据其《醉翁亭记》作《醉翁吟》曲，颇有《醉翁亭记》之乐（lè），以乐和体现政和人和心和天地和。苏轼的琴曲《鹤舞洞天》，《琴苑心传全编》载："苏子瞻于云龙山，作

---

[1] 又如苏轼《和陶东方有一士》诗："瓶居本近危，甑坠知不完。梦求亡楚弓，笑解适越冠。忽然返自照，识我本来颜。归路在脚底，殷潼失重关。屡从渊明游，云山出毫端。借君无弦琴，寓我非指弹。岂惟舞独鹤，便可摄飞鸾。还将岭茅瘴，一洗月阙寒。"亦为此情怀。

[2] 沈括《梦溪笔谈》云："海之艺不在于声，其意韵萧然，得于声外，此众人所不及也。"

《放鹤亭记》归。余兴未尽，抚弦而著是曲，取其清远闲旷，超然尘垢之外而不污也。"言此琴曲乃其清远闲旷，超然出尘之情志之体现。而南宋及元代琴曲家亦颇多"淡和"之作。如刘志方《鸥鹭忘机》取《列子》鸥鸟事之寓意，不仅体现忘机之澄明淡远、自由自适，还彰显了圣人与万物同尘，常无心而相随之意味，遂成千古名曲。毛敏仲《渔歌》曲取柳宗元《渔翁》之诗意，宁静淡泊。此外，宋元人还喜欢抱琴杖藜行歌，如寇准"独抱古琴携竹杖"，陆游"三尺古琴余爨迹，一枝禅杖带湘斑"皆展现了抱琴杖藜行歌之自适淡然。[1] 他们更喜欢月下弄琴、月夜听琴。如：

月寒弄清琴，石齿鸣涧水。（方岳《又次韵》）

道人酒意无酞薄，饮尽携琴月下弹。（范心远《常庵题》）

弄琴台上忽相逢，吹箫月下曾相待。（陈德武《踏莎行》其二）

月下抱琴看鹤舞，阶前回首望云飞。（余天锡《陈氏书馆》）

酒杯慵向花前举，琴索空移月下弹。（吴惟信《寄石越翁》）

门外呼童扫，客弹月下琴。（徐寿仁《题昼寂轩》）

幽人为我鸣瑶琴，山前月下千古心。（白玉蟾《山月轩》）

乐清闲、持杯欢笑。抚琴月下沈香袅。（马钰《金鸡叫》）

其中最著名的是苏轼的《藤州江上夜起对月，赠邵道士》：

江月照我心，江水洗我肝。端如径寸珠，堕此白玉盘。我心本如此，月满江不湍。起舞者谁与，莫作三人看。岭南瘴毒地，有此江月寒。乃知天壤间，何人不清安。床头有白酒，盎若白露溥。独醉还独醒，夜气清漫漫。仍呼邵道士，取琴月下弹。相将乘一叶，夜下苍梧滩。

"江月照我心""江月寒""夜气清漫漫"，于"虚寒""缥缈"之清美境界中产生出淡定情怀。抚琴需要相对安静、平静之环境

---

[1] 寇准《庐山》诗云："江南到处佳山水，庐阜丹霞是胜游。独抱古琴携竹杖，若逢绝境莫归休。"陆游《山行》诗曰："南出柴门即是山，青鞋踏破白云间。旋偿酒券何时足，罢诺僧碑尽日闲。三尺古琴余爨迹，一枝禅杖带湘斑。吾庐北望云烟里，又伴纷纷宿鸟还。"

与平和、宁静之心境,并强调通过环境的洁净来促进人内心之洁净、清净,是以文人们大多更愿意在山水之间进行演奏,尤其是在清风明月或者江清月朗的清静澄明的月夜弄琴听琴。自然气息流动之声响与人造之琴声,人心、琴心、万物之心相通相融,所谓"三尺丝桐太古音,清风明月是知心"(赵友直《承友携琴见访》),于琴声内蕴的"静""净"中祛除淫邪杂念,保持心之纯净,并获得精神之自由超脱,得以执着与坚守高洁拔俗之品格。如胡奎《题琴月楼》诗云:

有时月到弹琴处,月不能言解琴趣。琴非有意招月来,月亦无心与琴遇。我琴寥寥太古音,月色皎皎清人心。……吾闻山东李翰林,金尊有月无鸣琴。又闻柴桑陶靖节,素琴有酒无明月。何如有琴有月有浊醪,神交千载李与陶,遗世独立何其高。

文人们的淡泊、宁静、脱俗、从容、知音等人生追求可谓皆借助琴声表现出来了。琴作为古代正乐之代表,其可平心消忧,宋元人以"纯古淡泊"之琴声为美,实乃于琴指、琴境、琴心和合而成幽深淡远之妙音中呈现其平淡之心性与情志。

宋元人除了钟爱古琴之外,还钟情于笛。《释名》曰:"笛,涤涤然也。"《风俗通》云:"笛者,涤也。所以涤荡邪秽,纳之于雅正也。"宋元时期,笛在市民音乐中特别流行,但是时人认为笛之乐声淡幽清雅,可涤荡邪心,故在宋元音乐中,笛被归入雅部。宋元人认为笛最为"人间清乐",是以常常以笛音妙境传达其淡幽深远的情愫与意趣。如潘阆《酒泉子》(长忆西湖)词中悠然之笛声与空灵之江南山水传达出诗人淡逸之幽情。据传苏轼颇爱此词,将其书于玉堂屏风。[1] 又如周密《闻鹊喜·吴山观涛》词中描绘温馨宁静的夜晚隔江传来清幽之笛声,远山、烟霭、晚霞、归帆、白鸥、夜笛,一切景象皆令人心旷神怡,幽渺的笛声更可见波平浪静、万籁俱寂之景致,传达出忘怀世事与返朴归真之平淡情怀。

---

[1] 参见(明)杨慎:《词品》,见唐圭璋编:《词话丛编》,第475页。

宋元人认为笛最适合中秋或月夜独奏，是以常常月下吹笛。如米芾《水调歌头·中秋》词云："怅襟怀，横玉笛，韵悠悠。"于中秋明月清光之下吹笛遣怀，笛心、人心、月心相融相通，清明淡远，诗情画意。又如杨泽民《兰陵王·渔父》："有一斗芳酒，数声横笛。芦花深夜，半醉里、任露滴。"月下吹笛一如嵇康之"目送归鸿，手挥五弦。俯仰自得，游心太玄"（《四言赠兄秀才穆入军诗》），传达一种"天人合一"的广阔而深邃之境界。再如李纲《望江南》词中的笛声与明月共同营造出一种雅逸的氛围，使人飘飘然有尘外之想。[1] 月夜吹笛，清寂之环境，悠闲之心境，与曲终之后骤然而至的天地沉寂感同出一辙，是以笛声之清幽空远，充分显露出吹笛者清雅萧散之情怀，所谓"月明船笛参差起，风定池莲自在香"（秦观《纳凉》）。与之相应，民间乡村之笛声则具朴实野逸之平淡情趣。如"村笛"，"庙垣新画马，村笛远呼牛"（陆游《梅市道中二首》其二）简朴无饰。"渔笛"，如"鹭行飞起绿杨岸，渔笛吹残明月滩"（陈白《题元象大师房》）、"睡觉莞然成独笑，数声渔笛在沧浪"（蔡确《夏日登车盖亭》）、"一江秋水浸寒空，渔笛无端弄晚风"（王寀《浪花》），渔笛声传达出"通乎杳渺，出有入无"的物我两忘之境界。还有"牛笛""牧笛"，如"家山梦、秋江渔唱，晚风牛笛"（吴渊《满江红》）、"朝又暮。听牧笛长吹，隐隐渔榔度"（林正大《摸鱼儿》）、"千金估客倡楼醉，一笛牧童牛背歌"（刘过《喜雨呈吴按察二首》其二），这些笛声皆具清新闲旷之韵致。其中最富平淡质朴之野趣的是杨万里《安乐坊牧童》中的牧童骑牛戴笠簪花吹的笛声，悠然自得而具闲情逸致。[2] 笛声不仅传达出质朴野逸之趣，亦传达出承平之世的政通人和，平和清明，笛声实乃声和、政和、人和

---

[1] 李纲《望江南》词："风细波平宜进楫，月明江静好沈钩。横笛起汀洲。鲈鳜美，新酿蚁醅浮。休问六朝兴废事，白萍红蓼正凝愁。"

[2] 杨万里《安乐坊牧童》诗："前儿牵牛渡溪水，后儿骑牛回问事。一儿吹笛笠簪花，一牛载儿行引子。春溪嫩水清无滓，春洲细草碧无瑕。五牛远去莫管它，隔溪便是群儿家。忽然头上数点雨，三笠四蓑赶将去。"

之音。总之，笛声凝结了宋元文人淡泊宁静、与天地造化合而为一之向往，宋元音乐的淡和清歌寄寓着宋元人的平淡理想与境界。

二、词之淡雅

宋元音乐的"淡和"追求，亦使与之密切相关的词与曲呈现出一种"中和"倾向。宋元词之"淡"从"俗""丽"而来，就词体与风格而言，其发展过程即是其雅化历程，其流变过程即以"淡"为归旨。[1] 刘熙载曾指出，词除豪旷与婉丽之外又有淡静平和之美。殷光熹教授亦指出，词除豪放与婉约外，还有第三种境界存在，此境界即姜夔与张炎之词的"中和之美"。[2] 陈维崧评姜夔与张炎词云："冲澹秀洁，得词中正。"（《迦陵词全集》）指出姜夔与张炎词之"冲淡""雅正"的特点。"冲淡""雅正"即"淡雅"，是以，如果说宋元音乐之平淡体现在对"淡和"之追求的话，那么宋元之词的平淡即体现在对"淡雅"之追求上。张炎《词源·杂论》云："词欲雅而正。"认为词一方面须"志之所之"，有言志功能，具"汉魏乐府之遗意"，但是又须中正、适度，不能失度。另一方面，词又有"吟咏情性"之功能，但情醇不溺，浓而不艳，发而有节。是以"淡雅"要求抒情形象"温柔敦厚"，举止高雅而不轻浮，言语自然简淡甚至"无言"，但深情含蓄，意趣高远，雅和清丽。概言之，宋元词平淡之淡雅，即"平和淡雅""和雅冲淡"与"雅洁淡远"，在具体词中则主要呈现为"闲雅"

---

[1] 由民间"曲子词"而后文人词之为歌女"应歌"而作，至感时而作之"以诗为词"，词一步步走向雅化；从晚唐花间词之"艳俗"而后北宋词之"清丽"，而后南宋词之"清雅""清空"，词即一路归真返璞、语浅情深于"淡雅空灵"之纯熟；而词风由温庭筠之"情秀"藻饰变化为苏轼之"气秀"旷达，而后辛弃疾之"骨秀"豪壮，而后姜夔之"神秀"淡远，而后赵秉忠之"清秀"冲淡，词皆归旨于"淡"。

[2] 殷光熹：《唐宋名家词风格流派新探》，昆明：云南教育出版社，1993，第295页，第296页。

"骚雅""高雅"与雅俗共赏或曰浓淡并存,体现平淡之"似淡实深""平淡天真""淡而腴""淡而绮"等内涵与特征。

宋元词平淡之淡雅,首先呈现为闲雅而和雅冲淡。如周邦彦《浣沙溪》:

> 翠葆参差竹径成。新荷跳雨泪珠倾。曲阑斜转小池亭。风约帘衣归燕急,水摇扇影戏鱼惊。柳梢残日弄微晴。

全词句句写景,景色淡雅:宁静的院落小径、参差错落的嫩竹、弯曲的池阑,稀疏的细雨,珠跳新荷倾水的景象,风吹帘幕,双燕归巢,池中鱼儿悠闲自在,夕阳柳梢映衬下的雨后晴意,情思闲和,色彩淡雅,呈现一种和雅闲淡式的平淡。这种闲雅式平淡在黄庭坚、晏几道、晁补之、陈师道、苏轼、李清照等文人的词作中皆有体现,其中最突出的是晏殊与欧阳修的闲词。晏殊词如《踏莎行》(小径红稀),写暮春之闲愁,语轻柔而不浮艳,情哀怨而又平和温婉,读来宛若清风开襟,幽香扑鼻,清新淡雅而含蓄蕴藉。晏殊之闲愁大多体现为"日高深院静无人,时时海燕双飞去"(《踏莎行》"细草愁烟")式的优游不迫与闲暇自在。"闲雅"之词源于词人高贵的身份与闲适优雅的生活追求,晏殊为太平宰相,是以其有很多描写其富贵闲愁情怀的词作。这些闲愁之词作,常常以"重帘""晚花""燕子""凉波""落花""梧桐""黄叶""西风""夕阳""曲阑""闲阶""亭台""小园""香径"等景物或动或静、或明或暗地组成幽静清冷之环境,透出对美好事物的眷恋与无法挽留的淡淡哀愁和惆怅,并于无意间描写司空见惯之现象,思索宇宙人生问题,涉及时间永恒而人生有限的深广哲理,思情平淡、冲和而深婉。[1] 在词史上与晏殊并称的欧阳修,

---

[1] 如《浣溪沙》:"小阁重帘有燕过。晚花红片落庭莎。曲阑干影入凉波。一霎好风生翠幕,几回疏雨滴圆荷。酒醒人散得愁多。"《清平乐》:"春来秋去。往事知何处。燕子归飞兰泣露。光景千留不住。酒阑人散忡忡。闲阶独倚梧桐。记得去年今日,依前黄叶西风。"《浣溪沙》:"一曲新词酒一杯,去年天气旧亭台,夕阳西下几时回。无可奈何花落去,似曾相识燕归来。小园香径独徘徊。"三首词皆非闺情之作,亦非羁旅之愁,而是富(转下页)

其《采桑子》十三首词，描绘颍州西湖风光：落花、飞絮、垂柳、笙箫，波平如镜，水鸟惊飞，西湖暮春景象清疏淡远、安谧恬静，而"轻舟短棹"更是给人以悠然自在之感，传达出词人恬适淡泊之情怀。许昂霄于《词综偶评》中称赞道："闲雅处，自不可及。"欧公闲雅词可谓宋元闲雅词和雅冲淡的典型体现。[1] 总之，宋元词闲雅式平淡总是体现着一种"梨花院落溶溶月，柳絮池塘淡淡风"（晏殊《寄远》）的圆融平静、安雅舒徐的雅致闲情，平淡而和雅。

宋元词平淡之淡雅，其次呈现为骚雅而清空淡远。宋元以雅论词者颇多，其中张炎以"骚雅"与"雅正"概括宋元词体风格最为恰当。所谓"骚雅"即强调以比兴寄托之法委婉曲折地表情达意。"骚雅"的代表性词人是白石与稼轩。[2] 白石词被冠以"清

（接上页）贵者感慨时光易逝、盛宴不再、美景难留，思情皆平和冲淡，从容和婉。

[1] 如《采桑子》十三首其一云："轻舟短棹西湖好，绿水逶迤，芳草长堤，隐隐笙歌处处随。无风水面琉璃滑，不觉船移。微动涟漪，惊起沙禽掠岸飞。"上片描绘西湖春景安谧恬静：碧草绿波与绵长的堤影相互掩映，短棹轻纵，随船所向，柔和的笙箫声隐隐地随春风吹来，画面恬静淡远。下片写湖上行舟、波平如镜之景象。前三句以静写动，风平浪静时水面晶莹澄澈，如同琉璃平滑似镜，游人不觉船移，只是看到船桨轻划，水上形成细小的波纹时，方感船身滑动。俞陛云评"不觉船移"四字，"下语极妙"（《宋词选释》）。结句以动衬静，涟漪微动惊动了沙滩上的水鸟，使之掠过湖岸飞去，愈衬出西湖之幽静。此句与王维"空山不见人，但闻鸟鸣声"之意境有异曲同工之妙。全词清丽、空灵、淡远。又如《采桑子》十三首其四云："群芳过后西湖好，狼藉残红。飞絮蒙蒙，垂杨阑干尽日风。笙歌散尽游人去，始觉春空。垂下帘栊。双燕归来细雨中。"上片描写群芳凋谢后西湖的恬静清幽之美。下片写笙歌散尽后人之宁静畅适。以细雨衬托春空之后的清寂气氛，又以双燕飞归制造出轻灵、欢娱的意境，传达出词人恬适淡泊之情怀。全词通篇写景，不带明显的主观感情色彩，却从字里行间婉曲地显露出词人旷达之胸怀与恬淡之心境，可谓和雅冲淡。

[2] 现代学者很多都认为，宋元词坛存在两种"骚雅"："无意为词，借助汉魏古诗的手法的稼轩词；注重发挥词的特质，在本色入乐的前提下发挥风月、咏物言志的白石词。"而张炎《词源》三处提到"骚雅"，两处与姜夔相关，一处与辛弃疾相关：谓姜夔《暗香》《疏影》《扬州慢》《琵琶仙》《一萼红》《八归》《淡黄柳》《探春》等词"不惟清空，又且骚雅，读之使人神观飞越"；谓辛弃疾《祝英台近》（宝钗分）词"景中带情，而存骚雅。（转下页）

空骚雅",是以其词最能体现宋元词之淡雅风格特色。"清空"即古雅峭拔,[1] 其境与司空图《诗品》所列"清奇"诗境相类,指向幽洁空远、清寒萧散与飘逸淡远,不涉尘俗而清朗疏宕、浑融蕴藉。白石词如《扬州慢》《琵琶仙》《疏影》《暗香》《一萼红》《淡黄柳》《八归》《探春》等,皆乃骚雅且清空之作。其中《疏影》词,以赞梅之幽静孤高为主线,以寂寞氛围突出"花人合一",虽咏物,但寄物之情不仅有男女柔情,更有家国之叹,寄寓遥深而以清空淡远出之,词境清幽空灵、雅洁淡泊,更可谓骚雅清空。[2] 最能体现宋元词骚雅式平淡的词人还有陆游。其词如《鹧鸪天》(懒向青门学种瓜)、《乌夜啼》(世事从来惯见)、《恋绣衾》(不惜貂裘换钓篷),[3] 三首词皆有清空之气。俞陛云就曾言

(接上页)故其燕酣之乐,别离之愁,回文题叶之思"。说明"骚雅"的代表性词人即是白石与稼轩。(参见郭锋:《论宋代词学的"骚雅"》,《济南大学学报》,2005年第3期,第45—50页。)

[1] 所谓"清空",沈祥龙《论词随笔》云:"清者,不染尘埃之谓;空者不着色相之谓。清则丽,空则灵。如月之曙,如气之秋,表圣品诗,可移之词。""不染尘埃"即超尘脱俗,清丽明净,清新雅洁;"不着色相"即不黏着于物,清丽脱俗,空灵飘逸,如镜花水月,所谓"不着一字,尽得风流"(司空图《诗品》),所谓"野云孤飞,去留无迹"(张炎《词源》)。

[2] 《疏影》词云:"苔枝缀玉,有翠禽小小,枝上同宿。客里相逢,篱角黄昏,无言自倚修竹。昭君不惯胡沙远,但暗忆、江南江北。想佩环、月夜归来,化作此花幽独。犹记深宫旧事,那人正睡里,飞近蛾绿。莫似春风,不管盈盈,早与安排金屋。还教一片随波去,又却怨、玉龙哀曲。等恁时、重觅幽香,已入小窗横幅。""昭君"二句,叶嘉莹先生认为"昭君"是一个符码,"昭君不惯胡沙远"的"胡沙"又是一个"符码",再加上"玉龙哀曲"等,"有故国的寄托"。而下片以寿阳公主梅花妆事写"深宫旧事",并寄寓对旧帝荒淫享乐以至国破家亡,以及后妃被劫的惨痛历史作"早与安排金屋"的痛惜劝谏。词情可谓寄寓深遥而淡出之。(参见叶嘉莹:《唐宋词十七讲》,石家庄:河北教育出版社,1997,第394页,第398页。)

[3] 陆游《鹧鸪天》词:"懒向青门学种瓜。只将渔钓送年华。双双新燕飞春岸,片片轻鸥落晚沙。歌缥缈,橹呕哑。酒如清露鲊如花。逢人问道归何处,笑指船儿此是家。"《乌夜啼》词:"世事从来惯见,吾生更欲何之。镜湖西畔秋千顷,鸥鹭共忘机。一枕蘋风午醉,二升菰米晨炊。故人莫讶音书绝,钓侣是新知。"《恋绣衾》词:"不惜貂裘换钓篷。嗟时人、谁识放翁。归棹借、樵风稳,数声闻、林外暮钟。幽栖莫笑蜗庐小,有云山、烟水万重。半世向、丹青看,喜如今、身在画中。"

《鹧鸪天》词"襟怀闲适,纵笔写来,有清空之气"[1]。三首词中书写的渔钓者于镜湖西畔,鸥鹭忘机,云山烟水,飘然不群,如"缑山之鹤,华顶之云"[2],表现出摆脱世俗,飘然御风的状态,正如刘克庄所言"飘逸高妙者,与陈简奇、朱希真相颉颃"。然而尽管飘逸高妙,但这些渔钓者只是词人幻想中不食人间烟火的人物,而并非真正之渔民。三首词氛围皆清冷缥缈,仿佛远离人间在画中仙境一般,但是飘逸却不超逸或旷达,因为对于出世入世,出仕入仕,陆游始终很难忘怀。又如《鹧鸪天》(家住苍烟落照间)颇有渔夫淡泊疏狂之气,但不是渔夫词,因为它不是单纯的渔钓年华,没有渔夫往来于天地之间的逍遥自在,结句"元知造物心肠别,老却英雄似等闲"的叹息,饱含着词人对于当年的功名事业的难以忘怀,对于目前的闲居生活的心有不甘。这种在淡泊萧散中饱含骚怨激愤的情怀大量充斥在陆游的其他作品之中。如《南乡子》云:"看镜倚楼俱已矣,扁舟。月笛烟蓑万事休。"《水龙吟》曰:"漫倚楼横笛,临窗看镜,时挥涕、惊流转。"陆游非常喜欢闲时"看镜",在萧散淡泊中总是通过"看镜"流露出功未成名未就而岁月流逝、年华蹉跎的感愤。又如《感皇恩》云:"如今熟计,只有故乡归路。石帆山脚下,菱三亩。"与之前三首词的远离人间相较,此词对于人间的执着显而易见,但是无论是远离人间还是执着于人间,陆游都无法达到那种超越出处"独与天地精神相往来","如苏轼酣畅淋漓地享受清风明月,朱敦儒旁若无人地'且插梅花醉洛阳',张孝祥大气磅礴地吸江斟斗,宾客万象"。[3] 陆游词的骚雅式平淡的清空淡远,与姜夔体现在词境上不同,其词的清空淡远,主要体现在色彩与语言的清淡,如"酒如清露鲊如花",语言通俗清丽,如"一枕萍风午醉,二升菰米晨

---

1 俞陛云:《唐五代两宋词选释》,上海:上海古籍出版社,1985,第348页。
2 (唐)司空图:《二十四诗品·飘逸》,(清)何文焕辑:《历代诗话》,第44页。
3 孙维城:《论陆游词》,《词学》第一十七辑,2006年6月,第123—134页。

炊",不仅清淡,还充满水乡气息、乡土气息,平和温婉。风格亦平淡,娓娓叙来,如"懒向青门学种瓜。只将渔钓送年华",青门种瓜化用东陵瓜典,[1] 言连弃官归隐的名分也懒得要了,一心只想当个渔者,感情强烈,但叙事平和冲淡。而"故人莫讶音书绝,钓侣是新知",连典故都不用了,只是告诉故人,自己的新朋友是钓侣,同样是十分强烈的只当渔者之情志,却很平和冲淡地叙述出来。陆游词的清空淡远,还体现在以景语寓情,如"双双新燕飞春岸,片片轻鸥落晚沙""镜湖西畔秋千顷,鸥鹭共忘机",新燕轻鸥既是写景亦是用"鸥鹭忘机"典,以新燕鸥鹭自在愉悦之景寓自我之自在愉悦之情。又如"一枕萍风午醉,二升菰米晨炊""归棹借、樵风稳,数声间、林外暮钟""有云山、烟水万重""家住苍烟落照间"等,"萍风菰米""樵风暮钟""云山烟水""苍烟落照"于清淡宁静之景中传达出词人对宁静淡泊之归隐生活的向往之情,而"午醉晨炊""归棹声里""家住"又传达出无限的苍凉与落寞,有力地烘托出"元知造物心肠别,老却英雄似等闲"的英雄末路之不甘。如果说姜夔词骚雅式平淡体现在词境之清空淡远,那么陆游词的骚雅式平淡即在于以飘逸之风格彰显平淡,正如刘师培先生《论文杂记》所言:"剑南之词摒除纤艳,清真绝俗,遒峭沉郁,而出之于平淡之词。"他们皆于或比兴或景语中含寄托之意,而以清空淡远之平淡出之。

宋元词平淡之淡雅,还呈现为高雅而超逸旷达。代表性词人乃苏、辛。作为豪放词派的词人,他们的词的平淡主要通过超逸旷达之风格传达出来。如苏轼,其广为人熟知的《念奴娇·赤壁怀古》词,因场面之宏阔,思绪之汹涌,被冠以豪放。但更重要的是在结句,"人生如梦"虽有虚幻情绪,但苏轼并未被其困扰,而最终将目光投向奔腾翻滚之江水及皎洁之明月。也就是说,苏轼的平淡,在于其超逸旷达,在于其生命态度。关于超逸,司空

---

[1] 秦朝东陵侯召平于秦亡后种瓜东门,瓜味美,称东陵瓜,后以此典喻弃官归隐。

图描写为"花覆茅檐，疏雨相过。倒酒即尽，杖藜行歌"[1]。超逸是远离人生与深入人生的统一，入世出世，入仕出仕，无可无不可，不在于刻意地脱离红尘，老子言"虽有荣观，燕处超然"而强调精神的自由与生命的独立，生活的诗意是最高的存在，要"独与天地精神相往来"，旷达也是如此。苏轼词作就具有这种超逸旷达，如其《定风波》（莫听穿林打叶声），词中雨穿林打叶，渲染出雨骤风狂，"莫听"点明外物不足萦怀，吟啸徐行，在雨中照常舒徐行步，淡定自若，可谓"独与天地精神相往来"，充满清旷豪放之气而胸襟旷达超逸。这种胜败两忘的平和淡泊甚至超逸高旷的生命情态，正是苏轼词的平淡所在，亦是辛弃疾词的平淡所在。辛弃疾词如《水调歌头》云："断吾生，左持蟹，右持杯。买山自种云树，山下剧烟莱。"呈现出一种对世事超脱之后的无拘无束轻松恬淡的精神境界，有着魏晋士人之坦荡胸襟与旷达高逸之风神。又如"非月非云非鹤"（《念奴娇》）、"宜醉宜游宜睡""管竹管山管水"（《西江月》）的生活，更是逍遥恬淡，任性自在，所谓"味无味处求吾乐，材不材间过此生""一松一竹真朋友，山鸟山花好弟兄"（《鹧鸪天》），疏景淡情天然融契，彰显着忘怀尘世的淡泊与高旷。辛弃疾本是"一世之豪，以气节自负，以功名自许"，以兼济天下，拯救苍生为己任，但其词并非只有苦闷窒息，更多的是远离人生与深入人生相统一的清疏恬淡与通达洒脱。此外，其他词人如朱敦儒《鹧鸪天》词也堪称高雅超逸：

> 我是清都山水郎。天教分付与疏狂。曾批给雨支风券，累上流云借月章。诗万首，酒千觞。几曾著眼看侯王。玉楼金阙慵归去，且插梅花醉洛阳。

关于朱敦儒，据《宋史·文苑传》载，其"志行高洁，虽为布衣而有朝野之望"，然"麋鹿之性，自乐闲旷，爵禄非所愿也"。

---

[1] （唐）司空图：《二十四诗品·旷达》，见（清）何文焕辑：《历代诗话》，第44页。

词之首句"我是清都山水郎"可谓开篇即出口疏狂,"清都"乃传说中天帝之宫阙。[1]"山水郎"为天帝身边主管名山大川之侍从官,可以名正言顺地尽情受用至情至性之山水。下片塑造了一个除李白外的又一个"谪仙人",洛阳以牡丹为最,代表富贵,但词人却自顾自地斜插梅花,显而易见乃取其品性高洁以自比,可见其潇洒狂放与卓尔不群之性情。宋元词平淡之淡雅,不仅在于词之外在形式,更在于词之内在之格,包括词体之格以及词中之人格,宋元词的超逸旷达传达出来的正是此种清疏高洁式平淡。

最后,宋元词平淡之淡雅,还呈现为浓淡并存或言雅俗共赏。如晏殊词常于欢会中有聚散无常之落寞情怀,于相思中又寄托士大夫之感慨,于花间流露"雅"思,可谓淡景艳情,浓淡并存,雅俗共赏。陈廷焯称其"婉转缠绵,情深一往,丽而有则,耐人玩味"[2]。又如欧阳修词之情怀旷放不羁中显凄怆沉郁之慨,语言清丽与质朴共存,词境疏放清旷与婉曲蕴藉共融,亦可谓浓淡并存,雅俗共赏。浓淡并存、雅俗共赏的表达方式在柳永词中亦很常见,如《八声甘州》(对潇潇暮雨洒江天),上片写景清旷淡远,"不减唐人高处"[3]。下片写望中所思,以意中人之望归写自己的望乡,以他人写自己,颇有其人未归而其心已归之意味,归情深切而表达曲折委婉,语浅而情深。是以柳永词的浓淡并存、雅俗共赏并不体现在闲适淡泊或者高逸平和之情怀上,而是体现在词之自身特色之上。如上片写得清旷淡远,思致颇为高远,下片写得婉约曲折,情思深细;上片语言清雅,下片语言浅俗,而双声词如"清秋""冷落""渺邈"等与叠韵词如"长江""无语""阑干"等间见错出,相互配合,时而嘹亮,时而幽咽,颇为刚柔相济,体现出别样的浓淡并存与雅俗共赏。而贺铸词的平淡又是另

---

1 《列子·周穆王》载:"清都紫微,钧天广乐,帝之所居。"
2 (清)陈廷焯:《白雨斋词话》,见唐圭璋编:《词话丛编》,第3827页。
3 《吟窗杂录》云:"世言柳耆卿曲俗,非也。如《八声甘州》云:'渐霜风凄紧,关河冷落,残照当楼。'此于诗句不减唐人高处矣。"[参见(宋)陈应行编:《吟窗杂录》卷四〇,北京:中华书局,1997,第842页。]

一种浓淡并存与雅俗共赏。其《鹧鸪天》（重过阊门万事非）中"谁复挑灯夜补衣"，一件简单琐事立显夫妻二人丰富而深情的生活画面，贺铸词的平淡即在于丰厚的情感而简约出之，所谓"丰厚中的简约"[1]即丰腴的平淡，平淡而有余韵。蒋捷词亦如此，其《虞美人》（少年听雨歌楼上）全词情景交融，句句写平常之景，句句皆透出身世之感喟，"听雨"不仅寄寓了词人的人生变故，也寄寓了社会的重大变故，但词情却平淡深婉，结句"一任阶前点滴到天明"更是淡淡的，似乎无意渲染晚年遭际，但晚景的困顿与凄凉愈显，常景淡语中深藏着巨大的悲哀，将丰厚的人生情感浓缩于简约平淡的描写中，可谓"丰厚中的简约，深情中的平淡"[2]，浓淡共融了。又如元代的词，亦呈现出一种浓淡共融、雅俗共赏的"中和之美"。如蔡松年《千秋岁》（碧轩清胜）《鹧鸪天》（秀樾横塘十里香），[3] 前首词呈现了一片高洁清幽的境界，在碧轩清霜、黄菊金靥的澄明画面中，闲身醉眼的词人信步走入，捻花微笑，无一点世俗之气。"碧轩""沧江""黄菊""金靥""几窗""秋霜""松道"，疏朗隽秀的明秀清丽的外在形式之下是淡泊旷达的萧闲内在精神，可谓秀丽与清淡共融。后首词外在形式更是温粲柔丽，词虽乃游春、咏物之传统题材，手法细腻柔婉，却又摆脱了一般离情别绪之凄凉哀怨，内在精神颇为萧闲淡远，笔调飘逸而清丽，亦是宋元词浓淡并存、雅俗共赏的典型体现。总之，宋元词之"雅"是以"淡"为出发基点和最终归旨的，是以宋元词之平淡思辨性、中和性内涵与特征，于其"淡雅"

---

1 霍明宇：《宋代"令词"之平淡》，《人文天下》，2017年第16期，第45—50页。
2 霍明宇：《宋代"令词"之平淡》，第45—50页。
3 蔡松年《千秋岁》词："碧轩清胜，俗物无由到。沧江半壁山传照。几窗黄菊媚，天北重阳早。金靥小。秋光秀色明霜晓。手捻清香笑。今古闲身少。放醉眼，看云表。渊明千载意，松偃斜川道。谁会得，一樽唤取溪山老。"《鹧鸪天》词："秀樾横塘十里香。水花晚色静年芳。胭脂雪瘦熏沈水，翡翠盘高走夜光。山黛远，月波长。暮云秋影蘸潇湘。醉魂应逐凌波梦，分付西风此夜凉。"

中可见一斑。

三、曲之雅正

曲指元曲，主要指戏曲和散曲。元曲属于通俗文学，无论是创作观念还是创作实践，与乐、词一样，受到以"淡"为出发基础和归旨的雅俗论影响亦是非常明显的。就戏曲而言，作为通俗的市民文学，戏曲反映的皆为市民阶层的生活情趣与审美情趣，是以尽管有本色、文采之分，但终不失俗之本质，呈现一种华素之中和美。就散曲而言，其兴起尽管得力于词的"豪放"，[1] 并且一度"豪放"之本色被认为乃曲之正宗，但是以词为曲的普遍倾向，随着词的不断雅化，曲也呈现雅化倾向，呈现出文人的文学意识和审美趣味。是以散曲从一开始就呈现豪放与婉曲并存、雅与俗共赏的特征。戏曲亦如是，以曲为剧以及剧曲不分，炼俗为雅，化雅为俗，雅俗兼收，华素并存，串合无痕，是戏曲的始终追求。是以，元曲之平淡，与雅词论密切关联。如元曲家主张协音俊语，与张炎"词以协音为先"一脉相承，并明确提出对曲之"雅正"之旨的追求，[2] 而当时的众多杂剧剧目，将曲纳入美教

---

[1] 辛词的"豪放"境界，从文体和精神两个方面对曲形成了积极的影响。赵维江于《稼轩词与金源文化》一文中即论述了元好问等北方文坛的领袖对"豪放"词的大力肯定和推崇的原因，是辛词中的豪放境界和精神非常适合当时的历史形势和思潮。（参见赵维江：《稼轩词与金源文化》，《江海学刊》，1998年第4期，第170—176页。）

[2] 如周德清于《中原音韵·起例》云："言语一科，欲作乐府，必正言语。欲正言语，必宗中原之音。……韵共守自然之音，字能通天下之语。字畅语俊，韵促音调……彼之能遵音调，而有协音俊语可与前辈颉颃，所谓'成文章曰乐府'也。"此处"乐府"指散曲，"协音俊语"与张炎"词以协音为先"意同。又钟嗣成《录鬼簿》载："右辈公卿居要路者，皆高才重名，亦于乐府留心。盖文章政事，一代典型，乃平昔之所以学。而歌曲词章，由乎和顺积中，英华自然发外。自有乐章以来，得其名者止于此，盖风流蕴藉，自天性中来。若夫村朴鄙陋，固不必论也。"认为"和顺积中"而"英华自然发外"，"风流蕴藉"乃"自天性中来"，所谓"和顺积中""风流蕴藉"即指内在性情之平和婉顺，"怨而不怒，哀而不伤"、温柔敦厚。

化、厚人伦之轨道,[1] 亦旗帜鲜明地提倡曲对雅正、清空的追求。[2] 在这些观念的影响下,元曲创作亦朝着雅正、清空的方向深化。戏曲方面,在内容上,"考试人伦"占比非常大,并最终成为元代后期戏曲的主要内容。在风格上,由素朴而华素并存而渐趋和气雍容、清丽雅俊,最后不可避免地走向平淡雅正。如"元曲四大家":关、马、郑、白。关汉卿之曲激厉而不蕴藉,但朴素本色自然。他能够把质朴浅俗的口语锤炼得委曲细致,呈现出"娥眉淡扫"式的素朴美。王国维赞其曲云:"一空倚傍,自铸伟词。"白朴杂剧曲词以典雅优美、富于抒情诗特征取胜。如《梧桐雨》大量化用古典诗之意象、意境,抒情气氛尤其浓郁,曲词典丽高雅。而《墙头马上》不仅是典雅清丽了,甚至华美绮丽了,是元曲雅化的典型体现。马致远之曲如"朝阳鸣凤""典雅清丽"(朱权《太和正音谱》),其杂剧虽不似白朴《梧桐雨》《墙头马上》华美绮丽,但是能把素朴之语言锤炼得精致而富表现力。如《陈抟高卧》展现的夕阳下,花开依旧,人闲,于林中饮酒,黄橙、紫蟹、香醪、酒和花的场景,宁静而无拘无束、逍遥自在,以工丽之语传达出"杖藜行歌"的淡泊超逸情志,可谓兼擅本色与文采,呈现出一种"雅俗兼收、串合无痕"的华素美。郑光祖曲词画面清丽淡远,王国维评云"幽艳""如弹丸脱手,后人无能为役",[3] 指出其杂剧曲词的流丽典

---

1 夏庭芝《青楼集》指出:"'院本'大率不过谑浪调笑,杂剧则不然,君臣如《伊尹扶汤》《比干剖腹》,母子如《伯瑜泣杖》《剪发待宾》,夫妇如《杀狗劝夫》《磨刀谏妇》,兄弟如《田真泣树》《赵礼让肥》,朋友如《管鲍分金》《范张鸡黍》,皆可以厚人伦、美风化。"[参见(元)夏庭芝:《青楼集》,上海:古典文学出版社,1957,第47页。]

2 如顾瑛《制曲十六观》云:"曲欲雅而正,志之所之。一为物所役,则失其雅正之音。"又云:"曲要清空,不可质实,清空则古雅峭拔,质实则凝涩晦昧。姜白石如野云孤飞,来去无踪;吴梦窗七宝楼台,眩人耳目,拆碎下来,不成片段,此清空质实之说。"[参见(元)顾瑛:《制曲十六观》,北京:中华书局,1985,第3页,第2页。]

3 王国维《录曲余谈》云:"余于元剧中得三大杰作焉。马致远之《汉宫秋》,白仁甫之《梧桐雨》、郑德辉之《倩女离魂》是也。马之雄劲,白之悲壮,郑之幽艳,可谓古今绝品。"又《宋元戏曲史》云:"其写男女离(转下页)

雅与素朴自然并存之特点。郑光祖杂剧曲词好点化熔铸唐人诗词曲句，如以《倩女离魂》论，所点化的唐诗如王维"渭城朝雨浥轻尘""西出阳关无故人"（《送元二使安西》），刘禹锡"飞入寻常百姓家"（《乌衣巷》），李贺"天若有情天亦老"（《金铜仙人辞汉歌》），李商隐"心有灵犀一点通"（《无题》）等名句，不仅彰显着元曲的雅化进程，更体现着元曲的雅俗共赏，华素并存的总体趋势。而后元代后期戏曲的风格也渐趋和气雍容，语词亦多清丽、雅俊。如乔吉《两世姻缘》第二折［商调·集贤宾］曲子：

　　隔纱窗日高花弄影，听何处啭流莺，虚飘飘半衾幽梦，困腾腾一枕春醒，趁着那游丝儿恰飞过竹坞桃溪，随着这蝴蝶儿又来到月榭风亭。觉来时倚着这翠云十二屏，恍惚似坠露飞萤。

　　此曲词妙意美，飞越毫端。此外，据《录鬼簿》载，其他如王日新"诗词华藻语言佳"，赵君卿"其词甚丽"，王守中之作"清雅不俗，雅而不俗，形其妙趣"，[1] 皆反映出元代戏曲风格至后期，已全然趋于雅淡了。

　　散曲方面，元人将散曲称为"乐府"，意味着散曲有"近俗"的一面，但"元乐府"又被视为"国家正声"之代表，雅文学中的"正音"。[2] 如此，元散曲具有雅俗共赏，素华并存之雅正特色也就非常自然了。从内容上看，叹世归隐题材，"避世—玩世"的旷达超越情感宣泄，是元代散曲最主要的内容，这使元散曲呈现出一种外超旷淡泊而内激烈不平的雅正之美。如白朴的散曲常常

（接上页）别之情者，如郑光祖《倩女离魂》第三折。""如弹丸脱手，后人无能为役；惟南曲中《拜月》《琵琶》差能近之。"（参见王国维：《王国维戏曲论文集》，北京：中国戏剧出版社，1984，第 227 页；王国维：《宋元戏曲史》，上海：上海古籍出版社，1998，第 98—124 页。）

[1] （元）钟嗣成：《录鬼簿》，上海：上海古籍出版社，1978，第 35 页，第 33 页，第 34 页。

[2] 虞集云："我朝混一以来，朔南暨声教，士大夫歌咏，必求正声，凡所制作，皆足以鸣国家气化之盛，自是北乐府出，一洗东南习俗之陋。"［参见中国戏曲研究院编：《中国古典戏曲论著集成》（一），北京：中国戏剧出版社，1959，第 173 页。］

只是简单勾勒黄芦岸、白萍渡、绿杨堤、红蓼滩、秋江、烟波、白鹭、沙鸥等景物，构成清空淡远的境界，将其放浪形骸，放情于山水间之隐逸的真相逼真地传达出来，明人何良俊以"简淡"概括其词曲风格特征。又如乔吉的散曲常常于清丽疏放格调中掩饰不住文士之悲鸣，张可久的散曲融化诗词语汇和意境，颇具委婉蕴藉之韵致，但又常常景清淡，情亦淡淡，可谓雅俗融合，华素并存。而贯云石的散曲文词清雅工丽，颇有江南名士风流蕴藉、翩翩高蹈的清韵。然而元代士人之归隐，"避世—玩世"之心灵自由的代价往往最终或于乡野默默终老，或屈居吏职残喘度日，或"家贫，无儋石之储"，残酷的现实抹杀了他们的桃源胜景，也抹杀了他们的尊严，是以元散曲在素华淡雅的外表下一方面掩饰不住士人的悲哀与不平，另一方面又呈现出他们真实心灵的刚硬不屈之气格。而表现此种悲哀、不平与不屈之气格，如果说元前期作品大多落拓疏放、风流蕴藉犹如"外花木瓜，里铁豌豆"的话，那么元后期作品就更趋清丽雅俊、和气雍容了。这种和气从容、清丽雅淡在马致远的散曲中最为突出。马致远早期散曲充满素朴之美，如《天净沙·秋思》，此曲一借助最普通、最常见之通俗的感性形式表达最普遍、最能感动人之情绪，二色彩与自然几无二致，三意象质朴澄澈，是以最能体现元散曲的雅正式平淡。而更能体现元散曲的雅正式平淡的还有其描绘"潇湘八景"的八首散曲。如《寿阳曲·远浦帆归》：

夕阳下，酒旆闲，两三航未曾着岸。落花水香茅舍晚，断桥头卖鱼人散。

此乃"潇湘八景"之一：江村渔人晚归图。天空的夕阳、江面的归舟、岸上的酒旗，闲淡宁静；夕阳西下、流动的江水、渔桨的摇曳，流动着延伸着，仿佛渔歌的悠然飘荡。水村小镇的黄昏归舟，充斥着归家的轻松与喜悦。而夕阳西下后，灯光映照在水里，花、水、茅舍沉浸在融融的暮色中，江边飘香的宁静世界，又满融着归家的温馨与满足。语辞简洁平淡，家、山林、江湖的宁静温馨之中彰显了一种平和淡泊、怡然自得，一种心灵、生命与精神的大自在。[1] 其他散曲家作品如白朴《天净沙·秋》：

> 孤村落日残霞，轻烟老树寒鸦，一点飞鸿影下。青山绿水，白草红叶黄花。

曲子简淡自然，曲中的老树寒鸦，夕阳落日孤村，虽有些许萧条，但是青山绿水，白草红叶黄花，皆给人以心灵平静、生命自在、精神自由的意味。可以说，元代散曲一路清雅，素朴与华美并存，雅与俗共融，将温柔敦厚与清丽雅淡的文学风格统一在一起，呈现出一种雅正之美。而宋元文化艺术之平淡特色与内涵，亦在乐之淡和、词之淡雅与曲之雅正的一片中和之声中，可见一斑。

第三节　逸品精神

"逸品"，历来被认为是指文人画，然而，此称谓并非仅指于此。[2] "逸品"并非仅指文人画，也并非仅指画艺画技之高品，指的大多为书与画，其他例如诗文，也有逸品。但书与画最能体现宋元关于"逸"的追求，是以笔者将宋元书画称为"逸品"。宋元

---

[1] 侯艳：《论中国诗学中的"暝色起愁"抒情范型》，《甘肃社会科学》，2020年第6期，第172—179页。

[2] 关于"逸品"，较早见于《梁书·帝纪》："六艺备闲，棋登逸品。"用以评价棋艺，唐代窦蒙《述书赋语例字格》云："纵任无方曰逸。"用以评论书法，朱景玄《唐朝名画录》中将画分为"神、妙、能、逸"四格，用以评价画艺，并对"逸品"进行了说明："以张怀瑾《画品》断神、妙、能三品，定其等格上中下，又分为三。其格外有不拘常法，又有逸品，以表其优劣也。"(《唐朝名画录·序》)认为王墨、李灵省与张志和之画"非画之本法，故目之为逸品，盖前古人未之有也"。至宋，黄休复将画分为四格，第一格即"逸格"，并将孙位定为"逸格"的唯一画家，孙位善画人物画，今存一幅《高逸图卷》，人物衣纹遒美，湖石皴染完备。可知黄休复定孙位为"逸格"，与朱景玄一样在于"非画之本法""盖前古人未之有也"，也就是指画家的技艺已超越了前古之常法（本法），具有高超画艺画技。是以"逸品"不仅指文人画及其画艺高超，各艺术门类皆有"逸品"，其中书画类特别突出。

书画尚韵更尚意，整体上呈现出一片平淡天真与飘逸淡远的人格精神，此精神即逸品精神，宋元书画之平淡，即是由此得以呈现的。

一、简淡之意韵

"韵"是宋元文化艺术中的重要概念，与"淡"的关系密切，宋元论"韵"大多指向简澹静远，以简易平澹而造极致之美是他们所认为的"韵胜"。[1] "韵胜"是平淡之"中膏"的一部分，平淡中蕴涵深邃广博的思致韵味，丰富深刻之情感内容通过冲淡平和、自然简易之形式呈现，此乃宋元各艺术门类的共同倾向，书画艺术亦不例外。宋代诗文书画兼擅的大艺术家中黄庭坚与范温等人对于书画中的韵十分偏爱，并将它视为书画作品的一个美学标准。范温论韵主要以诗韵为主，黄庭坚则以书韵画韵为主。后者于《题北齐校书图后》云："书画以韵为主。"[2] 他认为具有韵的书画作品必须具备四个特点：一为"笔少令韵胜"。"笔少"即是以虚代实，通过虚来表现实。二为"韵""形"相统，"韵"在笔墨之外。所谓"行布"巧妙，"韵"统于"形"，则可从整体上彰显画之气韵。[3] 三为笔法不假工巧，沉着痛快。其《跋米元章书》云："余尝评米元章书如快剑斫阵，强弩射千里，所当

---

1 参见中编第一章第三节之"淡与韵"以及上编第二章第三节之"平淡之格韵审美的确立"。
2 （宋）黄庭坚著，刘琳、李勇先、王蓉贵点校：《宋黄文节公全集·别集》卷六，《黄庭坚全集》，第1581页。
3 黄庭坚于《题摹燕郭尚父图》云："凡书画当观韵。往时李伯时为余作李广夺胡儿马，挟儿南驰，取胡儿弓引满以拟追骑。观箭锋所直，发之，人马皆应弦也。伯时笑曰：'使俗子为之，当作中箭追骑矣。'余因此深悟画格。"强调品鉴书画之关键在于领悟、神会书画所蕴含的内在意味。李广引满弓而不发，一方面留给人以想象空间，体现出一种含蓄、蕴藉的审美追求，另一方面从侧面传达出宋元书画对笔外之韵，画外之致的追求。[见（宋）黄庭坚撰：《类编增广黄先生大全文集》卷四七，王水照编：《宋刊孤本三苏温公山谷集六种》第六册，第418页。]

穿彻。"¹ 四为胸次须高雅，不牵于物。要做到以上几点，必须落实在书画家之审美心胸方面，一方面书画家须有"书卷气"，不能"随世碌碌"，如此才能做到"不病韵"。² 其《题杨道孚画竹》云："观此竹，又知其人有韵。"³ 以韵比喻观竹知人之品格、节操、襟怀，认为道德学养之积淀可令人格高雅。人格高雅，其艺术自然高雅不俗。另一方面创作心境上要求"用智不分""不牵于外物"。⁴ 说明自由、专注之心性对书画创作的重要性。而后郭若虚在韵的基础上提出"心印"说，认为绘画就是心的迹化。如此，宋元人平和淡泊的胸怀与情志，必然表现在书与画的笔墨中与笔墨之外。

宋元人尚韵亦尚意。⁵ 韵乃意的风神格调，没有意即不可能有韵，是以，意较韵更根本亦更深层。《说文》释"意"云："志也，从心察言而知意也。从心从音。"又云："音也，从言含一。"

---

1 （宋）黄庭坚撰：《类编增广黄先生大全文集》卷四四，王水照编：《宋刊孤本三苏温公山谷集六种》第六册，第375页。

2 《书缯卷后》云："学书要须胸中有道义，又广之以圣哲之学，书乃可贵。若其灵府无程，政使笔墨不减元常、逸少，只是俗人耳。"《跋周子发帖》云："若使胸中有书数千卷，不随世碌碌，则书不病韵。"又云："盖美而病韵者王著，劲而病韵者周越，皆渠侬胸次之罪，非学者不尽功也。"将"病韵""俗尘"的原因归为"胸次之罪"，并明确指出"句中稍觉道战胜，胸次不使俗尘生"（《再次韵兼简履中南玉三首》）。[见（宋）黄庭坚撰：《类编增广黄先生大全文集》卷四八，卷四四，卷一二，王水照编：《宋刊孤本三苏温公山谷集六种》第六册，第五册，第438页，第374页，第320页。]

3 （宋）黄庭坚著，刘琳、李勇先、王蓉贵校点：《宋黄文节公全集·别集》卷六，《黄庭坚全集》，第1580页。

4 《道臻师画墨竹序》云："张长史之不治他技，用智不分也，故能入于神。夫心能不牵于外物，则其天守全，万物森然，出于一镜，岂待含墨吮笔，盘礴而后为之哉？故余谓臻欲得妙于笔，当得妙于心。"[见（宋）黄庭坚撰：《类编增广黄先生大全文集》卷二九，王水照编：《宋刊孤本三苏温公山谷集六种》第六册，第121页。]

5 明清学者对此早有指出，如明代董其昌《佩文斋书画谱》卷七云："晋人书取韵，唐人书取法，宋人书取意。"清代梁巘《评书帖》云："晋尚韵，唐尚法，宋尚意，元、明尚态。"又《古今法帖论》云："宋人思托唐习，造意运笔，纵横有余。"清代周星莲《临池管见》曰："晋人取韵，唐人取法，宋人取意，人皆知之。"

可见,"意""志""音""言"都生于心,统于心,它们是相通的。人禀七情,心随性发,"情"发于"性",遂之于"意",是以在中国哲学与美学中,"意"与"心""情""志""理"有时并称,但其涵义较它们广泛,"意"之范畴包含了意象、意境、意味、意趣等。在宋元书画中,黄庭坚强调韵,苏轼则强调意,认为任何书法各体不同,而其意则相通,草书能兼行真各体之意,说明草书是最能表意之书体。[1] 其《次韵子由论书》诗云:"苟能通其意,常谓不学可。"强调"意"比学更重要。更重要的是他认为书画家若通其意,就不应该在书画时有意为之或在技巧上苦思冥想,应让意从胸中自然流出,[2] 所谓"意从其心传其神""书初无意于佳乃佳尔"(《评草书》)。这种观点在宋元书画美学中很流行。如米芾强调"无刻意做作乃佳"(《海岳名言》),认为欧、虞、褚、柳、颜等各家之书皆"一笔书也",一气呵成,乃随意为之而作。黄庭坚亦反对"用意装缀",并提出"拙多于巧"(《书论》)之重要观点,郝经更是提出"澹然无欲,皎然无为"则可"心手相忘,纵意所如",则可"尽为自然造化""神在意存""高古闲暇""恣睢徜徉"(《陵川集》),这与黄庭坚提倡的"无一物牵挂"之韵是一致的。就宋元人而言,意与韵是相通的,他们一方面讲韵讲意,一方面又常常意韵并举,意韵并重。同时,他们还强调法的多样性、随意性和灵活性、多边性,苏轼《跋王荆公书》云:"荆公书得无法之法,然不可学无法。"又郑构《衍极》卷四《古学篇》曰:"太白得无法之法,子美以意行之",姜夔《续书谱·草书》云:"张颠怀素规矩最号野逸,而不失此法。"他们重意韵,亦重无法之法,认为意胜在于韵胜亦在于无法、

---

1 苏轼《跋君谟飞白》云:"物一理也,通其意则无适而不可……世之书,篆不兼隶,行不及草,殆未能通其意也。如君谟,真、行、草、隶,无不如意,其遗力余意,变为飞白,可爱而不可学,非通其意,能如是乎?"[见(宋)苏轼著,孔凡礼点校:《苏轼文集》,第2181页。]

2 苏轼《石苍舒醉墨堂》诗曰:"兴来一挥百纸尽,骏马倏忽踏九州。我书意造本无法,点画信手烦推求。"

活法。

在以苏、黄为代表的宋元文士的韵论与意论影响下,宋元书画皆注重韵与意。而宋元书画简澹静远之意韵,不外乎于"貌淡"与"性淡"。具体体现首先在于"笔简形具,得之自然",即笔调简约疏淡,以少胜多,出之自然,毫无斧凿痕迹,即貌淡。就书法而言,表现为对简约线条的追求,以"和"为原则,多用"卧笔""圆笔""藏锋"而达"虚和取韵",简洁生动。如苏轼书法追求线条简洁,善用"卧笔",即采用侧锋使字圆润饱满,以达平和淡泊之意韵。[1] 王恽《跋东坡赤壁赋后》评云:"此赋心手两忘,笔意萧散,妙见法度之外。"笔意萧散即笔法简约疏淡,法度之外即脱落形迹、简约自然,指出苏书平和简淡之韵致。又如蔡襄书法简洁浑厚而有意韵,袁桷指出其书法之简淡意韵在于笔圆,其行书不妩媚而自然简朴,有清逸之气韵。[2] 又何良俊指出元人邓善之书法"欠熟圆",康里子山书法神韵可爱在于有晋韵与米芾书法的萧然简淡。[3] 一方面,宋元书法追求方笔与圆笔平衡中和之意韵,认为方圆协和之妙境即温雅自然、劲净简疏之境。[4] 另一

---

1 黄庭坚《题东坡字后》评云:"东坡简札,字形温润,无一点俗气,今世号能书者数家,虽规摹古人,自有长处,至于天然自工,笔圆而韵胜,所谓兼四子之有以易之,不与也。"指出苏书"自然天工,笔圆而韵胜"。[见(宋)黄庭坚撰:《类编增广黄先生大全文集》卷四三,王水照编:《宋刊孤本三苏温公山谷集六种》第六册,第369页,第370页。]

2 袁桷《跋蔡忠惠帖》云:"蔡忠惠书笔画韵满,盖其楷法精到所至。今人作书,先事行、草,是犹未能言而强之以歌也。近世行体多尚妩媚,回视忠惠书,凛凛有清介之气。"[(元)袁桷著,杨亮校注:《袁桷集校注》卷四十六《跋蔡忠惠帖》,北京:中华书局,2012,第2027页。]

3 何良俊论元人书云:"元人自松雪而下,世称鲜于困学书,然颇有俗气;邓善之亦是晋法,但欠熟圆,唯康里子山书从大令来,旁及米南宫,工夫亦到,其神韵似可爱。"[(明)何良俊:《四友斋丛说摘钞》卷二七,上海:涵芬楼,1938。]

4 如赵宧光《格调》云:"笔法尚圆,过圆则弱而无骨;体裁尚方,过方则刚而不韵。"又《法书》曰:"骨力者字法也,韵度者笔法也,一取之实,一得之虚,取之在学,得之在识,二者相须,亦每每相病,偏则失,合乃得。"指出笔法、结字、体裁、虚实安排等均须遵"中和"之道。姜(转下页)

方面又倾向于喜用圆笔,并对圆笔大为赞赏。一般而言,"圆笔者萧散超逸,方笔者凝整沉着",宋元人喜用圆笔,正是其推崇简澹静远之意韵在书法之貌上的体现。就绘画而言,"笔简形具,得之自然"之貌淡,表现在对墨淡的推崇。墨淡即以笔墨趣味代替色彩的层层渲染,突出笔墨趣味,淡化布色之功用,所谓"拙规矩于方圆,鄙精研于彩绘"。墨淡一方面是对淡彩的追求。[1] 如花鸟画,虽然"黄家富贵"体曾独占画坛,但是有崔白以荒寒、淡色展现的"野逸"画风,以墨色代替彩色的文同墨竹、仲仁墨梅、尹白墨花,皆显示花鸟画大体沿着由重色向浅色方向运行。又如人物画从李公麟"扫去粉黛,淡毫轻墨高雅超诣"至梁楷、法常的泼墨仙人图几乎乃水墨的淋漓和笔墨情趣的夸张,皆彰显人物画向淡彩的偏移。而最能体现对淡彩追求的则是山水画。"水墨类王维,著色如李思训"的董源《江山高隐图》中的峰峦、水树皆乃"浅设色",《重峦阁道图》用墨重而"设色甚淡",《仙山楼阁图》亦"浅绛色",用笔最为疏逸。[2] 李成《茂林远岫图》、范宽《雪景寒林图》全为水墨山水,郭熙则以皴法再敷淡淡赭石,以浅施色显示蕴藉之笔墨。李唐《采薇图》以书法意笔勾线和浓淡干湿皴法完成画面,再敷以淡淡的花青和赭石,以草色和透明色为主,画面简淡疏朗。马远、夏珪、刘松年则全用笔墨几乎很少着色。如马远《独钓图》整幅画只有黑白两色,大片空白的画中只有一叶

(接上页)夔《续书谱》云:"方圆者,真草之体用。真贵方,草贵圆。方者参之以圆,圆者参之以方,斯为妙矣。"指出方圆相协和,始为妙境。而此妙境即"不可显露,直须涵泳,一出自然。如草书尤忌横直分明,横直多则自有积薪、束苇之状,而无萧散之气。时参出之,斯为妙矣"(《续书谱》),又《疏密》云:"书以疏欲风神,密欲老气……必须下笔劲净,疏密停匀为佳。"

[1] 元代夏文彦《图绘宝鉴》论米友仁曰:"烟云变灭林泉点缀草草而不失天真,意在笔先,正是古人作画妙处,每自提其画曰'墨戏'。"墨戏与色彩绘画的"染""精工""格法"相冲突,讲究"写""写意",这直接导致了宋元绘画对淡彩的追求。

[2] 参见郑午昌:《中国画学全书》,上海:上海书画出版社,1985,第237页。

渔舟。夏珪"往往泼墨纵笔，浓淡酝酿，出于自然"[1]。刘松年《四景山水图》除人物和花木房舍上用一些粉、石青、石绿的浅设色，山石皆用墨线皴法完成。可见，宋元山水画基本朝着淡彩方向发展，而宋元绘画之貌淡即亦在于色彩之疏淡。鄙弃色彩不仅走向淡彩，笔墨本身亦朝着"淡"之方向发展。其中倪瓒的山水画最具代表性。其山水画用墨极淡，墨色变化亦很小，笔触不明显，没有任何笔触冲动，画面呈现一片平和宁静。同时笔画清淡模糊，笔法简洁疏淡，没有任何装饰线条也没有简单的舒适笔画，整体画面平淡无奇。且画之内容常常大同小异，几乎无一例外为河岸几棵树，一片流水，似有若无的山丘，一座无人迹的亭子，然而单调的、单线条的山水反而涵盖了所有山水，一切皆融于其中，互相吸纳，朱利安称誉其山水画为"淡之山水"。[2] 墨淡另一方面是对构图简淡的追求。鄙弃色彩必须找到能够对画面空白进行构造的技术，宋元简约疏淡的构图方式有两种，一种是"平远"构图方式。平远乃郭熙"三远"之一。[3] 这种三远（高远、深远、平远）式构图即所谓的"以大观小"，是一种全景式构图方式。平远就观看位置而言，指自近山而望远山；就气色而言，其色有明有晦；就气势而言，其意冲融而缥缥缈缈。如此，山水画之平且远，在空间上即呈现出一种悠然淡远、随意旷荡所谓玄远的虚淡之美。宋元绘画大量采用这种虚淡的平远构图方式。如董源、李成、郭熙、王诜、赵令穰、倪瓒皆喜以平远构图，选取山水中几抹远山、几株小树、一弯清泓、一叶扁舟、沙鸥翔集等意象形成

---

1 （明）汪珂玉：《珊瑚网·名画题跋》卷六，卢辅圣《中国书画全书》（第5册），上海：上海书画出版社，1993，第1038页。
2 （法）朱利安著：卓立译《淡之颂：论中国思想与美学》：第8页。
3 郭熙《林泉高致·山川训》云："山有三远，自山下而仰山巅谓之高远；自山前而窥山后谓之深远；自近山而望远山谓之平远。高远之色清明，深远之色生晦，平远之色有明有晦；高远之势突兀，深远之意重叠，平远之意冲融而缥缥缈缈。其人物之在三远也，高远者明了，深远者细碎，平远者冲淡。明了者不短，细碎不长，冲淡者不大。此三远也。"[见（宋）郭熙著，周远斌点校纂注：《林泉高致》，第51页。]

一种悠远、淡漠的意境。李成擅画寒林平远之景,《宣和画谱》评云:"咫尺之间,夺千里之趣。"米芾《画史》评曰:"气象萧散,烟林清旷。"即指其平远构图所营造出一种悠远开阔的虚淡景致。而董源的《潇湘图》,其表现水的平远,更是被誉为"平淡天真,一片江南"。可以说,山水画的山与水的平远作品,是最能体现宋元绘画平淡之特征与内涵的。如倪瓒《六君子图》《渔庄秋霁图》,近景以平铺展开坡岸上的汀渚、杂树、山石陂陀和林木水草等,中景则是一片空白之湖水或者时有时无浅浅不高的汀渚,《渔庄秋霁图》湖水更是一笔未画,其远景与近景墨色一致,不仅无浓淡之分,中间水泊还特别开阔。"空本难图,实景清而空景现",虚实相生,水域的开阔带来了阔远的视觉感受,空白带来了空旷与冷峻、萧疏与静洁的情调。其远景,远处或者高处乃淡墨的山峦,以渴笔和侧笔写出,只能看到朦胧的轮廓线,向着广远延伸,呈现出一种高远和渺远。平远的构图彰显了一种广、高、渺的淡远。另一种构图方式乃"以小观大",即"马一角""夏半边"。如马远《溪山清远图》《水图》《梅石溪凫图》、刘松年《四景山水图》、夏珪《梧竹溪堂图》、李唐《清溪渔隐图》、赵孟頫《鹊华秋色图》皆一角半边取景,近景用浓墨,远景用凄迷之淡墨染扫,无论构图还是笔法,皆疏简清淡。宋元人还常常将两种构图相合运用。如王诜不仅重视平远的表现,还注意小景构图,从小景中让人看到无限。其《烟江叠嶂图》左侧有几座山,山腰雾霭笼罩,以淡墨晕染山影与江烟,山影与烟江在轻岚中融为一体,营造出一种苍茫邈远之宇宙感。李唐的《江山小景图》亦如是,运用平远法,画面上部以淡墨平铺一片浩瀚江水,空阔旷远,风帆出没其间,可谓"孤帆远影碧空尽,唯见长江天际流"。下部亦平铺一排山峰,高低参差,连绵不断。此画既有别于平远构图"上留天之位,下留地之位,当中方立意定景",又有别于"马一角""夏半边"上不留天,下不留地,而是处于二者之间,上留天而下不留地,省略山脚、坡地,仅可见山峰,是宋元绘画一种别样的简省疏淡。在绘画史上，这种简省疏淡彰显着绘画构图由大观小向由小见大的方向发展，呈现了宋元审美趣味由阔大恢宏气势表现向注重局部景致的幽深淡远之意韵的表达。宋元文人内省思维品格决定了其精力在于注重日常生活和内心心态调适的闺阁、书房，是以绘画中这种以小见大的简淡构图，体现的是他们以一枝一叶总关情的生命体验来看待物我关系，隐藏着深厚的意韵。这种以小见大，于"一点红"即可表现无边春色之绘画意韵追求，与诗文之"言不尽意""不著一字，尽得风流"如出一辙。

宋元书画简澹静远之意韵，还表现在其墨外之韵和画外之意方面，即所谓"行于简易闲淡之中，而有深远无穷之味"。如果说"笔简形具，得之自然"乃宋元书画貌淡之体现的话，那么"行于简易闲淡之中，而有深远无穷之味"则乃其性淡之体现。[1] 一者就创作主体而言，书画"取其为人"，[2] 有如何的胸襟、心性，则有如何的书艺画韵；"象其为人""见其为人"，[3] 有如何的人品，则有如何的书画，所谓"心正则笔正"，平和淡泊之心胸，超逸脱俗之心性，高洁淡雅之品格必有萧散温淡、平淡悠远、高风绝尘之书画。如苏、黄皆具高格雅量、虚心气度与超逸神采之心性，皆推崇"晋韵"，故黄庭坚行书"清遒超朗"，绘画"微茫惨淡"，

---

1 黄庭坚《题所书〈宝月塔铭〉并鲁直跋》云："塔铭小字，如季海得意时书，书字虽工拙在人，要须年高手硬，心意闲淡，乃入微耳。"指出"性淡"是一种意境上的清远，是书画家一种自身的精神气韵，其天真主乎精神，是书画家自身追求理想境界的体现。

2 欧阳修于《世人做肥字说》中认为，古往今来善于书写的人虽然多，但"独其人之贤者传遂远"，说明只有其"人之贤者"即人品贤达之人才能传名后世。如杨凝式"直言谏其父"之胸怀，才有其潇洒磊落之书艺，李建中有"清慎温雅"之品性，才有其隽秀雅致之书作。

3 苏轼《书唐氏六家书后》提到，人品、相貌决定其书法风格，如欧阳询"貌寒寝，敏悟绝人"，方有其"劲崄刻厉"之书风，可谓"正称其貌耳"。郝经《陵川集·论书》亦云："寓性情襟度风格其中，而见其人，专门名家始有书学矣。"

虚淡而意。[1] 苏轼性平和从容而刚健大气，其《答谢师民论文帖》萧散有韵致，《洞庭春色赋》《前赤壁赋》书体如"绵里铁"[2]，于柔和、淡远的气息中蕴涵刚大骨力。最突出的是米芾，有洁癖，好泉石，被服怪异，所谓"衣冠唐制度，人物晋风流"，性特立独行、率意天真，书法亦推崇晋二王之萧散简远之神韵与意趣，呈现其率真自然之性情。其《虹县诗卷》中《旧题》与《再题》两首诗，前者舒缓平静，是其平和舒畅之心情的体现，而后者汪洋恣肆，是其振奋昂扬之激动心情的呈现。全卷一气呵成，既有平缓雅意，又有沉郁激情，章法形式的丰富对比，可见米芾率性自然、萧散疏荡之性情。又如倪瓒之生平遭遇使其特别向往"超脱"，更趋向于"淡"，其画中山水之淡，不仅展现一种淡远之艺术效果，还表达了一种淡然生活的理想，一种生活与人生智慧，而此即其超脱淡泊之心性与意志。二者就创作客体而言，夏文彦《图绘宝鉴》云："气韵生动，出于天成，人莫窥其巧者。"指出书画之迹乃心迹，皆彰显着创作主体的心性、情感与意志，"莫可楷模，出于意表"，每一幅书画作品，皆意韵独到，不可效仿，皆乃有出乎意外的笔墨情趣与韵味。书法方面，如黄庭坚《松风阁诗》《诸上座帖》《苏轼寒食诗跋》《花气熏人帖》等，骨健气清，意定神闲，超尘绝俗，透露着清虚禅意，充分体现了其"人书俱老"的"韵外之致"。又如苏轼推崇"萧散""古淡""清远""神闲"的魏晋书法，"简淡""疏淡"之书法风格不仅贯穿于其书论，亦贯穿于其书法实践，其书法"笔意萧散"。所谓"笔意萧散"即是其超脱、旷达之澄澈心境化为文字之恬淡空灵的韵外之致与墨外之味。绘画方面，如文同，其墨竹最为世人推崇，其为人洁身自

1　《六砚斋二笔》卷二评黄庭坚书云："皆禅翁淡虑任真，倏然自得之语，书法清道超朗，知其胸不挂一尘也。"《画学心印》卷二指出黄庭坚画"绘事必以微茫惨淡为妙境，非性灵廓彻者，未易证入，所谓气韵必在生知，正在虚淡中，所含意多耳"。

2　赵孟頫《松雪斋》云："余观此帖潇洒纵横，虽肥而无墨猪之状，外柔内刚，真所谓绵里裹铁也。"

好，忠厚而平和。文彦博称其"襟韵洒落，如晴云秋月，尘埃不到"（《宋史》卷四四三），其诗文书画皆发自其人品德行。其《墨竹图》，纯用水墨渍染而成，以墨深为面，淡为背，笔法柔和婉顺中有潇洒之致，行云流水的水墨之淡中透出清高拔俗之情志。《纡竹图》以浓淡相间之墨笔直写形神，竹枝柔韧劲挺，竹叶正反背向，疏密叠加，顾盼呼应妙契自然。纡竹"蟠空缭隙，拳局以进""瘦瘠而修长"却"战风日，傲冰霜，凌突四时磨轹"，乘兴而为、挥洒自如的水墨之淡传达出一种屈而不挠的精神，呈现的是其于激烈党争中的苦闷心情与对坚贞操守的执着。苏轼评其墨竹图曰"其身与竹化"[1]，指出其墨竹图其实即是其正直之气节、高洁之品质与清淡之情志的呈现，此即其墨外之韵与画外之意。宋元有很多水墨竹石图，如赵孟𫖯、高克恭、王蒙、方崖皆有《竹石图》，赵孟𫖯还有《秀林疏石图》《古木竹石图》，王庭筠有《幽竹枯槎图》，吴镇有《墨竹坡石图》《筼筜清影图》，倪瓒有《竹树野石图》《丛图》《春雨新篁图》等，皆以简寓繁，雅逸淡远，正如文同所言"虚心异众草，劲节逾凡木"[2]，简淡笔墨乃正直之宋元文人毕生追求并身体力行的某种人品道德规范的审美体现。再如郭熙之三远法，将"远"与"淡"的山水画意境相互转化又融为一体。其《早春图》描绘冬去春来，冰雪消融，云烟变换，大地复苏，欣欣向荣的山间早春景色。构图采用弯曲向上之"S"形，呈现出强烈的纵深感，淡淡的云雾浮动于山间，烘托出远山的高耸气势。云水采用极淡的墨色，虚化或几乎留白，同时水墨浅浅晕染覆盖又散开，拉开前后空间距离，不断纵深、推远，再向远处无限延伸到画面上方空白处，营造出一片淡淡雾气，于袅袅春雾中传达出暖暖春意。淡远之画面寄托了其温润内敛、含而不宣的情怀，空灵的云水山雾、凌寒孤傲的松树，气韵生动，平淡的

---

[1] 文同自赋亦曾云："屈大夫逐去徒悦椒兰，陶先生归来但寻松菊；若檀栾之操则无敌于君，图潇洒之姿亦莫贤于仆。"
[2] 转引自（宋）郭若虚：《图画见闻志》，第78页。

林泉山水彰显着生命的律动与君子风德。

  以简淡之笔墨表达对自然与人生的妙悟、抒发高洁正直之人格，是宋元绘画的主旨。宋元绘画喜用淡墨来营造画面，淡淡的墨色增加画面空间层次，同时又把自然物象推向更远的空间，这种由近及远层层递进的画面效果营造出渐远渐淡的画面意境。陶渊明《饮酒》云："心远地自偏。"恽南田曰："绝俗故远。"梅尧臣赞林逋诗"平淡邃美"，"邃"即远，"邃美"即深远之美，深远之美乃一种返璞归真的淡美。是以至淡乃远，远至极致为淡，远与淡，相互转化又融为一体，愈远愈淡，愈淡愈空最后即是"无"的境界，是以淡远的境界并非真的淡，其体现的是无为、淡泊的道家哲学、美学境界，承载、传递、表达着人的精神、情怀与意志，呈现着宋元人对有限生命与人生的无限心灵感知。宋元书画简淡之意韵可见一斑。

(宋)米芾《虹县诗卷》

(五代)董源《潇湘图》

(宋)郭熙《早春图》

二、率意之淡真

宋元文人士大夫普遍具有闲散清韵之习趣,是以其书画对简澹静远之意韵的追求转向其功能方面,便是强调其"适意""乐心"的审美愉悦与娱乐消愁之作用。如欧阳修提出"学书为乐""学书消日"之说,[1]"消日"与"为乐"本质是一致的,这说明书画不仅具有娱乐性,它还具有情绪感染性和反功利性。苏轼提出"足以悦人"说。[2]"足以悦人"与"乐其心"相通,更是强调书画艺术"悦人""乐意""消忧"之审美愉悦功能。据此,苏轼还进一步指出"自言其中有至乐,适意不异逍遥游"(《石苍舒醉墨堂》),书画艺术以其特有的审美特点,使人从中得其"至乐"。

---

[1] 欧阳修《学书为乐》云:"明窗净几,笔砚纸墨,皆极精良,亦自是人生一乐。"又《学真草书》云:"有以寓其意,不知身之为劳也;有以乐其心,不知物之所累也。"《学书消日》曰:"至于学字,为于不倦时,往往可以消日。"[见(宋)欧阳修:《欧阳修全集·试笔》,第1048页。]
[2] (宋)苏轼著,孔凡礼点校:《苏轼文集》卷一一,第356页。

郭熙《山水训》云：

> 世之笃论，谓山水有可行者，有可望者，有可游者，有可居者，画凡至此，皆如妙品。但可行可望不如可居可游之为得，何者？观今山川，地占数百里，可游可居之处，十无三四，而必取可居可游之品。君子之所以渴慕林泉者，正谓此佳处故也。故画者当以此意造，而鉴者又当以此意穷之，此之谓不失其本意。[1]

指出绘画不仅能"可行、可望"，更重要的是还能"可游、可居"。"游"是一种畅游。是以，就宋元人而言，书画有作而骋情之功能，他们将其视为抒发"己意"的活动，有所谓"文以达吾心，画以适吾意而已"的创作心理。米芾云："要知皆一戏，不当问拙工。意足我自足，放笔一戏空。"他们认为书画乃摒弃一切功利性的写意，"意"之所在情之所在。正如苏轼《跋文与可墨竹》所云："昔时，与可墨竹，见精缣良纸，辄愤笔挥洒，不能自已。"[2] 笔墨挥洒自如，不拘于物、不泥于古、不循于法的适意乐心、心意闲淡之笔墨情怀彰显于"真趣"的审美理想之中，此之谓"平淡天真"，又或曰率意之淡真。

这种率意之淡真，是指一种"随便、自然、不做作的"审美形态。首先体现为重意轻形，不尚形似尚真趣，不尚格法尚新颖自然，所谓"意似而已"。如苏轼指出士人画与画匠之区别在于其超越纯粹技法层面而注重个性情感抒发和审美趣味之表达，[3] 注重物象之"意气"的整体写意特点而不仅乃局部的写实，从局部"形似"超越出来以达"清水出芙蓉，天然去雕饰"之自然之趣，即大巧若拙，大简若淡。如其《枯木怪石图》，张元干于《跋东坡枯木》描述云："盘根错节，无藤萝之蔓延，而深根固蒂，非霜雪

---

1 （宋）郭熙著，周远斌点校纂注：《林泉高致》，第16页。
2 （宋）苏轼著，孔凡礼点校：《苏轼文集》卷七〇，第2209页。
3 其《又跋汉杰画山二首》之二云："观士人画如阅天下马，取其意气所到。乃若画工，往往只取鞭策皮毛槽枥刍秣，无一点俊发，看数尺许便倦。汉杰真士人画也。"［见（宋）苏轼著，孔凡礼点校：《苏轼文集》卷七〇，第2216页。］

之凋枯。类婆娑之桂影,或扶疏之珊瑚,岂陋人者能为此图?"指出这种不求形似的简约笔墨,实际即是苏轼胸无一尘的心境与心胸的写照,彰显着其率意淡真之审美情致。其书法更是游于形意之间,强调抒情性。他认为在最无意的状态下书作更生动、更自然、更有姿态,亦更能抒发真情,所谓瓦注贤于黄金。是以其尤其提倡在半醉之间书写,因为醉可随意挥洒,获自得之趣,如其《获见帖》《次辩才韵诗帖》诗、情、书融为一体,感情自然流畅,笔逸神飞,浑然天成,可谓随类赋彩,随物赋形,一点一画,了然于胸,所可知者,常行于所当行,常止于不可不止。是以其书画充斥着一种素面朝天而形简意丰的率意之淡真。又如米芾、米友仁父子的"米点山水"与倪瓒的"淡的山水",皆乃重意轻形、意似而已的典型代表。二米常常以云、烟雨、潇湘烟云等迷离模糊山水景观为对象,如米芾,其不满于代代相因成习,无有出格创新之绘画笔法,其所用的乃信笔为之、烟云衬染的笔法,即写意画法,多采用泼墨法,水墨渲染。其绘画的审美目的,在于"得其真趣,成长卷以悦目",乃为表达主体的情趣,最终以自我"悦目"、自我欣赏,来满足自身的感觉需要为目的。这种点染烟云,随意为之,实乃以一种最不经意的态度从事绘画审美创作,呈现出一种率意任真之美。宋元书画颇多此种率意任真、自作主张之创造。如倪瓒"淡的山水",以"一河两岸"创造出一种隔的平远之境界,将自己隔离于尘世之外,自由自在,任由宁静的流水推动他的轻舟游于山水天地之间。此外,如扬补之的墨梅,苏轼的绛竹,色彩不再以酷肖对象为尚,而是依据画家之心愿、趣味进行,而宋元书画经常提到"趣",正是此种主体美学精神的表达。再如李公麟去壁画而用卷轴,舍彩绘而取白描,在人物形态、气韵上贯注文人精神。其《渊明归去来图》,在人物对象身上寄托自身精神;其《西园雅集图》,米芾所作"记"云"人物秀发,各肖其形,自有林下风味,无一点尘埃气","人间清旷之乐,不过于此";1 其《龙眠山庄图》，苏轼评云"不留于一物，故其神与万物交，其智与百工通";2 其马图，被称为"惊世骇俗""士大夫宝之为神品"。3 可以说，宋元书画皆不为功名利禄而作，乃"乐""意"之作，以"适意""乐心"为归旨。这种不为功名利禄的"乐""意"之作即是一种率意之淡真的体现。"乐"从创作主体与审美主体的角度而言有两层含义，一为"自乐"，二为"他乐"。书画一方面可以"自乐"，不问工拙，可以"寓其意"，率意淡真；另一方面亦可以"乐他"，"乐他"如果无意为之，亦会饱含求真之精神，亦会表现出"率意淡真"。从此角度而言，宋元书画既可"自乐"又可"乐他"，可谓将"率意之淡真"发挥到了一种极致。

其次，体现为重性情轻法度，即不问工拙，乘兴率性，将"法"化入"意"中，"法中有意""意中有法"而至造意无法。如苏轼追求随意所适、自然天放的作书状态。倡导"我书意造本无法，点画信手烦推求"（《石苍舒醉墨堂》），反对刻意造作，书写时一点一画不拘泥于法度，随手写来，一任性情，一任自然。他还认为书画创作境界乃自然适兴的精神境界，这种境界静寂无为，无一牵挂，无问工拙，乘兴率性，是从无我而至有我而至无我之境界，亦是自然萧散之境界。4 又如郭熙于《画意》中倡导"解衣盘礴""须养得胸中宽快，意思悦适""方始纵横中度，左右逢

---

1 转引自（明）董其昌著，周远斌点校纂注：《画禅室随笔》卷二，济南：山东画报出版社，2007，第108页。
2 （宋）苏轼著，孔凡礼点校《苏轼文集》：卷七〇《书李伯时山庄图后》，第2211页。
3 李公麟画马，独步当时，南宋慕容彦逢《跋李伯时马》称"士大夫宝之为神品"，其《罗汉渡江图》，南宋张守有《跋龙眠渡水罗汉》称之"惊世骇俗"。
4 苏轼《书若逵所书经后》云："而此字画，平等若一，无有高下，轻重大小，云何能一？以忘我故。若不忘我，一画之中，已现二相，而况多画。如海上沙，是谁磋磨，自然匀平，无有粗细。如空中雨，是谁挥洒，自然萧散，无有疏密。"[见（宋）苏轼著，孔凡礼点校：《苏轼文集》卷六九，第2207页。]

源"之率意触情式创作态势。[1] 再如"元四家"创作亦皆重性情轻法度：倪瓒《疏林图》用笔松散疏放，明显透露出"乘兴率性"之意趣；黄公望《富春山居图》笔墨精炼苍润，平淡质朴中亦可见肆意挥洒之笔墨意趣。可见这种无问工拙、乘兴率性的率意淡真乃宋元书画的普遍追求。其中米芾书画，乃此种率意之淡真的典型代表。米芾反对人为雕饰，崇尚质朴，倡导书画须得"真趣"，此"真趣"，包括平淡天成、天真烂漫、自然古雅等审美特点，其书画之"真趣"具体体现在其"狷"中。《说文》释"狷"云："褊急也。从犬，肙声。"《集韵》曰："有所不为也。"狷者与狂者不同，前者有所不为，多向内求索。后者进取，多向外张扬。[2] 就宋元人而言，"狷"指"智未及而守有余"的自适内隐性人格，洁身自好，不愿与世俗同流合污。其作为一种人格，一种艺术风格，一种创作态度，体现了人之自然生命本真状态。[3] 是以，就书法而言，"狷书"之特点即是重性情轻法度。米芾"狷书"体现在其对"真趣"的追求，他赞赏杨凝式，称其书"纵逸""天真烂漫"，[4] 而其"刷字"快、迅、痛快、不僵滞、不雕饰，最能体现其"狷"之真趣。如其《苕溪诗卷》，落笔迅疾、真率自然，用笔果敢迅疾，意趣天然，结字天趣盎然，"刷字"风格淋漓

---

1 郭熙《画意》云："《庄子》说画史'解衣盘礴'，此真得画家之法。人须养胸中宽快，意思悦适，如所谓易直子谅油然之心生，则人之笑啼情状，物之尖斜偃侧，自然布列于心中，不觉见之于笔下。……及乎境界已熟，心手已应，方始纵横中度，左右逢源。世人将就，率意触情，草草便是。"〔见（宋）郭熙著，周远斌点校纂注：《林泉高致》，第59页。〕
2 《论语》曰："狂者进取，狷者有所不为也。"在孔子看来，狂者进取，富有创造精神，狷者有所不为，富有安定力量。《孟子》进一步对"狷"作了解释，狷者，"不屑不洁之士也"。
3 如朱熹《孟子集注·尽心下》注曰："狷，有守者也。……有守者不失其身。"元代陈天祥《四书辨疑》云："有所不为者，能为而不为也。智未及者，不能为而不为也。夫狷者之为人，踽踽独行，凉凉无亲，世俗指为孤僻古执者是也。于可交之人，亦有所不交；可取之物，亦有所不取。易于退而难于进，贪于止而吝于行，此乃有所不为之谓也。"
4 米芾《争座位帖》云："杨凝式，字景度，书天真烂漫，纵逸类颜鲁公。"

尽致地展现，乃其"狷"之真趣的典型彰显。如果说米芾书画率意之淡真体现在其"狷"的话，那么赵孟頫之书画的率意之淡真，则体现在其对"写"的追求。如其《秀石疏林图》，"援书入画"，笔意疏离于物象，具有明显的书法意味。[1] 宋元人常将绘画称为"写"画，"写"与"画"的区别在于"写"冲破了"画"之"匠"的技之层面。[2] 对于文人而言，"写"是他们最日常也是最擅长的活动。"写"画意味着一方面几乎不需要任何绘画方面的技术准备，用书法功底就可以直接参与到绘画创造活动中来，这是对文人笔墨能力预设性的肯定；另一方面"写"的日常性意味着文人作画时直抒胸臆的放松状态。在书画以自娱的旨趣下，文人们可以简省各种繁琐的写作程序，只以"写"来传达己意。宋元人认为，"写"的书法性特质如颠草，乘兴率意，放旷飘逸。[3] "写"画不必以作篆隶的精谨态度去苦心经营画面，应如写行草一般，取意兴所感之气，抒胸中之所思，笔墨须"如兔起鹘落，少纵则逝矣"[4] 般，以兴来不可遏、无需假借的行草方式，让情感得到更加直接的表达，而笔墨也在一气呵成的即时性与当下性中，更趋于主观化、抽象化。如此，宋元书画"写"的表意性与简约性便呈现出一种率意任真之美。值得注意的是，这种率意任真之

---

1 书法意味并非指书法之篆籀隶楷之形，而是绘画中体现由书法点线所形成的飞动意趣。此意趣非笔墨呈现的枯湿浓淡之自然变化，以及飞白、顿挫等笔触所构成的树竹物象"形质"，而是笔墨自身之动作、过程所构成的点线"意味"。

2 如元人汤垕《画论》指出："画梅谓之写梅，画竹谓之写竹，画兰谓之写兰，何哉？盖花卉之至清，画者当以意写之，不在形似耳。"［见潘运告主编，云告译注：《元代书画论》，长沙：湖南美术出版社，2002，第 327 页。］

3 如汤垕《画论》云："士夫游戏于画，往往象随笔化，景发兴新，岂含毫吮墨，五日一水十日一石之谓哉！故画家之极经营位置者犹书家之工篆隶，士夫寓意笔墨者犹书家之写颠草，要非胸中富万卷，笔下通八法不能造其玄理也。"［见潘运告主编，云告译注：《元代书画论》，第 328 页。］

4 此句乃苏轼对文同之竹的评语，揭示了意笔所应具有的心理状态，以及绘画的从心化特征。［参见（宋）苏轼著，孔凡礼点校：《苏轼文集》卷一○《文与可画筼筜谷偃竹记》，第 365 页。］

"写"需要在无己、无功、无名之下进行的,是以就呈现出一片"平淡天真"。如赵孟頫《水村图》无论是山石、树木之物象,还是画面整体构图,皆无"设计"之感。可以说,以"平常"之物象、自然"平实"之"写"意笔墨,表达"平淡"的欲望和"天真"的心灵之道,是宋元书画实现"率意之淡真"或曰"平淡天真"之根本。

三、逸笔与逸气

宋元人尚韵尚意亦尚"逸",并且,他们的尚意是以"逸"为基调的,[1] 尚"逸"实为宋元绘画美学的一时风尚。[2] 围绕"逸",倪瓒从审美创造角度提出"逸气""逸笔"两个概念,[3] 他认为,自己真正算得上是画的,并不是那种仅仅展现"形似"与"神似"两个层面的客观物象的画,而是那种具有"胸中逸气"与"逸笔草草"的画,从"逸气"到"逸笔",然后才有"逸格"之佳品。"逸"之本意乃逃脱、隐遁之义。《史记》之《伯夷列传》、《后汉书》之《逸民传》中将那些在黑暗、混乱的社会现实中对人生价值、人格尊严发出抗争的人称为"逸民",是以"逸"是指人的一种生活形态或精神境界,是具有飘然隐逸的人格境界,此精

---

[1] 当代学者徐利明于《尚意书风的内涵与表现》中明确指出:"宋代尚意书风之'意',以'逸'为基调,表现出或朴拙、或奇巧、或奔放、或端雅,各有变化。其中,不仅有禅风内涵,还有画意。""宋人兴起的'尚意'书风正是以'逸'为基调而兴盛起来。"[见徐利明:《中国书法风格史》,郑州:河南美术出版社,1997,第309—319页。]

[2] 如黄休复《益州名画录》将唐乾元至宋乾德年间58位画家,按照"逸、神、妙、能"四格分别加以品评,将"逸"格置于"神"格之上,为画格之最高境界。又如苏轼《书蒲永升画后》评孙位云:"画奔湍巨波,与山石曲折,随物赋形,尽水之变,号神逸。"

[3] 倪瓒《诗画》云:"余之竹聊写胸中逸气耳,岂复较其似与非,叶之繁与疏,枝之斜与直哉。或涂抹久之,他人视以为麻为芦,仆亦不能强辨为竹,真没奈览者何。"《答张仲藻书》曰:"仆之所谓画者,不过逸笔草草,不求形似,聊以自娱耳。"

神、人格境界与庄子"逍遥游"之精神境界高度不谋而合。是以，倪瓒所言"胸中逸气"，强调的不是形似与神似，正是这种飘逸洒脱的人格精神与境界。而要写出胸中之"逸气"，就必须要用"逸笔"。"逸笔"即意笔，不拘形摹，但求自然。可见，倪瓒所言之"逸气""逸笔"是指一种境界与意笔，前者涉及创作心胸、性情论，后者涉及笔墨技法。明代董其昌论画云：

> 迂翁画在胜国时可称逸品。昔人以逸品置神品之上，历代惟张志和、卢鸿可无愧色。宋人中米襄阳在蹊径之外，余皆从陶铸而来。元之能者虽多，然秉承宋法，稍加萧散耳。吴仲圭大有神气，黄子久特妙风格，王叔明奄有前规，而三家皆有纵横习气，独以云林古淡天真，米痴后一人而已。（《画眼》）

董其昌心目中"逸品"之理想人物，一为米芾，一为倪瓒，二者独到之处，一乃"在蹊径之外"，二乃没有"纵横习气"，前者关乎笔墨造诣，即"逸笔"，后者关乎主体精神，即"逸气"。"逸气"借助"逸笔"而成就"逸品"，此"逸品"之特质即"古淡天真"。董其昌论画以"平淡天真"为评判标准，实际是视倪瓒之"古淡天真"为绘画之最高境界，由是可知，倪瓒所推崇的"逸气"与"逸笔"实乃最能体现宋元文化艺术"平淡"之深层内蕴。

先看"逸气"。倪瓒"逸"的人格表现在"隐""洁""雅"三个方面，[1] 书画乃人之心迹，倪瓒所言"胸中逸气"即指其"隐""洁""雅"之情怀与人格精神境界。《云林遗事》中对倪瓒闲和淡泊、雅洁脱俗之风神逸采多有记载，元代诗文亦多有描绘其浪迹山泉、独酌看花开花落、轻舟钓蓑的悠游自得之隐居生活。[2] 从中

---

[1] 窦薇：《中国山水画论重要范畴与老庄思想之关系》，昆明：云南大学博士学位论文，2016 年 6 月，第 74—78 页。

[2] 如周南老《墓志铭》载："晚益务恬退，弃散无所积，屏虑释累，黄冠野服，浮游湖山间，以遂肥遁，气采愈高，不为诣曲以事上官，足迹不涉贵人之门。与世浮沉，耻于炫暴，清而不污，将依隐焉。"记载了倪瓒隐居、浮游江湖，不以财富累身，不谄媚权贵，洁身自好，不与世浮沉（转下页）

可见其闲和淡泊之人格精神境界与老庄之自然无为、虚静淡泊之精神境界高度相合。此外清代阮元还指出其具有超凡脱俗的绝世姿容以及有"癖"之个性特征，[1] 张端于《云林倪先生墓表》中更是描绘倪瓒"清姿玉立，冲澹淳雅，得之天然"，"多居琳宫梵宇。人望之，若古仙异人"。[2] 指出倪瓒的绝俗，即雅，具体体现为清致、冲澹、淳雅、天然、飘逸等方面，而其"癖"，为"洁癖"。然而透过其"隐""雅""洁"之外表，隐藏着的是其"逸"之人格精神。倪瓒"逸"之人格精神实乃承传了魏晋名士风度的林下居士的精神风貌，既具有如阮籍越名教而任自然之意识，又具有王维起居于云林烟水间的淡泊襟怀。[3] 其《素衣诗》对此"逸"之人格精神进行了全面地阐发。[4] 此诗序云："素衣内自省

（接上页）之精神。又张天雨《次韵谢别元镇》云："白衣造斋阁，清童触铃索。浪迹何由拘，进退如野鹤……他山好泉水，挥弄还自酌。时禽集芳丛，文鱼跃阴壑。到处一卮酒，风轩看花落。……期之采真游，取味在藜藿。"虞集《题赠云林高士》曰："鲍谢才情世不多，手封诗卷寄江波。宅边东海鲸鱼窟，好著轻舟一钓蓑。"描写了倪瓒悠游江湖、自适自得的隐居生活。

1　《石渠随笔》载："内府藏张雨题元镇小像卷，其左目眇，据床独坐，翘然绝俗，然似有癖者。"〔见（清）阮元撰，钱伟疆、顾大朋点校：《石渠随笔》卷四，杭州：浙江人民美术出版社，2011，第88页。〕

2　（元）倪瓒著，江兴佑点校：《清閟阁集》，杭州：西泠印社出版社，2012，第379页。

3　倪瓒《述怀》诗云："嗟余幼失怙，教养自大兄。励志务为学，守义思居贞。闭户读书史，出门求友生。放笔作词赋，览时多论评。白眼视俗物，清言届时英。贵富何足道，所思垂令名。"又《春日云林斋居》诗曰："池泉春涨深，径苔夕阴满。讽咏《紫霞篇》，驰情华阳馆。晴岚拂书幌，飞花浮茗碗。阶下松粉黄，窗间云气暖。石梁萝茑垂，翳翳行踪断。非与世相违，冥栖久忘返。"《六月五日偶成》诗曰："坐看青苔欲上衣，一池春水霭余晖。荒村尽日无车马，时有残云伴鹤归。"诗中"坐看青苔欲上衣"句，直接化用王维《书事》句，从其诗中可以感受到倪瓒"逸"之人格精神特征。

4　倪瓒《素衣诗》："素衣涅兮，在彼公庭。载伤迨隘，中心怔营。彼苟者虎，胡恤尔氓。视氓如貒，宁辞尤诉。礼以自持，省焉内疚。虽曰先业，念毋荡失。守而不迁，致此幽郁。身辱亲殆，孝违义屈。蔚蔚荒涂，行迈靡通。雍雍鸣凤，世莫之逢。夕风凄薄，曷其有旦。吁嗟民生，实罹百患。先师遗训，岂或敢忘。箪瓢称贤，乐道无殃。予embla奈何为，凄其悲伤。空谷有芝，窈窕且廓。爰宅希静，菽水和乐。载弋载钓，我心不怍。安以致养，寤寐忘忧。修我初服，息焉优游。"

也。督输官租，羁絷忧愤，思弃田庐，敛裳宵遁焉。"说明此诗之主旨以及何以归隐之因由。诗歌陈述了亲身经历了猛如虎豹之苛政，亲身感受过"视氓如豵"之官吏的凶狠，是以在"羁絷忧愤"中进行"内自省"之自我反思，此即诗歌之主旨与目的。其中有"吁嗟民生，实罹百患"的杜诗"诗史"般的深沉内容，又有"先师遗训，岂或敢忘。箪瓢称贤，乐道无殃"的陶渊明安贫乐道的人格追求，更有"安以致养，瘖瘝忘忧。修我初服，息焉优游"的安贫乐道、修身养性之道家精神与屈原"初服"之志。是以可知倪瓒之"逸"之人格精神内蕴非常的丰厚。体现在其书画之中，其"画"之"逸"，就不仅仅是"墨戏"式的潇洒，而是还具有肃然地厚重感，体现的是"萧条淡泊之意，闲和严静之趣"的艺术精神。其"淡的山水"，非常简逸，近景于画幅下方，往往乃平坡一抹，上面数枝杂树，一间茅屋而已，远景于画幅上方，也只是矮坡低山而已，比近景更为简略，至于大面积中景，则一任空白。而就具体景物而言，则逼真传神。如树，非常美妙，笔墨干擦湿浸，侧行苍劲，枝条秀荣，具有一种生生不息的笔墨之趣。而其"胸中逸气"则蕴含于此笔墨之趣中。倪瓒本人亦对其"淡之山水"多有自题诗，如：

亭子长松下，幽人日暮归。清晨重来此，沐发向阳晞。(《题松林亭子图》)

一篙春水净，半亩落花间。鸥鸟时亲狎，松云共往还。(《题渔樵友卷》)

可以看到，"一种高洁正直的人格，一种荒寒清远的境界，一种真挚浓郁的情思，还有一种自然生息的生意，融合而成一气，是之谓'逸气'"[1]。这种"逸气"，是一种艺术精神，代表着一种文化的选择。"荒远"的山水境界给人以"荒凉"的历史感受，"一河两岸"大片的空白，将物包括人隔于尘世之外，即荒远之

---

[1] 韩经太：《清淡美论辨析》，第206页。

中，即出世，即"隐逸"。这种"荒远"的艺术情趣，是宋元书画的普遍追求，它与都市热闹的、世俗的、通俗的艺术情趣相悖，是一种脱俗、超俗、绝俗。"出世"与"隐逸"，一方面是淡泊名利，远离朝廷，远离政治中心的文化选择，另一方面又是厌弃尘俗，远离闹市，远离商业中心，甚至远离、厌弃所有都市文艺的文化选择，前者趋于庄子之自由淡泊之游，后者趋于对高洁淡雅的追求。是以可以理解，董源之《潇湘图》之所以被誉为"平淡天真，一片江南"[1]，不仅在于其笔墨之趣，更在于其对"江南"之"出世"与"隐逸"的文化选择，透露着作者"胸之逸气"。此种"逸气"通过"逸笔"，在阐发过程中被确认为"萧条淡泊""闲和严静"，其深层乃讲求顺应自然无为，即构成了"淡的山水"与"淡的江南"。是以，宋元书画之"逸气"，实乃一种"淡"的文化艺术精神境界。

再看"逸笔"。"逸笔"即"意笔"。倪瓒自称其画"逸笔草草"，"草草"即体现为简率即简洁率意之笔法。"简"是倪瓒艺术风格中最为直观的特征之一，无论章法还是笔墨，倪瓒山水画总以一种极简的面貌出现。简练的意象：简单的茅草亭、远山、枯树、丛竹。简洁的构图：一河两岸，一两个土坡，三五株枯树。可谓简单得不能再简单。然而，就倪瓒而言，所谓"简洁"，其除了"简"，还侧重于画面之"洁"。"洁"即追求笔墨和意境的"干净"，是其高洁之心性的展现。就"率意"而言，倪瓒与米芾皆"率意"。然而，米芾率意之笔法，由"天真"之意趣来保证，是"平淡天真"。而倪瓒率意之笔法，由淡泊和高洁的人格来保证，是"逸笔草草"。是以尽管二者皆"平淡"，但米芾之"平淡"，强调的是率性与自然，倪瓒之"平淡"，强调的是心境的高远与不

---

[1] 米芾《画史》评董源画作云："董源平淡天真多，唐无此品，在毕宏上，近世神品。格高无与比也。峰峦出没，云雾显晦，不装巧趣，皆得天真。岚色郁苍，枝干劲挺，咸有生意。溪桥渔浦，洲渚掩映，一片江南也。"[（宋）米芾：《画史》，上海：商务印书馆，1936，第8页。]

俗。但是，倪瓒"逸笔"之内涵并不止于此。它还体现出一种重意轻形的审美追求，表现出对"贵似"而"得真"，神与意合的追求。恽南田曾言："云林画天真澹简，一木一石，自有千岩万壑之趣。"并称其所造之境，是"真寂寞之境"，"再着一点便俗"。[1]明确指出其率意之淡简既在于其"绝俗"，亦在于其"千岩万壑之趣"即形似。明代王世贞指出倪瓒绘画"似嫩而苍"。"嫩"而"秀"，"似嫩而苍"即"苍秀"。[2] "嫩"与"老"相对，是以老到而又秀峭，亦即"苍秀"。"苍秀"于诗文而言指字句新丽，体调妍美，风格尖新俊爽，妖骄香嫩，于书画而言指姿媚、骨弱，即轻媚，亦指秀峻或秀峭，即秀媚。而"苍"为"苍古"，与"老"关系密切，老指笔法技艺精熟，是以愈是进入老年，苍古之为苍古，却愈来愈秀润，"苍古"呈现出一种成熟丰秀之美，此之谓"苍秀"。可知倪瓒所谓"逸笔草草"，其实"草草"并不简单。如其《六君子图》，从整体构图角度视之，画面确乎非常简略，竖轴下方为近景，乃一面平坡，其上六棵树而已。画幅上方为远景，仍然乃一面平坡，远近平坡之中间乃大面积的空白，且平坡并无陡峭奇崛之势，是以视野开阔，平远无际。一片广远，迎面站立的六棵树就变得非常显眼和突出，加之它们占据画面的中心位置，此图其实不是山水画而是林木画了，很恰当地表明倪瓒"云林"之画旨。是以画面构图虽然十分简略，但是所画土坡树木却非常精美。这六棵树，分别为松、柏、樟、楠、槐、榆，树的形态各异，画得非常精细，侧笔运行，却并不一笔到底，而是于间断与连续之两可间，表现出生生不息、不断增添的意趣，无论树干还是枝条，皆无刻意凸显画家意志之痕迹，而是完全顺应着树木本

---

[1] 潘运告编著：《清人论画》，长沙：湖南美术出版社，2004，第170页。
[2] 王世贞《艺苑卮言》云："元镇极简雅，似嫩而苍。宋人易摹，元人难摹；元人犹可学，独元镇不可学也。"指出倪瓒画简雅，在于"似嫩而苍"。又董其昌《画禅室随笔》曰："作云林画须用侧笔，有轻有重，不得用圆笔，其佳处在笔法秀峭耳。"指出倪瓒绘画笔法精熟，老到而又秀峭，即"苍秀"。

身之长势与姿态，故而暗藏一种苍劲虬曲之力道。其简率之笔法呈现出一种历尽沧桑后的平静和淡泊，简易而又精致完美，秀气儒雅而又具骨鲠与气节，不着色之简淡而又丰润灿烂。可见历代士人评价倪瓒之画"古淡""疏淡""清峭""雅润""丰润""空灵"实际并不矛盾冲突，倪瓒"逸笔草草"之"草草"实际具有"古淡""疏简""简率""苍古"与"丰润""空灵""秀峭""秀嫩"等的辩证性特征。而其绘画之灵魂并不在于"枯索寒俭处"，而在于其内蕴的空灵清润之气。"逸笔草草"是自然与精美的统一，如《六君子图》中的树，外简率，实精细，笔墨添生处，无限丰润与意态。可见"逸笔草草"实际具有简率疏淡与绵密精致的辩证内涵，此正是"外枯中膏，似淡而实美"的宋元文化艺术"平淡"之意蕴与特征在画坛的经典呈现。是以可以理解黄公望《富春山居图》何以"逸笔草草"，却能将浩渺连绵的江南山水表现得淋漓尽致，达到了"山川浑厚，草木华滋"的境界。"逸笔草草"一方面与"高风绝俗"境界相连接，一方面单纯从绘画角度而言，它其实乃宋元人写真风格的一种简约化，但简约绝不等于不写真，笔墨简率绝不等于"不求形似"而走向抽象艺术之道路，其于简率荒寒中深藏丰润精细，"于荒凉清冷之中，却有令人心动

（元）倪瓒《六君子图》

（宋）苏轼《枯木怪石图》

(元)黄公望《富春山居图》局部

的生命在展现其端正而又娉婷的美姿美态"[1]。是以,宋元书画"逸气"与"逸笔"构成的"逸品",其理想境界,充分彰显了宋元人对"平淡"之艺术笔墨意趣与"平淡"之人文精神的追求。

第四节 禅道园林

中国的园林,发展到宋元,蔚为大观,在禅道思想以及尚意思想的影响下,在文人写意画以及诗文书画相融的推动下,宋元园林遵循"可观可游可乐"的筑园原则,清新飘逸、淡泊宁静、淳静质朴的平淡自然之山水式园林格局,始终是他们园林最高的艺术追求。宋元园林所构建的目的与意义在于寄情、心隐、契道之精神,[2] 是以,园林是宋元人对"雅"诠释最理想的场所,亦是对平淡更为自由与复杂的审美演绎。

一、山水之乐

首先,宋元"乐"之审美观念对其园林建构影响重大。"可

---

[1] 韩经太:《清淡美论辨析》,第212页。
[2] 宋徽宗《御制艮岳记》云:"玩心惬志,与神契合,遂忘尘俗之缤纷,而飘然有凌云之志。"同时"履万乘之尊,居九重之奥,而有山间林下之逸;澡溉肺腑,发明耳目,如此玉京广爱之旧",指出宋元园林所构建的目的与意义在于寄情、心隐、契道之精神。[参见(宋)王明清撰,燕永成整理。《挥麈后录》卷二《徽宗御制艮岳记命李质曹组为古赋并百咏诗及诏王安中赋诗》,郑州:大象出版社,2019,第95页。]

游、可居、可行、可望"是宋元对中国山水精神的延续,亦是他们园林建构遵循的原则,此原则之归旨即"可乐"。宋元有很多以"乐"取名的园林,如同乐园、安乐园、独乐园、水乐园、逸心亭、丰乐亭、众乐亭、众乐园、内乐亭、全乐亭、贤乐堂、耕乐堂、醉乐亭(醉翁亭)等,宋元人对园与乐的关系理解深入而复杂,1 欧阳修《醉翁亭记》云:"醉翁之意不在酒而在乎山水之间也。"欧阳修的山水之乐历来被认为乃在于"与民同乐",然而其实并不止于此。欧阳修于醉翁亭中得到的乃四时之景不同的山水之乐,如林霏开岩穴暝、野芳幽香、佳木繁阴、风霜高洁、水清石出等景色,滁州民众之游乐则在于溪边抓鱼,水深鱼肥,酿水为酒,泉香酒清,山珍野味,觥筹交错,丝竹之乐,游戏喧哗,而太守只有醉酒了才与众乐一致。显然,欧公有意将自我之乐与众乐相对比,强调的是其所乐的乃山水之乐,此山水之乐从心中而来,乃儒家对山水在道德上的隐喻所提倡的礼仪之乐趣,而非普通民众之游乐,如捕鱼,丝竹等。叶适《醉乐亭记》对"乐"之理解与欧公同,亦特意指出醉能同众乐,强调观山水而获得的山水之乐与民众不同,他们所认为的山水之乐包含孔子观山水所强调的"仁者乐山,知者乐水"的特别态度。孔子所观山水并非耳目之景色,而乃观山水背后蕴含的君子之乐,是以,园林之大小变得并不重要,而重要的是作为君子,其所用何心与其所观之为何。也就是说世俗之乐在乎耳目之乐,君子山水之乐更在乎内心之乐。是以,重视个体内在心灵之自得,心性之陶养,即所谓"适意""养性",就成为了宋元园林最为重要的构建之精神追求。是以园林中的一石一水,一草一木,无不既具其形,又具其神,贯注着造园者与游园者之主观思想情感。园林既是宋元士大夫的

---

1 宋元关于园林与乐之关系的讨论,不仅包括众乐、独乐、同乐、共乐,还有仁义之乐、大乐小乐、内乐外乐、耳目之乐与道德之乐、富贵之乐和山林之乐等,而这些不同的讨论反映在园林方面,则关涉到园林尺度的大小,园林中建筑的命名方法,对园林中植物种植的方法,对自然的山水和园中山水之关系与设计等。

精神家园和心志的寄托之所,亦是他们享乐放逸的薮泽,换言之,园林就是用于陶冶心志、怡养精神的,它除"藏歌贮舞留连光景"外,又有"旷志怡神蜉蝣尘外者"(《临安志》)。园林可使士大夫们"不下堂筵,坐穷泉壑",不出家门,在自家宅院便可坐拥山林,所谓"壶中天地""芥子纳须弥",在园林之有限的空间形态中求得一己性情之自得自适,又在这种自得自适中体味与宇宙、人世相顺应的安宁与自由,此即是宋元人的园林之可居、可游以及山水之乐。如苏舜钦《沧浪亭》诗云:"迹与豺狼远,心如鱼鸟闲。吾甘老此境,无暇事机关。"其于城市宅园中获得了心神的闲静与恬淡,这与晋人如王、谢亲身登山临水,于大自然山水中畅游之乐的旨趣大不相同,宋元人更看重的是自适恬淡,是闲静,是在片山勺水、一花一木般简单、清幽的小小天地中内在心性的舒展,对他们而言,园林不拘大小,唯"意足""适意"而已。宋元园林亦深深地烙上了宋型文化之痕迹,其中虽亦不乏宴乐酬唱之活动与喧哗热闹,但更多的则是文人士大夫的独立与私下的空间,园林之乐,皆在于己,在于宁静恬淡。如司马光之"独乐园",幽静素简,其于其中读书、渔钓、采药、浇花、剖竹、登台远眺、游于天地间,无拘无束,任性自然,可谓陶然自乐,自足自适,高官厚禄都改变不了其对此种闲适怡乐之生活的追求,是以,宋元人的园居之乐,乐在由此获得的"悠然""平淡"之和谐心境。

其次,宋元人平淡悠然的园林山水之乐,使其园林之游不止于"游于物内",更是"游于物外"了,随之,园林设计与工程亦不再追求外观的宏杰诡丽,而在于内涵的深静简远,平淡超然。"游于物内"所关注的是直观的可视效果,如建筑的繁丽素朴,其所能达到的境界,十分有限;"游于物外",所关注的乃心灵的陶冶涵养,如建筑的凌虚超然,其所能达到的境界,广阔无垠。如苏轼于"超然台"上,怅望东西南北,缅怀功名隐逸,"乐哉游乎",则其台虽不诡奇伟丽,然主体心灵获得安顿,审美境界亦获得扩大。宋元人平淡悠然的园林山水之乐,"游于物外"的审美追求,使其园林设计与工程不可避免地走向写意,并以简远、疏朗、雅致、天然为最高境界。[1] 如北宋东京的皇家园林,《宋史·河渠志》载,引金水河"贯皇城,历后苑,内庭池沼,水皆至焉"。在园林构筑和园林陈设中,体现了园主与建造者的适意怡性的审美趣味,热中有冷,浓中有淡,精工而又自然,呈现了宋人对精致中含淡雅的审美追求。又如艮岳,其造园目的,因四方山水无法亲往游览,故造园模拟四方山水以达游览目的。[2] 四方自然山水"各擅其一美",而艮岳则集合众美,兼备其长,虽人工而宛若天然。园中山水逼真自然,令人有恍然若真之感,而园中的动植物,相映成趣,"一片清丽之中含有一派天籁"[3],清丽自然,浑然天成。皇家园林尚且如此,普通文人士大夫之园林、庭园更是以淡雅、简素、自然为宗旨。如沈括提到的梦溪,只有一庐、一小室、一架空的小楼、一简单的书房、两个小亭子、两进房门的正厅,简单朴实。又如沧浪亭,以一座土石结合的假山为主体,园中建筑依地形高低错落建置,园内园外的池岸、水面、亭榭、假山等皆通过依山起伏的长廊以及复廊之漏窗,得以联通并融为一体。而四方形、结构古雅的沧浪亭,掩映于林木森郁的山顶之中,沉静而古朴。

郭熙《山水训》云:

山以水为血脉,以草木为毛发,以烟云为神采。故山得水而活,得草木而华,得烟云而秀媚。水以山为面,以亭榭为眉目,以渔钓为精神,故水得山而媚,得亭榭而明快,得渔钓而旷落。

---

1 周维权:《中国古典园林史》,第318—324页。
2 宋徽宗《御制艮岳记》云:"东南万里,天台、雁荡、凤凰、庐阜之奇伟,二川、三峡、云梦之旷荡。四方之远且异,徒各擅其一美,未若此山并包罗列,又兼其胜绝。飒爽溟涬,参诸造化,若开辟之素有。虽人为之山,顾岂山哉!"说明了造园之目的。[参见(宋)王明清撰,燕永成整理:《挥麈后录》卷二《徽宗御制艮岳记命李质曹组为古赋并百咏诗及诏王安中赋诗》,第95页,第96页。]
3 吴功正:《宋代美学史》,苏州:江苏教育出版社,2007,第408页。

此山水之布置也。[1]

　　指出园林中花草树木，亭台楼榭皆因山水而具血脉生气，是以园林之亭台楼榭往往依山临水而建，花草树木亦依山临水而植，目的即在于可见山听水。司马光有独乐园，园内筑高台即为能看见洛山，其另一处别墅在洛阳郊野山中的叠石溪，其《新买叠石溪庄再用前韵招景仁》诗云："三径谁来卜邻舍，千峰我已作家山。"之所以选址叠石溪居住，原因之一便在于在别墅中可见近处之山峦。宗泽贬官巴郡，于高地处建贤乐堂，在堂中可以看到："四山回环，如列屏障，争雄竞秀，来人目中。"山岩上花开花落，树木夏荣冬枯，云于峰岫间清晨出现，山鸟于山林间傍晚归巢。见山，就宋元人而言，有陶渊明"采菊见南山"之意味，同时又有着"峰上塔高尘世外"（潘阆《酒泉子》）、"幸见终南山，岩峣凌太虚"（吴筠《翰林院望终南山》）之意味，彰显着宋元人对脱离俗境，重返自然的一种努力，隐现出宋元人内心的淡泊悠然与自在逍遥。而听水，宋元人亦认为可使人忘掉俗意。[2] 是以他们常常在园林假山上或利用悬空之水线模仿名胜处瀑布跌落之形态，或做瓮，储水跌落入方池，或利用竹筒引入而落至假山石上激发声响，强调水的声音，其目的即在于听水。是以"亭""台"是宋元园林里利用率极高的一类建筑。"台""可以用来观园内、外之景，也可以在列植的茂密植物中间建立台（如梅台）来看成片的植物景观，当在住宅密布的城市内部，看不到城市之外的山时，在住宅园中建台就是一个办法。"[3] 而"亭"亦如是，如沧浪亭建在山之顶，可看见整个园林的景象，一条贴水长廊援引园外河汊之水入园，山与水互相衬托成趣，景致自然、疏放、野逸。又如

1　（宋）郭熙著，周远斌点校纂注：《林泉高致》，第49页。
2　如宋人陈去非记载长安华严寺景致时，就提到院中引北岩之泉水，水通过竹筒落到庭中注入石盆中，此种落水的声音有让人忘掉俗意的功效。
3　张鹏：《宋代主要园林论述研究》，北京：北京林业大学博士学位论文，2016年12月，第182页。

醉翁亭建在山中水旁，更是可见山听水。见山听水的亭台在宋元园林山水画中随处可见，从中可窥其深静简远，平淡超然之风格。如李成《群峰霁雪图》中，重峦叠嶂，树木流泉，别无其他建筑，仅仅一座平常简素的方亭置于其中，深静简远。郭熙《松下会友图》中的方亭亦很一般，茅顶，柱下三面设低栏，亭一面临陡崖，大江空阔，天地无垠，于亭中可以见水外之山，山外之山，平远阔渺。佚名《高阁迎凉图》中的高阁建于土坡上的小院，小院中只有两屋一阁，平屋还装着直棂窗，山墙上梁柱裸露，几乎没有装饰构件。高阁外表朴野，环境清幽，简陋但舒适恬静。金代佚名《溪山无尽图》中置有三亭，其一筑于桥上，两庑顶，柱六，如屋，无坐具，简素朴野，别有古韵。元代孙君泽《楼阁山水图》之一中一高台建于山间，高台顶上一屋，歇山顶，槅扇窗，有竹帘，高台远眺，心旷神怡。《楼阁山水图》之二有亭建于半山间，方攒尖顶，亭旁青松流泉，于亭中可听松涛阵阵，流水潺潺。夏圭《观瀑图》中的亭单檐歇山顶，建于溪流之上，溪水从支柱中淙淙流出，无时装时卸的眼窗，构造简单而富野逸之气，与远山、流瀑、渺水浑然一体，自然而富无尽之诗意。佚名《江亭望雁图》中的四方茅亭，设有美人靠，建于凸出的水面之上，掩映于绿树丛中，左岸翠竹摇曳，岸下有船暂泊，茅亭简约而意趣无穷。这种充满野趣的茅亭，与周边环境融为一体，令人心境放松，无所挂碍，可见宋元人的造园之妙。又如马远《茅亭纳凉图》中亦有一临水茅亭，曾经围绕在檐下的格眼窗连屋角的支架都已了然无存了，可谓简素得不能再简素，平淡得不能再平淡，亭中之人随意席地而坐，望着远渺之水面，吹着凉风，赏着夏荷，听着竹声，其素简自然，淡泊超然之心境可见一斑，[1] 宋元园林艺术之平淡于此山水之乐淡中亦可见一斑。[2]

---

1 马远《茅亭纳凉图》可参见张鹏：《宋代主要园林论述研究》，第117页。
2 《群峰霁雪图》《松下会友图》《楼阁山水图》《观瀑图》《江亭望雁图》《茅亭纳凉图》等皆可参见傅伯星：《大宋楼台——图说宋人建筑》，上（转下页）

二、归隐之逸

宋元园林与隐逸的关系密切。中国的隐逸方式,在经历魏晋前及魏晋的身隐、中唐的中隐之后,至宋元逐渐嬗变为以心隐为主了。[1] 心隐在宋元又被称为"吏隐",它一方面接受了白居易"中隐"的思想,另一方面又形成了自己独特的特色。[2] 宋元士人认为,真正的隐者乃隐于自己内心,只要把握住隐逸的精神实质:自然宁静淡泊之心性,自由的人格精神之意志,隐就无处不在、无时不在,渗透到日常生活的方方面面。显然,"心隐"与"身隐""中隐"已经完全不同了,"身隐""中隐"是一种生活方式,而"心隐"则是一种平夷淡泊、性情冲和的人生修养。是以,心隐本身就是一种平淡,是宋元人平淡之审美人生的一种呈现。

宋元园林之平淡风格即通过其心隐得以体现。一方面,"心隐"是在"中隐"之基础上发展而来的。宋元人之所以接受白居易之"中隐"思想,不止于其为他们提供了一条融进与退、仕与隐为一体的两全其美之出路,更在于其为他们树立了一种理想化的园居生存。白居易认为园林作为中隐精神的栖居地,无论地理

(接上页)海:上海古籍出版社,2020年版,第147页,第149页,第151页,第152页,第161页,第169页,第173页。
1 侯艳:《略论古代隐逸诗人的嬗变》,《广西社会科学》,2007年第1期,第104—106页。
2 关于"中隐"与"吏隐",学者张玉璞于《"吏隐"与宋代士大夫文人的隐逸文化精神》中指出,在白居易那里,"中隐"实即"吏隐"之别一称谓,两者本质上是相同的,且白居易的诗文中,"中隐"一词只在《中隐》诗中出现过两次,其他皆用"吏隐"一词,因此,在大多时候,指称"吏隐"时皆可用"中隐"来代替,反之亦然。笔者认为,就宋元人而言,其"中隐"不仅仅局限于"吏隐",至元代已经是完全的归隐了,但这种全隐又与魏晋及魏晋前之身隐不同,是一种完全注重内心之隐逸情怀的隐。故称心隐。[参见张玉璞:《"吏隐"与宋代士大夫文人的隐逸文化精神》,《文史哲》,2005年第3期,第48—53页。]

位置偏僻与否，亦无论大与小，可以或饮酒吟诗，或品茗会友，或读书著言，或驻足赏景，"适性"而"意足"即可。换言之，对其而言，园林不仅是可行、可居之生活场所，更是可游、可乐之精神天地。白氏的这种审美化园居生存被宋元人所效仿。他们纷纷建造了许多以隐逸为主题的园林。如苏舜钦的"沧浪亭"、司马光的"独乐园"、王安石的"半山园"[1]、朱长文的"乐圃"别业、范成大的石湖别墅等。并以"隐"命名园林工程与建筑，如杨万里的西隐园、吕祖谦的竹隐园、方岳的中隐洞、苏轼的吏隐亭、宗泽的访隐桥等等，皆将园林视为可进可退之地。如：

近市而有山林趣，花竹成阴，啼鸟鸣蛙，常与人意相值。（黄庭坚《张仲吉绿阴堂记》）

人生富贵无不成，都门坐置山林观。（苏辙《游城西集庆园》）

人道我居城市里，我疑身在万山中。（维则《狮子林即景》）

就宋元人而言，园林兼都市生活之便利与山林生活之清幽，济民经世与独善修身均得以完成。他们热衷于园林建造，正如郭熙所言，就是对自然山水抱着一份倾慕之情，而设法将山水延请入平日的生活空间中，其实就是他们对世俗繁杂琐事的排斥，对纯真自然的向往，是以隐逸主题遂成为宋元园林的重要特性。如赵秉文的遂初园，即体现其"隐逸"之构园意图与园居生活之祈向。又如洛阳仁丰园的超然亭，杭州南园的远尘亭，梅尧臣的清心堂，张先的醉眠亭，杨万里的拙庵，姜夔的钓雪亭等，皆承载着他们恬淡清静、超尘脱俗、悠闲逍遥的隐逸之心性情志，是以在园林工程建构与设计中，对平静淡泊的归隐之逸的追求势必导

---

[1] 王安石半山园之"半"字表面上取建宅园在半山腰之意，但也未尝不可理解为他的一种价值取向，在进与退之间，于红尘与世外的调和之中不偏不离，所谓"割我钟山一半青"，是"只要一半"，便可在昔时的城市和今日的山林之间，有了回旋进退的余地。正如苏轼云："属熙宁之有为……方需功业之成，遽起山林之兴。浮云何有，脱屣如遗。屡争席于渔樵，不乱群于麋鹿。进退之美，雍容可观。"鲜明地指出了王安石半山园的中隐之旨。[参见程章灿：《半山夕照——王安石与南京（下）》，《古典文学知识》，2005年第2期，第78页。]

致园林审美风格不可避免地走向平淡超然。另一方面，隐逸审美文化虽然有世俗化特点，但其依旧是一种出世的文化，是一种雅文化，此体现于具体艺术形式上，就有了诗文平淡实丰腴至味的大美，书画简率淡真、萧散简远、超绝逸气的意境之美，而园林建筑则呈现出自然野逸、简淡素朴、诗情与画意（画境）的文心之趣。[1]

就宋元人而言，尽管白居易的"中隐"思想深刻地影响了他们的隐逸观念与精神，但是他们最为推崇与追慕的隐士则是陶渊明与严子陵，是以与他们紧密关联的桃源美景、园篱生活以及渔钓景观就成为了宋元园林景观的重要构成要素。如陆文圭《三月一日偕善之无逸游南山桃园分韵得源字》诗云：

白云起南山，随我度溪园。园丁荷锄去，季女出应门。汲泉供香茗，扫石开清樽。人静禽声乐，春深花事繁。蛾眉映修竹，掩袂娇欲言。吾亲白云外，未敢访桃源。

陆文圭所书南山桃园，景自然清雅，人质朴素心，"园丁荷锄去，季女出应门，汲泉供香茗，扫石开清樽。人静禽声乐，春深花事繁。蛾眉映修竹，掩袂娇欲言"，男耕女织，淳朴自然，无尘世纷争，生活平淡安宁。又如白玉蟾《小桃源》云："好事开三径，栽花满一园。前头平俯水，里面曲通村。自有鸠夫妇，仍多竹子孙。醉归迷去路，题作小桃源。"它将其所建之小园称为"小桃源"，小园空间只有"三径"，但有花、有水、有鸟、有竹，有村，简素而野逸，令人怡然自适。"桃花源"景致可谓在宋元园林中极为常见，直接影响了园林景物设置，并成为园林美景的代名词，如赵秉文称赞"同乐园"美景"石作墙垣竹映门，水回山复几桃源"（《同乐园二首》其二），杨镒称南园美景："曲径水流通药圃，隔溪花落似桃源。"（《寄柬南园隐者》）朱氏园景致"老桧上干云，孙桐已拱把。雨窗修竹响，风磴寒泉泻"，谢邁称其为：

---

[1] 鲁冰：《宋代隐逸审美文化》，山东师范大学硕士学位论文，2009年6月，第39页。

"方期访桃源，更欲结莲社。"（《寄题朱氏小隐园》）同时，"桃花源"亦成为宋元园林构园蓝本与游园想象。如：

> 小园新葺不离家，高就岗头低就究。洛邑地疑偏得胜，天津人至又非赊。宜将阆苑同时语，莫共桃源一道夸。闻说一轩多种药，只应犹欠紫河车。（邵雍《和王安之小园五题》）

> 辟地不盈亩，点缀成阻修。相招竹林逸，更作桃源游。绰约新饮露，琅玕曾倚秋。春风荡人意，此境独清幽。（孔武仲《徐成之园亭三咏·竹径桃花》其二）

王氏小园建于洛阳城偏僻之处，邵雍将其称为"阆苑""桃源"。"阆苑"又名"玄圃""阆风"，乃传说中的神仙之山，[1] 邵雍将其与"桃源"一起用以并称王氏小园，透露出了王氏园林的简约素朴而又有超尘脱俗之逸气。徐成之园亭竹径清幽，桃花绰约，宁静闲适，皆给人以误入"桃源"，更作"桃源"，便是"武陵源"之感，处于园中有令人宛若处于"手挥五弦，目送飞鸿"的飘然出世，心游物外的悠然自得与造化相伴的意境中。宋元园林的"桃源"美景，承载着宋元人的归隐之逸，呈现出一片简素悠然、出尘脱俗的仙风道骨与淡逸风气。

由于对陶渊明的追慕，其"采菊东篱""方宅草屋""种豆南山""带月荷锄"的清新淡雅、平淡而有逸趣的园篱生活场景也被宋元园林所效仿。如：

> 松菊绕东篱，田园事西畴。素琴酌樽酒，稚子相献酬。……筑堂寄闲暇，笑谈指林丘。蕉黄间荔丹，蚝山荐新篘。嗟我实何人，市朝亦淹留。因君动佳兴，拟作汗漫游。安得二顷田，可卧百尺楼。（韩元吉《归乐堂》）

---

1 《水经注疏》（卷一）《河水》载："昆仑之山三级，下曰樊桐，一名板桐；二曰玄圃，一名阆风；上曰层城，一名天庭，是谓太帝之居。"《楚辞·离骚》云："朝吾将济于白水兮，登阆风而绁马。"王逸注曰："阆风，山名，在昆仑之上。"《淮南子》卷四《坠形训》载："昆仑之丘，或上倍之，是谓凉风之山，登之而不死。或上倍之，是谓悬圃，登之乃灵，能使风雨。或上倍之，乃维上天，登之乃神，是谓太帝之居。"

小园闲种药，白豆近花篱。蔓草浑相亚，酴醾不自持。我衰方采采，秋实正离离。幸约繁香在，平生见事迟。（龚璛《白扁豆》）

莫笑山庄小，偏于隐者宜。门当八字路，园葺五经篱。地暖花开早，天寒酒熟迟。不须鸡报晓，已得数联诗。（吴端《山居漫兴》）

迎秋花事稀，蝶翅依沙晚。篱落绕红园，暗遣佳名损。立名岂愿丑，一定不容返。宁避市尘喧，甘作山林遁。柔枝缀凤儿，栏外成锦幰。婉婉风味殊，苒苒烟光远。治世凤朝阳，吾道何须偃。毋学接舆狂，终日空思忖。（张侃《秋日闲居十首》其八）

宋元人"山在吾家不出门"，于园林中会友、弹琴、酌酒、漫游、谈笑、种药、采豆等，园篱生活宁静恬淡闲逸。园篱遂成为宋元园林的重要组成部分。如司马光夏日路过陈秀才园林，即看见此园林"槿花篱落围丛竹，风日萧疏满园绿"，周紫芝与友人所游小园亦"风引长藤欲上篱"，陆游所书园林更是"窄窄柴门短短篱，山家随分有园池"。[1] 此外郑刚中《北山集》还描绘了在小寒时节柿子红橘刚成熟，在树林与园篱间游观的怡情乐趣："园篱林落之间，奉板舆而游观。"园篱错落于林间的景观乃园林游观的一部分。宋元人关注园林之园篱构建与设计，一是试图突破园宅地点、围墙的限定来扩大对园林的体验。园篱之功能类似于在园中做高台、高楼、看远山水等，但又与"亭""台"不同，"亭""台"要营造的乃平远之境界，而园篱要营造的乃"山穷水尽疑无

---

[1] 司马光《夏日过陈秀才园林》诗云："桑荫青青紫甚垂，鲜风荡麦生涟漪。驱童策马踏村路，乘兴出游当访谁。槿花篱落围丛竹，风日萧疏满园绿。到门下马问主人，文籍先生其姓陈。高谈浩浩究今古，不觉林间日将暮。茅庐蒿径幸不遥，不厌频烦数来去。"周紫芝《二月二十六日伯远邀游小园明日有诗次韵》诗曰："园荒不见二732归，风引长藤欲上篱。燕子作巢春寂寂，竹枝摇月影离离。谁为五柳当年传，又诵三堂此日诗。我欲一邱藏曲折，此心唯有子相知。"陆游《小园》诗云："窄窄柴门短短篱，山家随分有园池。客因问字来携酒，僧趁分题就赋诗。晨露每看花蕊坼，夕阳频见树阴移。拂衣司谏犹忙在，此趣渊明却少知。"

路,柳暗花明又一村"的桃源"洞天"境界。是以园林中往往依篱种花,以素朴乡野之天然意态构筑自由开阔而深远的园林空间,蔚然有扶疏之情趣,素朴野逸中不乏清淡高雅。二是安贫乐道,返朴归真。疏篱人家是乡野最常见之景致,如陆游《北园篱外放步》云:"北园西出路逶迤,荆作门扉枳缚篱。"又《秋怀四首》(其二)云:"园丁傍架摘黄瓜,村女沿篱采碧花。"园篱于乡野非常普遍,随处可见,而园篱人家的自然素朴,宁静平淡的农隐生活亦是他们所企慕的。就宋元人而言,园篱并非是一个园的内外边界的概念,它只是强调一个园中景观或中心的空间概念,而非边界的空间概念。而边界的模糊和对中心的强调,可以拉近远处的景物至近处而作为占有,以达无限地接近自然,融入自然,实现返朴归真。是以园篱景观是园林中与山水景观并行而出,并列而存的士人的雅逸好尚,蕴涵着士人安贫乐道,返朴归真的生活理想和志趣。三是园篱与其他景物一起搭配,形成某种隐喻。最常见的是依篱种菊,菊篱并置之景观,表达对高洁人格之坚守。如司马光《晚秋洛中思归东园》中的"篱下黄花随意开",《赠道士陈景元酒》中的"篱根委余菊,阶角拥残叶",《宿南园》中的"岂无篱边菊,不欲拈酒卮",皆描绘了其独乐园中菊篱景观,表现其守志守节之执着。同时,园中"菊篱"因为园之关系,首先唤起士人之"归"思,"归"包含归隐,亦包含归家,是以于归隐之外,"菊篱"又往往唤起园主与游园者的家乡、故园之思,如董嗣杲的"移来菊本已成丛,潦退园篱失笑空"(《水退小园散步时垂替感赋》),陈允平的"客梦不堪千里远,故园篱菊正荒芜"(《己酉秋留鹤江有感》)等,他们通过菊篱景观,将自己理想中的家乡、故园与现实中的园林混合联结起来,赋予了园林深沉厚重的文化意蕴。此外,依篱而种的不仅菊花,还有普通的野花和各种瓜果豆科爬藤,如"荒园无佳花,牵牛漫疏篱"(陆游《自嘲》)、"橘柚园篱近半黄"(释绍嵩《再游道场》)、"篱落紫茄黄豆家"(杨万里《山村二首》其二)、"雨打荒篱豆荚垂"(叶绍翁

《访龙井山中村叟》)、"莫莫篱边豆结花"(吕炎《田园词》)、"庭上豆萁满,篱边蔬甲长"(丘葵《田舍》其一)、"西风篱落豆初肥"(高竹鹤《友人山居》)、"槿花门巷豆花篱"(李孝光《农事》)、"丛丛豆荚生篱根"(李昱《煮豆酌白酒歌戊戌前作》)、"豆苗引蔓上疏篱"(陶宗仪《晓起》)等,园篱充满素朴野逸之趣。依篱而种的还有和菊花一样高洁的梅花以及竹子。如"谁家篱落梅千点,到处园林竹数竿"(韩淲《次公和韵再赋答之》)、"眼到梅花便有诗,园居支径入疏篱"(韩淲《初六日民瞻古梅下留饮》),园篱高洁淡雅。而琴声中、香气中、细雨中的园篱不仅于素朴自然中有高洁淡雅之气,又于高洁淡雅中多了一层超然之逸气,即雅逸。如"瓮畦篱户小园林,独鹤相陪省一琴"(郑清之《九日即事》其二)、"篱菊吐寒花,香弄小园秋色"(陈亮《好事近》其一)、"小园芳草,短篱修竹,点点飞花雨"(韩淲《青玉案·西湖路》)等。园篱承载着宋元人对简朴清静乡野村居的企慕,对天真纯朴性情的皈依,对高洁人格的执守以及忧患意识等情志,平常而意蕴深厚。

  陶渊明疏篱农家的田园归隐通过园林为宋元人所效仿,严子陵垂钓富春江之"渔隐"亦被宋元人所企慕。渔隐是隐逸文化的重要表现方式,是以渔钓景致亦成为宋元园林景观中的重要构建部分。宋元园林中大多皆设计有钓鱼台,其中引人注目的是万卷堂(网师园),其初建时就被命名为"渔隐",意谓"渔父钓叟"。园内的山水楼阁皆蕴含着浓郁的隐逸气息,园中的假山、树木花草等间隔于建筑与水池之间,使园林呈现幽静深远之感,彰显着宋元人的归隐情怀。宋元园林的渔钓景观,体现着严子陵的渔钓情志。[1] 一

---

[1] 历史上渔钓的隐者最著名的乃姜太公与严子陵。姜子牙垂钓于渭水,钓人不钓鱼,实为求明主,也有借垂钓意表出仕心愿,所谓"临渊羡鱼",隐喻想做官却没有途径,是以姜太公之渔钓实乃有为之钓。而严子陵垂钓富春江,淡泊世俗名利,唯求自在的人生境界,是一种自在逍遥而又执着坚守道统的无为之钓。

是淡泊洒脱之情怀，所谓"时弄竿线，不在得鱼"[1]。园林中的钓鱼台或钓鱼亭，实际彰显的是宋元人"因隐而钓""江上一蓑，钓为乐事"的无为之钓，呈现的是宋元人出世的心愿，无功、无名、无己的大自在与大逍遥。二是顺性而为的生命精神，所谓"鸢飞鱼跃"。如建于元末明初的耕渔轩，园主徐达佐是一位文学家、藏书家，高翼志《耕渔轩记》载："因名居室曰'耕渔'，所以寓吾志也。"指出此园建造之意旨。而园主徐氏的园中生活，宁静平淡却怡然自得，呈现的正是"鸢飞戾天，鱼跃于渊""鸢飞月窟地，鱼跃海中天""活泼泼地"自然生命形态。三是物我合一、物我两忘的闲适无为、逍遥脱俗的情趣，所谓"鱼我同乐""濠濮间想"。四是对高洁人格的执守，所谓"沧浪之中，非歌濯足"。宋元园林渔钓景观体现着庄子"濠上观"、孟子与屈原的"沧浪"情怀。[2]如苏舜钦建沧浪亭，有"观鱼处"，原名"濠上观"，即意取庄子"濠上观鱼"之典。其《沧浪观鱼》云："嗟不及群鱼乐，虚作人间半世人"，即指出沧浪亭之渔钓景观实际展现的即是对物我两忘之境界的追求。而沧浪亭，位于水滨，借远山近水构筑园林景观，园中除水中亭、竹中轩之外，未有别居，景致自然清幽。其《沧浪亭记》云："觞而浩歌，踞而仰啸，野老不至，鱼鸟共乐"，指出沧浪亭既有孟子"沧浪"之意又有屈原"沧浪"之志。而万卷堂（网师园）的"濯缨水阁"景观，亦具"沧浪"之隐逸内涵。总之，"桃源""园篱""渔钓"作为宋元园林景观的要素，在于它们的内涵与底蕴，使得文人雅士借景抒情，深化了园林意境的同

---

1 庄子《刻意》云："就薮泽，处闲旷，钓鱼闲处，无为而已矣。此江海之士，避世之人，闲暇者之所好也。"此种隐士生活思想是严子陵的渔钓精神，也正是宋元士人所追求的理想精神世界，是以"时弄竿线，不在得鱼"的淡雅意境就成了宋元园林的审美原则之一。
2 春秋战国民歌《孺子歌》有歌："沧浪之水清兮，可以濯我缨；沧浪之水浊兮，可以濯我足。"后《孟子·离娄上》与屈原《渔父》皆引用了此沧浪之水歌，前者表现"遇治则仕，遇乱则隐"的君子处世态度，后者表达其不愿同流合污的信念以及"举世皆浊我独清，众人皆醉我独醒"的人生态度。

时，亦彰显了园林的平淡而又不平淡。

三、草木之情

　　花草树木是园林重要的构成部分，亦是构筑园林建筑空间与自然空间最为灵活、生动的手段。[1] 如王希孟《千里江山图》中无论是有篱笆墙的村居还是有楼房的村居，其庭园四周皆植以树木掩映，渗透着一股平和静美之气，[2] 是宋元园林草木景观的生动呈现。宋元园林的景观空间构建追求情景交融、物我合一的园林空间意境，是以就草木景观而言，"君子比德"是其园林草木景观空间意境的重要价值取向，借园林花木表理想人格与情志之审美追求，是其园林构建的主旨之一。宋元人尤喜选择"岁寒三友""四君子"构筑园林草木景观空间意境。他们的园林，或"一溪翠竹，两径苍松"，美竹高松，松竹相互掩映；或"庄园陶径，菊滋松茂"。如韩元吉所书归乐堂"松菊绕东篱"（《归乐堂》），宋祁所见小园"青松七鬣嫩，黄菊万钉稠"（《僦舍西斋小圃竹树森植秋日摇落对之翛然因作长句尽道所见》），陈普所书庭园更是"石径紫纡而藤萝耸茂，茅茨幽迥而松菊争妍"（《归去来辞》）。或竹林兰圃、竹坞幽兰，如张伯玉所见蓬莱阁"深林藏杞梓，芳径杂兰荪"（《蓬莱阁闲望写怀》），蔡襄所书庭园"桧竹翠密兰苣熏"（《答葛公绰求猿》），赵善括所书梅园"千林秀松竹，万点铺兰荪"（《和浙宪同诸公游梅园》其一），曹勋所见南园"兰若蔽亏如间错""竹色低侵几案凉"（《次李提举过南园饮散赋诗韵》），董

---

[1] 花草树木可构筑出多样的园林景观。如园中植竹，碧玉摇空；栏边植芍药，凭槛闻香；池中植荷，荷香醉人；水岸种柳，长条拂水；蹊边栽桃，灼灼其华；绕屋栽梅，风姿临窗；窗外栽芭蕉，蕉影玲珑；小山植木樨而成丛桂，蔷薇凭石而成棚，种松成林而听涛等，皆为园林经典景观。草木与园林建筑相配置，与园林中的水体如池、河、湖、溪涧、泉等相配置，与园林中的园路如柳堤、花道、竹径相配置，皆可构成或高洁清雅、或拙朴宁静、或澄静清旷、或幽深野逸等多种园林空间景观之意境。

[2] 参见傅伯星：《大宋楼台——图说宋人建筑》，第125页。

嗣杲所见小园"松竹自林丘""分兰贴石幽"(《题蔡主簿小园》)，胡寅所见之园更是"菊映兰兼茂，松连竹共清"(《祷雨》)，邓雅所书之园"林木正森郁""兰香袭衣裾，竹色映书帙"(《题敖膳部归田卷》)，倪瓒所见徐氏南园"樱桃花欲落""竹林通涧西""弱蔓滋野榡，兰叶长芳畦"(《徐氏南园对雨》)。或绕屋栽竹菊，"翠竹黄花自满园"，如陈著所书之园"松影参差庇梅竹""银白金黄百种菊"(《弟荳家醉中趁笔》)，侯畐所书芷溪园"蔓菊就篱编"(《芷溪园》)，郏亶所见寺园"幽兰间甘菊"(《太仓隆福寺创观音院以诗百韵寄妙观大师且呈乡中诸亲旧》)，王东所见南园"苍苔翠竹转林晖，野菊花开过客稀"(《南园》)，张侃所书之园"屋前花竹占清妍，更植芙蓉伴黄菊"(《园丁报秀野对岸芙蓉盛开》)，程俱所书之园"中园郁黄华，庭下森翠竹"(《和杨彝甫静妙轩》)。或梅藏竹掩，如张矩所书园亭"拥石栽梅，疏池傍竹"(《水龙吟·丁经之用韵咏园亭，次韵以谢》)，戴炳所见涉趣园"入门惟见竹，绕屋半栽梅"(《项宜父涉趣园》)，林尚仁所书庵园"梅花依竹静"(《辛亥元日游闻人省庵园和陈药房韵》)，郭印所游王园"梅梢出翠竹，照水两猗猗"(《正月初八日同莫少虚蒲大受王园泛舟各赋二首》其二)。杨万里所见更好轩，释绍嵩所游之园皆"梅花白白竹青青"，[1] 白梅青竹，高洁孤傲。赵必瑑所书之园"一簇儿、池馆亭台，左梅右竹。柳下系船花下饮，不减西园金谷"(《贺新郎·寿陈新渌》)，马定国所见何氏园"龙蛇薜荔墙""瘦松疏竹""梅花映水"，飞香片片(《游何氏园》)，韩淲所书之园"篱落梅千点""到处园林竹数竿"(《次公和韵再赋答之》)。或江梅兰畹，梅径兰圃，"梅岭中边杂艺兰"(曹彦约《首春课湖庄种植》)，如陈造所书之园"兰芳菊秀梅含春，拂翠匀红

---

[1] 释绍嵩《次韵吴伯庸竹间梅花十绝》(其五)云："携茶时复过幽亭，寄目悠然上杳冥。好是园林争秀发，梅花白白竹青青。"杨万里《寄题更好轩二首》(其二)云："无梅有竹竹无朋，有竹无梅梅独醒。雪里霜中两清绝，梅花白白竹青青。"皆以梅竹比德。

随分好"(《薄薄酒》),葛立方所书幽园"梅舒琼蕊,柳摇金缕""衣曳荆兰"(《风流子》),王质所书松斋"竹斋春兰秋菊次第开,荷汀蓼渚",并"在竹篱虚处,密栽甘橘,荆桥斜畔,疏种香梅"(《沁园春·闲居》),范祖禹所书清风阁"山园养松桂,庭砌被芝兰"(《寄题蒲氏清风阁》)。或秋菊寒梅,如陆游月夜所游之园"庭菊卧残枝,奇香犹绝尘。园梅虽未花,瘦影已可人。时得此真奇绝,更有清香细袭人"(《月夜作》)……宋元园林以"岁寒三友""四君子"为主题的园林草木景观空间可谓举不胜举,且皆以人格比况为主旨。如:

幽香暗动松竹径,清格自羞桃李园。(李纲《用韵赋梅花三首》其一)

四海园林春事里,一家松竹岁寒心。(陈著《黄子羽山长为不及同山行次余东发别余韵见寄因再用韵以谢二首》其一)

南园临通衢,北囿仰双观。虽然在京国,却如处山涧。清泉篆沟渠,茂木绣霄汉。凉风竹下来,皓月松间见。面前有芝兰,目下无冰炭。(邵雍《六十五岁新正自贻》)

松竹梅兰菊不畏严寒的凛凛气节,孤高雅洁之清格,实际即是游园者、书园者、造园者审美人格与情志的体现。他们以松菊梅竹之凌寒清癯之高格比况自我之人格。元人更是云"田园松菊自由身",认为田园松菊自然洒脱,超尘脱俗,将它们比况为隐居园林后自我的人格与生活情状。宋元人不仅于园中构建松竹梅兰菊为主题的草木景观,并且他们还常于园中或"佩结兰英""佩芷服兰"或"持杯听幽兰",或赋菊诗梅,或竹楼听雪,或梅屋看花。辛弃疾居带湖时写词云:"秋菊堪餐,春兰可佩。"(《沁园春·带湖新居将成》)体现出与屈原"香草美人"相一致的审美追求。是以宋元园林草木景观以"岁寒三友""四君子"等香花香草香木为主,人格比况可谓不言而喻。如倪瓒的清閟阁更如是。阁四面开窗,将窗外远山云霞借景入阁内,在阁的四周布有云林堂、逍闲仙亭、海岳翁书画轩、朱阳宾馆等建筑,并在阁前栽植各色花木，以松桂兰菊为众，营造出茏葱交翠、郁然深秀的氛围，渗透着倪瓒的人格之逸。[1]

人格比况，可谓宋元园林草木景观精神空间的独特风格。然而，宋元园林草木景观空间之意境并不仅止于比德，在比德的同时更多的是寓情。赵长卿云："松竹园林，柳梧庭院，自有人间乐。"（《念奴娇·小饮江亭有作》）此"人间乐"为何？方回所行之园"梅雨园林江橘绿，竹风庭院海榴红"（《四月二十九日早起行园》），其草木之乐在于披襟扶杖其中的"杖藜行歌"之乐。陈著云："随意后园花木，满眼家山松竹，尽可适平生"（《水调歌头·寿颐斋兄安世》），其草木之乐在于随意与适性。这种随意适性，或饮酒赋诗泼墨，或抚琴对弈，或种花草栽林木，或煎茶赋诗饮酒，看花开花落，草木荣枯。如王十朋描绘其居东园的草木之乐"径草青青可煎饮，雨竹涓涓堪赋诗。鲜鲜菊满东篱斛，扬扬兰入骚人幅。牡丹芍药紫薇梅，四时花卉开相续"（《用前韵题东园》），适意而自在。刘秉忠描绘其园居的草木之乐，抚琴读书，卧看松林，菊香满园，清风吹梦，可谓"二顷田园一生足"。[2] 李溥光所书的园居草木之乐，亦在于随意适性的田园之乐，如：

右冈左林跨修途，前潭后阜开画图。柳坞竹坞当门间，药畦花圃相萦纡。三间茅屋藏堪舆，延宾有斋爨有厨。壁间悬琴架积书，文楸在榻酒在壶。棣花春风欢友之，紫兰芝草罗庭除。田蚕春砲贾陶渔，牛羊骡马鸡豚凫。丝麻委婢耕委奴，岁时足以供百

---

1 倪瓒之"逸"态，影响着其园林的营建。倪瓒的画以极简、高逸著称，其"逸"精神上体现为情远，而非"空寂"。其"平淡的山水"表现了其离群索居的意识形态，但其根底为儒，其画"闲逸"之态，而非躲避世俗，恰恰蕴藏一种笃定的形态，坚守的文人情怀。[参见刘中玉：《混同与重构：元代文人画学研究》，北京：人民出版社，2012，第207页。]
2 刘秉忠《洞仙歌》诗云："仓陈五斗，价重珠斛。陶令家贫苦无畜。倦折腰闾里，弃印归来，门外柳、春至无言自绿。山明水秀，清胜宜茅屋。二顷田园一生足。乐琴书雅意，无个事，卧看北窗松竹。忽清风、吹梦破鸿荒，爱满院秋香，数业黄菊。"

需。打门未始惊追胥，绕屋时闻幽鸟呼。（《题平阳龙神张诚叔别业长歌》）

柳竹当门间，药畦花圃萦纡相间，屋壁上悬琴，架上积书，榻上放有文楸（棋盘）和壶酒，春天棣花花开，与友人在紫兰芝草的庭园中欢会，林中飞鸟时有绕屋鸣叫，桑田中的蚕、池塘中的鱼与凫、田园中的牛羊骡马鸡豚各自安好，一片宁静祥和。透露出平日于园中柳竹下，药畦花圃间抚琴读书，对奕饮酒，邀友欢会的闲适自在之园居生活。草木与园禽配置，比德的同时又寄寓田园之情趣，营造出一个既清旷闲雅而又素朴祥静的平和淡泊之境界。又如张昌祚的园林草木之乐：

贵富不可怙，人多蹈危机。清闲乃仙分，尘世得者稀。高哉隐君子，不官无昨非。城阴园日涉，松茂竹围肥。谈棋林樾映，侑酒花枝围。文雉乐山泽，樊中宁肯祈。嗟予官两纪，补益无纤微。三径亦奚暇，家窘亲朋讥。空为慕退躅，漫赋渊明归。（《宴会成趣园诗》）

园中松茂竹肥，郁郁葱葱，于林间谈论棋艺，花枝下为饮酒者助兴，有"文雉乐山泽，樊中宁肯祈""贵富不可怙"的凛然气节，亦有"漫赋渊明归"的清旷闲适之情。再如张可久的园林草木之乐：

看红梅未了，搴杜若，结幽兰。喜树遮云鬟，地开月面，竹鞞风鬟。投竿。钓鱼台下，似画舫、和雨阁前滩。龙挂古藤千丈，鹤眠矮屋三间。　　跻攀。危磴小阑干。松外倚高寒。且缓步寻诗，忘怀唤酒，满意看山。斓斑。紫苔外晕，拂苍云、字字碧琅玕。说与花间胜友，主人未可清闲。（《木兰花慢·常熟徐氏山园》）

观赏红梅，采摘香草，佩结香花，投竿渔钓，树木葱郁，风吹竹动，紫苔青松，云苍花香，以草木比德清闲隐君子，高洁清旷的人格精神中蕴含闲和淡泊之精神逸气。其他如"松菊故园情""笑看松菊坐烟霞""故园松菊惬情多""松竹连花树，田园带隐庐""松竹迎风幸可怜""小园松竹有清阴"等无不比德而又寓逸趣闲情，宋元草木景观空间"意境"清旷而平淡。

其次，更重要的是，宋元园林的空间"意境"与儒释道文化关系密切，[1] 而其草木景观空间，充满禅心道性。园林被称为"壶中天地"，其中的草木就宋元人而言可谓"一花一世界""一树一菩提"。园林草木，与园外草木相比较，更为关情。[2] 洪咨夔《东圃记》云：

> 余既结楼廨西偏，以受两湖之胜，东偏有隙地数百步，畦蔬灌莽争长，遂规以为圃。买梅数千本，手自扶植，少长有序。水仙芍药，必火于秋，分培其根使丰硕，乃能多华。金沙酴醿，上荫恶木，援昌条而升之。

记载了其营建东圃亲自栽植花草树木之情形：亲手种植梅花，将水仙芍药分培其根，为金沙酴醿搭好攀援生长的藤架。"久不雨则躬抱瓮之劳。坛有新安牡丹，方苞，须笼护以防鹊啅，有庶蘖则搔去，毋使分正气。"旱天亲自抱水瓮给它们浇水，为刚孕育出花苞的牡丹作防护笼子，以防鸟雀啄食花苞，并修剪多余的分枝，以保证花开得又大又好。又云："岩桂初移，更数年乃盛。小松高不能寻丈，又当期之百余年后"，天天盼望其长大，充满美好期待，对园中草木可谓充满深情。又尤袤《节爱堂》云："始欲跨池

---

1 现代学者鲜明指出宋元园林三教合一的特点："兼取儒、道、释，构成精神寓所。它是一种理想的儒家式家国象征物，皇家园林为国，私家园林为家。儒家重视个人修养，园林是修身的好地方。同时园林也是释家冥想开智的菩提园，也是最好的退隐去所，因此又有一番佛道家天地。道家崇尚自然，园林虽然只是一种半自然，但也是人类可居住的最自然处。园林具有自然而然的特性，虽是人作，宛自天成。从儒家的审美趣味来说，园林宜雅，雅而脱俗；从道家或释家的审美趣味来说，园林宜清宜隐，清而出尘，隐而闲幽。"［参见周膺、吴晶：《南宋美学思想研究》，上海：上海古籍出版社，2012，第 200 页。］
2 在与人的关系上，园外草木与人关系较疏散，园林草木与人之关系却非常亲密。因为很多草木，皆为园主亲自植栽，他们目睹草木的成长与四时变化，甚至朝夕与之相处，承其荫，赏其花，食其果，听其声，知其性，懂其德。他们之间有更多的情感交流，因而园林草木更关情。

为桥,仍其旧池,上有老梅,惜不忍伐,遂不复作",亦体现了对园中老梅的深情。欧阳修《李秀才东园亭记》记载其友李公佐营建东园,从各方征求美草,亲自一一栽种,且天天来来去去在园中看自己培植的树木,可见宋元人对草木可谓深情无限,是以园林草木相较园外草木更具生命的温度与人情味道。宋元人的亲自植栽养护草木行为一方面体现了万物平等、尊重生命的意识。《庄子·齐物论》云:"天地与我并生,万物与我为一。"佛禅云:"一切众生皆平等。"是以,物即我,我即物,物之自由,即我之自由,在众生平等、万物齐一的禅道观念下,他们热爱草木,呵护草木,即爱自我,爱自然。是以对于园林中的草木,他们尽可能地让其随性适意生长,认为草木乃天地间所生之物,割除则毁坏了其完整之本性、天真之性。[1] 张末于《庭草诗》中亦认为,万物皆生长于"群动"中,园中野草亦如是。黄震于《林水会心记》中举孔子在川上与周敦颐观看窗外野草之事,[2] 力图说明用"心"体验外物的途径,且力图说明应以儒家的道德观如"仁",通过心体会万物之观点。然而就周敦颐观看窗外野草这种对待草木之态度而言,虽具有儒家浓郁之色彩,但其根底确是禅道的众生平等与万物齐一,体现的是禅道之心性观念,乃儒释道文化精神通会之呈现。另一方面,体现了平常心是道,俗谛即真谛的禅心佛性。宋元人的亲自植栽园林草木,有一种亲历田园与山林生活的

---

[1] 如《困学纪闻》载,司马光认为草木乃天地之间所相生之物,自当各自有所欲所为之意愿。是以其于独乐园中独自坐在读书堂中看书,尝曰,园中的草如若妨碍走路才可除去,树枝如果妨碍戴帽子了才可砍去,其他无关之植物则任意让其生长。同样周敦颐居所之窗外庭园生长有很多野草,但他并不割除。邵兴宗之南园更是荆棘绕屋而生,夏天蔓延生长,甚至人都被淹没了,园中虽有桃李树,但一大半被杂乱之野草占据了,他依旧不愿意修剪。

[2] 黄震《林水会心记》云:"真见天地万物之与我为一,又当仁以行之,使天地万物皆由我而各得其所,此则有贵于吾心,而人之所当尽其心者也。圣贤之功虽未易一蹴到,亦岂容自娱于林水之近者而已耶?吾夫子川上之叹,周茂叔窗前之草,生意流动,近而有逮者存,必如是斯可言会心矣。"

意味，乃是对平常、平淡生活的一种追求。佛禅讲求"悟"，于园中亲栽草木之中，宋元人悟到了安贫乐道之道，故恬淡自适，任性自然。他们与草木知赏相亲，于草木的生命律动中，悟出生命之生生不息。宋元人普遍喜欢于园中种花，从草木四时季相中，他们不仅悟出事物荣谢之理，还从种花之道中悟出了养生之理，即要顺自然、顺天性、顺物理。是以"花气袭人知骤暖，鹊声穿树喜新晴"，"细雨茸茸湿棟花，南风树树熟批把。徐行不记山深浅，一路莺啼送到家"，"瘦竹长松小径"，"小园暇日频来往，老竹乔松看岁年"，绿映朱栏，丹流翠壑，石旁芭蕉，石隙藤蔓，窗前花木扶疏，门旁花透沁香等以及如"后檐风竹冷吟秋"，"夹堂修竹抱幽翠"，"林泉幽趣"，"幽深似辋川"之势，"桃花夹林""竹林幽深""杏栋紫花雾"之象[1]等相类的草木景观空间就有了闻木樨香的意味，[2] 正所谓坐看花开花落，只在吾园寻丈间。此外，他们还常常从枯寂之园林景观空间中梅花的凌寒开放颖悟出生的希望，[3] 此即佛禅之"悟"，亦是佛禅"空"之境界，而此枯寂之园林景观空间"意境"即佛禅"空"之意境。佛禅讲求"悟"，亦讲求"空"。"空"即"无"，"无"即"静"。禅之梵境即清静、寂静之境，[4] "梵"之本意乃梵梵，指草木茂盛貌，坐于郁郁葱葱之草木之下，清幽静雅，最宜静思冥想以成就"顿悟"，如释迦牟尼即静坐于葱郁之菩提树下得以悟道。是以园林草木景观空间之"空""静"之意境就富含了别样的审美精神与美学意味。静常派生幽与深，此于小园庭中最为突出，如园径无论是竹径还是花径，皆追求曲径通幽，指向深与幽

1　魏嘉瓒：《苏州历代园林录》，北京：北京燕山出版社，1996，第61页。
2　《江西通志》卷一三〇载：一日，黄山谷来谒，祖心举《论语》"吾无隐乎尔"请公诠释，而至于再，晦堂不然其说，公怒形于色，时当暑退凉生，秋香满院，晦堂曰："闻木樨香乎？"公曰："闻。"晦堂曰："吾无隐乎尔？"公欣然领解。
3　此即宋元人爱梅尤其爱枯梅、老梅的重要缘由之一。
4　"禅"之意译即"静虑"，其渊源于印度瑜伽，"瑜伽"讲求以静坐调心之方式而达"梵"之境界。

与无人与空,但是幽静深远、空寂暗淡中往往又会因草木之存在而引发丝丝生机。如:

春尽幽园尚红药,雨余荒径自苍苔。(周孚《再到焦山示度书记》)

记踏花芳径,乱红不损,步苔幽砌,嫩绿无痕。(刘过《沁园春·美人足》)

幽径埋黄叶,空庭老绿苔。(周端臣《富景园诗》)

苔常于潮湿、阴凉、无人处而生长,园径生苔,表明园庭幽深清静,甚至无人而一片空静荒芜。但是空静中苔自生自长,嫩绿葱郁,清空幽静中不妨生机盎然,此种"深静之至"的境界即佛禅所追求的空与静,它一方面有力地映衬出宋元人恬淡高洁之心志,另一方面有力地彰显出宋元人对生命之绵力的体悟。由此不难理解,他们的园林空间构建何以会如此注重声境与香境的营造。如:

暗香微透窗纱。是池中藕花。(米芾《醉太平》)

独上高亭步绿苔,江山如对画图开。桃溪春暖鱼生子,竹径风清鹤引媒。漠漠轻烟舒复卷,悠悠小艇去还来,长笛一声吹落梅。(严士贞《美美亭》)

严士贞所书的园亭,竹丛中的风声、鹤鸣声、鸟鸣声、风吹竹叶声以及悠然的笛声溪水声,声声动听,清幽宁静淡雅的园林草木景观空间因声更显空静,空静的草木景观空间又因各种声音而气韵生动,充满生意。而米芾所书之园庭,池中荷花淡淡的清香透过纱窗飘进室内,使园中房屋与园林本身变得生机勃勃。是以可知园庭中"一枝红杏出墙来"彰显的不只是此枝红杏,此株红杏,而是此园林的一片天地与整个墙内墙外的天地,而宋元人所追求的园林草木之荒芜空间景观,实际亦是此空静之意境的呈现,而他们对园林草木所追求的闲情淡逸,实乃一片深情,宋元园林草木景观空间之平淡风格与境界可见一斑。

(宋)佚名《司马光独乐园图》(局部)

(明)仇英《独乐园图》见山台(局部)

第六章 "平淡"之诗意生活

宋元人活得是最平淡而又富诗意气息的,他们的日常生活多姿多彩:抚琴弈棋,宴饮集会,踏春赏花,带雨种竹,汲泉煮茶,古鼎焚香……生活平淡而诗意盎然。吴自牧《梦粱录》云:"烧香点茶,挂画插花,四般闲事,不宜累家。"指出宋代文人日常生活的四大闲事与雅事,此四事、四雅亦是吏制黑暗下的元人所追求的理想生存方式,它透过嗅觉、味觉、触觉与视觉品味日常生活,将日常生活提升至艺术境界,是宋元平淡而又富诗意化生活的最经典表现。在宋元日常生活中,四事常常是相互融会进行的,集中于斗茶、簪花与听香之中,换言之,宋元平淡之诗意生活,简括之就是茶味淡远浅斟慢品的风尚,桌上釉色淳淡如冰似玉的青白瓷,炉中似淡似无萦绕的香熏,头上袅袅娜娜的烂漫鲜花,鹅颈瓶里淡朗清疏的梅香气韵。

第一节 斗茶

斗茶,即比赛茶的优劣,又名斗茗、茗战,相当于现今的"茶艺比拼""茶艺鉴赏"。斗茶起源于唐代,而昌盛于宋元,宋徽宗赵佶撰《大观茶论》、蔡襄撰《茶录》、黄儒撰《品茶要录》皆有斗茶记载,[1]

---

[1] 斗茶活动昌盛与当时饮茶之风流行紧密关联。蔡绦《铁围山丛谈》云:"茶之尚,盖自唐人始,至本朝为盛;而本朝又至佑陵时,益穷极新出,而无以加矣。"指出宋朝在沿续唐代饮茶之雅尚的基础上将茶文化推向更成熟的境界。刘松年《斗茶图》《撵茶图》《茗园赌市图》、赵佶《文会图》、赵孟頫《斗茶图》、辽墓壁画《茶事图》等皆描画了宋元斗茶的风姿和饮茶的风俗,范仲淹《和章岷从事斗茶歌》诗云:"斗茶味兮轻醍醐,斗茶香兮薄兰芷。其间品第胡能欺,十目视而十手指。"亦生动地描绘了当时的斗茶情景。(《百部丛书集成》之二十九,台北:台湾艺文印书馆影印,1964—1969。)

茶于此时成为人们日常生活重要的物品，[1] 嗜茶风气于此时亦相当普遍，上至皇室公卿，下至民间百姓，无不尚茶。[2] 至于宋元文人的饮茶状况，更是普及到无以复加之境。[3] 他们"不仅视饮茶为一种普遍的生活习性，并且积极地赋予'文士茶'新义，彻底地将饮茶与相关艺术结合，一方面扩充了宋代茶文化的内涵，使其成为社会生活的规范，另一方面亦为文艺家们追求的目

---

1 《梦粱录》载："盖人家每日不可缺者，柴、米、油、盐、酱、醋、茶。"表明茶在日常生活中等同于米、盐等日常必需品，不可或缺。李觏亦指出茶在宋元"君子小人靡不嗜也，富贵贫贱靡不用也"。
2 王祯《王氏农书》卷一〇《百谷谱集十·茶》言："夫茶，灵草也。种之则利博，饮之则神清，上而王公贵人之所尚，下而小夫贱隶之所不可阙。诚生民日用之所资，国家课利之一助也。"即指出嗜茶风气于宋元相当普遍。皇室饮茶之盛，由进贡之频以及宋徽宗嗜饮及其茶艺乃可显现。如宋徽宗嗜茶，精通茶艺，是斗茶高手，其《大观茶论》记载了包括斗茶在内的各种茶事和茶道，其《宫词》诗云："今岁闽中别贡茶，翔龙万寿占春芽。初开宝箧新香满，分赐师垣政府家。"描绘了收到新贡香茶时的欣喜之情。宫词以记述帝皇宫闱的日常生活琐事为多，或书写嫔妃宫女的愁怨，述茶者较少，可见宋徽宗嗜茶之深以及茶文化已成为宫廷文化中的重要部分。关于贡茶，以贡茶最大宗的北苑焙而言，不但连年花样翻新，绝品频现，《宋会要辑稿》食货三六之三二云："元丰七年十月十七日，福建路转运副使王子京言：'建州岁出茶不下三百斤。'"观此庞大的贡茶需求量，王室饮茶之盛况可见一斑。而市民嗜饮，可从当时各种茶坊、茶肆和流动茶摊之盛况可见，如孟元老《东京梦华录》（朱雀门外街巷）条载："出朱雀门东壁，亦人家。……以东南、西两教坊，余皆居民或茶坊，街心市井，至夜尤盛。"指出朱雀门一带除了教坊和民居，就只有茶坊，茶坊亦鳞次栉比，且多通宵营业。除茶坊外，流动的茶摊亦随处可见。《东京梦华录》（十六日）条载："至三更方有提瓶卖茶者，盖都人公私荣干，夜深方归。"又（马行街铺席）条载："或有从外新来，邻左居住，则相借动使，献遗汤茶，指引买卖之类。更有提茶瓶之人，每日邻里相互支茶，相问动静。"又吴自牧《梦粱录》云："汴京热食店，张挂名画，所以勾引观者，留连食客。今杭城茶肆亦如之，插四时花，挂名人画，装点店面。四时卖奇茶、异汤。"这些记载，皆可见饮茶风气之盛。而挂有画，插有花的茶肆，平添了一股风雅情趣。
3 如黄儒《品茶要录·总论》载："自国初以来，士大夫沐浴膏泽，咏歌升平之日久矣，夫体势洒落神冲淡，惟茗饮为可喜。园林亦相与摘英夸异，制卷鬻新而趋时之好，故殊绝之品，始得自出于蓁莽之间，而其名遂冠天下。"可见饮茶一事，深深浸透于文人士大夫阶层。

的"[1]。是以,"文士茶"逐渐成为引导宋元茶风与斗茶风雅的主体。[2] 刘松年《卢仝烹茶图》、赵原《陆羽烹茶图》、钱选《卢仝烹茶图》《陶学士雪夜煮茶图》、胡廷晖《松下烹茶图》、王蒙《煮茶图》、史显祖《斗茶图》《陆羽品泉图》、吴炳《茗茶图》,还有蔡肇《烹茶图》、乔仲山《火龙烹茶图》《卢仝煎茶图》、牟益《茅舍闲吟图》、佚名《羲之自写真图》等,[3] 皆描绘了文人士大夫的斗茶饮茶生活,他们往往一杯香茗,一卷书,午后晴窗,读书品茗,甚是自在悠闲。这些画显示,在宋元,一方面,斗茶是一种品茗艺术,它由最初的众斗走向了独品,由最初的茶事竞争活动转变成欢会交往的游戏活动再变成了一种生活的审美情趣,[4] 另一方面,斗茶不在斗,在于斗茶过程中碾茶、煮茶、分茶、点茶、品茶时的那一份闲适和雅趣。是以斗茶平淡而富诗意,是宋元平淡之诗意生活的重要表现之一。

1　石韶华:《宋代咏茶诗研究》,台北:台湾文津出版社,1996,第54页。
2　所谓"文士茶",就是文人雅士的品茗艺术。他们把茶、花、香、棋、书、画,甚至诗、词、歌赋等文人雅尚,融于一体,将他们内在的灵俊秀气,透过品茗艺术,表现出飘逸的气质和书卷气。一方面要求品茗的相关艺术精雅绝伦,一方面避免配置物品的工整划一和形式化,最重要的是在整个艺术活动过程中,表现出文人阶级特有的个性。斗茶"是古人以战斗的姿态品评茶质优劣的技艺与风俗,是我国古代品茶艺术的集中体现"。饮茶,是宋元最为时尚风雅的行为,而斗茶则是这种行为的最高表现形式,是以"文士茶"作为宋元茶风的主体,亦逐渐成为引导斗茶风雅的主体。[参见石韶华:《宋代咏茶诗研究》,第54页,第57页。]
3　这些画作有些只在一些画录中存有著录,原画已经无法见到了。
4　如赵孟頫《斗茶图》中年龄较小一些的青年正在倒茶,眼神注视着茶杯,年龄较长的老者则正在品茶并微笑着对这年轻人诉说着,仿佛在点评茶的滋味,很显然在斗茶的过程中,"斗"已经逐渐淡去,相较于刘松年所画《茗园赌市图》中"斗"的浓烈气氛,则更倾向于和谐的品茶了。随着"斗"的淡化,一方面斗茶作为宋元饮茶最高的表现形式,逐渐被发展成一种具有鲜明特色的品茗艺术,于北宋盛极一时,斗茶离不开饮茶、品茶,是以专指饮茶、品茶。另一方面南宋与元之后,"斗茶"逐渐衰落,饮茶和品茶亦鲜以"斗茶"为称了,即"斗茶"之名被饮茶、品茶等代替。

（宋）赵佶《文会图》

（宋）刘松年《斗茶图》局部

（宋）刘松年《卢仝烹茶图》

一、斗茶与环境

宋元斗茶的平淡而富诗意，首先表现在斗茶的环境上。历代茶人对饮茶品茗时的客观环境皆非常重视，斗茶作为宋元饮茶最高的表现形式，随着"斗"的淡化以及"文士茶"的主导，逐渐被发展成一种具有鲜明特色的品茗艺术，是以宋元人饮茶品茶时，更是注重环境的选择。

其一是喜依花木。花间品茗，是宋元人最喜之雅事。虞集

《题蔡端明苏东坡墨迹后四首》（其一）诗云："晓起斗茶龙井上，花开陌上载婵娟。"花开时节斗茶充满人间美好情趣。又吴芾《梅花下饮茶又成二绝》诗云："不应辜负花枝去，且嗅清香倍饮茶。"（其一）"强拈茶碗对梅花，应是花神笑我多。"（其二）宋褧《送王仲方淮东廉使》诗云："拔薤抱儿君素志，琼花开处煮茶香。"谢应芳《沁园春·寄询讲主》诗曰："梅花窗下茶舫。小团月、烹来宝乳香。"对梅花饮茶，对琼花烹茶，持茶代酒醉于花前，梅花窗下煮茶，被唐人斥为"煞风景"的花前品茗，就宋元人而言实乃再惬意不过的雅事。

其二是喜临水溪泉。如：

拂石闲吟待明月，茶烟如缕竹萧萧。（赵次诚《溪居晚酌》）

煮茗石泉上，清吟云壑间。（梅尧臣《缑山子晋祠会善寺》）

汲泉沙脉动，敲火石痕斜。应是任公子，竹间曾煮茶。（苏舜元《钓鳌石》）

忘浊世无过酒，面对青山自啜茶。（唐桂芳《二月六日偕善先罗照磨游武夷舟中有作》其一）

盘桓坐白石，汲泉烧鼎茶。（何梦桂《和徐榷院唐佐见寄七首》其二）

或于明月竹石边、或山中竹溪边、或山中松溪边、或面对青山、或独坐山中，或碧水舟中，饮茶品茶环境皆幽深闲雅，渗透出一片闲适逍遥之气息。又如张羽《山居七咏题画送周伯阳》（其七）诗云："春风试茶处，潭上葛花开。"《月潭试茶》诗云："乞火从山妇，临流煮涧芳。怪来泉味好，并带落花香。"山泉溪水边，溪泉清流，山花烂漫，风吹起，花瓣飘洒，茶香带着落花香，这些景象充满诗情画意。同时，与临水溪泉相关，亭台楼阁亦是宋元人偏爱的饮茶之所。水阁边花开烂漫，溪水淙淙，一边赏景，一边烹茶，闲雅自在，这是宋元人典型的饮茶品茗环境氛围。元代胡奎《煮茶图》诗云："落花风飏煮茶烟，水榭高闲即是仙。想见杭州苏太守，赋成龙井试春泉。"[1] 更是描绘了于水榭高台、花木扶疏处斗茶饮茶的闲逸雅致之环境氛围。此外，诸如"曲坞煎茶，小窗眠月"（徐宝之《莺啼序》）、"松窗茶屋，梅花山月""红炉石鼎烹团月，一碗和香吸碧霞"的饮茶品茶环境亦是宋元人所崇尚的，如苏轼《游惠山，并叙》（其三）诗云："明窗倾紫盏，色味两奇绝。"又《记梦回文二首，并叙》（其二）诗曰："红焙浅瓯新火活，龙团小碾斗晴窗。"苏轼尤喜将烹茶、斗茶置放在"明窗""晴窗"之场景下，在衬托出茶光亮剔透的清之美感的同时，亦渗透出其对清逸生活的追求。而"笔床茶灶依渔船""横箫自向船中坐，酒壶茶具船上头，江山满眼随处游"（王冕《吹箫出峡图》），将茶灶和笔床搬到船上，坐于舟中，读书烹茶，吹笛品茶，在宋元亦是非常普遍的。

其三是喜与琴棋书画酒等相结合。品茶时辅于听琴，或听琴时辅于饮茶，茶琴相互助兴的"鼓琴煮茶"的环境氛围在宋元非常流行。张翥《听松轩为丹丘杜高士作》诗云："茶香夜煮苓泉活，琴思秋翻鹤帐清。"叶颙《再次前韵凡三叠》诗曰："山家活计还知否，诗卷茶瓶夜月琴。"又《复次前韵述怀寄前人二首》（其一）诗云："虚窗竹影侵琴榻，石鼎茶香袭帽纱。"胡布《迁居杂兴》（其五）诗曰："花重锦围亭，山环绮叠屏。茶香清鹤梦，琴弄托鸿冥。"韩淲《二十七日同伯皋宿真隐二十八日寒食观昌甫诗恭叔所题字观中两树辛夷花甚大道士抚琴试新茗》诗曰："素抱安用摅，清弹啜新茶。"是斗茶饮茶时配与琴声。刘子翚《同张守谒蔡子强观砚论琴偶书》诗曰："砚珍镌子石，琴古斫孙枝。篆鼎飘香远，茶瓯转味迟。"耶律楚材《对雪鼓琴》诗云："嗜音酣酒元粗俗，癖茶嚼句空劬劳。"是鼓琴配以茶香。但更多的是琴茶互融之场景氛围。如"茶果随宜设，琴尊不用寻。山虚鸣络纬，幽涧亦流音"（韩淲《桐影涧流》）、"野色杂茶瓯，松声入琴弄"

---

[1] 胡奎：《次复柬先生纪行之什二十首》其二十。

（张继先《同游栖真联句》）、"汲井试茶腴，援琴和松吹"（胡宿《寄题斋馆》）、"一张彭泽琴，一瓯阳羡茶"（叶茵《枕簟入林僻茶瓜留客迟十韵》其六）、"满院茶香敲句稳，一帘花影韵琴清"（刘爚《上陈县尹》）、"松吹和琴杂，茶烟到树分"（宋无《寄题无照西园》）等，皆琴茶相辅相衬，营造出高洁闲雅之斗茶饮茶之环境氛围。或午茶后抚一曲琴，如"午茶琳宇琴，清致超冰玉"（赵世延《览苏溇湖待月南轩墨迹白云观即景用韵》），或鼓一曲琴后煮一壶茶，如"日长无事琴书罢，纱帽笼头自煮茶"（凌云翰《晚春十二首》之三），[1] 可谓"琴床茶鼎澹相依"，茶烟琴月，心随弦动，古乐空灵，茶香袅袅，这种"斗茶"已经与最初的"斗茶"全然不同了，它是宋元人诗意生活与闲适淡泊人生境界的一种呈现。"一琴一剑一童一鹤一茶瓯"（宋伯仁《累字戏作解愁吟简旧同寮》）、"一琴一剑一杯茶"（白玉蟾《卧云》）、"画共药材悬屋壁，琴兼茶具入船扉"（林逋《复赓前韵且以陋居幽胜诧而诱之》）、"书床琴匣时相近，茶鼎熏炉间自供"（邓深《夏日寓山斋》），这便是宋元人日常生活的最高审美追求之一。同时，宋元人还常常将斗茶饮茶与观画相关联。如张耒《游武昌》诗云："看画烹茶每醉饱，还家闭门空寂历。"虞集《马图》诗曰："乡人啜茗同观画，解说前朝复有谁。"释文珦《剡源山房》诗云："画轴尘为古，茶炉火自然。"张半湖《扫花游》诗云："共观古画。唤石鼎烹茶，细商幽话。"皆描绘了品茗观画之场景。文同《子平棋负茶墨小章督之》诗曰："睡忆建茶斟潋滟，画思充墨泼淋漓。"则赞美了茶激发了其作画之灵感。而茶因有聚神静心之作用，有助于弈者静心思考，是以亦常被与棋相关联。如吴则礼《晚过元老》诗曰："煮茗月才上，观棋兴未央。"可谓意境闲雅，兴趣盎然。其他如刘攽《城濠泛舟同毕长官》诗云："幽事围棋翻局势，清欢煮雪试茶芽。"司马光《潞公游龙门光以室家病不获参陪献诗

1　凌云翰：《次韵范石湖田园杂兴诗六十首》其十五。

十六韵》诗曰:"棋局多依石,茶炉坐荫松。"汪广洋《樵逸诗二首为徐征士赋》(其一)诗曰:"石室棋残鹤梦醒,自添沈水注茶经。"刘因《老大》诗云:"客来恐说闲兴废,茶罢呼棋信手拈。"斗茶饮茶与对弈常常相伴,或于庭院柳下,如"茶香庭院一枰棋,柳影侵阶日自移"(马臻《春日闲居杂兴四首》其二);或于松下竹间,如"松下茶烟青羃羃,竹间棋韵子丁丁"(虞俦《社日邀温卿溪王天仕吴钦孺游草堂钦孺有诗因次其韵》);或于花木石上,如"棋声响苍石,茶灶烧枯松"(王迈《和赵簿题席麻林居士小隐四韵》其三)、"茶烟逢石断,棋响入花深"(释希昼《寄题武当郡守吏隐亭》);或于斜阳翠竹掩映之园亭之中,如"堂空响棋子,盏小聚茶香。兴尽扶藜去,斜阳满画廊"(陆游《晚晴至索笑亭》)、"剑戟门前竹,枪棋鼎内茶"(杨公远《次程斗山村居韵》其七),真可谓茶瓯棋局,底须相亲不相弃。吴泳《沁园春》(其二)诗云:"有一编书传,一囊诗稿,一枰棋谱,一卷茶经。"此便是宋元人追求的惬意生活。或午后饮茶来一局棋,如"晨钟粥钵半炉火,午日茶瓯一局棋"(王洋《路居士山水歌》)、"万缘寂静数瓯茶,千偈消磨棋一局"(唐庚《午起行》);或饭后斗茶棋枰吟诗,这是他们所惬意的人生"小生涯",如"饭罢呼僮旋煮茶,棋枰诗卷小生涯"(胡仲参《山中口占三首》其三)。而敲棋煮夜茶,亦是他们所好,如"入夜茶瓯苦上眉,眼花摧落石床棋"(谢钥《玩月有感》),更甚者,邻里日常之间斗茶饮茶的同时亦不忘以棋作为佐料,如"独爱邻僧常过我,一瓯茶罢事棋枰"(潘玙《山处》)、"绝口不谈闲俗事,只寻棋具看煎茶"(韩淲《过邻家》)。琴棋书画与茶的相辅相融,冲和了斗茶饮茶"斗"的环境氛围,使斗茶饮茶之环境氛围荡漾着一股闲淡典雅气息。此外,宋元人还常常将酒与茶相关联。如刘邦彦《海会寺宴集以禅房花木深为韵得深字》诗云:"虚檐列坐茶酣战,小径闲行酒旋斟。"一边是斗茶之酣战,一边是饮着小酒闲步小径,茶酒相互衬托,闹静结合。又如陆游《兰亭花坞茶》诗曰:"兰亭美酒逢人醉,花坞新茶满寺香。"酒豪旷，茶清逸，清旷之斗茶饮茶之环境氛围不言而喻。其他如"山酒一樽棋一局，好风隔竹度茶香"（郭居敬《百香诗》其八十三）、"酒杓间茶铛，棋枰延昼晷"（邢恕《题愚溪》）、"分茶醒醉客，添烛了残棋"（黄庚《夏夜小酌》）、"茶篮与酒榼，壶矢兼琴棋"（徐积《大河上天章公顾子敦》）、"素琴横膝一尊酒，纱帽笼头七碗茶"（俞德邻《闲居即事》）、"茶熟琴三弄，诗成酒一卮"（张次贤《过郭继一处士草堂》），更是茶酒琴棋相融合，渲染出豪迈清旷而又闲逸淡雅之饮茶品茶环境氛围。宋元人日常之生活，大抵如马钰所言："穿茶坊，入酒店。后巷前街，日日常游遍。"（《苏幕遮·在南京乞化》）如果说"柴米油盐酱醋茶"是宋元人生活最朴实的表达的话，那么"茶药琴棋酒画书"则是宋元生活最文人化的表达，斗茶与饮酒是他们生活的重要部分。如《全元曲》中多次出现"闲茶浪酒"之字眼。"闲""浪"表明元人饮茶的闲适与饮酒的放旷。张可久〔中吕〕《满庭芳·春情》曲云："家家酿酒，处处闲茶。……按舞听琵琶。"描绘了喝茶饮酒悠闲惬意的气氛。"临风三劝酒，对月一烹茶"（兰楚芳〔中吕〕《粉蝶儿·愚情》）、"花开把酒吟消日，茶罢携琴坐看山"（周权《赠云趣道人》）、"酒船茶灶，诗卷棋枰"（叶颙《山中游》），一豪旷一闲逸，一醉一醒，调适着宋元人饮茶品茶之环境氛围，更调适着他们饮茶品茶之心境。饮茶之清冷环境与饮酒之豪旷氛围相合相融，茶之清、酒之豪呈现了宋元人不平淡而又平淡的生活审美追求。

其四，特别指出的是，宋元人还常常于斗茶饮茶时焚香。玩香乃宋元文人士大夫的爱好，宋元之香的外形具有一种古雅之美，又被称为"香篆"或"宝篆"。[1] 如宋词中"宝篆香沈，锦瑟尘侵"（《行香子》）、"愁过黄昏无著处，宝篆烧残香缕"（《清平乐》）、"翠被晓寒轻，宝篆沈烟袅"（《海棠春》）、"雾帐兰衾暖，

---

[1] 自宋代起，人们常常把香用模具压印成一些固定花样，似似曲折美观的篆文，故称"香篆"。

熏炉宝篆浓"(《南歌子》)等之"宝篆",宋元诗中"蝇沾香篆浑伤字,蜂蹙瓶花半堕书"(《寒食不出》)、"幌半萦香篆细,碧窗斜影月笼纱"(《拟回文》)、"微躯此外无多事,一炷清香篆曲盘"(《容安轩》)、"梦回啼鸟聒幽梒,古篆香烟结画屏"(《与侄南隐等赓和》)等之"香篆""篆香",皆指香。香篆能助人静思,香烟徐袅悠然可以给人一种自在自得之感,且香之味持久,[1]即使在烧尽后仍给人悠长的回味,香因其此些特征,被宋元人所钟爱。他们焚香时常常伴随诸如睡眠、静坐、诵读、弹琴等闲适活动,斗茶饮茶自不例外。如张纲《烧香三绝句》其三诗云:"香添细炷焚千和,茶碾新芽试一旗。"赵抃《惠远上人壁》诗曰:"烧香运水及煎茶,谁识庐山惠远家。"可见,煮茶而焚香,在宋元是一件不可分割之事,香的萦绕袅袅,增加了斗茶饮茶的闲情雅兴。对于宋元人来说,好茶须要好香,斗茶饮茶须要香烟袅袅,才能更自在,回味亦更悠长。如范成大《王园官舍睡起》诗曰:"睡觉有忙事,煮茶翻续香。"又《午窗遣兴,家人谋过石湖》诗云:"熏炉花气朝醒解,茶鼎松风午梦回。"韩淲《徐和卿小楼》诗云:"午坐岸巾初睡足,更呼茶碗净烧香。"午后斗茶饮茶,没有香之辅助,是一件不可容忍的事情。而"晴帘花吹引香篆,午窗竹雨鸣茶炉"(杨维桢《蔡君俊五世家庆图诗》)的焚香煮茶、"茶鼎熏炉"之生活闲适而自在。他们还喜欢边焚香饮茶边读书,如"焚香细读斜川集,候火亲烹顾渚茶"(陆游《斋中弄笔偶书示子聿》)、"钝置诗盟酒约,只自焚香吃茶"(白玉蟾《呈懒翁》其一)、"且留看诗可罢酒,请烧香鼎调茶瓯"(熊鉌《索茶》)、"书床琴匣时相近,茶鼎熏炉间自供"(邓深《夏日寓山斋》),茶与香皆可清心静心,斗茶饮茶之时焚香与读书,则更突出了其环境与氛围的清静雅洁。吴存《八声甘州·禊日禁酤》云"西窗下、

---

[1] 据载,如南宋优质的沉水香"焚一片,则盈屋香雾,越三日不散"。[参见(宋)叶寘、周密、陈世崇:《爱日斋丛抄·浩然斋雅谈·随隐漫录》,北京:中华书局,2010,第148页。]

焚香昼永，一卷茶经"，便是宋元人经典的焚香饮茶之平淡闲雅生活的写照。又如范成大自称"煮茗烧香了岁时，静中光景笑中嬉"（《丙午新正书怀十首》），辛弃疾自称"老去逢春如病酒，唯有茶瓶香篆小帘栊"（《定风波》），焚香有逸韵，斗茶饮茶有香为辅助，环境氛围乃至境界则更有清韵幽趣。就宋元人而言，焚香烹茶可谓他们的"赏心乐事"之一。如于深山禅寺中，焚香煮茶，微风细雨，云朵飘散，半盏清茶，一缕妙香，闲雅舒适；如在抄写经文时，煮一壶茶，点一炉香，真可谓"红袖添香"。茶香、炉香与墨香相互交融，此种氛围闲雅而精致，平淡而韵味悠长。

二、斗茶与斗品

宋元斗茶的平淡而富诗意，其次表现在斗茶之斗品上。斗品主要包括茶、水以及茶具。斗茶中，宋元人倾向于对斗品之"白"与"清"的审美追求。就茶而言，宋元斗茶多用团饼茶，茶饼门类众多，喜以"雪""玉""春""云"等字命名，为斗茶活动增添了雅洁的审美韵味。而他们最喜爱的是建溪茶，[1] 建溪茶多为白茶，其特点是产量少，制作精致，但"其叶莹薄"，茶"表里昭彻，如玉之在璞"，无与伦比。[2] 是以建溪茶因其珍贵、精致、茶

---

[1] 建溪茶产于建安（今福建建瓯县）壑源山（北临凤凰山北苑御茶园）因山临建溪口，故名建溪茶，亦名壑源茶。建溪茶中尤以北苑贡茶名冠天下。宋元人斗茶饮茶多喜建溪茶，诗词中多有反映，如"要须茶品对，合煮建溪先"（强至《惠山泉》）、"枪旗争贡，建溪春色占先魁"（葛长庚《水调歌头·咏茶》）、"传呼惠山水，来瀹建溪茶"（杨万里《朝饭罢登净远亭》）、"常山蛇阵想鱼腹，建溪龙焙倾蟆颐"（丁逢《次袁尚书巫山十二峰二十五韵》）等，皆显示斗茶饮茶，他们首选建溪茶。

[2] 赵佶《大观茶论》载，白茶"与常茶不同，其条敷阐，其叶莹薄。崖林之间，偶然生出，虽非人力所可致，有者不过四五家，生者不过一二株，所造止于二三銙而已。芽茶不多，尤难蒸焙，汤火一失，则已变而为常品，须制造精微，运度得宜，则表里昭彻，如玉之在璞，他无与伦也"。[见（宋）赵佶：《大观茶论》，参见朱自振、沈冬梅、增勤编著：《中国古代茶书集成》，上海：上海文化出版社，2010，第124页。]

白如玉,且生于山崖之上,而具清净高洁之意味被宋元人普遍推崇并用于斗茶之中。他们称其为"建溪春",如"争先御府贡,初摘建溪春"(夏竦《送凤茶与记室燕学士诗》)、"数饼建溪春,求逾尺璧珍"(强至《通判国博惠建茶且有对啜之戏因以奉谢》)、"髣髴三生玉川子,破除千饼建溪春"(朱松《答卓民表送茶》)等;又称其为"建溪芽",如"几时曾买建溪芽,小箧深藏品必嘉"(毕仲游《和陈子思马上口占令益师携茶纸赴会之作二首》其一)、"犀隐雕龙,蟾将威凤,建溪初贡新芽"(王之望《满庭芳·赐茶》)、"内库新函进御茶,龙团春足建溪芽"(王珪《宫词》其二十三)、"何以报嘉贶,龙团建溪芽"(王十朋《王抚干赠苏黄真迹酬以建茶》)等;他们还称其为"建溪云",如李虚己《建茶呈使君学士》诗云:"试将梁苑雪,煎动建溪云。"郭祥正《次韵元舆十绝》(其一)诗曰:"试拣松阴投石坐,一杯分我建溪云。"还将其比为"玉",如曾几《曾同季饷建溪顾渚新茶》诗曰:"顾渚琼縻似,闽溪玉食余。"可见他们推崇的是建溪茶之茶色的清新可爱、洁白如云如玉,即"清"与"白",此亦即宋元人斗茶饮茶的审美追求之一。如苏轼《将之湖州戏赠莘老》诗曰:"顾渚茶芽白于齿,梅溪木瓜红胜颊。"许景衡《寄新茶王圣时蒙示五诗》诗曰:"建溪初采雪芽香,病客分来敢独尝。"表现出对茶"白"的喜爱。李纲《建溪再得雪乡人以为宜茶》诗云:"闽岭今冬雪再华,清寒芳润最宜茶。"表现出对茶"清"的推崇。而王十朋《张器先和诗复用前韵》诗云:"音如鼓瑟铿清庙,味似煎茶斗建溪。"更是将诗之清韵比作建溪茶之清味,从中透露出对茶"清"的追求。而黄庭坚更是既推崇茶之"清"亦追求茶之"白"。[1] 同时,斗茶饮茶中,无论是茶叶还是茶汤,宋元人皆以纯白为最佳,以突出茶之"清"韵。如释慧空《送茶化士》其一诗云:"但看吉山茶碗里,雪花时现建溪春。"以"雪花"比拟斗茶饮茶时茶汤、茶

---

[1] 如黄庭坚《谢王炳之惠茶》诗云:"平生心赏建溪春,一邱风味极可人。香包解尽宝带胯,黑面碾出明窗尘。"

乳的洁白。茶乳，又称乳花，[1] 于宋元诗词中其常被称为雪、花、云露、云脚等。如刘过《好事近·咏茶筅》诗云："滚到浪花深处，起一窝香雪。"描绘的即是以茶筅击拂即点茶时汤花幻化出如浪如雪的美妙意境，同时亦凸显了茶汤与茶乳之色的洁白。但宋元人更倾向于以"白"彰显对"清"的追求。如吕南公《和得茶杂韵》诗云："蒙山顾渚建溪春，花乳清泠遍知味。"李正民《刘卿任尝新茶于佛舍元叔弟赋诗次韵》（其一）诗曰："花乳清泠仙掌露，云腴浮泛建溪春。"贝琼《方文敏惠二白瓶及新茶土铁》诗曰："建溪春茶风露洁，赤城海错波涛腥。"皆在描绘茶汤之白的同时极尽彰显茶之内在精神的高洁"清韵"。宋元人认为茶可洗濯涤荡人心中之杂念与尘埃，使心境清净平和，此非平常人所能得知，茶饮冲和淡泊，韵致高雅，导人宁静，则又不是惊惧不安的时候可以爱好和崇尚的。[2] 可见，宋元人之所以喜欢建溪茶，实乃因其"白"，此白正是其对平和淡泊、清静高雅、超尘脱俗之"清"人生境界的追求。是以他们对茶色"清""白"的崇尚，一方面固然是因为白茶罕见而不易得，但更多则是彰显他们对高洁清雅简淡生活的审美追求。是以王安中《临江仙·和梁才甫茶词》诗曰："年年回首建溪春。"张抡《诉衷情令》（其六）诗云："闲中一盏建溪茶。香嫩雨前芽。"宋元人想念的、追求的理想生活，正是如茶"清""白"般清洁闲雅简淡之生活。

就茶具而言，宋元斗茶中，最重要的茶具之一是茶盏，[3] 因为茶色尚白，是以宋元斗茶所用之茶盏，在颜色上就有了相应的

---

1 乳花，唐代陆羽《茶经》中称之为"沫饽"，言：茶煮好之后，"凡酌置碗，令沫饽均。沫饽，汤之华也。华之薄者曰沫，厚者曰饽"。宋元斗茶中乳花常于击拂过程中产生。

2 如宋徽宗云："至若茶之为物，擅瓯闽之秀气，钟山川之灵禀，祛襟涤滞，致清导和，则非庸人孺子可得而知矣；冲淡简洁，韵高致静，则非遑遽之时可得而好尚矣。"［见（宋）赵佶：《大观茶论》，参见朱自振、沈冬梅、增勤编著：《中国古代茶书集成》，第124页。］

3 朱琰《陶说》云："至宋，则瓷盏为斗茶之胜具矣。"

特殊要求。宋代茶盏以黑青为贵,而宋代建州窑所出的黑色茶盏,被认为乃最佳之斗茶用盏。[1] 建盏通体黑釉,又名"乌泥建""黑建""紫建",斗茶中可将茶汤与乳花衬托得愈发洁白,是以备受青睐。这在宋元诗词曲中多有反映,如"银瓶拨醅酒,紫碗双井茶"(刘敞《过圣俞饮》)、"兔毛紫盏自相称,清泉不必求虾蟆"(梅尧臣《次韵和永叔尝新茶杂言》)、"明窗倾紫盏,色味两奇绝"(苏轼《游惠山,并叙》其三),黑色的茶盏,放置于明窗之下,洁白之茶汤与茶乳被衬托得更为洁白。紫碗与紫盏皆指建盏,建州瓷器更为人称道的是,黑色的釉面经过窑变,烧制出如兔毫一样的纹路。苏轼《送南屏谦师并引》诗曰:"忽惊午盏兔毛斑,打作春瓮鹅儿酒。""兔毛斑"即指窑变兔毫纹之建州茶盏。祝穆《方舆胜览》言:"茶色白,入黑盏,其痕易验。"黄庭坚《西江月·茶》词云:"兔褐金丝宝碗,松风蟹眼新汤。"明确指出兔毫盏对茶汤乳花之洁白的映衬。以黑盏配白茶,颇有"知白守黑"之审美意味,所谓"有""无"相生,黑色的幽玄与静谧衬托出白色与空的无穷韵味,宋元人之茶盏取其黑白分明的视觉对比效果实乃衬托他们对"清""白"的审美追求,进而以"知白守黑""有无相生"之审美意味彰显出他们对尚淡尚理的审美取向。同时,晁补之《次韵提刑毅甫送茶》诗云:"健步远梅安用插,鹧鸪金盏有余春。"李流谦《德广至中途再示诗次其韵》诗云:"几日寒衣扣黄阁,云腴重试鹧鸪斑。"杨万里《和罗巨济山居十咏》(其三)诗曰:"自煎虾蟹眼,同瀹鹧鸪斑。"白朴《梧桐雨·叫声》曲云:"酒注嫩鹅黄,茶点鹧鸪斑。"又《满庭芳》词云:"银瓶注,花浮兔碗,雪点鹧鸪斑。"更是描绘了黑釉茶盏中的鹧鸪斑盏衬托出茶汤与乳花的冰清玉洁。鹧鸪斑亦乃建盏中的名贵茶盏,它亦是斗茶中的珍贵之茶具,工艺非常精致,常被称为"茶瓯金

---

[1] 蔡襄《茶录》载:"茶盏:茶色白,宜黑盏。建安所造者绀黑,纹如兔毫,其杯微厚,熁之久热难冷,最为要用。出他处者,或薄或色紫,皆不及也。其青白盏,斗试家自不用。"

缕鹧鸪斑",表明茶盏既珍贵又精美,但是鹧鸪斑盏由于加工工艺比较复杂,且为人为添加装饰,与宋元尚自然尚清简的纯简自然之理念不符,是以产品并不多。然而它从侧面一方面衬托出宋元斗茶的清白平淡之追求,另一方面又彰显了宋元简淡中的雅致与精美,平淡中的不平淡。当然,宋元人斗茶饮茶之茶盏,亦不全用建盏,但皆以"清""白"之淡雅精致为美。如释德洪《谢性之惠茶》诗云:"午窗石碾哀怨语,活火银瓶暗浪翻。"苏轼《试院煎茶》诗曰:"银瓶泻汤夸第二,未识古人煎水意。"陈东《茶》诗曰:"偏爱君家白玉盘,建溪云脚未尝干。"家铉翁《谢刘仲宽惠茶》诗云:"儒臣讲毕上命坐,瀹茗初试琼瓯瓷。"白玉蟾《茶歌》诗云:"定州红玉琢花瓷,瑞雪满瓯浮白乳。"任希夷《扈从朝献四首》(其三)诗云:"扈从齐宫每赐茶,玉瓯常瀹建溪芽。"释居简《与应真遇》诗曰:"知公醉经不以酒,玉盋自掩新露芽。"无名氏《沁园春》词云:"玉瓯内,仗仙童手巧,烹出金花。"王庭圭《好事近·茶》词云:"黄金碾入碧花瓯,瓯翻素涛色。"白朴《梧桐雨·醉春风》曲曰:"酒光泛紫金钟,茶香浮碧玉盖。"贾仲明〔双调〕《吊李宽甫》曲曰:"金叵罗醉堪琼酿,青定瓯茶烹凤团。"可以看到,宋元人所用之茶具,偏向于金、银、玉器,但在色彩上则倾向于"玉"色,是以"饶玉",备受宋元人所推崇。青瓷之青有如天空、春天与水之色质,被称为天青色或水青色,给人以单纯、纯洁、明朗、雅静、幽玄之感,"尚玉"而"崇青"的风尚,使宋元人认为,青白瓷、青瓷和白瓷是点茶最合适的茶器。黄庭坚《满庭芳》词曰:"纤纤捧,冰瓷莹玉,金缕鹧鸪斑。"宋祁《答朱彭州惠茶长句》诗曰:"雪沫清吟肺,冰瓷爽醉唇。"谢逸《武陵春·茶》词云:"捧碗纤纤春笋瘦,乳雾泛冰瓷。"皆以"冰"称赞白瓷茶器。又陈岩《煎茶峰》诗云:"春山细摘紫英芽,碧玉瓯中散乳花。"吴龙翰《秋崖先生招饮荷葭坞席上赋诗》诗曰:"浪呼迪辈偕春游,绿醅深注碧玉瓯。"《学林新编》载沈括有句:"黄金碾畔绿尘飞,碧玉瓯中翠涛起。"皆以

"碧玉"称赞青瓷茶器。从此可见宋元茶具茶盏对青、白等淡色之审美追求。同时这些淡色之瓷器造型亦淡雅精美,如韩元吉《少稷家观雪赋江字三十韵》诗云:"酪乳浮茶鼎,花瓷莹鼓栝。"赵孟𫖯《琴棋书画图》中,[1] 奉茶用的茶盏乃类似青白釉的海棠杯,并配有船形茶托,而江西吉州窑的吉州盏,以富于禅意的木叶天目盏和贴花天目盏而著称,亦备受宋元人所推崇。总之,与唐盏晶莹剔透、玲珑璀璨不同,[2] 宋元茶盏造型、釉色、装饰均体现出一种温润含蓄、简洁质朴的简淡清雅之美,同时简淡之中又不失精致,所谓平淡而精美。

(宋)建窑黑釉兔毫盏　　(宋)鹧鸪斑建盏　　(宋)汝窑天青釉茶盏

就斗茶之用水而言,宋元人亦非常讲究。[3] 他们认为斗茶饮茶用水以"活"为上,如敖陶孙《再用晨吐字韵寄潘德久》(其一)诗云:"琴为悲风弹,茶必活水煎。"戴良《甲辰元日对雪联句》诗云:"土融偏润麦,水活最便茶。"且不像唐人那样过度迷信名泉,认为"水以清轻甘洁为美""取山泉之清洁者""井水之常汲者"为用即可。[4] 是以,宋元人常用的斗茶饮茶用水主要有以下几种:

1　此图现藏于日本德川美术馆。
2　唐盏多以紫金、白玉、水晶、玻璃等制作,故晶莹剔透、玲珑璀璨。
3　所谓"茶者,水之神;水者,茶之体。非真水莫显其神,非精茶曷窥其体"。是以宋元人斗茶饮茶非常重视水品。宋人江邻几《江邻几杂志》载,苏轼和蔡君谟(蔡襄)斗茶,蔡茶精,用惠山泉;苏茶劣,改用竹沥水煎,遂能取胜。说明优质之水在斗茶中的重要作用。
4　(宋)赵佶:《大观茶论》,见朱自振、沈冬梅、增勤编著:《中国古代茶书集成》,第268页。

泉水	如"开缄试雨前，须汲远山泉"（丁谓《煎茶》）、"甘香曾饮谷帘前，携茗仍来试煮泉"（喻良能《题煮泉亭》）、"汲西岩之清泉兮，松风生乎石鼎"（孙因《越茶》）、"苍璧新敲小凤团，赤泥开印煮清泉"（周紫芝《摊破浣溪沙·茶词》）、"清泉近在南山麓，珍味殊胜渭水煎"（傅察《次韵烹茶四首》其二）、"然松煮鼎山泉冽，枪旗一水分优劣"（刘子翚《寄茶与二刘》）、"龟泉二湛康庐如，瓦鼎才跳鱼眼珠"（刘黻《焦溪茶》）、"汲泉满歙缶，篝火勿遽迫"（张侃《煎茶》）、"煮泉独啜寒窗夜，已觉东风天际归"（张栻《岁晚烹试小春建茶》）、"自汲香泉带落花，漫烧石鼎试新茶"（戴昺《赏茶》）、"枯桐觅古意，石鼎烹山泉"（徐瑞《五月初一日煮茶偶作》）、"题句霜干拈落叶，煮茶月静掬新泉"（张以宁《题清隐图》）、"荧荧石火新，湛湛山泉冽。汲水煮春芽，清烟半如灭"（李谦亨《土锉茶烟》）、"肯招白鹤山前住，石鼎春泉看煮茶"（乃贤《梅花庄为张式良赋》）、"白发有人中卯酒，清泉无火煮春茶"（成廷圭《同诸公游西城木兰院》）、"梦想寒月泉，携茶就泉煮"（赵孟𫖯《天冠山题咏二十二首》其九）、"仙人应爱武夷泉，旋汲新泉煮嫩芽"（蔡廷秀《茶灶石》）、"丹灶烟轻香不变，石泉火活味逾新"（蓝仁《谢卢石堂惠白露茶》）、"旧壁苔生寻旧刻，新岩茶熟试新泉"（戴帅初《送砥平石过天竺兼简邓善之》）等。
雪水	如"毯裘羔酒非吾事，自碾新茶和雪煎"（王同祖《寒夜》）、"夜扫寒英煮绿尘，松风入鼎更清新"（谢宗可《雪煎茶》）、"幽事围棋翻局势，清欢煮雪试茶芽"（刘攽《城濠泛舟同毕长官》）、"便应归去烧松叶，细碾枪旗煮雪花"（姚勉《雪中宝坡十忆》其九）、"瓦研磨冰叶，砖炉煮雪花"（洪咨夔《岁杪用韵》其二）、"月团影落银河水，云脚香融玉树春"（谢宗可《雪煎茶》）、"怕俗似嫌羔作酒，高人颇称雪煮茶"（刘清叟《梅四首》）、"汲得泉归和雪煮，地炉茶熟带清香"（柯九思《题雪泉三首》）、"党家贱妾粗豪惯，轻易银瓶雪水茶"（张昱《昔游》）等。
井水	如"隔竹敲茶臼，禅房汲井烹"（林希逸《烹茶鹤避烟》）、"三印谁分阳羡茶，自煎蜀井瀹琼花"（方岳《赵龙学寄阳羡茶为汲蜀井对琼花烹之》）、"八十老禅延客坐，九龙井上试新茶"（吕诚《游白云诸山三首》）、"行逢蜀井恍如梦，试煮山茶意自便"（苏辙《扬州五咏·蜀井》）、"蜀冈精气渟多年，故有清泉发石田。……炊成香稻流珠滑，煮出新茶泼乳鲜"（秦观《广陵五题·次韵子由题蜀井》）、"辘轳绳细井花暖，香尘散碧琉璃碗"（陈襄《古灵山试茶歌》）、"朝来啜饮畚食盐，汲井煎茶待佳客"（俞德邻《沽酒行》）、"梅山晚翠屏当户，茶井春芽雪满瓯"（孔仲平《送郭明叔任分宁》）、"新茶磨细雪，甘井漱清乳"（张耒《喜吉老甥见过》）、"试茶燃石鼎，汲井就西邻"（徐德辉《夏日和韵》）、"嫩香新汲井华调，簪脚浮

(续表)

		花碗面高"（耶律铸《茶后偶题》）、"莆中苦茶出土产，乡味自汲井水煎"（洪希文《煮土茶歌》）、"汲井烹紫芽，聊餍畸人欲"（高逊志《次陈彦博博士寒斋四咏韵·炽炭烹茶》）、"茶炉敲火急，丹井汲泉新"（萨都剌《游梅仙山和唐人韵》）等。
其他水	江水	如"凭君为汲松江水，活火煎来泛乳花"（李正民《觅松江水》）、"仙茶旋煮桐江水，客火遥分石壁灯"（萨都剌《钓台夜兴》）、"携瓶自汲江心水，要试煎茶第一功"（杨万里《过扬子江二首》）等。
	溪水	如"曳杖行穿蟠冢云，试茶手挹香溪水"（陆游《游疏山》）、"烹茶且酌南溪水，第欠金山第二濡"（李鹰《又过陈叔易隐居相拉同游超化寺诗》）、"到我住庵无此瑞，只将溪水煮山茶"（释慧空《本老昔住此庵今出世再过山次日出诸偈颂乃和之》）、"谁似朴翁随分过，曹溪水煮赵州茶"（陈造《又次铦朴翁韵四首》其三）等。
	涧水	如"虚中不足称储粟，汲冷涧水供煎茶"（萧立之《铜瓶歌为赵广文生日》）、"茶瓶既徐进，涧水亦屡酌"（赵鼎臣《八月二十日晚凉可喜秋思浩然乘兴独游至崇宁寺谒须上人表以次元闻而造焉既归而作是诗》）、"涧水煮茶和月汲，地炉收叶带霜然"（叶颙《幽怀》）、"涧水煎茶烧竹枝，裂袈零落任风吹"（马致远《荐福碑》第三折）等。
	瀑水	如"煮瀑茶可啜，剖石蜜堪唊"（黄潜《重登云黄山》）、"崖高瀑布洒晴雪，净笟石鼎烹春茶"（朱希晦《简子文林训导》）、"赏春不折背岩花，烹茶自汲当门水"（顾瑛《四叠前韵》）、"便汲悬泉水，闲烹废寺茶"（张揖《初夏》）、"须藉水帘泉胜乳，也容双井白浮磁"（李鹰《杨元忠和叶秘校腊茶诗相率偕赋》）、"汲来崖瀑煮新茶，紫玉颐中现瑞霞"（普度《和静照诗韵》）等。
	池水	如"送客踏穿松径雪，煮茶敲破石池冰"（赵令畤《冬日居山》）、"有约不来过夜半，煮茶敲碎一池冰"（赵必瑑《再用前韵集句》其九）、"遥思茶话夕，敲碎玉池冰"（吕言《寄九日山僧》）、"夜火晴收枫坞叶，午茶寒煮石池冰"（枏堂《山居四十首》其三）等。

可见，尽管宋元人斗茶饮茶之用水并不像唐人那样迷信于名泉，但他们最喜以及用得最多的依旧是泉水。陆羽曾言："用山水

上,江水,井水下。"[1] 认为用山上水即泉水可令茶味为最上乘,宋元人亦如是。如张扩《谢人惠团茶》诗云:"惠山寒泉第二品,定武乌瓷红锦囊。乳花元属三昧手,竹斋自试鱼眼汤。"晏殊《煮茶》诗曰:"稽山新茗绿如烟,静挈都蓝煮惠泉。"皆以惠山泉形容茶水之清泠。泉水具有的特点为活、清、洁、净。活即灵动,即清新。如李光山《饮茶歌》诗云:"山东石铫海上来,活火新泉候鱼目。"将泉称为新泉,以火之跳动生动地描绘了泉水煮茶茶水的灵动。而用"活"泉煮茶,茶水清绝醉人更是令人赞叹不已。如周必大《适蒙折简见约烹茶再次前韵》诗云:"活火新泉太清绝,何如沉醉咏而归。"吴潜《谢惠计院分饷新茶》诗曰:"活火新泉点啜来,俨若少阳人觌面。"张彦卿《虎跑泉》:"山僧勺供疑甘露,野史烹茶胜白云。"就盛赞了"活"泉煮茶茶色、茶味皆宛若甘露般清绝。从宋元诗词之描述中还可以看到,他们斗茶饮茶之水除了用泉水,其他水如雪水、井水亦占了很大比重,常常与泉并置。如泉与雪水并置,"雪液清舟涨井泉,自携茶灶就烹煎"(陆游《雪后煎茶》)、"汲得泉归和雪煮,地炉茶熟带清香"(柯九思《题雪泉三首》其三),泉清泠甘甜,雪洁白,泉与雪并置赋予雪清泠甘甜的特质。又如泉与溪水并置。叶颙《古意三首》(其一)诗云:"扫花净石径,烹茶汲溪泉。"实际以泉突出溪水之清洌,又以溪衬托泉之灵动,即清泠。刘挚《石生煎茶》诗云:"石生兰溪来,手提溪泉瓶。谓言长官政,如此泉水清。欢然展北焙,小鼎亲煎烹。一杯酌官寿,云腴浮乳英。"则更是描绘以溪泉煎茶烹茶的茶汤之洁白纯净,茶味之清绝。再如泉与井水并置,"平生嗜茗茗有癖,古井汲泉和石髓"(袁桷《煮茶图》)、"角开秋月满,香入井泉新"(徐照《谢徐玑惠茶》)、"入林去踏山头月,裹茗来烹井底泉"(韩淲《昌甫约诸人茶山病不能往次韵其所赋》),皆称井水为井泉,将井水喻为泉水。井水幽深静澈,将井水称为泉水,则赋予了井水高

---

[1] (唐)陆羽:《茶经》,见朱自振、沈冬梅、增勤编著:《中国古代茶书集成》,第9页。

洁、纯净、清泠、灵动的色调。由是可知,宋元人对斗茶饮茶之用水,无论泉水、雪水、井水还是溪水、涧水、瀑水、江水、池水,皆以清洁甘甜为主旨,表现出对清泠、高洁、纯净的"清"与"白"的审美追求。同时,值得注意的是,除了泉水,宋元人还特别喜爱以雪水煮茶,尤其南宋与元代,"雪水烹茶"是他们最为热衷的一项风雅清事。如黄庚《雪》诗云:"羔羊金帐应粗俗,自掏冰泉煮石茶。"就描绘了雪水烹茶之清事。这在元曲中有更大量的描绘,如"煞强如扫雪烹茶破草堂"(戴善甫《陶学士醉写风光好》第二折《二煞》)、"有等人道宜扫雪烹茶在读书舍里"(萧德祥《杀狗劝夫》第二折《倘秀才》)、"链秋霞贡鼎,煮晴雪茶铛""诗句香梅梢上扫雪片烹茶""避豪杰,隐岩穴,煮茶香扫梅梢雪"(乔吉〔正宫〕《醉太平·乐闲》、〔双调〕《折桂令·自述》、〔双调〕《钱丝泫》)、"便休提晚来堪画,休强呵映雪读书,且免了这扫雪烹茶""兔毫浮雪烹茶香,鹤羽携风采药忙"(苏彦文套数〔越调〕《斗鹌鹑·冬景》、〔双调〕《水仙子·春衣洞天》)、"忆当时扫雪烹茶味,争如饮羊黑激滟杯,胆瓶中温水江梅"(无名氏〔双调〕《水仙子·冬》)等,就宋元人而言,雪水煮茶是他们超尘脱俗之人格与精神的象征。是以他们在雪水烹茶时,还常常将雪水与冰并置,以突出雪的冰清玉洁,更是见出他们对茶水之"清""白"的审美追求。

总之,宋元人斗茶饮茶之斗品,无论是茶叶、茶具还是取水,皆以尚"清""白"为审美追求。"清"为他们所推崇的一种审美理想,他们将自我审美理想带至斗茶饮茶之中,从而使日常平常的茶事活动不可避免地具有了平淡而清雅脱俗的审美情趣。

三、斗茶与茶诗

斗茶与赋诗关联密切,并促进了宋元茶诗的兴盛。[1] 胡奎《题

---

[1] 斗茶的内容包括斗茶品、斗茶令、茶百戏。其中斗茶令是在品茶时比与茶相关的诗词歌赋,行茶令所举故事及吟诗作赋,皆与茶有关,是(转下页)

处静轩》(其二)诗云:"处静轩中好赋诗,熏炉茶鼎最相宜。"耶律楚材《夜坐弹离骚》诗曰:"一曲离骚一碗茶,个中真味更何加。"可见,就宋元人而言,饮茶必赋诗,且饮茶与赋诗最为相宜,他们将茶事活动与自我之审美追求、人格理想以及人生理想紧密联系,从而使日常之斗茶品茗具有了诗意化的审美意味,即真味。

宋元与斗茶相关的茶诗内容丰富多彩。首先是赋述斗茶品茶之感受。宋元描绘斗茶过程之美感的诗中,著名的有范仲淹的《和章岷从事斗茶歌》,诗歌不仅展现了斗茶场面之美——水美、茶美、器美、艺美、境美、味美,还突出斗茶之高雅,描绘了茶之淡、雅、洁之品性。而苏轼《行香子·茶词》则重点描绘了"斗赢一水"后的豪爽与愉悦尽兴之欢畅。[1] 他们也描绘品茗过程之美感,就他们而言,斗茶之重心并不在于"斗",而是在于试茶、煮茶、点茶、分茶、品茶过程中的那份心境,是以斗茶整个过程都被赋予了非常诗意的名称。如煎茶被称为"文烹龙图",茶臼里捣碎茶饼被称为"臼碎圆月",碾茶被称为"石来运转",茶帚扫取茶粉被称为"从事拂茶",瓶中煮水被称为"临泉听涛",点茶被称为"融胶初结",用竹筅搅拌茶汤,形成丰富的茶汤花,被称为"竹筅击拂",斗茶过程被赋予了清新脱俗的诗意化美称,在他们看来,斗茶饮茶过程的每个环节每道工序都是美好而富诗

(接上页)以斗茶不可避免地与赋诗关联密切。行茶令的首创者当推宋代著名女词人李清照。传其与丈夫赵明诚贫居青州专心治学时,每得一本好书即共同校勘、重新整理。在一次煮茶品茗时,她突发奇想了一种与酒令大相径庭的茶令,即互考书经典故,一问一答,说中者可饮茶以示庆贺。并传每天饭后,皆玩此游戏,互相出题,胜者喝茶。清代纳兰容若《浣溪沙》词曰:"被酒莫惊春睡里,赌书消得泼茶香。当时只道是寻常。"即用了李清照行茶令之典,从中可见宋元人对茶令之热衷。行茶令,作为斗茶的产物,如同酒令,用以助兴增趣,是以某种程度上促进了宋元茶诗的兴盛。

1 苏轼《行香子·茶词》云:"绮席才终,欢意犹浓。酒阑时,高兴无穷。共夸君赐,初拆臣封。看分香饼,黄金缕,密云龙。斗赢一水,功敌千钟。觉凉生,两腋清风。暂留红袖,少却纱笼。放笙歌散,庭馆静,略从容。"

意的。如煮茶过程充满诗意。"听水"自不必说,[1] 其烹煮容器就很有古意雅趣。有用茶铛的,如"酒旆静垂墙杏雨,茶铛闲试砌莎晴"(张镃《书事》)、"茶铛欲熟篆香残"(陆游《成都岁暮始微寒小酌遣兴》)、"拟约道人云壑外,茶铛煮瀑共谈诗"(蓝仁《至梅村别业再用前韵寄云壑》其二);更多的是用鼎,如"茶鼎松涛翻细浪,桃溪花雨涌香泉"(叶颙《次韵周安道宪史仲春雨窗书怀十首》其三)。鼎为上古炊具,有装饰性极强的云雷文,造型古朴大气,以鼎烹茶,使煮茶过程充满古雅之气息。点茶、分茶更是诗情画意,在宋元人看来,泡开之茶叶或冲泡好之茶汤都很美。泡开后的茶叶片片碧绿,在水中缓缓浮动,颇有一种清新闲雅之美感,而泡好的茶汤如雪浪和玉乳一样洁白。如丁谓《咏茶》诗云:"碾细香尘起,烹新玉乳凝。"黄庭坚《西江月·茶》词云:"已醺浮蚁嫩鹅黄,想见翻成雪浪。"以玉乳、雪等物象形容纯白之茶汤,描绘出茶汤之静态美。而黄庭坚又以冬天滚动之雪浪形容水注入茶盏,白色茶汤于盏中翻滚之情状,描绘出茶汤之动态美。茶汤的动静之美,给宋元人带来独特的美感,而茶汤之上浮着一层雪白的汤花,更是如诗如画,被称为"水丹青"。观汤花是斗茶中点茶活动的精华所在,汤花之"形""色"之美给宋元人带来了各种美的体验。汤花产生出的形状乃见仁见智,皆是观汤花者内心的观照,映照出宋元人的审美价值取向。同时,宋元人除了追求斗茶饮茶过程中"色""形"方面的清雅脱俗的审美体验外,还追求"味"方面的清香而复杂的味觉体验。是以就宋元人而言,品茶实际乃品味,茶味乃由味而生之"味",来自于斗茶品茗者复杂而隽永之心源,是以茶香茶味实际融入了宋元人的生活经历和精神境界,显得深刻厚重而又虚静穆,而斗茶饮茶即不可避免地具有了平淡而又有真味的特质。

其次是赋写茶之性与理想人格。如苏轼,对茶之"清""白"

---

[1] 宋元人煮茶之具大多为瓶,往往以声辨水,是为"听水"。

神韵描绘得颇为深刻,并与草相比较,突出茶的君子性格:高洁淡雅,清癯刚正,可爱苦硬,先苦后甘,且韵味悠长,此谓之"真味永",抑或谓平淡而有味。苏子一生大部分光阴处于党争之政治旋涡中,郁郁不得其志。其茶诗茶赋往往在赋写茶之性的同时展现出其理想人格的审美追求。在他的诗中,茶如同活色生香之美人,极尽妍态,给人以无限之想象与美妙绝伦之感受。其"从来佳茗似佳人"的茶诗不仅展现茶的仙灵之性的天然气质,更彰显着其疏朗旷达之胸怀与高洁清雅之品格。[1] 又如陆游,其《七月十日到故山削瓜瀹茗翛然自适》诗云:

> 镜湖清绝胜吴淞,家占湖山第一峰。瓜冷霜刀开碧玉,茶香铜碾破苍龙。壮心自笑老犹在,狂态极知人不容。击壤穷间歌帝力,未妨尧舜亦亲逢。

体现了以茶修德的内省心态。赵佶《大观茶论》指出茶贵在"冲淡简洁""韵高致静""和"等君子精神与人格情性。宋元人之茶诗对此多有描绘以比况人格之高洁。如"玉脸含羞匀晚艳,翠裾高曳掩秋妍"(董嗣杲《茶花》)、"青裙玉面初相识,九月茶花满路开"(陈与义《初识茶花》)、"格高玉雪莹衷肠,品下膏油浮面颊"(葛胜仲《试建溪新茶次元述韵》)、"不把膏油涂首面,要须色里认天真"(葛立方《次韵陈元述见寄谢茶》),皆将茶之性与美人相类比,体现对清新自然、美好纯洁品格之审美追求。而

---

[1] 苏轼《次韵曹辅寄壑源试焙新芽》诗云:"仙山灵草湿行云,洗遍香肌粉未匀。明月来投玉川子,清风吹破武林春。要知冰雪心肠好,不是膏油首面新。戏作小诗君一笑,从来佳茗似佳人。"这首诗歌书写了茶的清雅与超尘绝俗。壑源茶在苏轼心中,乃不加膏油之"仙山灵草",斗茶饮茶之美感"从来佳茗似佳人",如同活色生香之美人,极尽妍态,给人以无限之想象与美妙绝伦之感受。"戏作小诗君一笑",字里行间荡漾与彰显着苏轼疏朗旷达之胸怀与高洁清雅之品格。更重要的是,苏轼于饮茶中还体会到了茶的仙灵之性的天然气质,由此提出了茶色贵自然之美学观点。并在味与香方面,推崇"真",追求茶的真香正味,此即为"欲把西湖比西子,从来佳茗似佳人"(后人将"从来佳茗似佳人"句与《饮湖上初晴雨后》中的"欲把西湖比西子"句组成一幅绝妙无双的茶联)成为千古传颂之赋茶名句的重要因由。

戴昺《次黄叔粲茶隐倡酬之什》、项安世《野山茶红白二种》更是以茶生长于深山幽谷，远离世俗污染，清新脱俗之自然秉性写出了隐逸之士不与世俗同流合污，不随波逐流之清高气节，所谓"洁躬淡薄隐君子，苦口森严大丈夫"（岳轲《茶花盛放满山》），茶性与人品绝俗超脱。宋元人以茶写人，借茶之性赋写人之高洁品性与情操，说明他们不再囿于斗茶饮茶之乐趣，而是超脱开来，追寻茶之精神价值了。在他们的茶诗中，茶是君子的标准模板，[1]他们斗茶饮茶，可以内省，可以外修，从而超凡脱俗，明心见性，体味"茶人合一"之境界，成就其清、正、雅、和之君子人格。是以，就宋元人而言，某种意义上，茶道实乃君子之道。

再次是赋抒理想人生。尽管斗茶饮茶给宋元人带来了各种美妙绝伦的审美感受，但是他们更多的是通过斗茶饮茶活动，来实现他们的理想人生追求。如陈造《又次铦朴翁韵四首》其三：

娄酣贵宦鲛绡帐，飖飖功名泊浪沙。谁似朴翁随分过，曹溪水煮赵州茶。

诗歌一二句描写尘世中人贪恋荣华富贵，汲汲于功名利禄的生活情状，三四句以"赵州茶"典，写出葛天民之日常生活，虽汲泉煮茶，但安闲惬意。通过两种人物不同生活方式之比对，彰显了对世俗的摒弃以及对闲适生活的向往。就宋元人而言，他们往往能于斗茶饮茶过程中寻求恬淡闲适之理想人生。如"别来犹记松窗外，一掬清泉自点茶"（华岳《寄宗上人》）、"宾头应供未还家，聊借僧窗自点茶"（毛滂《访琳老闻邮赴供》）、"野径遍穿人借问，僧茶旋点客先尝"（郑清之《湖上口占》）、"客来访我惭

---

[1] 舒曼先生指出："茶诗中多有饮茶后'两腋清风'的描写，如居简的'腋凉生可御之风'，刘宰的'岂玉川所谓七碗后，清风自生'，强至的'已觉两腋清风翔'，苏轼的'两腋清风，暂留红袖，少却沙笼'，苏辙的'两腋风生空自笑'，黄裳的'两腋风生岂能御'等，这实际上是文人所追求的君子人格与统治阶级腐败的对立产生的文人品格的自我维护。"［参见舒曼：《从古代茶诗看卢仝在中国茶文化史上的地位》，《农业考古》，2013年第2期，第11—17页。］

无具，洗甑炊香更点茶"（欧阳庆甫《白鲁井石刻诗》）、"石楠花似碎琼花，只就香中便点茶"（张镃《园中口占二首》），皆体现了点茶中闲适自在、自娱自乐之情状。其他饮茶品茗如"平江一啜吟佳句，起舞不知天地宽"（冯山《再和》）、"不愿清风生两腋，但愿对竹兼对花"（梅尧臣《次韵和再拜》）、"日长吏散庭空后，风景萧萧对瀹茶"（郭知运《清爱堂》）等，闲适优雅、平淡自然；"尘味暂忘惟嗜此，更无余思到芳樽"（李光《和睡起饮茶》）、"平生不被利名锁，半掩柴扉听晚樵"（李昴英《碧霄》）等，优雅淡远、超然物外，皆乃诗人追求恬淡雅致生活情趣的表现。其中陆游茶诗最为经典。其《临安春雨初霁》描述了分茶之清静："矮纸斜行闲作草，晴窗细乳戏分茶。"在小雨初晴的窗前坐着，看着茶碗中乳白的汤花，仔细而随意地分茶，此即他们所追求的闲适自在的生活。但更重要的是，他们常常在赋写对恬淡闲适生活追求的同时带出对旷达超脱之通透生命的崇尚，他们书写品茗斗茶，或让所有尘世烦恼皆随茶烟灰飞烟灭，或于焙茶中"不寒不暖要如常"，呈现一种平和淡泊，闲适自在与逍遥旷达。茶诗不仅体现了他们对生命旷达的崇尚，亦彰显了他们自足而乐的生命通透精神。[1] 是以，斗茶饮茶活动，是宋元人审美追求的一

---

[1] 如陆游茶诗，"眼明身健何妨老，饭白茶甘不觉贫"（《书喜二首》）、"安贫炊麦饭，省事嚼茶芽"（《即事》）、"一毫无复关心事，不枉人间住百年"（《雪后烹茶》）等，皆于对闲淡生活追求的同时带出对旷达超脱之通透生命之崇尚的赋写。又如梅尧臣《李国博遗浙姜建茗》诗云："吴姜渍吴糟，越苞苞越箬。咀辛聊案杯，啜味可奴酪。但拜故人贶，何言为物薄。我心易厌足，不比填沟壑。"以"沟壑"喻己容易满足，此种自足实乃无己、无功、无名的价值崇尚，一种不受制于凡事俗物的达观彻悟，更是一种看透人生百味的生命追求。苏轼《游惠山，并叙》其三诗曰："敲火发山泉，烹茶避林樾。明窗倾紫盏，色味两奇绝。吾生眠食耳，一饱万想灭。颇笑玉川子，饥弄三百月。岂如山中人，睡起山花发。一瓯谁与共，门外无来辙。"以宋诗中常用之翻案手法，书写饱饭睡起之后闲赏山中百花，尽情享受尘世之快乐，"一饱万想灭"，所有尘世烦恼皆随茶烟灰飞灭。而洪希文《阮郎归·焙茶》诗云："养茶火候不须忙。温温深盖藏。不寒不暖要如常。酒醒闻箬香。除冷湿，煦春阳。茶家方法良。斯言所可得而详。前头道路长。"更是平和淡泊，闲适自在，逍遥旷达。正所谓"人生适意在（转下页）

种体现以及人格与人生理想的一种呈现,日常而富诗意,平淡而意蕴深厚。

四、茶禅一味

所谓"茶禅一味",如石韶华先生所言"指茶道精神与禅学精神的相通、交融"。[1] 就茶之属性与品味而言,颇能体现出禅学的精神境界。禅宗以追求"静心""自悟"为主旨,认为"平常心是道",俗谛即真谛,并认为"悟即众生佛",只要心神清静便是通佛之心。[2] 一方面,茶有清净纯和、淡朴高洁之性质,饮茶、啜茶能令人不烦不乱、恬静清寂,有明心见性、清明精神之功效,此与禅宗之意念相通。另一方面,品茶时需要祥和安静之心境,此亦与参禅相似。而禅门空寂,亦需要借茶提神,颇具岑寂,以静极求醒,寂中有趣。是以文人士大夫身处纷扰之尘世,借茶参禅求静,通过斗茶饮茶活动,在茶中融进"清静"思想,让自我精神开释,或从中体验超尘脱俗、安怡自得的意境,或于斗茶饮茶中寻求一种精神寄托,一份对自然万物、人生真谛的领悟,于闹极取静,静中偷闲。这两种看似矛盾的心理要求,在斗茶饮茶中得到相互统一,彼此心灵上都获得平衡和满足,此便是品茶如参禅的深刻内涵。[3] 简言之,就禅而言,即是与茶融为一体,经过"明心见性",消除心头的所有羁绊,"顿悟成佛"。就茶而言,即通过品与饮达致禅之静界,领悟禅理。茶味禅意交融,即"茶禅一味"。

(接上页)所便,物各有产尽随天。蹇驴破帽出近郭,裹茶汲井手自煎"(蒲寿宬《登北山真武观试泉》)。就宋元人而言,煮一鼎新茶,啜一杯香茗,吟一首好诗,即可超脱于世间万相,进而无住于相而使心无尘埃,无牵绊,无挂碍。这种"本来无一物,何处惹尘埃"的明心见性,体现了宋元人对生命旷达的崇尚,亦彰显了他们自足自乐的生命通透精神。

1 石韶华:《宋代咏茶诗研究》,第 139 页。
2 王玲:《中国茶文化》,北京:九州出版社,2009,第 161 页。
3 从石韶华说,参见石韶华:《宋代咏茶诗研究》,第 139 页。

宋元人有非常明显和强烈的茶禅一味之观念。他们常常能于"溪边奇茗冠天下，武夷仙人从古栽"（范仲淹《和章岷从事斗茶歌》）中悟出"道理透彻处"，将饮茶之意向升华为某种人生哲理，茶味具有浓浓禅理。而茶与禅在心静方面的相通之处，促使他们还常常通过禅之清高脱俗的境界与茶构建的诗之清境，表达对禅之清静生活与境界的追求。他们普遍认为禅者不必去寻找佛法大意，只需品味茶的滋味，禅味如同茶味，关键在于体验。如宋元的僧人常将赵州茶作为茶的代名词，赵州茶之意义具有了双重性。如"春风吹落碧桃花，一片流经十万家。何似飞来峰下寺，相邀来吃赵州茶"（崇岳《茶汤会求颂》），赵州茶不仅指茶，同时又暗含禅机，"吃茶去"也就有了茶味禅意，所谓"点茶须是吃茶人"（释了元《题茶诗与东坡》），只有禅之修养与禅定者，才能品出茶之真味，可谓参禅如饮茶。张羽《寄赠一见禅师》诗云："名蓝不肯住，招隐始中年。白日无来客，青山独坐禅。磬敲松顶月，茶煮涧心泉。见说衔花鹿，时来坐下眠。"就将饮茶与坐禅相提并论，坐禅与煮茶、饮茶是相通的。其他如"棋电惊青子，茶烟出半林"（刘辰翁《春景·禅房花木深》）、"茗煎冰下水，香炷佛前灯"（赵师秀《岩居僧》）皆如是，是以可知宋元禅房中常不离煮茶饮茶，而饮茶煮茶又常以焚香相助，皆因其茶禅一味之理念。

　　是以在斗茶饮茶活动中，宋元人善于以茶参禅。如碾茶过程中由机轮与水之关系，悟出心无一物，自然闲适之禅理以及味茶之真味。[1] 又如煎茶过程中，煮茶"听水"需要心之宁静，同时

---

[1] 如释普济《水茶磨》诗云："机轮转处水潺潺，机若停时水自闲。末上一遭知落处，十分春色满人间。"机轮是水茶磨上的一个转轴，机轮转时水随之流转，机轮停时水自然落得闲适。诗人以此比喻心若不被外物所趋使，自然可得闲适。"末"指茶末，用茶磨将茶饼磨成粉末状，放入茶盏，注入沸水，茶会泛起泡沫，这些沫看起来就像是花一样，此时茶色香味俱佳，达到春色满人间的境地。诗人通过碾茶的过程传达出对禅的领悟：心无一物，自然闲适，才可体味茶之真味以及达到人生美好之境界。

又给人以非常微妙美好的想象空间，具有浓郁禅悟之意味，而品茶过程更是对人生的美好、沧桑、无奈等的品味。是以禅茶交融的境界大量弥漫在宋元茶诗中。其中最有禅茶古意的是林逋的《茶》诗：

> 石辗轻飞瑟瑟尘，乳花烹出建溪春。世间绝品人难识，闲对茶经忆古人。

诗歌描绘了碾磨、煮茶至饮茶的整个过程。碾茶看着瑟瑟茶尘漫天飞舞，烹煎时看着朵朵乳花泛起、茶汤奇幻变化，其间可谓充满闲情雅趣。而品啜之余，在感叹茶这世间绝品无世人赏识的同时，更重要的是，深深意识到茶的品性乃苦涩中见甘怡，这与出世后自己厌倦世俗、寻觅清静之心境相通，且茶于森严中透出淡泊之品味，亦与自己隐居后平淡、清幽、闲适之精神状态相互契合。在清绝之茶味与淡泊之心源交契的闲情逸兴中，不由得联想到古人对这种"人间绝味"的赏识其实是与自己相通的。茶味、古人之心志与诗人清寂闲适之心灵相互交融合一，达到了忘我的禅饮境界。又如文彦博《和公仪湖上烹蒙顶新茶作》，[1] 蒙顶茶乃宋代名茶之一。诗歌书写于湖滨馆阁夜啜香茶，明月升华，清气一片，蒙顶春茶的清香甘甜，冲淡了诗人心头的烦闷，驱走了尘世中所有纷争与苦恼，在茗趣的天地里，诗人超越尘世，忘却世情，充分享受着茶味禅意交融的幽深清远之审美情趣。清甘的茶味与诗人超越尘俗、忘却俗情的审美情怀，交融出一片幽深清远、耐人寻味的禅意茗趣。又如韦骧《再和》（其二）：

> 暮角清声杂凤箫，一时冠带似圜桥。谪仙诗句春泉涌，万斛量愁顷刻消。

水边桥界的幽媚，雅音清乐悦耳，在这种清幽雅致的环境下饮茶品茗，心灵的尘垢，胸中的烦忧，皆被清茶所疏瀹涤清，是以人间之功名利禄、荣辱得失种种缠心绕志的俗念，皆被抛于九

---

[1] 文彦博《和公仪湖上烹蒙顶新茶作》诗云："蒙顶露牙春味美，湖头月馆夜吟清。烦醒涤尽冲襟爽，暂适萧然物外情。"

霄云外。在饮茶品茶中，诗人品啜的不只是绝品茶味，更是那份消除心绪愁、暂忘尘世味、超然物外情之后，所得到的安静闲恬、虚荣淡泊，通乎禅气的生活情趣。再如王洋《尝新茶》诗中，[1]色新嫩白如春雪的清茶，消弥了诗人的烦恼，使其恢复了清静之本心。一方面，诗人静心地品味着清苦幽沁之茶味，另一方面在清绝灵味的滋润下，诗人精神得以开释，从而体悟到汲汲营营的世界中，富贵无常、人世多变。通过饮茶，诗人心灵趋向淡泊，与茶之清气契合为一，不仅达到与茶融合一体的精神状态，且于茶中对人生有所参悟，茶品、心性、禅理相融，可谓茶禅一味。

就宋元人而言，饮茶是日常之事，他们随时随意地饮茶。如"佳客偶来持茗碗，宝书看罢整瑶琴"（惠洪《次韵熏堂》）、"家常茶饭不多般，遇客延留礼数宽"（梵琼《偈颂三十一首》），茶乃待客的必备品，饮茶已经日常化，随意化了。如"饭后更煎茶一盏"，吃饭后很自然很随意地煎一盏茶，"吃盏粗茶送出口"出门前亦很自然地饮一杯茶，"归来煮饭又煎茶"外出归来亦煎一鼎茶。而元人更是"相逢道吃茶"，吃茶成为人们见面时的一种寒暄语，他们一日之内，几乎有闲暇时都可以饮茶，萨都剌《晓起》诗云："矮窗小户坐终日，煮茶绕坐松风生。"更是终日饮茶，茶于宋元人而言已经与日常生活融为一体了。李光《和睡起饮茶》诗云：

虚堂清簟午抛簪，人静疏帘映昼阖。身过中年心已倦，病因烦暑气常昏。紫烟碧月天初赐，乳窦寒泉世莫论。尘味暂忘惟嗜此，更无余思到芳樽。

饮茶的悠然潇洒，超逸率真，随意自然，本质上与"饥来即食""困来即眠"，返璞归真的禅意是相合的。李光的诗正写出了

---

[1] 王洋《尝新茶》诗云："僧催坐夏麦留寒，吴人未御绨纷单。溪云谷雨作昏瞖，思假快饮消沈烦。商人远处抱圭璧，千里来从建溪侧。报云蛰户起惊雷，鞭走龙蛇鬼神力。色新茗嫩取相宜，留得一年春雪白。先修天贡奉珍团，次向人间散春色。僧窗虚白无埃尘，碾宽罗细杯勺匀。寒泉一种已清绝，况此灵品天香新。人间富贵有除折，静中此味真殊绝。谁言僧饭独萧条，胜处谁容较优劣。"

饮茶的随意适然：午后睡起，感到心倦气烦，随即以寒泉烹出乳花，一盏清茶，润喉吻、破枯闷，所谓"枯肠搜遍俗缘消"（韦骧《和山行回坐临清桥啜茶》），达到了心灵的潜移默化。虚堂人静、晴窗疏帘、"一卷玉杯心自明"（朱松《董邦则求茶轩诗次韵》）、"世间万事不挂口"（章甫《谢张倅惠茶》），而禅意便在如此氛围中传达开来。日常饮茶之闲静适然的生活情趣，充满了茶味禅意交融的审美意趣。宋元人斗茶饮茶时对茶味禅意交融意趣的审美追求，必然促成茶诗风格的平淡自然，而斗茶饮茶之茶事生活亦不可避免地平淡而富诗意，意蕴深厚且韵味悠长。

第二节　簪花

"簪花"即插花于冠或头发戴花，它是宋元盛行的一种生活时尚。[1] 宋元人爱簪花，尤其"男子簪花"更是优胜女子。簪花现象既是宋元人对自然美的发现，更是他们日常生活审美化的具体表征。它不仅具有礼仪、喜庆之基本意蕴，且蕴含着傲岸独立、达观和乐的人生境界，更是宋元人对祥和吉瑞生活理想的审美追求，对"雅""真""清"等人生理想境界的崇尚。簪花使宋元人的日常生活充满了活泼生动之气韵，表现出宋元人典雅悠闲的生命形态，是以亦是宋元人平淡之诗意生活的重要体现之一。

一、赐花簪花

北宋前期，洛阳与扬州这些较大之城市中，簪花早已蔚然成风。[2]

---

[1] 宋代无论宫廷民间，无论雅集交游，无论良辰佳节，无论男女老少，无论文人士大夫与三教九流，皆喜簪花，可以说历史上没有哪个朝代如宋代这般花团锦簇。元代尽管全民簪花现象已经很少了，但是在诗词文曲等作品中"簪花"意象却大量存在，亦反映出他们对簪花的喜爱。

[2] 如欧阳修《洛阳牡丹记》载："洛阳之俗，大抵好花。春时城中无贵贱，皆插花，虽负担者亦然。"又王观《扬州芍药谱》亦载："扬之人与西洛不异，无贵贱皆喜戴花。"皆指出北宋洛阳与扬州这些较大之城市中，簪花之盛况。

其后更是盛行。朝廷赐花，幞头簪花，民间簪花，全民簪花现象几近狂热。首先是朝廷赐花，即御宴簪花。御宴簪花是宋代朝廷宴会中一个特别引人注目的现象。[1] 御宴，顾名思义，即宫廷宴会。御宴簪花即在宫廷宴会以皇帝名义赐予群臣宫花，并簪戴于头上，以示荣宠，所谓"公裳簪御花"[2]。这些花因乃皇帝所赐予，故称为"御花"或者"宫花"。宋元很多诗词文皆有关于御宴赐花盛况的描绘和渲染。[3] 如曹组的《水龙吟·牡丹》词曾描绘了当时朝廷赐花与御宴簪花的盛况。词的上片描绘宴会的环境与氛围一派清明祥和景象。下片写宴会，以花为喻，想象牡丹为王，百花臣服的景象。以百花之姿态将君臣同席共享盛宴之场景于想象中尽情展衍。[4] 然而，御宴赐花是有差别的，所谓"赐花有差"[5]，即按官员差遣或官品赐花簪戴。如此，谁的头上簪花插得越多，其身份地位亦更高，所获恩宠亦更大，是以宴罢后臣子顶

1　宋人喜簪花与最高统治者之喜好以及宫廷礼制之推行有密切关系。宋代的皇帝好赏花、簪花、赐花，"花痴"多多。宋徽宗每次外出巡游回宫时皆"御裹小帽，簪花乘马"。不仅自己簪花，还赐花给随行大臣，"前后从驾臣寮、百司仪卫，悉赐花"。不仅参加宴会的大臣可以得到赐花，就连从驾侍卫皆簪花，其每次出巡皆可谓花团锦簇地归来。出巡赐花，宫廷宴会更不必说。[参见（宋）孟元老：《东京梦华录》卷七"驾回仪卫"，第50页。]

2　（宋）：蔡绦著，冯惠民点校：《铁围山丛谈》卷三，北京：中华书局，1983，第50页。

3　如《梦粱录》载关于"宰执亲王南班百官入内上寿赐宴"，时人作诗曰："玉带黄袍坐正衙，再颁花宴侈恩华。近臣拜舞瞻龙表，绛蕊高笼压帽纱。"杨万里《正月五日以送伴借官侍宴集英殿十口号》（其九）诗云："广场妙戏斗棋材，未得天颜一笑开。角抵罢时还宴罢，卷班出殿戴花回。"皆描绘了御宴簪花的壮丽场面。而魏了翁《十八日上寿退赐坐十九日贡院锡宴二十一日紫宸殿御筵即事七首》（其六）诗云："蛾眉班卷戴花回，遥望君王玉色开。画楯诸班谢茶酒，尻高首下一声雷。"则更是淋漓尽致地展现了君王赐花、群臣簪花一派喜庆之气流溢御街的场景。

4　曹组《水龙吟·牡丹》词云："晓天谷雨晴时，翠罗护日轻烟里。酴醾径暖，柳花风淡，千葩浓丽。三月春光，上林池馆，西都花市。看轻盈隐约，何须解语，凝情处、无穷意。金殿筠笼岁贡，最姚黄、一枝娇贵。东风既与花王，芍药须为近侍。歌舞筵中，满装归帽，斜簪云髻。有高情未已，齐烧绛蜡，向阑边醉。"

5　（元）脱脱等：《宋史》卷一一三，第3225页。

着满头花而归的现象在宋代非常常见。如姜夔《郊祀后景灵宫恭谢纪事》诗就描绘了赐宴百官,簪花而归的盛景。[1] 事实上,君王赐予臣下何物不重要,重要的是"赐"这一行为本身。赐花者为天子,受赐者乃感皇恩浩荡。是以就士人而言,御宴簪花更多的是向世人彰显朝廷以及上级重视自己之意。[2] 即使无缘面见圣上,臣子见所赐花如见君面,亦感恩宠有加。[3] 此外士人在登科及第时,朝廷往往于贡院赐其闻喜宴并赐花。就士人而言,赐花相当于赐酒,是以在他们眼中,什么都比不上头上簪戴的宫花光芒万丈,绚烂美好。而簪花骑马而归更是彰显着士人仕途适顺的喜悦。然而就赐花之皇帝而言,他们的簪戴,明显比臣子们收敛很多,他们往往并不满头簪花,且大朵的牡丹花,南宋皇帝就不再戴了。从姜夔之诗可以看到,群臣满头簪戴,但是皇帝本人并没有簪花,而是处在花团锦簇之中。《西湖老人繁胜录》形容此奇妙景象为"铺锦乾坤",望之如"花世界"。是以御宴簪花实乃宋代群臣关于花的联想,承载着他们与民同乐,统舆江山的家国政治理想,蕴含着他们对适顺美好的生活与人生理想的追求,充满平淡而祥和吉瑞之气象。[4] 是以御宴簪花意象至元代便成为了士人心目中仕途通达、人生适顺、国家安稳昌盛的表征。成廷圭

---

1 姜夔《郊祀后景灵宫恭谢纪事》诗云:"六军文武浩如云,花簇头冠样样新。惟有至尊浑不戴,尽将春色赐群臣。万数簪花满御街,圣人先自景灵回。不知后面花多少,但见红云冉冉来。"
2 如王辟之《渑水燕谈录》载,真宗赐花于晁氏,后又打破常规,令内侍为其戴花,系列动作使"观者荣之",亦使晁氏感到无限荣光。[参见上海古籍出版社编:《宋元笔记小说大观》(第二册),上海:上海古籍出版社,2001,第1228页。]
3 如王巩《闻见近录》载:"李柬之、李受,自侍从请归老……已而诏就资善堂会经筵官,赐饯,内出珍果、名花、巨觥酌劝,时人荣之……"[参见朱易安等主编:《全宋笔记》(第二编第六册),郑州:大象出版社,2006,第11页。]
4 洛梅笙指出,在君王看来,这样的景象,如同锦绣河山,"戴花是与民同乐,不戴花是统舆江山,年年岁岁,愿金瓯永固"。(洛梅笙:《尽将春色赐群臣——宋代皇帝的元日簪戴》,《紫禁城》,2018年第1期,第36—49页。)

《沙子中监县二子善才善庆俱登第因名其所居之山曰联桂所以纪瑞也诗以美之》（其一）诗云："山翁高步月中来，移得灵根手自栽。仙籍许令诸子折，君家先见两枝开。双承御宴簪花出，并惹天香满袖回。自笑淮南谩招隐，连蜷偃蹇老苍苔。"以御宴簪花赞美善才善庆二子多年努力终于登科及第，赞美之中无不流露出羡慕之情。杨允孚《滦京杂咏一百八首》（其四十五）诗云："丽日初明瑞气开，千官锡宴集蓬莱。黄门控马天街立，丞相簪花御苑回。"胡布《出塞曲》诗曰："天子临轩陛，剖符登美封。簪花上林苑，醉酒明光宫。再拜奉万年，太平歌治隆。"皆描绘了太平盛世之时，宫廷宴会群臣簪花之盛况与宴会后士大夫常常簪花而归之场景。黄溍《次韵答陈君采兼简一二同志》（二首）诗云："尚想南归始，簪花出禁闱。"刘炳《见月行》诗曰："玉殿承恩出苑迟，琼林侍宴簪花早。"则借御宴簪花意象书写当年仕途春风得意之场景。御宴簪花承载着宋元人对祥和安稳之国运的期盼以及对适顺美好之生活与人生理想的审美追求，平淡而祥瑞。

其次是民间簪花。宋代的开放风气加之御宴簪花的影响，簪花在民间亦非常盛行。[1] 就簪花场合而言，宋元人喜于节令、节日、婚庆喜事等场合簪花，[2] 其诗词里有大量关于此习俗的描述。如"民气乐时天亦好，休休。为尔簪花插满头"（魏了翁《南乡子·上元马上口占呈应提刑懋之》）、"莲灯开遍，侍从尽登楼，簪花赴"（洪皓《蓦山溪·和赵粹文元宵》）是上元节簪花；"才过结柳送贫日，又见簪花迎富时"（魏了翁《二月二日遂宁北郊迎富故事》）是二月二簪花；"剪彩漫添怀抱恶，簪花空映鬓毛秋"

1　宋代社会各阶层不论贵贱贫富，皆可自由簪花。清人赵翼云："今俗唯妇女簪花，古人则无有不簪花者。"又《邵氏闻见录》卷十七《簪花》载，洛中人"抵暮游花市，以筠笼卖花，虽贫者亦戴花饮酒相乐"。皆指出了宋代全民自由簪花之现象。[参见（清）赵翼曹光甫点校：《赵翼全集》（第三册），第575页；（宋）邵伯温：《邵氏闻见录》，北京：中华书局，1983，第186页。]
2　孟元老《东京梦华录·序》言："花光满路，何限春游。箫鼓喧空，几家夜宴。"记载了宋人于春日出游的簪花绚丽景象。[参见（宋）孟元老：《东京梦华录》，第1页。]

(陈棣《立春日有感》）是立春簪花；"簪花楚楚归宁女，荷锸纷纷上冢人"（刘因《寒食道中》）是寒食节簪花；"清明村落自相过，小妇簪花分外多"（郑獬《江行五绝》其三）是清明节簪花；"门生载酒来衡宇，野客簪花忆故乡"（李昱《胡生仕中九日载酒》）、"空山悲落帽，短鬓懒簪花。"（王翰《九日客杨隍》）、"黄花白酒两相逢，把酒簪花对晚风"（张纲《次韵仲弼重九》）、"冷艳坐消三伏暑，高标独占九秋清。簪花拟欲酬佳节，落帽从教笑众英"（蔡戡《再成二诗录呈诸公》其二）是重阳节簪花；"忍记倚桂分题，簪花筹酒，处处成陈迹"（周密《酹江月·中秋对月》）、"醉拍朱阑，满簪丹桂，细与姮娥说"（韩元吉《念奴娇·中秋携儿辈步月至极目亭，寄怀子云兄》）是中秋簪花；"冠带郎君颜貌古，插竹簪花相媚妩"（王冕《村田乐祭社图》）是社日簪花；"天恩年寿何分别，尽在簪花舞蹈中"（方蒙仲《天基节当筵致语口号》）是宋理宗赵昀生日，亦簪花。此外《西湖老人繁胜录》还载有关于端午节簪花戴花之盛况："端午节，扑卖诸般百索，小儿荷戴……茉莉盛开城内外，扑戴朵花者，不下数百人。每妓须戴三两朵，只戴得一日，朝夕如是……娇马遇重午，都戴合色头须……。"[1] 其中影响最大的乃重阳节簪菊。他们重阳簪菊，或开怀畅饮，表希冀健康长寿之心愿；或簪菊醉酒表适意恬畅心境；或簪菊插茱萸，头上所簪金黄之菊花丝与红紫之茱萸果粒相映成趣，既表清逸恬淡之心境又充满疏放旷达之气。就宋元人而言，重阳簪菊实乃与家人、友人团聚之适意恬淡、清逸旷达的重要表征，而陶渊明之"篱菊把酒"更使他们的重阳簪菊多了更深层次的意蕴。此外，亲友闲游小聚、婚庆喜事、亲人生辰等场合中，簪花戴花皆为不可或缺之内容。[2] 然而，值得注意的是，

---

1 （宋）西湖老人：《西湖老人繁胜录》，北京：中国商业出版社，1982，第10页。
2 可从诗词中窥见一二，如"华筵布巧。绿绕红花枝闹。朵朵风流。好向尊前插满头。此花妖艳，愿得年年长相见。满劝金钟，祝寿如花岁岁红"（王观《减字木兰花》）、"笑钗符、恰正带宜男。还将寿花簪"（邓剡（转下页）

除了节令、节日、婚庆喜事等场合簪花外,更重要的是宋元人打破常规性生活习俗,喜欢随时随地、随意适性地簪花。如张抡觉得海棠鲜艳可爱,不忍心让它空自零落,就簪几枝至发鬓之上;黎廷瑞觥筹交错间,亦随意摘取鲜花一朵簪戴;张先出游随意簪花归来,衣香拂面,满袖生香;刘克庄更是漫摘野花,随手赋词,可谓随性自然,自在惬意。[1] 随性随意簪花实际彰显了宋元人对生活诗意的自觉意识与追求。就簪花者而言,男女老幼无论贵贱皆可簪花,如"社下烧钱鼓似雷,日斜扶得醉翁归。青枝满地花狼藉,知是儿孙斗草来"[2] 是儿童牧童簪花;"挽缆谣歌童,簪花立田妇"(孙永《泛汝联句》)是田妇簪花;"翠蛾淡扫簪花对,素靥新匀倚树看"(周巽《镜中梅》)、"簪花枝重黄垂额,汲涧泉深绿照眉"(陈泰《贫女行》)、"西邻女儿年将笄,双髻压颈簪花

(接上页)《八声甘州·寿胡存齐》)、"簪花人有意。共祝年年醉。不用泛瑶觞。花先著酒香"(无名氏《菩萨蛮·夫寿妻》)、"九霞斟玉醉淋漓,芝草琅玕青鹿肥。庭下阿儿寿慈母,簪花拜舞笑牵衣"(何梦桂《和何逢原寿母六诗》其二)、"正好簪荷入侍,帕柑传宴"(洪咨夔《天香·寿朱尚书》)是民间做寿簪花。不仅诗词,另外如《梦粱录》载:"先三日,男家送催妆花髻、销金盖头、五男二女花扇、花粉盝、洗项、画彩钱果之类,女家答以金银双胜御、罗花幞头、绿袍、鞋笏等物。""罗花幞头"即是《宋史·礼仪志》所言的"簪戴",从男女双方互赠将要在婚礼当天穿戴之服饰可知,民间嫁娶中,新郎有簪花之习俗。〔参见(宋)吴自牧:《梦粱录》,第173页。〕

1 张抡《蝶恋花》词云:"前日海棠犹未破。点点胭脂,染就真珠颗。今日重来花下坐。乱铺宫锦春无那。剩摘繁枝簪几朵。"黎廷瑞《秦楼月》词云:"齐山顶。扫开残血簪花饮。簪花饮。樽前人唱,暗香疏影。"张先《泛清苕·正月十四日与公择吴兴泛舟》词云:"归轩未至千家待,掩半妆、翠箔朱门。衣香拂面,扶醉卸簪花。满袖馀煴。"刘克庄《最高楼》词云:"漫摘取、野花簪一朵。更拣取、小词填一个。晞素发,暖丹田。罗浮杖胜如旌节,华阳巾不减貂蝉。这先生,非散圣,即臞仙。"

2 斗草是古代儿童中最常见的一种角力游戏,有文斗与武斗之分,文斗指的是儿童们采摘各种新鲜花草,以花草美丽新奇以及多者为胜,是以有各种奇异之花插满头的景象。武斗指的是儿童采来花草,取其茎柄粗壮老成者,与他人的叶茎两两相交,用力对拉,赛茎柄的韧性,以不断者为胜。从诗中的"狼藉"一词来看,儿孙们的玩法应该为武斗。但从中亦可窥见儿童文斗之时簪花满头之景况。

枝"（董嗣杲《赋得河中之水曲》）、"村女卖秋茶，簪花髻鬟匝"（陆游《黄牛峡庙》）、"仆羸腰带艾，婢倩鬓簪花"（华岳《村居》）是无论大家闺秀、小家碧玉，富家女、贫家女，村女还是邻家女还是婢倩皆簪花；"并在五间楼前大街坐铺中瓦前，有带三朵花点茶婆婆，敲响盏"（《梦梁录·卷十三》）、"白头老媪簪红花，黑头女郎三髻丫"（范成大《夔州竹枝歌》）是老婆婆簪花；"簪花泥饮田间老，我自不如渠兴浓"（刘诜《再用韵酬同游诸公》）是田间老农簪花恬淡自适；"曾见簪花上舞裀，回旋殊不动纤尘"（李廌《咏舞者》）是舞者簪花。此外如樵夫、隐者、货郎、优伶等亦簪花，如宋元戏曲中，优伶多以男子为主，"簪花幞头"是很流行之演艺行头。总之，就宋元人而言，正如许棐《喜迁莺》所云："一春梳洗不簪花。孤负几韶华。"不簪花仿佛对不起韶华，而"佳人停绣凭阑立，公子簪花倚马吟"（杨允孚《滦京杂咏一百八首》其八十四）这种场景在宋元随处可见，[1] 簪花可谓宋元人别有韵味的生活形态。李唐有《春社醉归图》，图中老人幞头簪花，此非一般的幞头簪花，它既有御宴簪花之意味，又有民间春社簪花之蕴含，[2] 可谓将宋元人对适性顺意、花好月圆之生活与人生的审美追求彰显得淋漓尽致。他们无拘无束地随意适

---

[1] 此外，死囚、狱卒亦簪花。《宋史》载："绍兴间，……郡狱有诬服孝妇杀姑，妇不能自明，属行刑者插髻上华于石隙，曰：'生则可以验吾冤。'行刑者如其言，果después生。""髻上华"即为死囚之受斩妆束，《水浒传》中宋江、戴宗大限，狱卒为其"绾个鹅梨角儿，各插一朵红绫子纸花"。行刑前"插红花"多有向凶人表达道贺，贺其解脱之意。另还有放赦赐花，宋代皇帝大赦天下，罪人皆绯缝黄布衫，狱吏皆簪花鲜洁，表达皇帝仁爱之心，亦印证囚徒重获自由之心花怒放。

[2] 学者洛梅笙指出，就宋元人而言，"幞头簪花"与"青梅煮酒""曲水流觞"相类似，它强调的是一种仪式感，以宴饮、酒、赐花的方式，营造一种愉悦的环境，而海内承平，上下和睦，这正是君王治理天下之愿望。又学者高泽指出，"田畯醉归"实际是融合了"田畯至喜"与"春社醉归"的蕴含。［参见洛梅笙：《尽将春色赐群臣——宋代皇帝的元日簪戴》，《紫禁城》，2018年第1期，第36—49页；高泽：《误读与生成——〈田畯醉归图〉题材来源考辨》，《收藏家》，2020年第7期，第11—18页。］

性地簪花，体现了他们生活的诗意化，传达出一种平淡而优雅精致的生活品质。

二、文士簪花

男子簪花是宋代日常生活中的普遍现象，文士们更是以簪花为时尚，加之"四相簪花"之雅事广为人知并被文人竞相效仿，[1] 簪花遂成为文人风雅生活的重要部分。它一方面是文人社交场合中促进情感交流的重要因素，另一方面又是文人情感表达的载体，被文人赋予多层内涵。正如学者李鹏翔所言："在人类花卉文化史上，恐怕没有哪个民族有宋朝男子这样能把花戴到如此登峰造极的程度。"[2] 宋元文士喜交游雅集簪花，尤喜人老簪花与饮酒簪花，但无论是何种方式的簪花以及簪何种花，他们的簪花皆以体现其"雅"（风雅）"真"（淡真）情怀为旨归。宋元文士簪花之"雅""真"，主要在以下方面得以体现。

首先是交游雅集时喜簪花。簪花之雅事可谓宋元文士们的生活趣事，如王禹偁《杏花》诗云："争戴满头红烂漫，至今犹杂桂枝香。"回忆当年进士争戴杏花的情景。杨万里《德寿宫庆寿口号》其三诗曰："牡丹芍药蔷薇朵，都向千官帽上开。"所簪之花品种繁多，千姿百态。虞集《苏武慢》诗云："石女簪花，木人劝酒，为我此间聊住。"这种簪花劝酒景象在文人雅集中非常常见。而唐汝阳王琎簪花和乐而舞之风雅适意恬畅也被文士们于交游雅集之时发挥得淋漓尽致。[3] 如"头上簪花，手中拍板，稽首金银宫

---

1 《补笔谈》曾载，庆历五年，韩琦出任扬州知府，其后署花园一株"金腰带"忽出四朵，韩琦宴请当时同在扬州的幕僚王珪、王安石、陈升三人，赠之"金腰带"，四人同簪此花，日后果然都官至宰相。"金腰带"系扬州一种芍药，花主体为紫色中间呈黄色带状，与当时达官显贵的服饰类似故而得名。
2 李鹏翔：《古代男子簪花杂谈》，《文史天地》，2003 年第 10 期，第 54—55 页。
3 《能改斋漫录》载："汝阳王琎，明皇爱之，每随游幸。尝戴砑纱帽子打曲，上自摘红槿花一朵，置于帽上，遂奏《舞山香》一曲，花不坠落，（转下页）

阙"（凌云翰《苏武慢》其二）、"散发吟商，簪花弄水，谁伴凉宵横笛"（周密《齐天乐》）、"藉草成眠，簪花倚醉，狂歌扶手"（刘辰翁《水龙吟·巽吾赋溪南海棠，花下有相忆之句，读之不可为怀，和韵并述江东旅行》其六），皆抒写交游雅集之时和乐簪花或簪花狂歌。而书写最多的是簪花和乐起舞。如"清狂尚欲簪花舞，答飒无端据槁眠"（刘克庄《寿计院族兄》）描绘了簪花起舞之清狂。其中陆游诗词中最多簪花起舞之书写，如：

醉帽簪花舞，渔舟听雨眠。（《赠道流》）

意适簪花舞，身轻舍杖行。（《识喜》）

乌巾掩冉簪花重，羯鼓敲铿列炬红。（《六月二十六日夜梦赴季长招饮》）

短帽簪花舞道傍，年垂八十尚清狂。（《醉舞》）

东皋乐哉日成趣，簪花起舞当自强。（《题阎郎中溧水东皋园亭》）

陆游之所以喜欢簪花起舞，是因为"飞升未抵簪花乐，游宦何如听雨眠"（《醉书山亭壁》），簪花不似游宦般被束缚，它如听雨眠一般闲适惬意，无拘无束，甚至比"飞升"更令人感到超然如仙，绝尘脱俗。换言之，"簪花"就宋元人而言，其实某种程度上与"入世""入仕"是相对的，它体征着文人们"仕"与"隐"、"进"与"退"的观念意识，是他们对风雅与淡真生活与人生的诗意化审美追求。是以陆游"剪纱新制簪花帽，乞竹宽编养鹤笼"（《闲中颇自适戏书示客》）这样的闲时簪花，便是其闲适之生命形态的展现。而谢应芳"轻帽簪花，柔茵藉草，时复尊前一笑嬉"（《沁园春》）的簪花一笑，则更是鸥鹭忘机之淡泊澄明之人生境界的体征。簪花可以给人带来生命青春之愉悦，如"山寺归来簪花笑，笑老去犹能强作春"（吴泳《洞庭春色》其二）；亦可以告慰人事之沧桑，如"争夸朱颜事年少，肯慰白发将花插"

（接上页）上大笑。"［参见（宋）吴曾：《能改斋漫录》，上海：上海古籍出版社，1960，第69—70页。］

(欧阳修《谢观文王尚书惠西京牡丹》);更是宋元人安贫乐道淡泊生命的彰显,如"卖钏犹堪醉,簪花不恨贫"(刘辰翁《春景》其一)。

其次是人老喜簪花。其中不免抒发昔年已逝的感时伤怀,或书写春光易逝、人生易老之感慨,或惜时怀人,充满无奈感伤与孤寂之情。[1] 然而,更多的则是对老之抗争的表达。如成廷圭《贺耕叟晚香亭》诗曰:"晚岁谁从陶靖节,高风独数傅延年。清秋泛酒宾筵盛,白发簪花客帽偏。"人老簪花有一种历经沧桑后的深沉慨叹,但更有老而弥坚的傲岸不屈。又如张雨《贺新郎·戏次仲举韵》诗云:"翁两鬓,秃如帚。老来莫负簪花手。"则有书写老而不负春光的及时行乐之情。在宋元人看来,人老簪花是风流人生的态度,所谓"知君老去风流在,长日簪花醉玉卮"(邓雅《题廖善立揽胜楼》)。是以人老簪花更多地代表了永不妥协的反抗精神,惊世骇俗与及时行乐的簪花行为实际彰显了宋元文士清狂旷达之个性与淡泊悠闲之自得情怀。如"起舞簪花老尚狂,梅花应记旧高阳"(陈纪《和赵华颠梅花》)、"啖菜贫犹健,簪花老自羞。五更山酒醒,何乐亦何忧"(方回《虚谷志归后赋十首》其七)、"闻道西山尽是梅,暂陪高兴酌金罍。衰颜白发旋老矣,脱帽簪花亦放哉"(赵士礽《和张叔夏梅岭》其一)。人老簪花,并没有传统的伤春叹老之情,而是不服老。簪花赏梅、簪花饮酒、插花起舞,人老簪花表达着文士们对生命的热爱以及拥

---

[1] 如"琼壶歌月,白发簪花,十年一梦扬州"(周密《声声慢·送王圣与次韵》)、"簪花照镜。客鬓萧萧都不整"(贺铸《减字木兰花》)、"青春过了,朱颜渐老,白发凋骚。则待强簪花,又恐傍人笑"(白朴[双调]《庆东原》)、"欲簪花、簪不住。花红发白,应笑人憔悴"(梁寅《谢池春慢》)、"消磨九日,算年年、惟有黄花白酒。把酒簪花能有几,七十光阴回首"(仲璋《念奴娇》)、"簪花莫怪老人羞。直是黄花、羞上老人头"(袁去华《南柯子》)、"旧游回首秋山下,醉帽簪花同走马。欢娱如此离别何,华月芳年不堪把"(陈旅《东归歌送郑子经》)、"金尊玉酒。劝我花前千万寿。莫莫休休。白发簪花我自羞"(陈师道《减字木兰花·晁无咎出小鬟佐饮》)等,皆充满或无奈或感伤或孤寂之情。

抱美好生活的热情——人生越是短暂，就越应该尽情释放；寄寓着他们自由不羁、疏狂放达、豁达乐观之情怀。其中尤以苏轼的人老簪花最具代表性。其言"人老簪花不自羞"[1]，人老簪花，不顾路人笑议，只求自适，虽与儒家传统"为老不尊"之礼数相悖，但却与佛、道倡导的顺心自然、畅心自由之性情相通。是以它不仅仅表现了苏子不顾世人眼光超然旷达的情怀，更彰显了其生命的本真。就宋元人而言，花有生命有性情，是以"花应羞上老人头"之牡丹就具有了性情，而打破簪花之常习，人老簪花其实乃"超脱物象，回归自我"的宁心之乐，生命由是得以自由舒展。是以人老簪花实际体现了宋元文士能入能出、舒卷自如的人生境界以及圆通自足的文化性格，是以它在疏放旷达的同时不失悠闲自得之趣。如邵雍《插花吟》诗曰："头上花枝照酒卮，酒卮中有好花枝。身经两世太平日，眼见四朝全盛时。"人老依旧以簪花饮酒为乐，悠然自得。杨基言"老来羞以帽簪花""自分新火试新茶"，[2] 簪花、饮酒、品茶，心境平和淡泊，岁月宁静安好。

再次是醉酒簪花。尽管也有表达失意之苦闷，[3] 但更多的依旧是疏狂放达、闲适自得之情。如曾巩《会稽绝句三首》（其二）诗云："花开日日插花归，酒盖歌喉处处随。不是心闲无此乐，莫教门外俗人知。"曾氏以为簪花饮酒乃纵情恣意、闲适之乐，嘲笑簪花畅饮之世人乃"俗人"，是以簪花饮酒可谓绝尘脱俗之举，簪花饮酒由是不仅是一种自适更是一种超越。其他如"偷闲把酒簪

1　苏轼《吉祥寺赏牡丹》诗云："人老簪花不自羞，花应羞上老人头。醉归扶路人应笑，十里珠帘半上钩。"《答陈述古二首》其一诗曰："漫说山东第二州，枣林桑泊负春游。城西亦有红千叶，人老簪花却自羞。"

2　杨基《春日山西寄王允原知司五首·并序》（其五）诗云："一茎白发已堪嗟，况是东风两鬓华。醉里误将裙作纸，老来羞以帽簪花。疏狂不识眉双结，敏捷曾经手八叉。闲喜日长公馆静，自分新火试新茶。"

3　如白朴〔双调〕《得胜乐·春》诗云："丽日迟，和风习，共王孙公子游戏。醉酒淹衫袖湿，簪花压帽檐低。"郭钰《和答坐客》诗曰："簪花不惜鬓毛斑，独惜花前得意难。"

花去,不似儿童笑语喧"(赵葵《赏花》其一)、"雪窗莫忘辛勤日,省酒簪花曲水滨"(陈宓《安溪鹿鸣呈诸先辈》)、"小舆穿入花深处,且住簪花醉一卮"(陈耆卿《鹧鸪天》其二)、"记年时、多少诗朋酒伴,逢花醉、簪花舞"(陈著《水龙吟》其一)、"簪花从帽落,捻酒醉商陆"(华岳《上詹仲通县尉》其二)、"从车贮酒传呼出,侧弁簪花倒载回"(司马光《和吴省副梅花半开招凭由张司封饮》)、"醉帽簪花,吟茵藉草,莫笑疏狂老未休。回来也,有堂前旧燕,江上盟鸥"(谢应芳《沁园春》)、"狂吟醉舞。记满帽簪花,分筹藉草,骑马忘归路"(邵亨贞《摸鱼子》其四)等,簪花饮酒皆传达出一种不羁洒脱、闲适自乐的情怀。而王惟一《西江月》词曰:"宇宙在乎吾手,常骑铁马闲游。无拘无束且优游。日夜簪花酌酒",更是只要喝酒就簪花,逍遥自在。郭钰《同宗弟文炳宴集余以病不能往中和仲简偕行且有登览之乐因事触兴形于咏歌俯仰之间余不能无憾焉聊复次韵》诗云:"主翁呼酒醉东篱,一曲未终俱酩酊。白发簪花人更嗤,岂为诸生玩光景。……歃盟惟待桑苎翁,长向空山煮春茗。"白发簪花,醉酒东篱,空山煮茗,清狂放达,超然脱俗,逍遥自在。其中以陆游之醉酒簪花最为突出。他常常或醉酒插花彰显豪放洒脱之本真。如"对酒插花君勿笑,从来不解入时宜"(《初冬杂咏》其一)、"狂舞君毋笑,梅花插满巾"(《幽居岁暮》其二),不合时宜地对酒插花,梅花插满乌巾,没有节拍、没有舞步地狂舞,正是其豪放旷达之真性情的展现。总之,宋元人或醉酒插花体现逍遥自在之人生追求:或醉酒梅花随意插于头巾之上,舞时不依节拍且狂态,狂放自由;或帽插繁花,手携酒壶,笑看人生,何等逍遥快活,而生活之艰辛、羁旅之凄凉、仕途之坎坷皆为醉酒簪花所冲淡;或惜花而醉酒簪花,既伤感又豁达,表现通脱之情怀。宋元人的花插乌巾丛中醉,蕴含着他们真放旷达之情怀,平淡而又风雅率真。

三、瓶中插花

宋元人不仅喜欢将花插到头上,还喜欢将花插到瓶中。[1] 文人作为社会主流,其瓶中插花引领了宋元插花之审美风尚与特征,是宋元人追求雅致与诗意生活的体现。

在宋元,就插花场合而言,瓶中插花一般作为文人居所的点缀而存在。一是置于书房案头。书房案头瓶花既显示宋元人日常生活之适意,又体现他们生活之清雅。同时书案上瓶花还令人心神愉悦,为读书带来闲暇与自由,令读书生涯成为赏心悦目的一件清雅之事,正所谓"插向书窗小小瓶,看来看去眼增明。花瓶荟子能多少,占却人间无限情"(舒邦佐《至日见梅》)。二是置于卧室枕畔。李纲《惜花》诗云:"瓶水养花花已老,零落春风寒不扫。从教几案积残红,尚有余香慰衰槁。"瓶花破除了他们简居的孤寂之苦,成为他们情感的一种寄托和陪伴,所谓"翠叶金华小胆瓶,轻抬微嗅不胜情。从教失陷沈烟冷,蓦地熏心梦也清"(徐介轩《岩桂花》)。尤其成为他们老病中的安慰。如"汲水置

---

[1] 瓶中插花在宋代已蔚然成风。《西湖老人繁胜录》载:"初一日,城内外家家供养,都插菖蒲、石榴、蜀葵花、栀子花之类。""虽小家无花瓶者,用小坛也插一瓶花供养,盖乡土风俗如此。寻常无花供养,却不相笑,惟重午不可无花供养。端午日仍前供养。"记叙了节日瓶中插花习俗。宋元瓶中插花可谓遍于宫廷官府、文人、民间、寺观等社会各阶层,连公共场所之园苑、茶楼酒肆也有陈设瓶花。同时,通过宋元绘画资料,亦发现宋元人的居室陈设与室外活动所涉及的家具类型均乃高型家具,作为插花主要承载物的高几在宋元人生活环境中频频出现,此亦证明瓶中插花在宋元非常普遍。并且,此时还出现了花市,张可久《小梁州》曲曰:"柳营花市,更呼甚燕子莺儿。"即描绘了柳营花市之热闹景象。而诗词中对宋元瓶中插花之普遍现象,亦多有描绘,如姚云文《木兰花慢·清明后赏牡丹》词云:"且莫煎酥渑却,一枝枝、封蜡付铜瓶。"描写赏花后将一枝枝牡丹插入铜瓶之中。卢挚《沉醉东风题》诗云:"红叶清流御沟,赏黄花人醉歌楼。"描写了酒肆中的插花。杨万里《道旁店》诗曰:"路旁野店两三家,清晓无汤况有茶。道是渠侬不好事,青瓷瓶插紫薇花。"描绘的是乡野茶摊的插花。

新花，取慰此流芳"（王安石《新花》）、"瓶里梅花堕，窗间鹊语喧"（陆游《霜寒》），卧室枕畔的瓶中新鲜花卉之缤纷、芳香使病中的他们心情愉悦，身体之病痛有所缓解的同时亦引发了病中的他们对时间的思考、联系与体验，使他们重新充满生命的活力与力量。三是置于出游途中。宋元人对瓶中插花的热衷，即使在他们外出旅游中，亦可见小小花瓶之影，如孔武仲《湘中阻风》诗云："夜泊湖南岸，晓开天北风。愁云来覆渚，白浪起吞空。瓮酒霞将薄，瓶花锦带红。邻舟如隔海，孤坐寂寥中。"乘船出行途中受风所阻，瓶花冲淡了孤独寂寞之感，[1] 正所谓"客子泥涂正可怜，天香国色一枝鲜"，瓶中插花给羁旅途中的文人带来了安慰与欣喜。

就花材之选取而言，宋元人狂放、不拘一格而又内敛文静，花材选取讲究品德，偏向于梅、松、竹、兰、菊、桂、柏、莲花、水仙、山茶等品性高雅清淡的花材。表现在插花花型上，形成"理念花"之花型，结构以清为精神之所在，以疏为意念之依归，注重枝叶的线条美。[2] 如陆游、范成大皆喜瓶中插梅。范成大曾作《瓶花赋》《丁未春日瓶中梅殊未开》描绘插梅瓶中之雅趣，其尤喜将梅花与蜡梅、水仙合插，成为后世之典范。陆游亦尤喜瓶中插梅，有"铜瓶寒浸欲开花"诗句，可见其对瓶梅之热衷。元代瓶中插花进一步发展，出现了"心象花"[3]，是以瓶中插花之外形表现更为率性自由。

---

1 又如"水沸知滩浅，烟蜂花在瓶"（赵汝遂《舟泊》）、"杯酒常妨饭，瓶花亦费钱"（万俟绍之《旅中》）、"映窗犹剩雪余痕，瓶里梅花枕上闻"（张景修《宿清溪安乐山》）、"藤纸静临新获帖，铜瓶寒浸欲开花。谁知今夕幽窗梦，又榜扁舟上若耶"（陆游《南省宿值》）、"船行尽缓底须忙，诗卷聊堪度日长。瓶里柚花偷触鼻，忽然将谓是烧香"（杨万里《出峡》）等，皆描绘了外出旅途中瓶中插花之闲情雅事。

2 "理念花"花型，即清丽外形加理性内涵，自然清纯之意境的插花花型。（参见蔡仲娟：《中国插花艺术》，上海：上海翻译出版社，1990，第6页。）

3 元代文人备受统治者之歧视，大多落魄不得意，是以他们相较宋代文人更多地追求闲适自在、不屑为官的闲情生活，是以其艺术中有一种闲散、淡雅的味道。瓶中插花多为借花消愁或表达个人心中的追求。[参见蔡仲娟：《中国插花艺术》，第8页。]

就花器而言，宋元文人喜欢用胆瓶、铜瓶、竹筒以及各种花盆来插花。胆瓶，典雅。如"垂胆新瓷出汝窑，满中几荚浸云苗"（楼钥《戏题胆瓶蕉》）、"睡梦里，胆瓶儿、枕畔数枝"（李弥逊《声声慢·木犀》）、"小阁清幽，胆瓶高插梅千朵"（杨无咎《点绛唇·赵育才席上用东坡韵赠歌者》）、"铁瓮栽荷，铜彝种菊，胆瓶萱草榴花"（洪咨夔《夏初临》），皆言以胆瓶插花，清新典雅。铜瓶，古雅。刘敏中《浣溪沙》词曰："旋扫太初岩顶雪，细烹阳羡贡余茶。古铜瓶子蜡梅花。"铜瓶插花古雅高洁。花筒，截竹为筒，筒插鲜花，此在宋元亦很常见。竹筒插花简便，可悬挂、吊垂、置于厅堂和书斋之处，且竹筒颇具苍朴之态，尤显清雅古韵而又不失清新活泼之生趣。竹筒插花，体现了人与自然的一种和谐，更显人文情怀，而竹筒插梅，更显文人之清洁雅韵。花盆，精美。王炎《石盆荷叶》、刘克庄《咏邻人兰花》，皆描绘到以盆插花。尽管宋元瓶中插花各式各样，但无论"理念花"还是"心象花"，无论胆瓶、铜瓶，其瓶中插花皆以"清""疏"为主，"小瓶雪水无多子，只篸横斜一两枝"（严参《梅瓶》）、"小瓶春色一枝斜。梦回映月窗间见"（陈与义《梅花二首》），可以说，春色满溢，清雅明净的闲适透出岁月静好、生命灵动且美好悠远，是宋元人共同追求的瓶中插花境界。

宋元文人在花与瓶之间找到了安置心灵的隐逸空间，将哲思与插花、自然联系起来，穷通物理，又在插花中寻找逍遥之乐，以拂红尘之污。[1] 如：

> 石濑分携常惨惨，尺书杳至中弥感。槁悴不呈嫫母面，圆壶俄落雄儿胆。南窗吾伊俱不勤，汲泉养花聊任真。枝头造化岂耐久，我辈自有无穷春。（刘子翚《任伯显昨寄柿不至续以胆瓶为贶》）

> 可怜马上逢春色，不得明窗贮古瓶。只恐东风易零落，兔葵

---

[1] 马大勇：《中国传统插花艺术》，北京：中国林业出版社，2003，第32页。

燕麦又青青。（赵秉文《马上见桃花》）

　　刘子翚汲泉养花，由鲜花之不长久引发出自我青春无穷的豪迈，赵秉文马上看见桃花，就想将它插入古瓶放在明窗下留住桃花不让其凋谢，其实就是想留住美好的青春。瓶中插花消除了他们心中的孤寂，引发他们对青春与人生美好的珍惜与思索，是他们适意超然，任性淡真的生命情状的体现。可以说，"自拣残花插净瓶"实乃宋元文人日常闲适生活的真实写照。又如李光偶见一枝桃花，感觉无比珍贵而"不忍簪花"，将其插在瓶中细心呵护。"净瓶插花"冲淡了其"白发簪花"的感伤，彰显出其超然与淡真的心性情怀。[1] 宋元人还常常一瓶鲜花，三五知己，饮酒作诗，闲逸疏旷而率意淡真。[2] 再如，赵佶《听琴图》中的瓶花，置于石几之上，花器乃古铜鼎，花枝飞扬向上，琴音花香，映照出"真面目"，即返璞归真。瓶中插花之平淡意蕴由是可见一斑。[3]

四、披花拈花

　　宋元人爱簪花甚至瓶中插花，主要是因为以花比德之影响。以花比德之传统源远流长，诗骚早已开此传统，尤其在屈原《离

---

[1] 李光《渔家傲》词曰："海外无寒花发早。一枝不忍簪风帽。归插净瓶花转好。维摩老。年来却被花枝恼。忽忆故乡花满道。狂歌痛饮俱年少。桃坞花开如野烧，都醉倒。花深往往眠芳草。"

[2] 如李光《中春之初与诸友游黎氏园荆华赠予桃花一枝归置瓶中连日不凋因成两绝示同行且令同赋》其一诗云："桃榔林里见桃花，正似罗帏翠幕遮。老去已无簪髻梦，净瓶归插一枝斜。"杨万里《昌英知县叔作岁坐上赋瓶里梅花时坐上九人七首》其三诗曰："酒兵半已卧长瓶，更看梅兄巧尽情。醉插寒花望松雪，人间曾有个般清。"

[3] 赵希鹄《洞天清录》载，古人何处弹琴，分列"对花弹琴""弹琴对月""弹琴舞鹤""临水弹琴""膝上横琴"等，并言："弹琴对花，惟岩桂、江梅、茉莉、荼蘼、檐卜等清香而色不艳者方妙，若妖红艳紫非所宜也。"可见弹琴对花绝非偶然。它彰显了弹琴者之心境、性情与人格如花。人、花、琴三者相合相融。[（宋）赵希鹄等撰，钟翀整理，尹意点校：《洞天清录》（外二种），郑州：大象出版社，2019，第224页。]

骚》《山鬼》等诗作中，以花比德更是蔚为大观，花被赋予了一种特定含义，古人往往以花自喻。而在宋元，文士们常常以花比德，表达自己或安贫乐道或豁达乐观或傲岸独立等人格精神与品质。在众多花卉之中，尽管宋元人喜随手摘一朵花簪于头上，随意折一花枝插于瓶中，但是他们尤其喜爱簪梅花与瓶中插梅。如周权《百字谣·再用韵》词曰：

粗桃俗李，漫眼底纷纷，等闲开落。得似花仙夸艳质，暖透胭脂犹薄。梅不同时，芳心难聘，空妒肌如玉。自然佳丽，不须归荐华屋。　　最好一抹彩云，轻盈飞不去，漫空高簇。霁日浓薰浑欲醉。照映光风眩烁。遍倚栏干，狎渠清赏，聊为怜幽独。簪花醉也，夜深犹索芳醑。

以桃花李花之俗艳与梅花之清雅相比对，衬托出梅之高洁孤傲，簪梅以体现自己孤傲不屈之高洁人格精神。其中李清照更尤喜簪梅。但是其年少与年老时所簪之梅不同。青春年少时喜簪含苞欲放之梅花，人老喜醉簪残梅。[1] 梅被称为雪魄冰魂，乃纯洁、坚韧品格之象征。李清照在经历了国破家亡、孤独漂泊后，依旧喜簪梅，显示出其顽强的气势，与困难搏斗之精神，犹如孤傲高洁、傲霜凌寒之梅。从幸福之梅到插残梅，梅花以及自我之纯洁坚韧、清丽脱俗、坚贞高洁的精神品质可谓在其簪梅之举中体现得淋漓尽致。又如黄庭坚，最喜簪菊。其《南乡子·重阳日宜州城楼宴集即席作》词云：

诸将说封侯，短笛长歌独倚楼。万事尽随风雨去，休休，戏马台南金络头。

催酒莫迟留，酒味今秋似去秋。花向老人头上笑，羞羞，白发簪花不解愁。

---

[1] 李清照《减字木兰花》词云："卖花担上，买得一枝春欲放，泪染轻匀，犹带彤霞晓露痕。怕郎猜道，奴面不如花面好。云鬓斜簪，徒要教郎比并看。"《蝶恋花上巳召亲族》词曰："永夜恹恹欢意少。空梦长安，认取长安道。为报今年春色好，花光月影宜相照。随意杯盘虽草草。酒美梅酸，恰称人怀抱。醉莫插花花莫笑，可怜春似人将老。"

词用"戏马台南"之典,[1] 簪菊之举展示出其笑对逆境的轩昂气宇,尤其白发簪菊更是将其人老而铮铮之风流气骨犹在之精神展现出来。就宋元人而言,簪花即自身人格品质与精神的展现,但是其意义还不仅于此。宋元诗词中,簪梅、梅花插瓶的诗词比比皆是,并常以梅花"疏影横斜水清浅"之姿态美来衬托其"梅格",而称赞瓶中梅之冰清玉洁与超尘绝俗之诗词作品更是俯仰可见,梅于他们而言,乃不俗之绝妙象征。[2] 是以,头上簪花或于书斋、卧室中的胆瓶中插一枝瘦梅,彰显的是他们"尚雅"的审美格调以及对不俗、超尘脱俗的追求。而对簪花、插花之瓶与花材之选择,皆呈现出他们对"俗"的一种审美排斥。而簪花插花原本就是一种习俗与风尚,原本即具有俗之特征。是以就宋元人而言,簪花插花,不仅具有以花之比德意义,亦具有雅俗并存之特点,它是宋元文士尚雅格调的审美体现,亦是他们身份认同与坚守的一种方式。

簪花与瓶中插花,还具有拈花之禅意。簪花与瓶中插花与两则参禅故事密切关联。一为云在青天水在瓶。[3] 此故事在于说明万物各有各之去处,各安本位,什么形态的修为,决定你什么样

---

1 "戏马台"相传为项羽所筑,晋朝刘裕北征时,曾会群僚于此,赋诗为乐,当时诗人谢瞻、谢灵运各赋诗一首。黄庭坚《定风波》其二词云:"万里黔中一漏天。屋居终日似乘船。及至重阳天也霁。催醉。鬼门关外蜀江前。莫笑老翁犹气岸。君看。几人黄菊上华颠。戏马台南追两谢。驰射。风流犹拍古人肩。"词中的两谢,即指谢瞻、谢灵运。"戏马台南"充满豪迈洒脱之气概,簪菊不仅展现其旷达之胸襟、傲兀之气、不服老之气概,亦彰显出其高风绝俗之精神。

2 霍松林、邓小军先生于《论宋诗》中指出:"不俗,这正是宋人为人为诗向往追求的一种境界。梅花恰好是不俗的绝妙象征。"[参见霍松林、邓小军:《论宋诗》,《文史哲》,1989第2期,第66—71页。]

3 《宋高僧传》载:"(翱)初见俨,执经卷不顾,侍者白曰:'太守在此。'翱性褊急,乃倡言曰:'见面不似闻名。'俨乃呼,翱应唯。曰:'太守何贵耳贱目?'翱拱手谢之,问曰:'何谓道邪?'俨指天指净瓶曰:'云在青天水在瓶。'翱于时暗室已明,疑冰顿泮。后翱作诗云:'练得身形似鹤形,千株松下两函经。我来问道无余说,云在青天水在瓶。'"(《赠药山高僧惟俨》其一)[参见(宋)释赞宁:《宋高僧传》卷十七,四库全书本。]

的位置，皆应以平常心对待。是以当下即圆满，没什么好思量的。李翱由是"暗室已明，疑冰顿泮"，当下乌云（分别妄想）散去，晴空（自性）显现。其二乃拈花微笑。拈花微笑之起因有两种说法，一说乃佛祖讲经，从花盆里拈起一朵花，另一说乃大梵王为请佛祖在灵鹫山上讲经，献上一朵珍贵的金色婆罗花，但无论哪种说法，佛祖皆手拈花朵似露微笑，而伽叶尊者破颜一笑而领会禅意，所谓"佛祖拈花，伽叶微笑"。拈花微笑所传达之禅意其实在于一种至为祥和宁静的心境，不着形迹，超脱一切，是一种"无相""涅槃"的境界。"云在青天水在瓶"与"拈花微笑"在参禅方面虽各有侧重，但它们皆有一个共同旨向，即追求气定神闲、淡然豁达即所谓"平常心"之生命状态。由是，宋元人摘花簪花，即颇有拈花微笑之淡然意味，而瓶中插花更是兼二者之禅韵。是以在宋元禅房之中，瓶中插花乃常见之物。如：

> 瓶花故故透禅房，师自无心花自香。客散夜深归定里，白生虚室月无光。（丘葵《次欧阳少逸呈雪庭韵》其三）

禅房中的瓶花有着一种宗教的洁净与静穆的意味。而文士之瓶中插花，亦充满诗意禅趣。他们的"瓦瓶终日看横斜"之生活，既显现对瓶花喜爱之情，又体现悠闲自得之心境，更彰显物我两忘的境界，充满诗意和禅趣。

总之，簪花蕴含着宋元人丰富的审美文化理想，一方面将生活诗意化，一方面又将艺术生活化，可谓雅俗共存，经世致用与任远超脱并存，既有诗意又富禅趣，平淡而意蕴深刻。

第三节 听香

"听香"，即沟通耳、鼻、眼、舌的官能，将听觉、嗅觉、味觉向视觉移借，是通感现象中一种非常独特的审美体验。[1] 当人心

---

[1] 钱锺书于《通感》中言："在日常经验里，视觉、听觉、触觉、嗅觉、味觉往往可以彼此打通或交通，眼、耳、舌、鼻、身各个官能的领域可（转下页）

凝形释时，各种感觉器官的功能，便能打成一片，无不可以互通。听香时人是被动的，不是人去捕捉香气，而是香气来侵袭人，它或是一缕，或是一团，人无法控制。它又像声音一样，来时自然而来，散时无影无踪。且听香没有对香气的贪婪，不要求更多，亦不追寻香气之源，只是在当下，随时保持觉照。觉者，觉知；照，像镜子一样，任何东西来了皆照见，去留无痕迹。是以"听香"，需要闲淡之心与自适之情怀。从此角度而言，宋元士人之"听香"，其实就是一种闲适之心境，是他们平淡之诗意生活的重要表现之一。

一、闹香与香喧声

宋元士人喜香，善听，"西窗听雨品茶香""看山听水兴难忘""水中看树影，风里听松声"是他们最日常的生活。粗略检索电脑版《全宋诗》《全宋词》《宋辽金元诗词曲》，"香"字出现约34 845频次，其中"炉香"约468频次，"花香"约883频次，"茶香"约123频次，"泉香"约66频次。"听"字出现约13 514频次，其中"听雨"约394频次，"听松"约240频次，"听泉"约92频次，"听水"约82频次，"听山"约75频次，"听琴"约112频次，"听鸟"约45频次。徐铉言："何日煎茶酝香酒，沙边同听暝猿吟。""雪晴农事起，击壤听赓歌。"[1] 说是听猿、听歌，其实亦是听泉、听松、听花、听茶、听水，即听香。宋元士人"听"

（接上页）以不分界限。颜色似乎可以有温度，声音似乎会有形象，冷暖似乎会有重量，气味似乎会有体质。"又提到《列子·黄帝篇》言："眼如耳，耳如鼻，鼻如口，无不同也，心凝形释。"（参见钱锺书：《七缀集》，北京：生活、读书、新知三联书店，2002，第64页。）

1 见徐铉《和陈洗马山庄新泉》诗："已开山馆待抽簪，更要岩泉欲洗心。常被松声迷细韵，急流花片落高岑。便疏浅濑穿莎径，始有清光映竹林。何日煎茶酝香酒，沙边同听暝猿吟。"《又赋早春书事》诗："苑里芳华早，皇家胜事多。弓声达春气，弈思养天和。暖酒红炉火，浮舟绿水波。雪晴农事起，击壤听赓歌。"

与"听香"之生活可谓丰富多彩。

其一是闹香。钱锺书先生《七缀集·通感》言"声音不但会有味道——'哀响馥''鸟声香',而且会有颜色、光亮——'红声''笑语绿''鸡声白''鸟语红''声皆绿''鼓(声)暗'",此即为"闹香"[1]。宋元士人钟情于闹香,杨万里《又和绝句》诗云:"剪剪轻风未是轻,犹吹花片作红声。"又《过单竹洋径》诗曰:"乔木与修竹,相招为茂林。无风生翠寒,未夕起素阴。"方岳《烛影摇红·立春日柬高内翰》诗曰:"笑语谁家帘幕,镂冰丝红纷绿闹。"吴潜《满江红》诗云:"数本菊,香能劲;数朵桂,香尤胜。"王灼《虞美人》诗曰:"枝头便觉层层好,信是花相恼。"庞铸《花下》诗云:"飞向幽芳闹处栖。"花片作红声、无风生翠寒、红纷绿闹、香能劲、花相恼、幽芳闹,皆是听香之闹香。宋人闹香尤其体现在听雨中。如周邦彦的"静锁一庭愁雨",雨的哀怨直截了当。陆游"梅蕊洗幽香",心境闲适而愉悦。清琪的"竹榻夜移听雨坐",闲居乡野茅屋,青山绿水,桃红李白,麦青菜花黄,雨夜坐于竹榻听雨声,晴天坐于窗前看云眠,心境平和淡泊,生活悠闲自在,岁月宁静安好。[2] 就宋元人而言,听风雨之声不仅是对自然的谛听,更是他们沉思的寄托,引入寻常人生诗意的闲适宁静。韩淲诗云:"灯火凉秋夜,空山雨到檐。……沉思仍静听,香鼎伴书签。"(《晚雨可爱》)听雨成为诗人返回本真

---

1 钱锺书:《七缀集》,第70页。
2 周邦彦《琐窗寒·寒食》诗云:"暗柳啼鸦,单衣伫立,小帘朱户。桐花半亩,静锁一庭愁雨。洒空阶、夜阑未休,故人剪烛西窗语。似楚江暝宿,风灯零乱,少年羁旅。"陆游《春雨》诗曰:"倚栏正尔爱夕阳,细雨霏霏渡野塘。本为柳枝留浅色,却教梅蕊洗幽香。小沾蝶粉初何惜,暂湿莺身亦未妨。造化无心能遍物,凭谁闲与问东皇。"清琪《余山林多暇瞌睡之余偶成偈语自娱纸墨少便不欲记之云衲禅人请书欲知我山中趣向于是静思随意走笔不觉盈帙故掩而归之复嘱慎勿以此为歌咏之助当须参究则有激焉》其十四诗曰:"茅屋青山绿水边,往来年久自相便。数株红白桃李树,一片青黄菜麦田。竹榻夜移听雨坐,纸窗晴启看云眠。人生无出清闲好,到得清闲岂偶然。"

沉静状态之载体，其余听琴、听鸟、听水、听泉无不如此。从此角度而言，听香是具有神性的召唤意义的诗性言说，是以宋元士人们爱闹香，爱听香。

其二是香喧声。钱锺书先生言："'香'不仅能'闹'，而且能'劲'。流云'学声'，绿阴'生静'。花色和竹声都可以有温度：'热''欲然''焦'。鸟语有时快利如剪，有时圆润如丸。五官感觉肖真算得有无相通、彼此相生了。"[1] 此即为"香喧声"。元末江南名士卢山甫建听雨楼，张雨题诗曰："不知雨到耳根来，还是耳根随雨去。"倪瓒题诗云"依旧山光青满几""听雨怜君隐市中"。其和张雨诗云："挟水随云自往还，根尘不染性安闲。"[2] 雨到耳根来，耳根随雨去；雨如洗，山光满几；江湖枕边鸣，挟水随云，视觉、触觉皆超越了自己的范围而令人领略到听觉的印象。而魏了翁的"行花尽处山围郭，又听松风吹客裳"，释智愚的"梅麓自来调鼎手，暂时勺水听松风"，黄台的"花气熏心香馥馥，涧声聆耳冷潺潺"，周密的"一窗听雨对花眠"，张可久的"谁隔荷花，听水调、兰棹采莲船去。……冷香凝绿，嫩凉生满庭宇"，[3] 更是于香气缭绕之中听松、听风、听泉、听雨、听歌、

1　钱锺书：《七缀集》，第71页。
2　张雨《听雨楼》诗："雨中市井迷烟雾，楼底雨声无著处。不知雨到耳根来，还是耳根随雨去。好将此语问风幡，闻见何时得暂闲。钟动鸡鸣雨还作，依然布被拥春寒。"倪瓒《听雨楼图卷》诗："河阔楼低雨初洗，只疑身宿孤篷底。清晨倚槛看新晴，依旧山光青满几。听雨怜君隐市中，我忧徭役苦为农。田家那得风波险，朝朝愁雨又愁风。"倪瓒和张雨听雨楼题诗："虚牖蒙蒙含宿雾，瀑流涧响来何处？江湖近向枕边鸣，林风又向檐前去。挟水随云自往还，根尘不染性安闲。多情一种娇儿女，泪滴天明翠被寒。"
3　魏了翁《以使事过成都讫事而归虞万州成都尉高表兄拉访灵泉宰高表兄风雨连明遂谒朱祭酒祠即事赋》（其一）诗曰："蒼卜风清醉骑香，满身花影踏斜阳。行花尽处山围郭，又听松风吹客裳。"释智愚《茶寄楼司令》诗云："暖风雀舌闹芳丛，出焙封题献至公。梅麓自来调鼎手，暂时勺水听松风。"黄台《题歙州问政山聂道士所居》诗曰："千寻练带新安水，万仞花屏问政山。……筇枝健拄菖蒲节，笋柈高簪玳瑁斑。花气熏心香馥馥，涧声聆耳冷潺潺。高坟自掩浮生骨，短晷难穷不死颜。早晚重逢萧坞客，愿随芝盖出尘寰。"周密《友人话京都旧游戏成》诗云："江湖落魄忆（转下页）

听花,芬芳的香味更为"响亮",馥韵流动。

二、冷香与暗香

宋元士人喜听有声之香:听雨、听琴、听水、听泉等,亦喜听无声之香,听松、听山、听花、听梅等,更喜听诗听画之香。宋元诗画之香,有暗香与冷香两种。

其一暗香。到画中"听香",是宋元士人平淡生活之常态。就宋元人而言,"踏花归去马蹄香"其实不是画香,而是听香,领略画之神韵。[1] 又赵孟頫有《夜月梨花图》,以夜为烘托背景,映衬朱栏和如雪之白花。在夜色朦胧中,梨花暗自绽放,无影无形的清香悄然浮动,犹如"梨花一枝夜含烟"。清代恽南田指出"朱栏白雪夜香浮"乃此梨花图之灵魂,[2] 赵孟頫不仅画出了梨花的香魂,更是听到了梨花生命灵动之芳香。再如赵佶有《腊梅山禽图》,此图色彩幽淡,格调迷蒙,风味独特,尤其是图中白色之小花,传达出幽幽之神韵,不仅颇具"朱栏白雪夜香浮"之意味,更有"香吹梅渚千峰雪,清映冰壶百尺帘"(陈眉公)之意韵,可谓"暗香浮动"。而钱选《八花图》,更是"听香"之妙作。其中

(接上页)芳年,曾赋名都结客篇。九陌舞香元夜烛,六桥歌月禁烟船。红帘顾曲缠头锦,紫陌寻芳买笑钱。老去风情浑减尽,一窗听雨对花眠。"张可久《百字令·湖上,和李溉之》词云:"六桥如画,看地雄两浙,人骄三楚。谁隔荷花,听水调、兰棹采莲船去。鹤舞盘云,虹消歇雨,一缕南山雾。冷香凝绿,嫩凉生满庭宇。犹记醉吹箫,自苏郎去后,别情无数。明月天坛尘世远,青鸟替人传语。玉解连环,书裁折叠,没放相思处。裴公亭上,诗来还是怀古。"

1 俞成《萤雪丛说》载,赵佶喜绘画,北宋画院常出诗题考入画院之考生,一次出"踏花归去马蹄香"之考题,众画者多画得很复杂,间有一名画者,画一群蝴蝶飞逐马后,最后得魁。
2 赵孟頫梨花图今虽已不可见,但从恽南田画论中可知其香韵一二。恽南田于《画跋·题画》评此画曰:"朱栏白雪夜香浮,即赵集贤《夜月梨花》,其气韵在点缀中,工力甚微,不可学。古人之妙在笔不到处。然但于不到处求之,古人之妙又未必在是也。"

的水仙图,清气馥郁,兼有无形之妙香。钱选自题云"雅意在分香",倪瓒题诗曰"香魂莫逐冷风散",皆明确表明和指出"分香""香魂"即此画之画魂。又恽南田指出元画之神韵在于:在有形的画面中,听到绝妙的音乐;在燕舞飞花、声情并茂的世界中,传达出一种生命的香味。[1] 因而元人听画,眼中有落花缤纷意,耳边有天外妙音起,香所缭绕,声所拥抱,灌花莳香,涉趣探幽,心依竹而弄影,情因兰而送香,盘旋在众香之界,寄托着自己的芳思。是以听到的不仅是花的香味,更是心灵的香意,心中有影,有露,有雾,有烟,更有诗与生命深层之真。所谓"暗香浮",传达出的是一种淡淡的寂寞,一种平静中的哀愁,一种芬芳的诗味,一种平淡的人生境界。

其二冷香。中国士人普遍认同作诗、绘画、写书,需要一颗高逸的心灵,才有巨大的穿透力和动人心魄的力量。故而中国士人尤其重视高逸之灵魂,此高逸之灵魂,即是所谓"冷"。而追求心中有冷香逸韵,即可达到妙意天香之境界,此境界即是宋元士人追求的生命理想境界之一。是以宋元人常常将自己之"冷香"熏入日常吟诗作画之中,于诗画之鸟语花香、青山绿水、槛外疏竹、松声鹤影、乐中平沙等中,低吟心性超然、平淡而绚烂之天香生命的理想人生。如马麟《层叠冰绡图》,乃宋元以冷香为基调的经典之作。图中背景几于空白,唯有两枝小梅,枝瘦削而花繁茂,可谓清冷幽艳,充满冷香逸韵。又如林逋《山园小梅》诗"疏影横斜水清浅,暗香浮动月黄昏",更是彰显冷香之经典代表。而姜白石的《暗香》词"竹外疏花,香冷入瑶席",《疏影》词"重觅幽香,已入小窗横幅"[2],前者突出冷香,后者突出幽香,幽

---

[1] 恽南田《画跋·题画》云:"元人幽秀之笔,如燕舞飞花揣摸不得,又如美人横波微睇光彩四射。"又《论画》云:"元人幽亭秀木,自在化工之外一种灵气,惟其品若天际冥鸿,故出笔便如哀弦急管,声情并集,非大地欢乐场中可得而拟议者也。"

[2] 姜白石《暗香》词:"旧时月色,算几番照我,梅边吹笛?唤起玉人,不管清寒与攀摘。何逊而今渐老,都忘却、春风词笔。但怪得、竹外(转下页)

冷的香气回荡着寂寞的生命咏叹、缓慢的唯美节奏，透出浓郁之冷香幽韵。又陆游《咏梅》词亦堪称"冷香逸韵"之绝唱，梅花飘落纵然被碾为尘泥，依旧坚贞不改馥郁之香味，体征着诗人清净不屈之灵魂。[1]

三、听香之心灵追求

"听香"实乃彰显宋元人对自我生命之心灵境界的追求。首先乃生命之香味。人常言闻香识美人，而宋元听香不仅识美人、真人，更是存美德、真性。宋元士人之听香听的乃生命之香味，并从中发现自我生命之香气。元末明初苏大年和倪瓒诗，[2] 用许由洗耳典，说明自己无须如许由一般洗耳以示对出仕以及世俗之厌恶，只需听雨声，即可洗净心中之尘缘，做到"心地自清凉"，无惧江湖险恶，洒然静对飘零人生，人格可谓于听雨之过程中得到升华。又周权《值雨憩僧舍》诗曰："昼篆萤行香半残，隔阑翠柳拂疏烟。勿论尘土东华客，著我僧毡听雨眠。"成廷圭《访王伯纯晚归》诗云："长洲苑内旧池台，白发山人恰再来。无限客愁浑忘却，小楼听雨杏花开。"听花、听雨，听花开、听花香，皆于听香中听出了自我心灵深处的生命香味。每个人的生命中都有香味，于平淡生活中静听，则可获得人之本真性。正所谓"归来笑拈梅

（接上页）疏花，香冷入瑶席。　　江国，正寂寂，叹寄与路遥，夜雪初积。翠樽易泣，红萼无言耿相忆。长记曾携手处，千树压、西湖寒碧。又片片、吹尽也，几时见得？"《疏影》词："苔枝缀玉，有翠禽小小，枝上同宿。客里相逢，篱角黄昏，无言自倚修竹。昭君不惯胡沙远，但暗忆、江南江北。想佩环月夜归来，化作此花幽独。　　犹记深宫旧事，那人正睡里，飞近蛾绿。莫似春风，不管盈盈，早与安排金屋。还教一片随波去，又却怨玉龙哀曲。等恁时、重觅幽香，已入小窗横幅。"

1　陆游《咏梅》词："驿外断桥边，寂寞开无主，已是黄昏独自愁，更著风和雨。无意苦争春，一任群芳妒。零落成泥碾作尘，只有香如故。"
2　张大年和诗为："尘生两耳何由洗，喜听雨声茅屋底。洒然心地自清凉，静对炉熏时隐几。乾坤纳纳悬壶中，书田沾润称书农。也胜江湖风浪恶，客舟飘泊怨秋风。"

花嗅,春在枝头已十分",在听香中听出了自我之心声与心象。是以宋元士人之"听香",听的不是外我之声音,而是自我心灵的真实以及自我生命的香世界。叶颙《南山晚眺》诗曰:"扶筇访梅竹,褰裳蹑苔藓。静听水潺湲,卧看云舒卷。长啸抚孤松,乘闲数奇巘。"陈樵《忘忧阁》诗云:"宜男叶上冷云生,听尽风声听水声。杯里酒连天共碧,江南春与草俱青。铦寒已喜松丹熟,烛尽只消华艳明。无喜亦无愁可解,山人投老竟忘形。"他们于听水、听香中听出了自我心灵深处以及生命之香世界的大自适与大自在。

其次乃美人香草。楚辞开创的香草美人传统,从美学观念而言,它确立了一个"要妙宜修"的美好世界。屈原朝饮兰之坠露,夕餐菊之落英,是一位以香为生命滋养的士人。其"吾既滋兰以九畹兮,又树蕙以百亩",可谓爱香如命。香是他的天国,是他的乐土,是他的众香界。宋元士人继承了屈原的香草美人传统,重视"要妙宜修",他们很多咏梅香之诗词。如陆游之"零落成泥碾作尘,只有香如故"(《卜算子·咏梅》),林逋的"疏影横斜水清浅,暗香浮动月黄昏"(《山园小梅》)自不必说,王冕的"忽然一夜清香发,散作乾坤万里春"(《白梅》),以梅自喻,以梅之"清香"驱除乾坤间浊气、俗气,表永不泯灭之进取心。又陆游《雪后寻梅二首》其二诗曰:"幽香淡淡影疏疏,雪虐风饕亦自如。自是花中巢许辈,人间富贵不关渠。"胡铨《和和靖八梅》其一诗云:"孤艳几时同把盏,野香犹记助看题。"刘学箕《和林处士梅诗八首》其二诗云:"香静细参花外意,眼明应笑雾中昏。"梅之幽香、清香、暗香、野香、香妍、香静,无不彰显着宋元向美向善与向真之高洁人格力量。而宋元士人之听梅、听雨、听茶、听花……无不如此。如李新《过卧龙先生幽居》诗曰:"手调鼎剂作清凉,不秘千金肘后方。闲数岭云松自翠,卧听梅雨药初香。三山梦断黄粱熟,一径莓封白日长。我欲从公结幽隐,不干泉石解膏肓。"王镃《春日即事》诗云:"清斋饭罢一瓯茶,静听山蜂报早衙。日色弄阴云去住,楮窗香润落藤花。"韩元吉《次韵赵文鼎同游鹅石五首》其四诗云:"潋潋烟波带月华,渡头江迥两三家。细倾社瓮鹅儿酒,共听山村杨白花。"香溢芳菲的平淡闲适之生活,诗性地呈现着宋元士人珍贵特立的人格精神与对"要妙宜修"传统的追求。

　　再次乃禅心佛性。佛教中的最高境界被称为"香国"或者"众香界",是一个充满香的世界。在高高的须弥山顶,有国名众香,有佛名香积。它所传出的香气,传遍宇宙。《维摩诘经》有《香积佛品》,即指此香世界。在此香世界中,一切皆散发出浓浓的香气:以香作楼阁;人所经过的地方皆鲜花点缀,香气扑鼻;诸天中下着香花雨,天女散着香花,须弥山充满香味,就连车轮亦是花所做成,苑园的物品亦皆用香料熏染,殿堂里香烟缭绕。而其中的菩萨就叫香积菩萨,他们所吃之食物亦香气四溢,周流十方世界。所谓香积菩萨,即意为积聚天下众香之功德。而来此修行之人,就是一批香人,他们染香水,吃香饭,用香的语言交谈,呼吸香的气息,每个人的毛孔中都散发出香气。佛教之天国就是这样的香世界,佛所传的道理就是香气四溢的大道理,对佛的信仰者就是香客。佛祖拈花,迦叶微笑,一花开五叶,一念心清净,处处莲花开,等等,都在强调一种理想的境界,强调人类应秉持一种不染之心,如同出污泥而不染的莲花,清净微妙。是以,在禅宗中,到处洋溢着香气。如牛头法融修行之时,传百鸟衔花来供养他。一位禅师上堂说法曰:"千般说,万般喻,只要教君早回去。去何处?"又曰:"夜来风起满庭香,吹落桃花三五树。"佛教渡人即回到生命之本然,回到散发生命香味之地方。而现实中,宋元寺院之丛林即以香气缭绕为其重要特点。如宋代法师延沼曰:"常忆江南三月里,鹧鸪啼处百花香。"又文邃禅师曰:"锦绣银香囊,风吹满路香。"并且,宋元寺院皆喜以花香、水光、塔、钟声来营造香、声、光、影兼备之优美禅境,而禅即是一个香声之世界。是以宋元士人之听钟声、鼓声亦实乃听香,正所谓"一听钟声百念空"(胡翼龙《长相思·题甘楼》),听香强调六根互用,冷香逸韵,洗耳即洗心,实际即是护持香之力量,簇拥禅之理想,所谓"平常心即道",香心即禅心,即佛性真心。真山民《三峰寺》诗云:

> 寂寞烟林噪乱鸦,青鞋步入野僧家。云深不碍钟声出,日转还移塔影斜。廊下蜗黏沿砌藓,佛前蜂恋插瓶花。竹床纸帐清如水,一枕松风听煮茶。

钟声、塔影、瓶花,人于花香、茶香缭绕中听松、听风、听水(煮茶)、听花,生命平淡而馥郁之香气透过禅心佛性缓缓、绵延地铺展、传达开来。

由是可知,宋元人之听香是一种境界,是用心来听生命之声音,是用浪漫主义之情怀对美好的向往。听香非常积极,是一种人生态度,更是其平淡之诗意生活的一种呈现。

(宋)赵佶《腊梅山禽图》

(宋)钱选《八花图》局部

下编
精神与价值

  平淡对情感的要求是平静淡泊，它在形式上追求简古、散缓和老成，注重简古朴素，古雅简妙和"意象简朴足镇浮"的平淡效果以及追求"高风绝尘"的风神，是以就意境而言，"静"境、"老"境、"清"境是平淡最喜营造的意境。在意象选取方面，平淡与平常生活密切关联，日常意象、山水意象、人文意象其无所不包揽，皆具有平常而普通的色彩。在意境营造方面，平淡最喜采用的方式与方法就是简化，即简古、素朴、古雅等，简化的极致就是空白。"空"而气韵生动，是以无论是"静"境、"老"境，还是"清"境，平淡总是淡而味终不薄，所谓"韵外之致""味外之味""味以至味"，然而无论平淡是哪一种审美形态，哪一种境界，皆是中国文人心灵的长足呈现，彰显出一种中国文人特有的和合精神与自适、自安、自娱之自得精神，鼓荡着一股生命之刚健之柔力，有一种化悲为健的力量，由此中国文化中的平淡充满生命圆融与灵动之气，铺展出生命之绵力，从而具有重要的现代意义。

第七章 "平淡"之意境与意象

平淡之意境，以营造"静""老""清"之境为主，"静"之意境追求"空寂""安宁"以达平淡，"冷"而能静，是以其意象一方面选择与冷淡诸如与"寒""荒""无""冷""野"相关的意象，另一方面又选择与恬淡诸如与田园、闲静、幽、深等相关的意象，围绕"寒江渔钓""归去来兮"形成了营造"静"之意境的"荒寒"与"田园"两大表"空寂"与"宁静"的意象群。"老"之境追求枯而有力，古而雅，苍而嫩，是平淡"外枯中膏"特征的具体呈现，其意象选择大多与"枯""古"相关，充满枯淡古意。"清"之境之"清"与"淡"同源，其特点是清澈、澄明、明净、空灵、清洁、高雅，是以其意象多与"清空""清雅"相关，带有浓郁的人文色彩，"一窗梅影""笔床茶灶"是其经典之意象。"静""老""清"三种意境的营造，并不是孤立存在的，它们往往相交相融，是以营造它们的主要意象亦是相交相融的。例如荒寒之境象不仅有"静"之境象的主要一面，还有"老"之境象的一面；与"枯"相关的意象不仅可以营造"静"之境之冷淡、空寂，亦可以营造"老"之境的枯淡古意；与"寒"相关的雪意象不仅可以营造"静"之境之冷静，亦可以营造"清"之境之清空与清雅。但无论哪一种意境与意象，皆以追求色淡与情淡为归旨。

第一节 静之境象

一、静之意境

《说文》释"静"曰："审也。从青争声。疾郢切。"段玉裁注云："静，审也。"指出"静"之义为明审也。然而"静"不仅有"明审"之义项，古文献中其"安静""宁静"之义项更是大量存在。[1] 且与"静"相通假的众多文字如"靖""竫"亦皆有"安静""平静"之义，与之相通假的"清"字除"纯洁、清明"之义外，亦有"安静"之义。[2] 而据《常用汉字意义源流字典》《汉字源流字典》两本辞书关于"静"之语义源流的表述可知，与"平淡"相关的"静"之义项主要有六项，[3] 其中由"安静寂静"引申出的"恬淡、安详、平和"和"沉静，精神贯注专一，道家的修炼境界"等义项的文化内涵更是与"平淡"之内涵紧密关联，成为构建平淡之"静"意境的逻辑起点和所遵循的基本原则。

中国文化尚"淡"亦尚"静"，作为哲学中具有丰富文化内涵的概念，"静"与平淡之关系非常紧密。就儒家而言，"静"与

---

[1] 王力于《同源字典》中总结归纳《诗经》《吕氏春秋》等书中关于"静"的词句，发现"静"皆可释为"安""宁"。如《诗经·邶风·柏舟》："静言思之。"传："静，安也。"《卫风·氓》："静言思之。"笺："静，安也。"《国语·晋语》："宵静女德。"注："静，安也。"《吕氏春秋·音律》："本朝不静。"注："静，安也。"《淮南子·本经》："怒斯动，动则手足不静。"注："静，宁也。"［参见王力：《同源字典》，北京：商务印书馆，1982，第336页。］

[2] 如《礼记·孔子闲居》载："清明在躬。"孔颖达疏："清谓清静。""清"可作"静"，又《史记·五帝本纪》载："直哉维静絜。"张守节正义："静，清也。""静"可作"竫"，《说文·立部》释云："竫，亭安也。"段玉裁注云："凡安静字宜作竫，静其假借字也。""静"还可作"靖"，《说文》载："靖，立竫也。"《国语·晋语》载："无忌镇静。"宋庠本作"靖"。［参见郭婷：《释"静女"之"静"》，《文学界》，2013年第1期，第163—164页。］

[3] 此六义项分别为：1. 静止，不动。2. 寂静，安静，没有声响。3. 恬淡，安闲，平和。4. 清洁，洁净。5. 沉静，精神贯注专一，道家的修炼境界。6. 止息，安定。据郭婕对国内五部具有权威性辞书《康熙字典》《辞源》《古代汉语字典》《汉语大字典》《汉语大词典》的统计概括，可以了解到"静"各义项在五部辞书中的分布情况，其中与"平淡"相关的"安静宁静""清洁洁净"在五部辞书中均有出现，"没有声响，寂静""止息、平定"和"安闲平和"在辞典中出现的频率亦非常高，而"寂静，没有声响"其实就是"宁静、平静"，作为后来道家修炼之境界的"沉静，精神贯注专一"之义，其实亦归于"宁静、平静"之义项。［参见郭婕：《"静"和"静"参构语词的语意分析及文化阐释》，福建师范大学硕士学位论文，2018年5月，第11—26页。］

"仁"与"君子"密切关联。《论语·雍也》中孔子以"静"形容仁者,[1] 认为作为与"动"相对的"静",具有比"动"更高的地位,[2] 并代表积极向上的一面,它是礼乐文化中稳重、安宁和祥和的代名词。而作为君子,其应该具有的品性乃"文质彬彬""泰而不骄""不忧不惧""矜而不争,群而不党",简言之即文静、沉着、平静、淡和,而君子之"仁义"志向亦应该是沉静坚定的。在孔子这里,"静"的境界是以"仁"为核心,以"和"为理想的。而后《大学》亦深刻地论述了"静"与"止""安""定""虑""得"的关系,[3] 就儒家而言,"静"是达成一切目标诸如仁、义、礼、智、和的必要前提。而荀子更是进一步以"心"解"静",认为"心"以"道"为基础,并可以解"道"。[4] "心"解"道"的方法是"虚壹而静",是以"心静"即可全神贯注,即可达"大清明"之极致境界,如此即可以知"道"了。[5] "大清明"之境界,即内心澄明之精神境界,"心静"即平静淡和之心,即"平淡"之"心",是以平淡之"静"境的营造与构建不可避免地围绕"心静"而进行。而就道家而言,老子以"道"解"静",认

---

1 《论语》云:"子曰:'知者乐水,仁者乐山。知者动,仁者静。知者乐,仁者寿。'"[程树德撰,程俊英、蒋见元点校:《论语集释》,第526页。]
2 就山与水而言,水性灵动活泼,山则沉稳厚重。一方面,"水"中有"静",但"静"是相对于"动"的;另一方面,"山"中有"动",它的每一处细微变化都是建立在"静"的基础上的。是以就山水而言,乃先有"静"才有"动"。是以"山"乃"水"之源,知者之"动"乃源于仁者之"静"。知者的快乐受外界的影响,只是快乐,而仁者的快乐则是长久的快乐,不动如山。是以在孔子心中,"静"之地位比"动"高,而仁者的人格亦高于知者,仁者一定是知者,但知者不一定是仁者。
3 《大学》云:"知止而后有定,定而后能静,静而后能安,安而后能虑,虑而后能得。"[见(宋)朱熹:《四书章句集注》《大学章句》,北京:中华书局,2016,第3页。]
4 如《荀子·解蔽》云:"心不可以不知道,心不知道,则不可道,而可非道。"又云:"人何以知道?曰:心。心何以知?曰:虚壹而静。"[(战国)荀况著,张觉撰:《荀子译注》,上海:上海古籍出版社,1995,第456页,第457页。]
5 《荀子》云:"虚壹而静,谓之大清明。万物莫形而不见,莫见而不论,莫论而失位。"[(战国)荀况著,张觉撰:《荀子译注》,第457页。]

为"道"之实质即虚与静，提出"致虚极，守静笃"之观点，"虚""静"即一种空明澄静的心境。而"虚"蕴含之能量是无穷尽的，山谷幽远深邃，深不可测，是以老子以"谷"形容"虚"，其云"谷神不死，是谓玄牝。玄牝之门，是谓天地根。绵绵若存，用之不勤"（《老子》第六章），以山谷之"虚"喻道"虚"之特征，以"旷兮其若谷"（《老子》第十五章）形容得"道"之人，他们为人处世就如空旷的山谷一样，开阔大度，能够包含一切，所谓"虚怀若谷"。以"谷"形容"虚"，而"虚"用到人生方面，就具有了"藏"的特性，具体表现在平淡之"静"意境的营造与建构上，即与"空""隐""无"有了密切关联。老子还强调"重为轻根，静为躁君"（《老子》第二十六章），重视以"静"制约"躁""静胜躁，寒胜热。清静为天下正。""躁"与"寒"，"热"与"静"相对立，如此，构建和营造平淡之"静"意境与"寒""冷""清"就有了密切的关联。而庄子更进一步以"虚"解"静"，他认为虚静、恬淡、寂漠、无为乃是天地万物的本原。[1] 所谓"至道"便是要"澡雪而精神""涤除玄览"，达到心灵清静与精神的绝对自由。而心灵得以清静，则须"心斋""坐忘"，无功、无名、无己，达到物我两忘，天地人合为一体，如此便可保持心灵之宁静，进而达到心灵之逍遥自由，复归素、朴、真之生命本源即"道"之根本。是以平淡之"静"境的营造与"素心""忘""自适"等亦密切关联。而佛教更是追求"静"之境界，佛教讲究平常心是道，俗谛即真谛，追求"无我、无心，无寂浩翰，物我两忘"的心境。是以"无心""空寂"也就成了平淡之"静"境所要达到的极致境界。

　　就宋元人而言，在儒释道关于"静"之观念影响下，他们有很多关于"静"的论述，[2] 而苏轼关于"静"的论述最具代表性且

---

[1] 庄子《天道》云："夫虚静恬淡寂漠无为者，万物之本也。"（见王先谦，刘武撰，沈啸寰点校：《庄子集解　庄子集解内篇补正》，第142页。）
[2] 如周敦颐《通书》言："无欲则静虚动直。静虚则明，明则通。"既阐述了"动"与"静"的关系，又阐明了"静"与无欲、虚、明、通等的（转下页）

对宋元人影响最深。苏轼指出,诗妙与否,关键在于是否"空""静",唯静才呈现事物之变化与动态,唯心若高斋,疏瀹五脏,才可统摄万物,所谓"有"自"无"生。[1] 在苏子看来,只有创作主体之心静且空,才有可能臻于平淡之境,是以"空""静",不仅是创作平淡之作最佳最适宜的创作状态,亦是构建平淡之境的最妙之意境。宋元诗文中有大量关于"静"的描述。如"静胜则心安,安久虚灵府。虚极发明灵,洞澈无不见"(晁迥《静中好》)、"心清无外事,静极是真源"(释斯植《道宫》)、"群动本皆静,万有体恒空"(释文珦《仙佛辞》)、"性须澄似水,心欲静如山"(孙不二《养丹》)、"遥知静者忘声色,满屋清风未觉贫"(倪瓒《居竹轩》)等。"静"的关键是"心",围绕"心",心安、心清、心闲、心寂,皆可达到"心静","静"与"虚""寒""冷""忘""无""空""闲""寂""远""幽""深"等概念关系密切,而静中有动,动中有静,静中具闹,闹中显静,是营造"静"之境的重要手段,更重要的是,他们认为心静即性淡,是以对"静"之境的构建与营造即是他们平淡之境的重要体现。

二、空寂——寒江独钓

尽管儒、道、佛三家之"静",各有不同,[2] 但他们主张的"静"美,皆乃一种空寂之美、安宁之美、清幽之美。是以就宋元

(接上页)关系,并极力推崇"静",认为主静是立人的极致。二程亦有大量关于"静"的论述,如"静后,见万物自然皆有春意""静中便有动,动中便有静""学者患心虑纷乱,不能宁静""静则自虚静""只是心静,静而后能照""静则自明也""性静者,可以为学"。二程认为动静不离,静能虚明,静后能照,静则自明。朱熹《清邃阁论诗》言:"不虚不静,故不明;不明,故不识。若虚静而明,便识好事物。"亦认为虚静而明。

1 苏轼《送参寥师》云:"欲令诗语妙,无厌空且静。静故了群动,空故纳万境。"
2 如儒家之"静"乃清静,即清明安静、庄诚肃静;道家之"静"是虚静,即清虚恬静、冲淡闲静;佛家之"静"是空静,即空寂幽静、清净恬静。

而言，最能体现他们平淡之"静"境的意境主要有"空寂"之境与"宁静"之境。

"空寂"之"寂"本义为无音之静，是以"空寂"之意境是最能体现"无"之境界的，其有二大特征：一为审美主体忘掉自我，超越自我，即无物我；二为审美呈现方式乃现空寂之心于物态之中。钱锺书《谈艺录》中指出唐诗中"空寂"之作的特点即"现心境于物态之中"，此"心境"，即指空寂之心。[1] 钱先生指出"空寂"之境呈现方式的同时，亦指出"空寂"之境在唐代文学与艺术中已经营造且有很多经典。唐代营造"空寂"之境最具代表性的文人乃柳宗元、常建和王维。其中王维《辋川集》中众多山水绝句营造的空灵寂静之意境，被称赞为"幽淡已极，却饶远韵"（李瑛《诗法易简录》），尤其《鹿柴》《竹里馆》，"尤为色籁俱清，读之肺腑若洗"（黄叔灿《唐诗笺注》），人心极空，景色极幽，意境极静，仿佛不食人间烟火清幽空静。《辛夷坞》更是极尽闲静空寂之趣，被胡应麟赞为"五言绝之入禅者"。通过空寂之意境的营造，王维将悠远寂静、离尘绝俗的山林写入《辋川集》中，于闲静空寂中透着平和淡泊情志，而平淡中又伴随着精致。王维《辋川集》对于"空寂"之境的营造方式深刻地影响着宋元文人对于"平淡"之"静"境的营造。在宋元有很多与王维诗"空寂"之境相类的诗词。通过"搜韵网"检索唐宋元诗词曲中关于"空山""空林""空谷""空寂"等词语的使用情况，粗略统计，其使用频次如表1所示：

---

[1] 钱锺书先生指出，如"千山鸟飞绝，万径人踪灭。孤舟蓑笠翁，独钓寒江雪"（柳宗元《江雪》）、"清晨入古寺，初日照高林。曲径通幽处，禅房花木深。山光悦鸟性，潭影空人心。万籁此俱寂，唯闻钟磬音"（常建《题破山寺后禅院》）等作品，群山，万径，孤舟，独钓，古寺，曲径，山光，潭影，这些物象组合皆"以有象者之能净，见无相者之本空"，此便是现空寂之心于物态之中。[参见钱锺书：《谈艺录》，北京：中华书局，2008，第228页。]

表1 "搜韵网"检索唐宋元诗词曲中关于"空山"等词语的使用频次统计

朝代 \ 词频次	空山	空林	空谷	空寂
唐	271	97	40	45
宋	1 022	142	415	82
辽金元	535	101	244	29

从中可见,尽管包含"空"字的诗词不一定全为"空寂"之境,但是与唐代诗词相比较,以"空"营造"寂""静"之境确乃宋元诗词曲常用之手法。如其中出现频次最多的"空山",倡导与践行"平淡"之风的梅尧臣、欧阳修、苏轼、黄庭坚、陆游等皆有大量描绘。如梅尧臣诗:

空山旧径绿苔满,古寺斋盂白蘸蒸。暑雨坐中飞漠漠,野泉林外落层层。从来胜绝皆离俗,未有幽深不属僧。唯爱溪头一寻水,莫闻流浪莫闻澄。(《次韵和吴季野题岳上人澄心亭》)

阴壁流暗泉,古苔长自好。不改春与秋,何如路傍草。空山正幽蔼,净绿无人扫。(《拟水西寺东峰亭九咏》其五)

前首诗以"绿""白"两种冷色调营造清淡素雅之画面,"漠漠"营造出淡远,"层层"营造出深远,通过"空山"的幽深空寂之"静"美,传达出一种高远绝俗的淡泊情志。后首诗依旧以"幽蔼""净绿"之冷色调营造"空山"之"空""寂""静"境,但是在空寂中清泉自流,古苔自长,颇有"空山无人,水流花开"的"道无不在"的意趣,整个世界就如清泉、古苔一样,自生自灭、自在自为地演化着,没有激动,没有哀乐,闲静而空寂,从容而淡然。梅公非常喜欢营造这种空山水流花开之"空寂"之境,以至于欧阳修戏称其"空山流水空流花,飘然已去凌青霞"(欧阳修《太白戏圣俞》),生动形象地指出其"空寂"之境所传达出的淡泊超然之逸气。而欧阳修本人亦喜描绘"空山流水空流花"之景象,如其《又行次作》《寄圣俞》两首诗歌中"苍""碧""绿"

"青"等冷色调营造出的"空寂"之境，透露出内心的空无寂静，更是以动写静描绘了"空寂"之趣以表归隐与相忘于山野的自适淡泊情怀。[1] 又如苏轼《行香子·与泗守过南山晚归作》与陆游《步至湖上寓小舟还舍五首》其四诗中，苏轼宴坐空山，和风弄袖，香雾萦鬟，酒酣谈笑，北望平川，野水荒湾，白云长桥，飞鸿落照，"空寂""中颇有手挥五弦，目送归鸿"之自适潇洒，陆游更是于"空寂"中闲寄渔竿，闲静自在，以至于两人皆忘记了时间，皆于灯火阑珊才归去。两首诗以"忘"写"空寂"，呈现出一种"忘我""忘物""物我两忘"的空寂闲静之美。[2] 就宋元人而言，他们现"空寂"之心于"空山"之中，彰显着他们对平淡的审美追求。如"晚境长为客，空山不见人"（杨奂《宿南石桥》）、"溪风萧萧溪水寒，花落空山人影寂"（耶律楚材《过阴山和人韵》其一）、"归来山中自闭门，落花片片余空山"（熊鉌《春光叹》），空山"空寂"，而"空山弄明月""闲眠空山石枕头"则是他们最惬意的追求。其他如"空谷"，周权《幽居》诗云："索居简人事，与世意罕投。柴荆已就理，岁功念西畴。落落鸡犬墟，隐隐渔樵洲。啸傲一壶绿，聊复写我忧。及辰寓冲赏，独策还经丘。向夕山景霁，延瞩明川流。白云息空谷，归鸟鸣林幽。人生亦委化，汲汲将焉求。"幽居之地落落鸡犬声，隐隐渔樵声，柴荆田畴、夕山川流，空谷白云悠悠，归鸟自由飞翔鸣叫，一切皆空

---

[1] 欧阳修《又行次作》诗云："秋色满郊原，人行禾黍间。雉飞横断涧，烧响入空山。野水苍烟起，平林夕鸟还。嵩岚久不见，寒碧更屠颜。"《寄圣俞》诗曰："西陵山水天下佳，我昔谪官君所嗟。官闲憔悴一病叟，县古潇洒如山家。雪消深林自劚笋，人响空山随摘茶。有时携酒探幽绝，往往上下穷烟霞。岩藓绿缛软可藉，野卉青红春自华。风余落蕊飞面旋，日暖山鸟鸣交加。贪追时俗玩岁月，不觉万里留天涯。"
[2] 苏轼《行香子·与泗守过南山晚归作》诗云："北望平川。野水荒湾。共寻春、飞步屠颜。和风弄袖，香雾萦鬟。正酒酣时，人语笑，白云间。飞鸿落照，相将归去，澹娟娟、玉宇清闲。何人无事，宴坐空山。望长桥上，灯火乱，使君还。"陆游《步至湖上寓小舟还舍五首》其四诗云："万壑争流地，身闲得纵观。未能容蟹舍，聊得寄渔竿。远浦樵风急，空山窆石寒。踟蹰不知晚，磊磊有归翰。"

寂静谧。"九天飞瑶华，千树洒香雪。空谷寂无人，相看两清绝"（周巽《以露雾风烟月晴雨江山雪为题咏梅十首》其十），如空谷梅花般高洁绝尘是他们追求的人格理想，而"天上白云满空谷，树下三间两间屋"（张天英《题玉山中所藏赵千里画金碧山水图》）则是他们追求的"桃花源"。又如"空林"。或空林落日，木叶流水，如"空林落日西风急，红叶无诗水自流"（武衍《次平小景》）；或柴扉常掩，空林炊烟，如"桑麻穷巷扉常掩，烟火空林黍自炊"（许元发《春日田园杂兴》），皆一片空寂静穆。再如"空寂"，"空寂远尘机""禅心久空寂""万法本空寂""空寂湛禅悦""心心印空寂"等诗句俯拾皆是，如"寝殿无人空寂寂，满窗唯有月虚明"（释子淳《颂古一〇一首》其二十一），描绘寝殿之空寂；"暖日浮烟翠欲消，四山空寂境萧条"（朱希晦《次回峰韵》），描绘山之空寂；"闲人无所管，扶藜散幽步。古路绝游尘，霜林叶自雨。坐石听流泉，颇得空寂趣"（释文珦《游兴》），描述出游之所空寂，真可谓"一片虚凝，万境空寂"（释心月《须菩提赞》其二）。透过"空寂"之境，展现出宋元人的"空寂"之心，呈现他们平和淡泊之情志。他们继承了王维"空寂"之境的营造方式与方法来构建他们平淡之"空寂"意境，喜欢采用冷色彩及其物象，营造清雅幽静之氛围，亦喜欢以动写静，以喧衬闹，以有写无，动静相融，喧静相衬，有声无声相交，营造闲静而空寂之境。如或以动写静，如"筇笻脱箨已穿林，袅露搓烟藓径深。宴坐蒲团空寂处，一声啼鸟故相侵"（李光《次韵康守通幽亭三绝》其一）、"不眠行绕石池吟，月色如银夜正深。山路无风枯叶静，时闻露滴响空林"（王镃《月夜》），一声鸟啼更显通幽亭之空寂，连枯叶露滴的声音都能不时地听到，更是衬出山林之空寂。"水雾蒙蒙晓望平，悠然驱马独吟行。烟岚明灭川霞上，凌乱空山百鸟惊"（欧阳修《与谢三学士唱和八首和龙门晓望》），人马经过，鸟皆被惊起，可见山空而寂静。或有声无声相交，如"夜闻三人笑语言，羽衣著屐响空山"（苏轼《李公择求黄鹤楼诗，因记旧所闻于冯当世者》）、"夜久山空寂，唯闻绕砌泉"（释德洪《读瑜伽论》），皆写夜之静，但前者展响满空山，以有声衬无声之"空寂"，后者唯闻泉水声，以无声衬有声，更显空寂。"小语辄响答，空山白云惊"（苏轼《碧落洞》）连小声说话，都可以惊动白云，何等空寂。或以静写寂，如"万株相倚郁苍苍，一鸟不鸣空寂寂"（丘处机《自金山至阴山纪行》）、"夜静空山人语寂，一窗风雪打吟灯"（尹廷高《山中雪夜》）、"山空寂无人，鸟啼花不言"（释德洪《次韵游南岳题石桥》）。或动静结合，如"隔户蜻蜓空寂寂，绕栏蝴蝶故忙忙"（李士瞻《问李则平宪副乞花》）。或以喧衬静，如"野水飞云薄，空林噪雀繁"（秦观《次韵安州晚行寄传师》）。然而，宋元平淡之"空寂"之境营造，并不仅于此，它有着更能体现宋元人与唐人不同之处。宋元人更内敛亦更理性更冷静，是以在"空寂"之境营造中，他们更注重突出的是平淡之意境的"冷淡"之美，最直观的表现是对"空寂"之境的"寒""冷"的突出。空山、空谷、空林中"寒声""寒月""寒塘""冷蕊""残冰""寒风""寒雪""寒水""寒瀑""寒泉""寒气""寒烟""凉月""寒雀"等皆带着一股冷寂、冷静之气。如"寒声满空谷，暝色下高楼"（刘敞《听钟》）、"清音映空谷，潜波涣寒塘"（吕同老《丹泉》）、"远山衔落日，空谷响残冰"（左纬《送齐上人游方》）、"冷蕊依然在空谷，何人重傍少陵檐"（周紫芝《次韵道卿梅花长句》）、"空谷天寒雪如堵，短篷载酒沧江浦"（乃贤《题崇真宫陈练师壁间竹梅邀倪仲恺同赋》）、"空林日短归鸦早，远水寒多雁到迟"（张弋《寄苏希亮》）、"寒飙吟空林，白日下重巘"（晁补之《次韵苏公和南新道中诗二首》其一）、"空林聚寒雀，疑已作春声"（欧阳修《行至椹涧作》）、"空林生逸响，飞溜落寒泓"（王庭圭《清音亭》）、"泱泱寒流底处寻，但传幽响出空林"（张耒《听泉》）、"空林无风万籁寂，长啸一声山月寒"（赵孟頫《题孙登长啸图》）、"空林月落大如盘，鸡犬无声晓气寒"（虞集《中秋前偶赋四首》其二）、"远峤寒烟合，空林夕照低"（善学《宿晚村》）、"空林有影连山远，流水无声带雁寒"（东南仲《题水村图》）等，空林寒木，空谷寒水，空山寒月，宋元人的"空寂"之境的空山、空谷、空林可谓一片寒气。此外，宋元"空寂"之意境不仅透出一股"寒""冷"之气，还透出一股"荒""野"之气。如"劲云翔空林，积雨荒茂草"（刘敞《寄贡弟》）、"青石久埋没，荒烟起空林"（曾巩《蔡洲》）、"共踏空林月，来寻野渡船"（朱熹《知郡傅丈载酒幞被过熹于九日山夜泛小舟弄月剧饮二首》其二）、"田园向野水，樵采语空林"（林逋《西村晚泊》）、"空林春采葚，荒垄秋种稗"（陆游《东斋杂书十二首》其二）、"空林人语寂，野鸟时啁啾"（陈造《隐静道中》）、"看林延野色，卧日只空林"（陈天麟《过双梅草堂》）、"惊飙击旷野，余响入空林"（欧阳修《酬圣俞朔风见寄》）等。空林中草是荒草，烟是荒烟，水是野水，垄是荒垄，鸟是野鸟，就连看到苍翠葱郁之林色亦是野色，而旷野与空林，更是营造出浓郁之"荒""野"气息。然而置身其中，他们却常常"杖藜随意傍江行"（沈右《叔方先生过咏归亭二首》其二）、"自启轩窗煎越茶"（《雪中诣相国寺》）、"薄暮有遥棹，欸乃清溪深"（周权《清溪深》）、"徘徊澹忘归，空林明远烧"（于石《晚步》）、"静话看晴晓，联联过晚冈"（赵湘《天台香柏峰会思上人》），自适自在，闲静恬淡，甚至是一派"空林鸟雀喧，村巷牛羊窄。童子候檐楹，喜此扣门客"（李石《次蒲尉韵》）的温馨静谧之景象。从中一方面可见宋元平淡之"空寂"之境呈现出的巨大张力，另一方面亦可见宋元"空寂"之境的一个更为重要的特征，即更倾向于对柳宗元《江雪》之意境的审美追求，喜欢营造荒寒之境来展现平淡之"静"境。

荒寒之境的营造是宋元诗词与绘画艺术的重要特征。[1] 陶文

---

1 朱良志先生曾言："在中国古代，荒寒不仅被视为中国画的基本特点之一，而且也被当作中国画的最高境界，它是文人画审美趣味的集中体现。"胡晓明先生更是指出："倘若将传世的宋元山水卷轴放在一起，作一番设身处地、亲临实境的游历，就会发现，这一山水世界的本质是荒寒，是幽寂。"〔参见朱良志：《论中国画的荒寒境界》，《文艺研究》，1997年第4（转下页）

鹏先生《论宋诗的荒寒意境》一文专门对宋诗的荒寒意境所蕴含的丰富情思及造境手法进行了全面而深入的论述。他指出在审美情感上尽管宋诗荒寒意境的政治性、现实性很强烈，但更多的是超越尘世、闲逸淡泊，在造境手法上以写实为主，虚写亦妙，用笔或工细或简淡，但皆具诗情画意尤具萧疏淡雅之水墨韵味。并指出其中陆游诗关于荒寒意境的营造最为突出，其《舟行鲁墟梅市之间偶赋》诗中"且谋蓑笠钓荒寒"从柳宗元《江雪》后一联化出，但是与柳氏政治挫折悲苦心境相较，陆诗所抒写的则是挂冠隐居的闲适感情。"钓荒寒"表明陆游以及宋人对荒寒意境的喜爱。[1] 陶先生还进一步指出："'荒寒'固然是荒凉、寒冷、空旷、萧索，但它又往往同清新、清空、清寂、清旷、清奇、清远相联系，显出气象萧疏，情调淡泊，高风绝尘，清雅脱俗。"并举大量诗例说明"在宋代诗人看来，荒寒可增酒兴，催诗情，添画意，更能把人引向宁静淡泊、萧然出尘的庄禅之境。""宋诗中所写的荒寒景色，多是秋冬之景，常见的物象是夕阳残月、凝霜积雪、阴云迷雾、苍烟枯木、吟蛩鸣蜩、空林落叶、荒山古寺、孤林野店、老屋疏篱、断桥寒水、颓墙饥鼠，等等"，但皆呈现出"恬静幽美、生机活泼"之情趣，尤其荒寒萧瑟之秋色更是被诗人们描绘得灵秀活泼。之所以如此，原因在于"与他们深受老庄佛禅思想的影响密切相关"，"追求萧条淡泊、荒寒清远的意境，体现了他们超尘出俗、物我两忘的人生哲学，虚融清净、淡泊无为的生活情趣，以及高风绝尘、清雅绝俗的审美追求"。[2] 可以说，陶先生不仅阐述了荒寒之境的美学特征、造境意象，还明确地指出了

（接上页）期，第136—149页；胡晓明：《万川之月——中国山水诗的心灵境界》，第145页。]

1　陆游《舟行鲁墟梅市之间偶赋》诗云："短发萧萧久挂冠，江湖到处著身宽。蓼花不逐萍花老，桐叶常先槲叶凋。未卜柴荆临峭绝，且谋蓑笠钓荒寒。闲人尚愧沙鸥在，始信烟波得意难。"

2　陶文鹏：《论宋诗的荒寒意境》，《清华大学学报》，2010年第2期，第64—72页。

"荒寒"之境与"空寂"之静境及其与平淡之关系。是以可知"荒寒"是"空寂"之静境的重要营造的意境之一，而"钓荒寒"即"寒江独钓"或"钓寒江"则是"空寂"之静境的重要艺术表现手段，最能体现宋元文化艺术之平淡审美追求。

宋元诗词曲中"钓寒江"意象与柳氏"寒江独钓"一样，重点突出"寒"。洪适《生查子》（其十三）词云：

> 腊月到盘洲，寒重层冰结。试去探梅花，休把南枝折。顷刻暗同云，不觉红炉热。隐隐绿蓑翁，独钓寒江雪。

室外之水汽皆凝结成了层层冰块，室内之红炉亦皆感觉不到热气，可谓严寒至极，但依旧独钓寒江。所不同的是渔父的蓑衣并未被白雪覆盖，透出隐约之"绿"，绿蓑衣、白雪加之梅花绽放，幽峭雅逸之情趣跃然纸上。宋元人的"独钓寒江"意象，更多的是透过"寒"营造"空寂"之静，重在展现心之空寂，即空静乃至寂静，而非心之孤寂，即孤独寂寞。如"清垂寒江钓，静折空岩竹"（史浩《次韵洪景卢雪》），"钓寒江"衬出静；"寒江独钓去还来，机静应无鸥鸟猜。冰柱折，雪梅开。坐拥羊裘月未回"（周巽《渔歌子》其四），"钓寒江"其实即是心静的体现，可达鸥鹭忘机之境。是以宋元的"寒江独钓"大多呈现"萧条淡泊""闲和严静"之意趣。如赵长卿《浣溪沙·赋梅》词云：

> 雪压前村曲径迷。万山寒立玉参差。孤舟独钓一蓑归。别坞时听风折竹，断桥闲看水流澌。一枝冻蕊出疏篱。

此词描绘了一幅极其动人的渔父踏雪渔钓归来图，村落、竹坞、断桥、曲径、冷梅、寒雪等意象组合，极尽空寂，渔父空寂之心与白雪世界同一，了无杂质，呈现出一种为文人士大夫所向往的澄怀观物、闲静淡远的生活境界。又如李纲《望江南》词曰：

> 江上雪，独立钓渔翁。箬笠但闻冰散响，蓑衣时振玉花空。图画若为工。　　云水暮，归去远烟中。茅舍竹篱依小屿，缩鳊圆鲫入轻笼。欢笑有儿童。

此词描绘的是一种温馨清静的安逸生活，其"寒江独钓"意象,更是没有柳氏"寒江独钓"的悲苦孤独,"箬笠但闻冰散响,蓑衣时振玉花空"带着一种冰清玉洁的美感。"垂钓归去之后的欢快情形,也给这孤清的雪钓加上了温暖的色彩"[1]。可以看到,宋元的"寒江独钓"与柳氏一样更突出"寒"之雪景,但其雪景尽管严寒逼人却颇富情趣。如"我志不在鱼,独把寒江钓。却笑剡中人,空回雪中棹"(胡奎《题寒江独钓》)、"严滩钓艇一叶微,鲙鲈得味轻王霸"(张宇初《题董北苑秋江待渡图歌为汪大椿赋》)、"寒江独钓焉往,剡溪高兴久它。欲识梅花自色,小须雪霁开篷"(陈杰《赠雪篷相士》),"寒江独钓"既有王子猷的尽情尽兴之乐,又有严子陵之自适与张翰之淡泊,而独钓寒江,同时赏梅赏雪,这种尽情尽兴之自适潇洒而又清绝超然之生活情趣平淡又雅致清绝,是柳氏之"寒江独钓"所没有的,但在宋元"寒江独钓"意象的诗词中却非常普遍。又如叶颙诗:

潇散两眉庞,疏狂似老庞。惯游栽菊圃,长坐读书窗。渔笛闲中弄,僧钟醉里撞。兴来陪夜月,孤艇钓寒江。(《闲情二首》其一)

"寒江独钓"伴随着清脆、悠远的笛声和钟声,菊圃、书窗、明月、沧浪,心"空寂"而悠然自在。此外,从宋元"钓寒江"意象诗歌中众多的"题寒江独钓图"诗可知,宋元绘画亦更喜营造荒寒之境。[2] 江天暮雪、雪景寒林、寒江独钓皆是他们所喜绘画

---

[1] 梁欢华:《"志不在鱼"——宋词渔钓意象研究》,南京师范大学硕士学位论文,2005年6月,第45页。

[2] 如周巽有《题刘子翚横溪独钓图》诗,周孚有《题宣书记塞门积雪图此图真柳子厚所谓千山鸟飞绝万径人踪灭者若孤舟蓑笠翁独钓寒江雪则以余诗见之》诗,姚勉有《雪景四画·寒江独钓》诗,萨都剌、杨弘道、袁士元、凌云翰皆有关于"寒江独钓图"之诗,等等。李成、范宽、郭熙等大家皆喜画寒林、雪山,营造荒寒画境。明代董其昌评范宽山水画云:"瑞雪满山,动有千里之远。寒林孤秀,挺然自立,物态严凝,俨然三冬在目。"此外,《宣和画谱》卷十一评许道宁工"寒林平远之图",《画卷》卷三谓苏轼:"又作寒林,尝以书告王定国:'予近画得寒林,已入神品。'"《图画见闻志》卷三谓燕肃"尤善画山水寒林",谓宋迪、宋道"悉善画,山水寒林,情致娴雅",谓侯封、符道隐"工画山水寒林"。而南宋马远、(转下页)

的景象。如范宽《雪景寒林图》，深谷寒柯、板桥寒泉、古木疏林、萧寺掩映，犹如柳氏"千山鸟飞绝，万径人踪灭"之荒寒景象，静谧而深远，一派清凉世界。又如牧溪《潇湘八景图》之一的"江天暮雪"之景象，寒雪群山、沧波远空、野渡无人、孤舣横岸，皆给人一种清、冷、荒、寒的空寂之感。而关于"寒江独钓"，著名的有马远的《寒江独钓图》，一只小船漂于空旷之江面上，一位老翁独坐船上垂钓，空旷无边的江面突出渔翁之"独"，气氛孤寒萧散、意境空寂飘渺。时人对马远《寒江独钓图》多有题诗。其中萨都剌《马翰林寒江钓雪图》描绘得最为详尽：

天寒日短乌鸦啼，江空野阔黄云低。村南村北人迹断，山后山前玉树迷。歌楼酒香金帐暖，岂知篷底鱼羹饭。一丝天地柳花春，万顷烟波莲叶晚。风流不数王子猷，清兴不减山阴舟。人间富贵草头露，桐江何处寻羊裘。还君此画三叹息，如此江湖归未得。洗鱼煮酒卷孤篷，江上云山好晴色。

诗歌用王子猷"雪夜访戴"典，"兴起而至，兴尽而归"，将马远《寒江独钓图》之荒寒空寂而又自适潇洒，清寒平淡而又清绝超然之生活情趣描绘得淋漓尽致。其他与"寒江独钓"意象相关题材的绘画还有董源的《密雪渔归图》、王诜的《渔村小雪图》、倪瓒的《渔庄秋霁图》等。王诜《渔村小雪图》用墨明润秀雅，华滋淳厚，画面荒寒清幽，空寂之极。倪瓒《渔庄秋霁图》湖面宽阔宁静，远处山峦绵延，气象萧索清旷，其画包括《渔庄秋霁图》，所营造之境界即是一种"水不流""花不开"的寂静之境，此寂静近乎时间静止之冷寂，沉默，不动声色，静穆至极。是以可知中国文艺中的空寂实乃一个清静的世界，驱除尘世之喧嚣，

（接上页）夏珪、马麟等人，亦皆善画寒林雪景，荒寒境界不仅是宋代绘画的时尚，并影响到元代以后的画坛，朱良志先生《论中国画的荒寒境界》一文对此有专门论述。[参见周积寅：《中国画论辑要》，南京：江苏美术出版社，1985，第243—244页；卢辅圣：《中国书画全书》，第93页，第706页，第477页；朱良志：《论中国画的荒寒境界》，《文艺研究》，1997年第4期，第136—149页。]

带入幽远清澄以至平和淡泊。宋元文学与艺术所营造空寂之静境，所要表达的即乃欲超越尘世、触碰生命本源，对隔绝世俗烟火气息理想境界的一种审美追求。

三、宁静——归去来兮

除"空寂"之境外，体现宋元平淡之"静"境的意境还有"宁静"之境。如果说"空寂"之境呈现的是冷淡的话，那么"宁静"之境体现的则是恬淡。"空寂"之境更多的是糅合王维之"空"，倾向于柳氏"寒江独钓"的荒寒式自在，而"宁静"之境则更多的是陶渊明"归去来兮"的田园式闲适。是以"宁静"之境的营造与意象选择大多与陶渊明相关，"桃花源"与"菊篱"以及"菊篱把酒"意象自不必说，在前文有关园林构建一节中多有论述，此不再赘述。值得关注的是"归去来兮"以及与其相关的意象运用亦是宋元人营造平淡之静境的重要艺术手段。

首先，《归去来兮辞》中"云无心"之意象被宋元人赋予了佛家"莫起分别心""无念为宗"的平和淡泊之禅意。如苏轼与黄庭坚就认为"出岫"与"知还"，在于本心、无念以及"自性本来清净"，[1] 是以他们的无心之境追求的即是"心净""心静"。正如印光所言"知见一切法，心不得染著，是为无念""正所谓万境本闲，唯心自闹，一心不生，万法俱息"的禅宗"无念为宗"。[2] 又如元代清欲《归云亭》诗云：

作亭伫归云，云归宛亭亭。道人本无心，澹与云相应。夹径树嘉木，沼溪罗翠屏。人间境逾寂，云白山自青。看山坐亭上，

---

[1] 苏轼《望云楼》诗云："阴晴朝暮几回新，已向虚空付此身。出本无心归亦好，白云还似望云人。"黄庭坚《以同心之言其臭如兰为韵寄李子先》其二诗曰："流水鸣无意，白云出无心。水得平淡处，渺渺不厌深。云行不能雨，还归碧山岑。斯人似云水，廊庙等山林。"

[2] （清）释印光：《印光法师文钞续编》，台北：台湾财团法人佛陀教育，2000，第168页。

披云濯清泠。

宋元人的无心之境，即是"澹""寂""清"的"静""净"之境。然而，欲"心净"、本心、无念，首先就得"心远"，正如陶氏所言"心远地自偏"，"心远"即是与外界保持心理距离，使身心如处于僻静之环境中，是以虽身处闹市，却能摆脱车马之喧闹，获得人生的真意。是以"静"之境能否达"静""净"，在于心是否能"远"。"心远"即成为宋元营造"宁静"之境的重要手段之一。如"心远气自静，语简意有馀"（张栻《子远使君出守广汉始获倾盖诸官赋诗赠别某广汉人也故末章及之》）、"心远境更幽，先生室无垢"（徐自明《华盖仙山院》）、"室幽境自闲，心远地愈静"（晁公溯《修竹二首》其一）、"地僻尘心远，台高纵目赊"（李兼《山居苦》）、"地偏心远人知少，酒熟诗成我自欢"（苏过《次韵任况之见赠》其二）、"心远地偏陶令趣。……遥遥一叶随鸥鹭"（葛胜仲《渔家傲》其二）、"体舒百息匀，心远万虑恬"（虞俦《病后有感作》）、"意悏澹无虑，心远聊自娱"（郭奎《题彭克让心远亭》）等。"心远"由于宁静淡泊、超然世外，是以可回归生命本真，同时，"远"为"游"提供了一个自由的活动空间，而"游"亦于"远"中获得心灵的自由与自适。如：

肯为祁山住，晴浮草木春。溪晴随砚转，心远与鸥亲。几佐弦歌旧，宁矜础刃新。萧规元好在，传语憩棠人。（方岳《送别薛丞》其一）

心远可以与鸥鹭相亲，自由自在。就宋元人而言，"远"的存在，不是让距离在生命中虚无缥缈、可有可无，而是通过理智地处理距离，使心宁静淡泊，从而让生命获得一种自由的存在。同时又由于"远"，是以可达"致远"之境。如此，"心远"之平淡"静"境，于静的追求中实际即蕴含了生生不息之气韵。

然而，"归去来兮"更重要的是"归"。苏轼《书王定国所藏王晋卿画〈著色山〉二首》（其一）诗云"君看古井水，万象自往还"，指出自然万象之生命节奏和运行轨迹之归旨皆在于"归"。

"归"指归家亦指归隐。是以与家相关的村舍、茅屋、菊篱、小桥、流水、渔村、野竹、榆柳、田垄、归牛、鸡犬等，就成了营造"归去来兮"之静境的常见意象。如李光诗：

> 扁舟重过海边村，野竹侵阶柳映门。相对小窗宾客散，十年忧患不须论。（《重过横河宿莫氏南轩》）

> 半亩茅亭倚壁开，中安五寸黑香台。小窗容膝频招客，呼出丁香佐一杯。（《戏题林庭植茅亭》）

> 村落家家社酒香，杂花开尽绿阴凉。山畦是处田畴美，时有归牛待夕阳。（《行潘峒诸村爱其岩壑之胜田畴之美因成小诗》其二）

柳竹、茅亭、丁香、村落、社酒、绿荫、野花、田畴、归牛、夕阳等意象营造出充满恬静淡远之气息的田园"静"境。而"结草为庐"如"草堂""草屋"以及村落（村庄）如"草屋八九间""远村""南村""村落""村舍"等意象也成为了宋元诗画艺术营造"静"之意境而表恬淡情志的重要意象之一。如巨然《秋山问道图》，简朴的茅舍位于山林之中，邃密的丛树包围着村舍，只有柴门与山径相连。同时，密林中的村舍被安置于两山相抱的山谷处，山脚溪畔的唯一小径，从前山经过茅舍门口，一直延续至山谷之尽头，最后被山体所遮掩，山谷小径蜿蜒曲折、忽隐忽现地延伸至远方，显出丛树中村舍的"幽"与"远"。简朴的茅舍、幽远的山径，营造出远离尘世、淡泊宁静的"静"之境。其他如董源《溪岸图》、夏圭《梧竹溪堂图》、乔仲常《后赤壁赋图》等绘画中的"草庐茅舍"，皆不仅具有归家之意味更具归隐意味，成为营造宁静淡泊之"静"境的"点境"之笔。又如王诜《渔村小雪图》，被竹篱包围、柳林遮掩的渔村，简约的屋舍，安宁静谧。渔舍安置于以湖面为中心的四周群山环抱近乎封闭的空间里，宛如世外桃源，而雄壮恢弘的山川气势与恬淡宁静之气息相互交融，儒家山水情怀平添出道释的超然出尘，被赞誉为"游意淡泊心清凉"之画作。[1] 再如南宋李姓画家的《潇湘卧游图》中的屋舍之间的空地上有若干村野耕夫，或荷锄而归，或门前两两对语、作揖，一片恬淡、清静、无拘无束的村落生活场景，与陶氏"草屋八九间……暧暧远人村，依依墟里烟"的田园村落意象相类，恬淡宁静。而在诗词中这种恬淡宁静之境更是举不胜举。如马致远《寿阳曲·远浦帆归》，小镇、水村、夕阳、归舟、酒旗、江水、渔船、渔浆、渔歌，既充斥着归家的轻松与喜悦，又呈现出一片恬淡宁静。其他如：

> 新苗未没鹤，老叶方翳蝉。绿渠浸麻水，白板烧松烟。笑窥有红颊，醉卧皆华颠。家家机杼鸣，树树梨枣悬。野无佩犊子，府有骑鹤仙。观风峤南使，出相山东贤。渡江吊伥石，过岭酌贪泉。与君步徙倚，望彼修连娟。愿及南枝谢，早随北雁翩。归来春酒熟，共看山樱然。（苏轼《次韵苏伯固游蜀冈，送李孝博奉使岭表》）

> 宿雨乍开霁，新旸候飞升。峤南瘴毒地，乃尔气候清。束装遵陆途，夹道松林青。我家大江南，及此归有程。山禽亦为喜，林间啭新声。况复抵衡宇，童稚欢相迎。入室酒盈樽，聊以慰平生。已矣勿复道，晚节师渊明。（李纲《自河源陆行如循梅雨齐天气颇佳偶成古风》）

两位诗人皆贬谪岭南，苏子诗通过新苗、野鹤、春蝉、绿渠、松烟、农家、机杼、梨枣、牛犊、贪泉、岭梅、北雁、春酒、春山等富于自然悠闲气息的意象，描绘了岭南田园安宁恬静的景象，置身其中悠然自得，以至进入物我皆忘的人生境界。李纲诗则通过描绘岭南宿雨开霁、新旸候升、气候清新、青松夹道、山鸟新啭等清新的山水景象及稚童欢迎、适性饮酒的归家恬静温馨场面来表隐逸之意念与超脱之情怀。[2] 由此可见，宋元之"归去来"

1　陈传席：《中国山水画史》，天津：天津人民美术出版社，2001，第133页。
2　侯艳：《论中国诗学中的"暝色起愁"抒情范型》，《甘肃社会科学》，2020年第6期，第172—179页。

情怀不仅仅至于归朝、归家，另一层深意即归隐山林、田园。而"草庐茅舍""结草为庐"等与"归"相关的意象，就他们而言，实际即隐逸文化之符号。他们通过隐逸山林的"茅舍""草屋""草堂"和归隐田园"草屋八九间"的"村墟""山庄""远村"等意象，营造出"归去来兮"的山林、田园式恬淡宁静之静境，将宁静之心现于"草庐""茅舍""山庄""村墟""田垄""野花""田畴""归牛""夕阳"等物象之中，人之性灵与山水田园之精神互为表里，一起糅合成意蕴丰富的平淡之静境。

第二节　老之境象

一、老之意境

"老"与"平淡"的关系非常密切。[1] 平淡对情感的要求是平静淡泊，而情感的"平淡"多见于人之暮年，是以真正的"平淡"是属于人生之"老"境的。[2] 就宋元人而言，平淡美实际即是一种老境美。这种"老"境，是一种"老之将至"而人意阑珊、人情练达的静逸、通透的人生审美形态。在形式上它追求简古、散缓和老成，具体体现为对高古朴素、自由无为之艺术境界的认同，对"高风绝尘"风神的追求。所谓"高风绝尘"即是指文艺形式无拘无束、古雅自由的风采。在美感形态上它追求表里殊致、中边不一、外枯中膏，呈现外枯淡而内丰腴，枯淡、古淡而又富于生气、峭丽与力健。老而枯，古而老，是以，就意境而言，枯淡、古淡是平淡之"老"境的两种主要审美形态，而平淡之"老"境意象，亦皆与"枯""古"相关，"枯""古"意象营造的"老"境，呈现出来的美是一种枯槁之美。

---

[1] 参见中编第四章第一节关于"老与健"之论述。
[2] 如王安石、苏轼、黄庭坚、陆游等伟大文人几乎都经历过早期的豪健清雄，在其生命后期归于清旷闲远、自然平淡。

"枯"之常用义为"草木枯萎"。《说文》释"枯"云:"槀也,从木古声。""枯"从"古"从"木",与"木"和"古"关系密切。[1]"木"之本义为有根有枝叶之树木,树木是生长的形象,是大自然生命力的展现。[2] 是以,"枯"包含了对生命力的深深关注,除常用之"枯萎"义,更包含生命凋零与对生命眷顾的深层内蕴。是以"古"与"枯"营造的"老"之意境,首先具有"死中望生"之生命理念。如"老树著花"意象的大量书写,即是此"生息"之生命理念的彰显。然而就宋元人而言,与平淡相关的"老"境之美并不仅于此。他们的"枯"不仅有"生息"之义,还有"古"的坚固、劲健和壅蔽之义,枯木被赋予清高脱俗的隐士品格和情怀。隐士远离尘世,衣食简陋,面容憔悴,然而内心却自由自在,憔悴之态与内心之自由伸长,宛若"枯槁",是以被称为"枯槁之士"。"古"又有持久、久远、古昔以及安定、静止之义项,是以"形若槁骸,心若死灰",即为"心静"或"心寂",所谓"归根曰静",是以"古"与"枯"营造的"老"之境,还指向心灵之深处,有悠远、古远和高古等对生命意识的超越内涵,从而具有独特的审美特征与呈现出别样之意境美。

　　就宋元人而言,以"枯""古"营造的平淡之"老"境的枯槁之美,具有三大独特审美特征。一为高古。在古代文化中隐士被

---

1 据现代学者尹黎云考释,"古"之义项主要有六,一为坚固,二为壅蔽,三为持久,四为久远、古昔,五为安定、静止,六为生息。"枯"之常用义"草木枯萎",当从"古"之义项二"壅蔽"而来。树木的生命壅蔽,不再有生长和生命力的周流即为"枯"。[参见管宗昌:《枯槁之美的文化内涵及其发生》,《西北民族大学学报》,2020年第3期,第150—161页。]

2 《易》曰:"地可观者,莫过于树木。"在古人视野中,树木乃天地间最为可观之事物以及生命形态,是大自然生命展现的重要方式。同时,树木在古人心目中亦是生长、生命力的形象。《易传·象辞》曰:"地中生木,升。君子以顺德,积小以高大。"高亨释云:"升之卦象是'地中生木'。地中生木,由矮而高,由小而大,是逐渐升长过程,是以卦名曰升。"五行之"木"与春季、东方等相配,中国古人"春生夏长秋收冬藏"的理念集中展现出对于"木"生长属性的认知。

称为"枯槁之士""高士",具有"高古"即清高脱俗的人格特点。[1] 宋元隐逸文化发达,通常将隐逸情怀寄寓于枯槁之中,是以他们的"老"境不可避免地展现出一种高古之美,此种高古,就平淡而言,即为古淡。换言之,宋元"老"境所体现的主要审美情怀,即隐逸之淡泊情怀。如苏轼著名绘画《枯木怪石图》,孔武仲、黄庭坚、王庭筠皆从画中读出了憎恶世俗之心情以及隐遁情怀和隐士淡泊情结,[2] 可见宋元"老"境通过高古透出的平淡气息。二为静气。"古"持久、安定、静止之义,使"古""枯"之意义指向与道家静止、虚静、万物归根之静的属性相契合。[3] 宋元诗文"枯木""古木"意象就充分展现了"枯""古"的这一契道属性。如"枯桐枯木静相向,中有世间无尽曲"(程俱《辨师鼓琴》)以"枯木"之静喻古琴之声静,具有古雅淡静之美,即古淡之美。"曾听楚人歌竹枝,横江秋静月明时"(刘崧《题枯木竹石》)以"静"形容枯木,"碧落游丝那有影,悬崖枯木只余根"(陈谟《题哀节清静一轩》)以枯木形容小轩。在宋元人看来,枯木就意味着静,是以清静之地必有枯木、古木。如"江静水寒烟冷,波纹细、古木凋零"(刘潜《六州歌头》其二)、"山深古木合,林静珍禽飞"(沈晦《竹溪》)、"云闲古木禅关静,不到

---

[1] 如《庄子》将隐士称为"枯槁之士",成玄英注曰:"食杼衣褐,形容颠领,留心寝宿,唯在声名也。"对于隐士宿名持批判态度的同时,透露出另一重要信息,隐士对于自我品节的坚守和对声名的尊崇。而皇甫谧《高士传》直接将隐士称为"高士",突出的正是隐士的清高脱俗。《二十四诗品》专列"高古"一目:"畸人乘真,手把芙蓉。"以"畸人"喻高古,而"畸人"与隐士同类。

[2] 孔武仲《子瞻画枯木》诗评云:"苏公早与俗子偶,避世欲种东陵瓜。"黄庭坚《题子瞻枯木》诗评曰:"胸中元自有丘壑,故作老木蟠风霜。"王庭筠《幽竹枯槎图》题跋评云:"黄华山真隐,一行涉世,便觉俗状可憎,时拈秃笔作幽竹枯槎,以自料理耳。"

[3] 《庄子·达生》载纪渻子养斗鸡,成功的斗鸡不仅神情呆若木鸡,而且形体也达到静止。《庄子》还多次写得道之人形如槁木、心如死灰。如"形固可使如槁木,而心固可使如死灰乎""形若槁骸,心若死灰""行不知所之,身若槁木之枝而心若死灰"等,[参见(清)郭庆藩撰,王孝鱼点校:《庄子集释》,第43页,第738页,第790页。]

禅关又几时"（赵葵《寺》）、"月过秋池静，云归古木深"（释斯植《山中即事》）、"古木苍陂映，禅房侧径通。夕阴千嶂黑，人静一灯红"（方凤《忆同张子长游北山诸名胜》）、"荒畦多古木，月送影婆娑。……夜静频来往，渔樵互奏歌"（张侃《家园夜月》）、"古木盘城隅，石径幽且迥"（韩元吉《题郑舜举蔗庵》）等。江静寒水处，有枯木；深静之竹溪，安静之家园，深远之山中，亦有古木；寺庙清静处，禅房幽深处，庵堂静穆处，更是有古木。此外"枯""古"的久远、持久及其"死中望生"之义又使其与道之"归本真"之属性相契。《二十四诗品·绮丽》云："浓尽必枯，浅者屡深。""枯""古"的"归本真"性，使浓枯与深浅、绚丽与平淡之间必然为辩证关系与互动过程，富含繁华与平淡两个方面。并且，正如朱良志先生指出："枯与老皆与时间有关，老相对于少而言，意味着一个完整生命过程的极值；枯相对于荣而言，意味着一个完整生命的结末状态。"[1] 就古木、枯木而言，一棵古木，一段枯木，拉向无垠的时间，其中葱郁和枯朽的比勘，有限与无限的牵扯，最终返归一片冲和，一片静寂，所谓"枯木无枝不记年"（苏辙《次韵王定国见赠》），呈现出无荣无枯、无戚无喜的生命形态，宋元人平淡之"老"境，体现的即是他们这种"心如枯槁之木，身如不系之舟"与"不以物喜，不以己悲"的无悲无喜的生命形态和生命之哲学智慧，所谓"生成变坏一弹指，乃知造物初无物"（苏轼《次韵吴传正枯木歌》）、"戚欣从妄起，心寂合自然"（倪瓒《为张来仪赋匡山读书处》）。三为冷味。宋元人崇尚荒寒之境，"寒""冷""荒""野"不仅是营造"静"境之重要手段，亦是营造"老"境之重要手段。清代吴历《墨井画跋外卷》称元画，多在前加一"冷"字，如："萧萧疏疏，木落草枯，非用冷元人笔不能相入。""水活石润，树老筠幽，非拟冷元人笔，不相入耳。""枯槎乱筱，冷元人画法也。其荒远

---

[1] 朱良志：《论吴历的老格》，《北京大学学报》（哲学社会科学版），2013年第2期，第41—52页。

澄澹之致，追拟茫然。"[1] 以"冷元"况元画之意味可谓中肯。如倪瓒之寂寥，黄公望之苍浑，曹知白之荒寒，黄鹤之幽邃以及方壶之野逸，无一不散发出"冷"之意味。而诗词亦如是。或曰"古木含萧森，寒梢发光景"（王庭圭《题洪觉范方丈》）、"晚花闲照影，古木冷垂阴"（释智圆《冷泉亭》）等，古木总透出"寒""冷"。"古木插空青，寒筠抱岩绿"（郭三益《韦羌山式公绿筠庵诗》）、"寒藤络古木，奇花闲芳枳"（段成己《崧阳归隐图》）、"爱静移家住水南，门排古木枕寒潭"（赵汝燧《访黄簿留饮》）等，与古木相伴而出现的总是"寒藤""寒筠""寒潭"这些充满"寒"气之物象。"琼枝翠叶静为邻，秀色娟娟绝点尘。日暮天寒罗袖薄，可怜空谷有佳人"（刘崧《题古木幽篁图》），更是以"寒""冷""静"描绘古木幽篁透出的气韵。又或云："波声冷撼苍厓石，霜气晨凝老树冰"（杜瑛《西陵》）、"云中老树冷萧萧，溪上僧归倚画桡"（蔡清臣《广惠寺》），"老树"透着寒气，描绘出古老的西陵与寺庙的荒古氛围。"谁知老树荒烟里，地冷孤根暖未回"（杨公远《探梅》）、"湖边老树垂垂白，半是梅花半雪花"（高翥《西湖二首》其一），用"寒""冷"来营造"老"境突出古梅处荒寒而生机盎然。余观复《梅花引》诗云"野桥横，寒涧洁，斜梢舞破屋角烟，老树压残墙角雪"，不是墙角雪压坏古梅，而是古梅压残墙角雪，更是于"寒""冷"之"老"境中描绘出古梅之"生息"气韵。

二、枯淡——枯木枯笔

枯淡作为"老"境的主要审美形态，其主要特征即"枯"，而其营造意象亦主要与"枯"相关联。体现在诗词文学中即"枯木""枯梅""枯荷""枯藤""枯柳""枯榆""枯树""枯草"以及与

---

[1] （清）秦祖永辑：《画学心印》卷四，第219页。

"枯""老"相关的"衰""残"意象,如"残荷""衰柳""衰草""衰梅"等。根据电脑检索,粗略统计,唐宋元诗词曲与"枯""老""衰""残"相关的意象出现频次如表2所示:

表2 电脑检索唐宋元诗词曲中"枯木"等意象出现频次表

词频次 朝代	枯木	枯梅	枯荷	枯藤	枯柳	枯榆	枯树	枯草	残梅	残荷	衰柳	衰草	衰梅	老树
唐	27	21	1	7	3	1	23	13	4	0	2	0	29	31
宋	337	529	81	120	42	8	75	38	115	15	89	261	496	373
辽金元	95	91	22	36	9	1	31	13	16	4	31	98	58	273

从表中可以看到,宋元与"枯""老""衰""残"相关的意象,与唐代相比,可谓壮观。他们热衷于写"枯木""衰草""老树",其中最热衷于写"枯梅""衰梅""残梅""枯藤"。唐代关于"枯"这一意象的诗词,最著名的是李商隐的"留得枯荷听雨声",此句诗从孟浩然诗"荷枯雨滴闻"(《初出关旅亭夜坐怀王大校书》)而来,不仅书写了秋夜相思寂寥之情与道出身世萧条之感,还包含着对衰飒凄清之美意外发现的欣喜。[1] 宋元枯荷意象一方面继承义山诗枯荷听雨的意境,如梅尧臣诗云"至今寒窗风,静送枯荷雨"(《河南张应之东斋》)、"枯荷复送雨,度雁宁知数"(《依韵和胡武平怀京下游好》)。另一方面又具有了冲淡明净的自然之趣,如黄庭坚诗曰"日短循除庑,溪寒出臼科。官居图画里,小鸭睡枯荷"(《次韵吉老十小诗》其三)、"今年畲锸弃春耕,折苇枯荷绕坏城"(《卫南》),"小鸭睡枯荷""折苇枯荷"饶有情趣,以至于强至诗曰"候雁枯荷含远意,江湖归兴划然新"(《依韵和居方观崔生画》),"枯荷"带上了一层尽情尽兴的大自由与大自在之潇洒。而"枯木",更是表现出与唐代别样的情怀与精

---

[1] 刘学锴,余恕诚:《李商隐诗歌集解》,北京:中华书局,2004年版,第78页。

神。宋元文学之"枯木"意象基本沿着韩愈、孙佐辅、翁洮诗一路发展而来,[1] 并具有了"枯木禅"无心的境界。[2] 从而充满"高古""静气"与"冷味"。其中以数量最多的枯木中的"枯梅"为例可窥一二。以"枯梅"为题的诗,如:

> 橛枝半著古苔痕,万斛寒香一点春。总为古今吟不尽,十分清瘦似诗人。(史文卿《枯梅》)

> 肠刳余得龟皮在,意懒羞将粉面开。莫笑老身柴立骨,年时几费抹涂来。(李龙高《枯梅》)

> 虬根蚀土石,老干饱霜雪。孙枝吐春妍,靳惜那忍折。终愁芝兰嗔,侵渠名声衰。(王炎《枯梅》)

> 斧斤戕不死,半藓半枯槎。寂寞幽岩下,一枝三四花。(马知节《枯梅》)

> 苍根封古苔,空腹餐冻雪。老意暗生香,丁宁勿轻折。(艾性夫《枯梅》)

---

[1] 唐之"枯木"意象继承魏晋之余风,寄寓个人衰丧之情,如卢照邻《行路难》、白居易《府斋感怀酬梦得》、李涉《题苏仙宅枯松》、司空图《汴柳半枯因悲柳中隐》等诗中的"枯木"意象,皆继承了魏晋枯木衰飒的传统寓意。杜甫《病柏》《病橘》《枯枏》《枯棕》诗,则将家国命运与个人命运紧密相连,"枯木"承载了唐人深沉的忧患意识以及讽喻精神。此外,韩愈的《枯树》、孙佐辅的《拟古咏河边枯树》则发掘了"枯木"的"生息"之生命理念,老树虽枯,但依旧可作为柴火燃烧而发光发热,老树虽历尽沧桑而枯萎,但树干上之绿苔生机盎然,昭示着生命依旧。翁洮《枯木诗辞召命作》诗云:"枯木傍溪崖,由来岁月赊。有根盘水石,无叶接烟霞。二月苔为色,三冬雪作花。不因星使至,谁识是灵槎。"以"枯木"书写隐士之志,彰显了"枯木"的"在野之美",具有了高古野逸之意味。这对宋元"枯木""老"之意境的营造和枯淡之美的呈现影响非常大。

[2] 佛教临济宗黄檗禅师以枯木喻"无心",教人曰:"如枯木石头去,如寒灰死火去,方有少分相应。"又《景德传灯录》载,"庆诸禅师住持石霜山二十年间,学生中有人长久叮坐而不睡下,如同木凳屹然不动,天下人称之为'枯木众'",修此禅者即为"枯木禅",是以世人惯于将修行僧的神态比作枯木,而据解婷婷统计,在宋代46首以枯木为题的诗中有近半数诗与寺庙或僧人有关。[参见佛光大藏经编修委会编修(唐)黄檗禅师:《传心法要》,佛光出版社,1994,第331页;解婷婷:《唐宋诗歌意象转型专题研究》,南京大学博士学位论文,2013年5月,第95页。]

苔封藓蚀百年身，雪虐霜饕数点春。留得此花参太极，看来生意是深仁。罗浮仙子冰魂返，饭颗诗人瘦态真。不许世间儿女比，临风孤艳绝芳尘。（陈镒《次韵枯梅》）

这些诗题中的"枯"，皆是作为描写梅树性状的形容词而存在的。是以围绕"枯"，描绘了梅树的老而香、瘦而清，高风绝尘，冷艳孤洁，静寂而生意勃发。对梅之"枯"性描绘得最细致生动的是白玉蟾的《友人陈樾得杨补之三昧赏之以诗》：

梅花不清是水清，最是一枝溪上横。梅花不明是雪明，冻折老梢飘碎琼。梅花不暗是雨暗，隔篱和雨粘珠糁。梅花不淡是烟淡，烟锁江村烟惨惨。梅花不枯是霜枯，霜后不俗霜前粗。梅花不瘦是月瘦，月下徘徊孤影峭。梅花不寒是风寒，落英飞上玉阑干。梅花不湿是露湿，冷蕊含羞晓呜唈。雪明偏见梅花魂，笔下六花堆烂银。水清偏见梅花骨，笔下一溪寒浸月。烟淡偏见梅花情，笔下一片黄昏晴。雨晴偏见梅花貌，笔下娉婷向人笑。月瘦偏见梅花真，笔下蟾蜍弄早春。霜枯偏见梅花操，笔下飞霜送春耗。露湿偏见梅花奇，笔下冷蕊垂百琲。风寒偏见梅花意，笔下萧骚夺云气。有人身心似梅花，写出清浅与横斜。补之若见亦惊嗟，机杼迥然别一家。繁处不繁简处简，雪迷晓色月迷晚。更得一些香气浮，阳春总在君笔头。

以曲笔描绘了梅之"枯"美在于：如水清、如雪明、如烟淡、如月瘦，但凌霜不凋，凌寒绽放，愈寒愈妩媚，愈冷愈芳香，雪明显花魂，水清见花骨，烟淡见花情，雨晴见花貌，月瘦见花真，霜枯见花操，露湿见花奇，风寒见梅意。就宋元人而言，"枯梅"其实一点都不枯。又林景熙《宝积寺僧舍古梅一树皆荣而顶独枯即席为赋》诗云：

铁虬偃蹇八尺强，云屋深深吹玉香。开遍枝南与枝北，顶顽不受春风德。悄如枯禅坐瞿昙，霓旌羽葆来毵毵。世情冷暖异荣朽，道眼看来两何有。炎州岭上识祖衣，参横月落皆玄机。老僧与客一笑顷，醉藉莓苔弄疏影。醒来忽忆孤山前，系舟老树飞雪天。翠羽无声江色冻,夜阑秉烛浑疑梦。贪嗔到此一一除,独有爱花痴自如。

更是以枯梅描绘了枯木禅之枯寂的禅境与禅机,展现了僧与客由"枯"而悟到的荣枯两忘的返归真如之超然自在的情怀。再观以"枯梅"入诗的诗,如"枯梅照水横疏影,新竹摇风送细香"(林希逸《题临清堂》)、"枯梅尽日临窗舞,时有寒禽动竹丛"(释元肇《山居四首》其一)、"老梅半树倚枯槎,路入湖心第几家"(于石《孤山》),以"枯梅"之"枯"书写出临清堂、山居与孤山的偏僻清静,表达出一种远离繁华与尘俗的清静淡泊之情怀。又如释文珦《不出》诗云:

晚暮衰慵剧,因寻此地居。山深常见鹿,溪浅少藏鱼。野径归烟僻,寒窗映水虚。松枯生藓遍,梅老著花疏。对月空尘翳,眠云晤卷舒。以闲消苑结,因静得真如。

深山、浅溪、野径、寒窗、枯松、老梅,营造出一个高古、静冷的"老"境,在此"老"境中,回归生命的本真状态,自由自在。宋元人之所以喜欢"枯"之"老"境,便在于其疏淡与枯槁而具有的无心之自然静寂。正所谓"爱疏爱淡爱枯枝,已爱梅花更爱奇"(张道洽《梅花二十首》其十九),明确道出他们爱"枯梅",爱"枯"之"老"境的缘由。

"老"境之枯淡,不仅体现在文学中,在书画中更是有显著的展现。宋元有很多以"枯木"为题材的绘画,并且他们很善于用枯笔画枯木来展现他们对枯淡的审美追求。宋元文人如文同、苏轼、米芾、王庭筠父子、李衎、李士行、郭畀、赵孟頫、吴镇、倪瓒等皆热衷于画"枯木"图。其中文同与苏轼开宋元"枯木"图一代风气。文同有两幅《古木修筠图》,但已失佚,据《宣和画谱》卷二十载,此画中枯树笔墨简淡率真,充满文人逸气。[1] 苏

---

[1] 《宣和画谱》载:"或喜作古槎老柿,淡墨一扫,虽丹青家极毫楮之妙者,形容所不能及也。"[参见俞剑华注译:《宣和画谱》卷二十,南京:江苏美术出版社,2007,第417页。]

轼题诗云:"时时出木石,荒怪轶象外。"指出文同以"枯木"抒发自我情思,将物之特性与己之性情融合,是以明代鲁得之评曰:"笔气雄逸,有天成之趣。"(《鲁氏墨君题语》)虽然文同"枯木"图并未传世,但可知其蕴含天真自然之趣,此趣表现的即是"老"境之枯淡美。苏轼的《枯木怪石图》于宋元影响最大,他以书法之飞白草草勾画盘虬的枯木和怪石。全图以淡墨枯笔写出,用笔写意放达,率意天真。苏轼的"枯木"图具有三大特点:用墨以淡,用笔写意,用意自娱。其后王庭筠的《幽竹枯槎图》继承了其遗风。图中古木皴裂,树虽干枯,却未枯死,仍具生机。枯木竹枝以水墨写意法而作成,且具浓淡干湿变化,笔墨苍润,笔法苍浑老辣,画风简放,展现出古木饱经风霜而风骨依旧。此后的元代文人亦皆在苏轼的影响下,以枯笔淡墨写意"枯木",赋予其人格属性,抒发胸中块垒,表遁世、高逸之情调,其枯淡之意味更为浓郁。其中最具代表性的是赵孟𫖯、吴镇和倪瓒的"枯木"图。赵孟𫖯传世枯木图有《秀石疏林图》《枯木竹石图》《窠木竹石图》《古木竹石图》等,其中前二者最能体现以枯笔营造枯淡之"老"境。《秀石疏林图》中采用典型的"飞白"书体,即绘画中的枯笔。[1] 枯木则笔笔中锋,树干挺劲带篆籀意趣;竹筱、踢枝以行草法作之,撇叶以八分法,笔势轻重徐疾配以干湿浓淡之墨,巨石疏空,竹叶秀润,枯木荒简,画风简淡而意象高华,透出一股清高自赏的文士风度。《枯木竹石图》中的枯木小柯以淡墨作之,用笔写意简率,以书法中锋、侧锋之飞白等勾画枯木小柯以及竹石的质感,枯笔写出枯木造型之纤瘦细弱,挺拔劲健。赵孟𫖯所画"枯木"不同于苏子、王氏笔下的奇奇怪怪、造型怪诞的枯木,皆为瘦枝小干,挺拔直立,呈现出一种典雅闲和之样貌。吴镇的《枯木竹石图》枯木枝桠遒劲,古雅清逸。倪瓒画以"简""淡"著称,其枯树皆乃逸笔草草,简约淡雅。倪瓒最擅以枯笔淡

---

[1] 《书概》云"草书渴笔,本于飞白",枯笔是受飞白书的启发产生的,但是书法中,枯笔与飞白还是有区别的。

墨作枯槎老木，他作枯木"树干皆渴笔刷丝，中略缀芒刺"。渴笔即枯笔。如其《松亭山色图》《岸南双树图》中的枯木，枯笔淡墨，若淡若无，刚柔相济，清幽而静谧，正所谓笔枯而秀，林枯而生。[1]"枯木""枯笔"使画面得以疏通且充满生气，此即"枯木"营造的"老"境所呈现的枯淡之意义所在。

三、古淡——苍山古寺

宋元人尚古，在文学与艺术创作中推崇"古意"。尚"古"一方面指学习古人风尚，如上编所论及回归魏晋的萧散淡泊，先秦的素朴自然等，另一方面如前文所论，"古"本身有着持久，悠远之意，是生命的往与返的彰显，尚古实际上意味着返朴归真。是以宋元推崇的"古意"即是一种包含古朴雅正、平淡天真、质朴玄远、意趣高古等特征的审美形态，简言之即古淡。因为在时间的悠久性方面古与老具有一致性，故古而老、老而古常常连用，"古"是"老"以及"老"境的时间性体现。作为平淡之"老"境的两种审美形态，古淡与枯淡关系密切，对"枯"的本体生命性体验为枯淡，对古、老的时间性的本体体验为古淡。"枯"与"古"是密不可分的，生命性体验离不开时间性，而时间性之本体亦与生命切不可分，是以枯淡与古淡两种审美形态是相互交融的，但枯淡更倾向于从生命的生机、生意和生气角度对"老"境进行经营，古淡则倾向于从生命的时间性对"老"境进行构建。就宋元人而言，他们擅于通过与"古""荒""野"相关的意象诸如老树、古树、古木、苍山、古寺、萧寺等营造"老"之意境，表达一种天荒地老的悠久玄远的古意，彰显他们对本体生命时间性的体验。

---

[1] 明代画家唐志契云："写枯树最难苍古，然画中最不可少。即茂林盛夏，亦须用之。诀云'画无枯树则不疏通'，此之谓也。"［见（明）唐志契：《绘事微言》，北京：人民美术出版社，1985，第20页。］

首先他们喜以古木营造"老"境体现对古淡的审美追求。"搜韵网"检索"古木"意象,其于宋代诗词中出现约665频次,于辽金元诗词曲中出现约263频次,远超于"枯木"出现的频次,并高于"枯梅"与"衰梅"出现的频次,尤其是在辽金元诗词曲中,无论是"枯木""枯梅"还是"衰梅","古木"出现的频次更是远超于它们。可见元代对古意的追求非常热衷。而根据检索结果还发现,与"古木"相组合构建"老"之境的意象往往与"苍"相关。如古木苍烟、古木苍苔、苍崖古木、古木苍萝、古木苍藓、古木苍波、古木苍藤等非常常见。如"门外远峰衔落日,檐前古木卧苍烟"(尹廷高《玉井峰会一堂五首》其一)、"古木苍烟何处寺,数声青板报黄昏"(钱时《含晖晚眺》)、"袖里新诗,买断古木苍波"(元好问《声声慢》)、"扁舟载酒来相寻,古木苍苔一径深"(薛琦《题荆浩画青山白云卷》)、"东岩幽胜甲晋境,寒藤古木生苍苔"(李庭《游广胜寺东岩》)、"平林雅淡见秋色,苍崖古木蟠虬龙"(刘铸《题高彦敬尚书画山水图》)、"苍崖古木见僧刹,落日微波迎画舟"(刘攽《同都官游左山晚归泛舟城濠呈座客》)、"古木含苍藓,幽花落翠藤"(王谌《宿北山》其一)、"一樽浊酒林间坐,古木苍萝日月昏"(喻良能《题灵源洞》其一)、"偶因秋兴携琴去,古木苍藤何处村"(吴当《携琴图》)等。而于立《题李遵道古木新篁》诗云"海上樵夫都不识,断云苍藓长秋痕",刘永之《为何彦修题县厓古木图》诗曰"古木苍苍带女萝,峰阴斜蘸石潭波"。古木总是与苍苔、女萝之类的物象一起出现,显出古木苍苍之意。"苍",《说文》释曰:"草色也。"段注云:"引申为凡青黑色之称。"草色指与草相关的绿色与青色。如"蒹葭苍苍""苍松翠柏"之"苍"皆指绿色,"应怜屐齿印苍苔"(叶绍翁《游园不值》)之"苍"亦是绿色。宋元之"古木"意象常常以"苍"修饰和形容,实际是在展现"古木"虽古、老,但依旧有生气与生机,与"枯木"虽死而向生之意味是一致的。如"苍然古木摧不死,君应曾隐茅屋底"(龚璛《楚云湘水图歌谢张师夔教授》)、"竹树色依稀,苍苍拥翠微"(无名氏《古木竹石图》)、"石桥流水隔飞尘,古木苍苍绕涧滨"(刘永之《游承天宫》)、"北涧苍苍古木长,南塘夜雨落花香"(刘永之《重过北涧和韵》)、"苍然古木石岩幽,移得江南一段秋"(高逊志《题云林画》)等,古木苍然,古木苍苍皆言古木青郁葱茏貌。然而"苍"之颜色不仅于此,其渐变有两个相反的方向。一为颜色渐浓,由绿色、青色,到青黑色,如"日暮苍山远"之"苍"为青黑色。一为颜色渐淡,由绿、青,至浅青至淡化为白,如"两鬓苍苍"之"苍"为白色。由于草色包含青色、绿色,青绿常常不分,是以"苍"作为表示绿色之词,亦常常向"青"靠拢。如"天之苍苍,其正色邪"(《庄子·逍遥游》),"苍"即与"青"同义。[1]由于青、绿、蓝色难以区分,古人常常将它们统称为"青"。尽管"青"与"苍"同义,但在黑色与白色此相反之义位上,"青"与"苍"构成了反义词,即便在同义义位青、绿、蓝上,"青"与"苍"也因语用环境差异而形成反义。[2] 如描绘春天用"青"而鲜用"苍",描绘人老用"苍"而鲜用"青","苍"与古、老连用,"青"与小、嫩密切关联。正如陈牡丹所梳理,"青"与"苍"的联系与区别如下:

青:+［绿］+［青］+［蓝］+［激情］+［滋润］+［饱满］…+［与"小""嫩"等关联］

苍:+［绿］+［青］+［蓝］-［冷静］+［干爽］+［虬劲］…+［与"老"关联］

正因为"苍"与"老"关联,是以描绘"老"境,"古木"总是苍苍、苍然,古而葱茏。"古木苍苍"彰显了"老"之生息,亦

---

1 其他如"悠悠苍天,此何人哉"(《王风·黍离》)、"彼苍者天,歼我良人"(《秦风·黄鸟》)之"苍",亦皆为青色。"背负青天,而莫之夭阏者"中更可见"青"与"苍"同义。而"青",其包含有浅绿色、深绿色、蓝色、青黑色等色彩。

2 参见陈牡丹:《"青"与"苍"的色彩流变》,《湖北师范学院学报》(哲学社会科学版),2015年第5期,第50—52页。

彰显了"古"之悠远，透出浓浓"古意"。然而，事实上更具古意，更能体现时间之悠久和古远的并非"古木"，而是"苍山"，在"老"境中，青山鲜有出现，"苍山"因其沉静且较"古木"更亘古不变，是以成为营造"老"境之重要意象。

同时，苍山中多古木，而古木又常常于古寺、荒祠中出现，是以古寺、荒祠以及与其相关的断碑、断桥、颓墙等亦成为营造"老"境的重要意象。如"断桥没板横斜艇，古木欹垣碍去轮"（赵秉文《百五日独游西园》）、"故里柔桑曾羽葆，荒祠古木尚龙鳞"（赵可《谒先主庙》）、"张仪旧壁苍苔厚，葛亮荒祠古木寒"（刘兼《重阳感怀二首》其二）、"枯芦断岸年年雪，古木颓垣夜夜风"（宋褧《题民安驿》）、"断碑古木云长庙，绝壁悬萝石佛堂"（谢肃《自平定至寿阳》）、"白云流水荒城晚，黄叶空林古寺秋"（大圭《送宁藏主东归》）、"古寺独存人寂寂，断碑惟覆草萋萋"（廖寥《云台山》）、"石羊华表草离离，古木残阳立断碑"（萨都剌《常山纪行》其三）等。断桥、断碑、旧壁、颓垣、古寺、败冢、荒祠营造出一片天荒地老的空寂玄远的"老"境，呈现出一种肃然、荒远的古意。又如：

为爱临陂千树梅，行吟终日独徘徊。云开古寺依青嶂，亭立丰碑锁绿苔。山色远携秋色至，滩声祇挟雨声来。平生最喜搜遗迹，到此令人不忍回。（严士贞《石枧陂》）

古梅绿苔、乱峰青石、坏陵旧壁、古寺残碑，营造出荒而老、老而古的意境，呈现出一片荒老残败，然而诗人独于其中，搜遗迹，吟新诗，颇为淡泊自在。苍山古木、古寺荒祠、残碑败冢呈现的实乃荒寒之境的一种残败美，胡晓明先生指出，中国诗人之所以特别喜欢这种荒寒的残败美，是因为：

颓寺古冢乃是生命流逝、历史一去不返、人生空幻的见证，是人的生命由日常人生的浮泛与虚假之中沉下来，面对真实的存在本体时的苍然之悲感。由此看来，荒寒之境的文化性格，除了上述生命意志之挺立、自足世界之完成，还有一层内涵，即历史人生的感悟。[1]

　　这其实不仅指出荒寒之境的文化性格，亦指出了善以荒寒为主要格调的宋元"老"之境的文化性格，虽老但劲健、自足，且彰显出对生命时间性的体验、感悟，以及感悟后对生命本真的回归及其超然淡泊。以荒寒来表达的这种古意与古淡，在宋元文学与艺术中是非常普遍的。其中最显著的体现是出现大量的雪山萧寺图。雪山萧寺其实是苍山古寺的荒寒极致呈现。"萧寺"乃佛寺之别称，[2] 唐代诗境中的"萧寺"大多清寒萧条，寺僧生活清贫寒素。"寺院被诗意地想象成世外的清寂之地，贾岛等人的诗作则是激发这种想象的重要源泉之一。"[3] 而宋代对佛教的信仰，大小寺院众多，加之时局的动荡，家国的风雨飘摇，他们对佛寺萧索枯败迹象的亲历体验更为深刻，对苍山古寺的清贫、荒凉、静寂、枯寒亦有着更直接的观感，李成、巨然、范宽、燕文贵、许道宁、江参、贾师古等画家皆固有萧寺图。图中萧寺大都处在冷寒、荒凉的深山林壑之中，其组合元素皆为秋冬季节的雪、枯木寒林、冷泉寒烟、荒山瘦石，给人以"寒""冷""苍"之感受，营造出荒寒、清贫、古远、枯寂、素净、静谧的氛围和意境。朱良志先生曾指出："禅宗所要达到的最高境界是孤立、真实、虚空、无染，但又是冷寒的境界，冷寒为孤立虚空的禅境提供一种氛围，佛性真如总在这冷寒中展开。"[4] 可见雪山萧寺所营造的意境在很大程度上正与禅境相契合，是以"山林肃肃寺塔严静，在山腰掩抱、幽谷深岩、密林深处的'萧寺'，已然成为佛禅虚空、枯淡、清寂、净静、

1　胡晓明：《万川之月——中国山水诗的心灵境界》，第 160 页。
2　《唐国史补》载："梁武帝造寺，令萧子云飞白大书萧寺，至今存焉。"梁武帝以后，"萧寺"逐渐成为了佛寺的代称。[参见（唐）李肇著，聂清风校：《唐国史补校注》卷上，北京：中华书局，2021。]
3　汪悦进：《"乱山藏古寺"：〈晴峦萧寺图〉及北宋诗画互涉新议》，见上海博物馆编：《翰墨荟萃：细读美国藏中国五代宋元书画珍品》，北京：北京大学出版社，2012，第 156—157 页。
4　朱良志：《曲院风荷：中国艺术论十讲》，合肥：安徽教育出版社，2003，第 187 页。

孤远、无染等精神意涵的图像载体，是人们在纷乱的世俗世界之外为自己寻求的灵魂安顿之所"[1]。苍山古寺、雪山寒林、寒林萧寺、雪山萧寺等为宋人提供了延伸向历史一维的审美感悟。而相较宋人，元人对生命的时间性体验与感悟更多的是通过苍山远水来体现的。如倪瓒"淡的山水"，最大的特点就是"苍古"，[2]"苍古"不仅仅是古意，"古"之为苍，带来的就是时间性的情调与对生命时间性的体验，而"平""远"更增加了"古"的悠远淡泊之意韵。是以古淡是最清淡的古，而烟云、静水、寒林、苍山、古寺等这些元素皆携带着古淡的时间性形式，营造出充满"古意"的"老"之境界，承载着宋元人对生命人生的历史性、时间性的体验和感悟。

第三节　清之境象

一、清之意境

"清"是中国文化中的一个重要概念，胡晓明先生指出它是"中国文化所含有的一种生命境界"[3]。蒋寅先生于《古典诗学中"清"的概念》中进一步指出，"清"在中国诗学中是一个特殊的概念，它既是构成性概念亦是审美性概念，"清"于古典诗学中被视为一种难以企及的诗美境界。[4] 而刘畅先生更是指出，宋人审

1　邱佳铭：《宋代山水画点景建筑与造境关系的研究》，中国艺术研究院博士学位论文，2020年6月，第139页。
2　参见中编第五章第三节"逸品精神"。
3　胡晓明先生于《中国诗学中的"清莹"境界》中开篇即指出："中国的陶瓷，以清淡幽邃为上品；中国的音乐，以'清明象天'为至乐；中国的园林，以小窗花影为绝胜；中国的绘画，以清淡水墨为妙境；中国的诗歌，以山水清音为佳赏。"包括文人的日常生活如"敲雪煎茶""带露酿梅"等皆富清妙、清趣。[参见胡晓明：《中国诗学中的"清莹"境界》，《文艺理论研究》，1991年第3期，第41—45页。]
4　蒋寅：《古典诗学中"清"的概念》，《中国社会科学》，2002年第2期，第146—147页。

美趣味的主流，包括平淡、老成亦包括以"清"为美，三者之间是互相联系的。[1] 查洪德先生亦指出，元代诗风追求"清和"，就文人而言，"清"是他们清雅离俗之格调，"清才"是他们自身价值的重新发现，"清气""清新""清言"是他们艺术创作的审美追求。[2] 其他以"清"论文化与艺术的论文和著作更是蔚为大观，可见"清"作为中国文化艺术的重要概念被普遍认同。而"清"与"淡"关系非常密切。"清""淡"在表水性方面可谓同源，清代学者李联琇《杂识》云：

> 诗之境象无穷，而其功候有八，不容躐等以进。八者：由清而赡而沈而亮而超而肆而敛而淡也。至于淡，则土反其宅，水归其壑，仍似初境之清，而精深华妙，有指与物化、不以心稽之乐，非初境所能仿佛。东坡《和陶》其庶几乎？顾学诗唯清最难，有集高盈尺而诗尚未清者。未清而遽求赡，则杂糅而已矣。甫清而即造淡，则枯寂而已矣。（《好云楼初集》卷二八）

认为诗美境界有八等，以清始以淡为最高境界，八等之间循序渐进至最高境界，最高境界的"淡"又复归于清。一方面表明在造境过程中清乃淡之起点亦其终点，"清"自始至终贯穿整个诗美理想，在诗学中有重要地位。另一方面表明"清"与终极审美理想"淡"有着密切的关系，"清"乃"淡"的基础，而"淡"之境界即是包含"清"的境界。并指出"清""淡"与"浊""浓"之间是相对关系，"清"则能"淡"，未清则富赡、杂糅。现代学者刘畅先生明确指出"以清为美，实际上是以老成及平淡为美的另一种表现形式，更具审美意味"[3]。马自力先生《清淡的歌吟》一书将"清""淡"并称，以"清"形容"淡"，细致地分析了中

---

1 刘畅：《老成、平淡、以清为美——宋人审美趣味丛论》，《淮阴师范学院学报》，2004年第2期，第231—240页。
2 查洪德、徐姗：《元人诗风追求"清和"论》，《文学与文化》，2014年第4期，第62—74页。
3 刘畅：《老成、平淡、以清为美——宋人审美趣味丛论》，《淮阴师范学院学报》，2004年第2期，第231—240页。

国古代诗歌史上以"清"为"淡"的诗风与诗人心态。其中陶渊明、韦应物、柳宗元这些被宋元人如苏、黄、元好问等推崇的诗人，皆被列为"清淡"诗风的代表，而梅尧臣这位首推平淡诗风者，亦位列其中。苏轼关于陶、韦、柳三家诗平淡的议论，更是得到以"清"为"淡"诗人们的认同，元好问的"豪华落尽见真淳"，苏轼的"绚烂而归于平淡"的诗论亦成为"清淡"诗歌的主要风格特征。[1] 这些论述皆表明，"清"乃"淡"的底色亦是其内核所在，就宋元人而言，"淡"必"清"，未"清"则不"淡"。韩经太生生亦于《清淡美论辨析》中指出，思想文化史和文学艺术史上的"清"与"淡"关系密切，辨"清""浊"才能识"浓""淡"，"'清'美文化自然包含着以素为本的价值观念和崇尚清淡的审美心理"[2]。他于《中国诗学的平淡美理想》中甚至认为"清虚"乃平淡诗美的两种基本形态之一。[3] 胡晓明先生亦认为"清"乃中国画家诗人心中的无上粉本，其表现出来的风格论，是自然之美，淡扫蛾眉之美，是"清水芙蓉"之美；并举欧阳修诗例指出"清"的审美观照由"心"而来，心静、心澄、心空、心旷、心闲、心明皆可达"清"之境，[4] 总言之，心"淡"则"清"，反之，"清"则必"淡"。

同时，纵观关于宋元各门类艺术的平淡论述，亦可以看到前人论宋元人的平淡，皆运用大量与"清"相关的词语，诸如清空、清丽、清雅、清健、清狀、清新、清爽、清闲、清澈、清澄、清明、清韵、清洁、清奇、清远、清静、清寂、清真、清浅、清秀、清味、清和、清幽、清音、清逸、清淡、清旷、清邃、清苍、清

---

[1] 马自力：《清淡的歌吟——中国古代清淡诗风与诗人心态》，第25页，第56页，第66页，第85页，第86页。

[2] 韩经太：《清淡美论辨析》，第1页，第9页。

[3] 韩经太：《中国诗学的平淡美理想》，《中国社会科学》，1991年第3期，第173—192页。

[4] 胡晓明：《中国诗学中的"清莹"境界》，《文艺理论研究》，1991年第3期，第41—45页。

简等可谓比比皆是，皆以"清"论"淡"。如此，"清"之意境，不可避免地成为了宋元人精心营造而表平淡的经典之境。清境具有怎样的审美特点？蒋寅先生、韩经太先生以及刘畅先生皆有指出。蒋寅先生指出，"清"的基本内涵为明晰省净，超脱尘俗而不委琐，新颖清冽而古雅，是以呈现的是构建者泯灭了世俗欲念、超脱于利害之心的心境，体现的是他们超尘脱俗的审美胸襟和审美趣味。[1] 胡晓明先生指出，"清"由人格转出，与污浊社会相对立，其境界是一种"空故纳万境""一片心理自空明中烂漫纵横"的虚静的境界。[2] 韩经太先生以"水镜"形容"清"，指出"清""其静若镜""心如明镜台""涤除玄鉴"。[3] 刘畅先生指出"清美者，清旷、清新、清空之谓也"，"以清为美更体现在深一层的人生境界上，胸襟清旷，乐观旷达，无意为文而文自工"，"'清'境追求的是一种清远旷达、去留无迹的意境，不杂尘埃，不著渣滓"。[4] 这些学者无一例外皆认同"清"与水的性质与形态密切联系，"清"之境具有的特点是"静""空""明"，心境澄澈清明，胸襟情怀旷达空明，高风绝俗，这些皆与平淡之内涵相契合，是以宋元平淡之"清"境的审美形态主要有两种，一为清空，一为清雅，最能展现"清"境的"静""空""明"及其高风绝尘。

二、清空——一窗梅影

众所周知，宋元"清空"之说由张炎提出，但在意境营造方面的代表则是姜夔。姜夔营造的"清空"之境，表现为以清冷为

---

[1] 蒋寅：《古典诗学中"清"的概念》，《中国社会科学》，2002年第2期，第146—147页。
[2] 胡晓明：《中国诗学中的"清莹"境界》，《文艺理论研究》，1991年第3期，第41—45页。
[3] 韩经太：《清淡美论辨析》，第4页，第5页。
[4] 刘畅：《老成、平淡、以清为美——宋人审美趣味丛论》，《淮阴师范学院学报》，2004年第2期，第231—240页。

审美形态，他喜用冷色调之物象营造出清冷幽远而又玄密空灵的意境，呈现出一片宁静淡雅、超尘绝俗之清淡之气。"清"之水性以及平淡之"清"之境的"静""空""明"及其高风绝尘的特征，使宋元人更喜选择与"水""月"相类既为冷色调，又为透明清洌澄澈高洁的物象来对"清"境进行营造。如苏轼《藤州江上夜起对月，赠邵道士》诗，江月江水清寒，于"虚寒""缥缈"之清空意境中产生出淡定情怀。[1] 又如张孝祥的《念奴娇·过洞庭》诗云：

> 洞庭青草，近中秋，更无一点风色。玉鉴琼田三万顷，着我扁舟一叶。素月分辉，明河共影，表里俱澄澈。悠然心会，妙处难与君说。　　应念岭表经年，孤光自照，肝胆皆冰雪。短发萧骚襟袖冷，稳泛沧溟空阔。尽挹西江，细斟北斗，万象为宾客。扣舷独啸，不知今夕何夕！

此词中的"水""月"营造了一个"表里俱澄澈"的天人一体同清明的"清空"之境，历来被与苏、辛豪放词相提并论，事实上，宋词之豪放更多的是超旷，超旷与豪放的区别在于超旷能游于物外以达物我两忘之平和淡泊境界。张孝祥的"水""月"清空之境，正如胡晓明先生所言："将庄子的宇宙清气，释氏的万境空明，儒家的冰雪人格，融合为一片。"[2] 事实上是纯洁人格之持守，思想之达观，一切风雨过后澄澈空明心境的复现，是以有豪放之气，但更准确地说是清旷，清空而旷达，空明而淡泊。又如林逋《山园小梅二首》（其一）诗云：

> 众芳摇落独暄妍，占尽风情向小园。疏影横斜水清浅，暗香浮动月黄昏。霜禽欲下先偷眼，粉蝶如知合断魂。幸有微吟可相狎，不须檀板共金尊。

林逋描绘了小园中月下清洌水中疏淡的梅花与梅枝影子，幽幽梅香带出清虚之意境，传达出月下独自赏梅的自娱自乐之情，

1　参见中编第五章第二节"词曲中声"。
2　胡晓明：《万川之月——中国山水诗的心灵境界》，第211页。

月下水中梅之清影及梅之幽淡清香，无不于清虚、清空中彰显出诗人的超尘绝俗与静、空、明之心境以及由此产生的平和淡泊之情志。林逋这种通过"水""月""梅""影"营造清明空虚之境传达出清淡之情志的方式方法对宋元人的平淡书写影响很大。

首先，宋元人喜以"清影""疏影"营造清虚空明的意境。[1] 他们喜写"影"，"影"的意象种类繁多，有"月下影""灯下影""水中影""镜中影"等。当时写影非常著名的文人有张先，号"张三影"[2]，但是正如胡晓明先生指出的那样，事实上，"那堪更被明月，隔墙送过秋千影"（《青门引》）、"浮萍破处见山影"（《题西溪无相庭》）、"中庭月色正清明，无数杨花过无影"（《木兰花·乙卯吴兴寒食》），其妙处远在其自负的"三影"名句之上。原因就在于它们将闲淡之情化为"清影"，以"清影"呈现出一个无限清虚空明的意境。[3] 很明显，林逋和张先皆喜以"月下影""水中影"来营造清虚空明之境。而"清影""疏影"写得为人称道的还有王安石和苏轼。"搜韵网"检索王安石写"影"诗共34首，胡晓明先生引《彦周诗话》言荆公好"水中影"，并指出不止"水中影"，凡月光、日光之影皆喜赏爱。[4] 如"浮云倒影移窗隙，落木回飙动屋山"（《次韵祖择之登紫微阁二首》其二）、"陂梅弄影争先舞，叶鸟藏身自在啼"（《次韵平甫村墅春日》）、"花影隙中看袅袅，车音墙外去辚辚"（《酬吴仲庶小园之句》）、

---

1 本文的清影指孤清之影，疏影指疏淡之影，它包括了梅影在内。由于林逋《山园小梅》的缘故，宋元很多诗词里的"清影""疏影"专指梅影，但如张先词与苏轼诗词里的"清影""疏影"就并非专指梅影，它们就是孤清、疏淡之影。王安石诗歌里的"影"亦大部分皆指孤清、疏淡之影。
2 宋李颀《古今诗话》载，有客谓张子野曰："人皆谓公为张三中，即'心中事''眼中泪''意中人'也。"公曰："何不目我三影？"客不晓。公曰："'云破月来花弄影''娇柔懒起，帘幕卷花影''柳径无人，堕絮飞无影'。此予平生所得意也。"［参见（宋）武陵逸史：《史类编草堂诗余》卷二，四库全书本，第15页。］
3 胡晓明：《万川之月——中国山水诗的心灵境界》，第217页。
4 胡晓明：《万川之月——中国山水诗的心灵境界》，第217页。

"涧水绕田山影转，野林留日鸟声和"（《题友人壁》）、"一陂春水绕花身，花影妖饶各占春"（《北陂杏花》），描绘的云、梅、花、山等之影皆为日光下之影，这些景物大多皆处在偏远荒僻之处，远离尘俗，其影子就颇显得格外的孤清而空静。可见事实上王安石不仅如《彦周诗话》指出的那样爱赏"水中影"，他更喜欢写"日光之影"，并喜欢于日光之影下独枕独卧甚至做白日清梦。如《独卧二首》《午枕》《日西》等诗皆以茅檐、疏帘、花影、清梦，营造出一片虚空而清远的意境，[1] 闲淡的情思于清空之境中流出，清淡而悠远。而苏轼更爱赏"月下影"。其"庭下如积水空明，水中藻、荇交横，盖竹柏影也"（《记承天寺夜游》）描绘了一个极其"空明澄澈"的意境，将其极其明净坦荡的胸襟情怀展现得淋漓尽致。苏轼似荆公一般亦喜日影下做清梦，如"疏影微香。下有幽人昼梦长"。但他更喜月下或坐看竹影，或步月踏花影，或独自弄清影，或月下独徘徊。如：

清风来无边，明月翳复吐。松声满虚空，竹影侵半户。（《夜坐与迈联句》）

起舞弄清影，何似在人间。（《水调歌头》）

空庭月与影，强结三友欢。（《次韵毛滂法曹感雨》）

缺月挂疏桐，漏断人初静。谁见幽人独往来，缥缈孤鸿影。（《卜算子·黄州定慧院寓居作》）

月下的"清影""疏影"既凝融了苏子高洁脱俗的人格，亦展现了他空明、通透之心态。其他如"月落步疏影，空明见幽姿"（蔡沈《和吴伯纶早梅》）、"时有清香度竹来，步月寻疏影"（陈三聘《卜算子》其二）、"波面长桥步明月，人家疏影带残阳"（吴中复《众乐亭二首》其一）、"水中疏影月中香，枯树前头独自芳"

---

[1] 王安石《独卧二首》其二诗云："茅檐午影转悠悠，门闭青苔水乱流。百啭黄鹂看不见，海棠无数出墙头。"《午枕》诗曰："午枕花前簟欲流，日催红影上帘钩。窥人鸟唤悠飏梦，隔水山供宛转愁。"《日西》诗云："日西阶影转梧桐，帘卷青山簟半空。金鸭火销沈水冷，悠悠残梦鸟声中。"

（郭印《正纪见遗梅花云春信数枝辄分风月以助清樽而一樽无有也戏成两绝赠之》其一）、"今夜回廊无限意，小庭疏影月朦朦"（释德洪《残梅》）、"不避山茶小雪，似爱江梅新月，疏影伴昏黄"（白朴《水调歌头·十月海棠》），[1] 皆以梅之"清影""疏影"营造清虚空明之境，展现他们"透脱"之胸襟情怀。[2] 真可谓"水边疏影黄昏月，无限风骚在客心"（曹既明《过林和靖旧址》）、"夜深立尽扶疏影，一路清溪踏月回"（张道洽《梅花二十首》其十七），无限的风流雅淡。

  其次，宋元人喜以"窗""影"组合营造清空意境。"窗"与门扉一样，具有隔与不隔之现实意义，关窗向内隔开形成一个独立内在的自得世界，开窗向外打开一个开阔的世界，就宋元人而言，这一开一关实际颇有进退自如的意味蕴于其中，加之窗的透明性，"窗"于文学与艺术中就具有了虚实、藏露、有无的哲学意味。尤其月光下的窗，更具有透明清冷之感，这些都与宋元人所追求的"清"之境相契合，加之对梅之"清影""疏影"的钟情，"月移疏影上窗纱"的"月窗""梅影"相互组合，即"一窗梅影"，就成了宋元人营造"清空"之境的经典意象之一。如王冕吟咏梅花的诗，有四首用了"一窗梅影"的相关意象来营造清虚空明之境。如：

  何处寻春信，江南路渺漫。夜深山月白，疏影隔窗看。（《梅花十五首》其五）

  面墨已无情，岂但心如铁？昨宵疏影横，空山半窗月。（《梅花十五首》其十四）

  天寒江国霜如雪，草木无情尽摧折。不知春意到江南，疏影横斜半窗月。（《素梅五十八首》其十七）

  疏篱潇洒绿烟寒，老树鳞皴艾叶攒。昨夜天空明月白，一枝疏影隔窗看。（《素梅五十八首》其二十）

---

1 此诗将海棠比作梅，用梅之"疏影"比海棠之影。
2 "透脱"乃宋理学常用语，即通明、脱俗之心态。

可以看到，王冕一方面强调的是在月夜欣赏映在"月窗"上的梅花之影，显出其孤高空寂之情怀，另一方面又强调"窗"的"隔"，"隔窗看""半窗月"，月照窗更显透明，满窗清光，呈现出一个清澄脱俗的世界。而静夜或者雪夜对窗独坐，最容易袒露内心情感，引发对人生的深切感怀。又如陆游《十一月五日夜半偶作》与《赠惟了侍者二首》（其二）两首诗，前者以一窗梅影抒怀，后者以月窗梅枝明志。而"一窗梅影"之"窗""影"，则往往将所有人生之沉重情感淡化为虚空，将所有浊世之烦恼净化为清澄淡泊，所谓"明蟾交映，一窗清影梅弄"（卫宗武《酹江月·山中霜寒有作》），充满淡逸怡情之趣。赵长卿《和梅》词曰：

雪花飞歇，好向前村折。行至断桥斜处，寒蕊瘦，不禁雪。

韵绝，香更绝，归来人共说。最爱夜堂深迥，疏影占，半窗月。

"松龛读易朝，月窗谈道夕"展现出一种游于物外、往来于天地间的淡泊自在，梅影窗明、清虚空明的意境隐含着"易道"之精神。

三、清雅——笔床茶灶

"雅"具有"平淡"的内涵与特征，对于中国文人而言，淡雅与平淡相合相融，甚至在他们的观念里，淡雅就是平淡。是以"清雅"之境至少有两大特征。一为心境闲雅。心境之闲雅即闲适雅致，展现的是心灵的自适与宁静平和。二为有雅心清气。雅心即淡泊之心，摒除功利之心，洗尽尘俗之念，清气即超凡脱俗，无尘俗之气。宋元人的"清雅"，具体体现为文雅、儒雅而无尘俗之气，与他们好读书，具有浓郁的人文气息密切关联。霍松林与邓小军先生曾指出，宋诗的特质在于"借助自然意象，发挥人文优势"，指出人文意象在宋元文学中营造意境的重要地位，并指出人文意象最大的特点即具有生活性、日常性。[1] 文人读书的地方

---

1 霍松林、邓小军：《论宋诗》，《文史哲》，1989年第2期，第66—71页。

称为书斋,书斋发展到宋元相当地繁盛,是文人读书、著述、书画、鉴赏等活动重要的、独立的、不可或缺的生活空间,展现出士人们的日常生活常态,是以与书斋相关的日常生活意象就成为了宋元人营造"清雅"意境,表达他们清雅情志的重要意象。如瓶花意象,宋元人爱簪花,不仅把花簪到头上,还喜欢把花插到书斋的花瓶里,瓶花凭借其清香的韵致与书、砚、书灯这些俱为文雅高洁的书斋意象,共同营造出一片清雅而温馨的书斋意趣,所谓人与花俱高洁矣。又如宋元士人好斗茶品茗,边读书边煎茶品茗更是成为了他们的书斋雅事。如"匣砚细磨鸲鹆眼,茶瓯深泛鹧鸪斑"(李纲《春昼书怀》)、"砚涵鸲鹆眼,香斯鹧鸪斑"(陆游《无客》)、"棐几砚涵鸲鹆眼,古奁香斯鹧鸪斑"(陆游《斋中杂题四首》其三),边煮茶品茗边砚台磨墨,充满雅趣。翁森《四时读书乐》(其四)诗云:

木落水尽千崖枯,迥太吾亦见真吾。坐对韦编灯动壁,高歌夜半雪压庐。地炉茶鼎烹活火,一清足称读书者。读书之乐何处寻,数点梅花天地心。

雪夜烹茶读书,是何等的闲雅,又是何等的雅心清气。雪夜、书灯、烹茶、读书、点点落梅,营造出一个洗尽尘俗,心与天地同一清明雅洁的境界。读书需要静心专注,而茶可以清心提神,加之茶呈现的清性,与文人们追求的清洁人格相契合,是以几乎成为文人书斋的必备品,"笔床茶灶"由此也就成了文人们营造清雅意境的经典意象之一。如"更丛书观遍,笔床静昼,篷窗睡起,茶灶疏烟"(张辑《沁园春》)、"潇洒轩窗,波光隐映,笔床茶灶"(谢应芳《水龙吟》)、"茶灶笔床清意思,蒲团竹榻静工夫"(尹廷高《再辟耕云隐居》),以"笔床茶灶"描绘了书斋的清静氛围以及自我的闲雅心境。张道洽《咏梅杂诗》(其九)诗云:

茶灶熏炉与笔床,黄昏待月在东厢。无人知得花清处,影落寒池水亦香。

这首咏梅诗,笔床茶灶,明月花影,寒水清香,营造出一个清雅绝伦的意境，笔床茶灶的运用，使作为自然意象的梅花亦带上了浓郁的人文色彩，透出文雅清气。又如陆游《泛湖》诗云："笔床茶灶钓鱼竿，潋潋平湖淡淡山。浪说枕戈心万里，此身常在水云间。"沈禧《风入松》词曰："笔床茶灶总相随。蓑笠不须披。烟波深处耽清趣，任逍遥、不管伊谁。抱膝吟余好句，回头又得新诗。""笔床茶灶"这个书斋意象，亦给他们的渔钓闲淡生活增添了几分书斋的文雅清趣。其他如：

  惟有翛然，笔床茶灶，自适笋舆烟艇。（陆游《苏武慢》）
  且钓竿渔艇，笔床茶灶，闲听荷雨，一洗衣尘。（陆游《沁园春》）
  山色湖光精舍敞，笔床茶灶钓船轻。（牟𪩘《西湖书院》）
  我家本住湖水边，笔床茶灶依渔船。（马臻《为杨简斋题空蒙图》）
  欸乃一声归去，对笔床茶灶，寄傲幽情。（张炎《声声慢·赋渔隐》）
  溪上燕往鸥还，笔床茶灶，筇竹随游屐。（张炎《念奴娇》）
  一棹烟波震泽空，笔床茶灶满清风。（孙锐《过震泽别业次壁间韵》）
  数顷荒田负郭耕，笔床茶灶看锄云。（孙锐《三高祠·甫里先生》）
  茶灶笔床淡生活，一帆先借老龟蒙。（岳珂《寄江州赵倅季茂二首时过溧阳舟中正遇顺风张帆》其一）
  笔床茶灶素围屏，潇洒幽斋灯火明。（张耒《官舍岁暮感怀书事五首》其五）
  酒壶钓具有时乐，茶灶笔床随处安。（文天祥《借道冠有赋》）
  茶灶笔床随陆子，莼羹鲈鲙忆张生。（李纲《吴江五首》其二）
  扁舟乘兴不知晚，笔床茶灶常相随。（李纲《读陆龟蒙散人歌三复而悲之赋诗以卒其志》）
  笔床茶灶湖光里，欸乃声中弄清泚。（王洋《借笠泽丛书于陈长卿以诗还之》）

  在这些诗歌里，笔床茶灶俨然成为一个象征清雅生活的意象，它与湖光烟波、清风白云、燕鸥筇竹、荒田江湖这些自然意象组合，使它们带上了文雅气息，共同营造出一个充满人文气息的清雅意境，传达出文人们闲雅的心境以及对这种雅心清气的闲适生活的强烈向往之情。

值得注意的是，文人们的书斋雅事除读书煮茶之外，还有临窗读书。黄庚《寒夜即事》诗云："读书窗下篝灯坐，一卷离骚一篆香。"陈必复《偶成》诗曰："涤砚不嫌池水冷，写书爱傍午窗明。"无论是寒夜还是日午，皆喜临窗读书，而在书斋一窗疏梅下读书更是充满雅心清气。如：

南楼纨纨下疏更，一点纱笼满院明。映月疏梅入帘影，读书稚子隔窗声。（陆游《燕堂春夜》）

柳风拂岸时鸣橹，梅月横窗夜读书。（施枢《廨宇傍河仿佛家居》）

山色青边屋，幽深称隐居。瓶梅香笔砚，窗雪冷琴书。（黄庚《月山书馆》）

疏花冷蕊映书窗，勾引逋仙蝶梦狂。纵使春风吹散后，又随霜月上书囊。（叶颙《书窗梅影》）

书窗、明月、梅花、瓶梅、寒雪、清霜、笔砚、书囊、古琴，营造出一片淡雅清气，窗、月、花、瓶、雪、霜因笔砚、书囊、古琴而具人文色彩，笔砚、书囊、古琴因明窗霜月、清霜寒雪、冷梅疏花而具淡雅清气，明月静静洒落庭院，从明净的窗户而进，或映照书案上的瓶梅，或将疏花冷蕊映书窗，朗朗书声隔窗传出，淡淡梅香在窗内窗外飘散，书声与梅香于空气中相互萦绕，梅花随风飘落到书囊上，这样的读书画面可谓充满诗情画意。文人们的雅心闲趣、自安自适之情怀随着诗情画意、清气之流转而传达出来。宋元文人们还喜欢书窗弄影，即临窗读书时欣赏梅影。如：

雪屋恋香开纸帐，月窗怜影掩书缸。（刘克庄《和方孚若瀑上种梅五首》其三）

不是金波吹激沦，肯分清影到书窗。（胡布《题风烟雪月梅》

其四）

梅花悬影书窗上，应待诗人带月看。（黄庚《夜窗》）

梅影映书窗，不仅是一个清空的意境，亦是一个清雅的意境。一方面显示出清雅与清空这两种"清"境之审美形态的相互交融，使"清"境意蕴更为富赡。另一方面以书窗梅影比况书斋内的读书人之影，自安自适、自得自乐中更是增添了自珍自恋的人文情调与自赏自足的诗性之美。王冕《白云歌为李紫筼作》诗云："忘机在我读书窗，要养贞姿归太素。"宋元人之所以喜临窗读书，便在于窗之明净，书之静心清性，将人心之静净空明通过书、透过明净之窗与天地共一体之清明。是以宋元人非常喜爱"梅花寒飐书窗月"（魏了翁《乌夜啼》）的读书生活，而读书时一窗梅影，笔床茶灶，再焚香一炷，这种生活是他们心中所追求的最美好的理想生活。一窗梅影与笔床茶灶意象相互纠结融合，展现出宋元人清雅空明的人生境界，宋元平淡之"清"境的富赡意蕴由是可见一斑。

（宋）马远《寒江独钓图》局部　　（宋）王诜《渔庄小雪图》局部

（宋）佚名《雪窗读书图》

第八章 "平淡"之人文精神

平淡作为宋元文化艺术之精神,其人文精神主要体现在"刚健""自得"与"和合"三方面。

第一节 刚健之气

在"'平淡'之艺术张力"一章中,已经论述到宋元的"平淡",实际上包含着对雅健、雄健、老健等力健的追求,说明宋元文化艺术之平淡蕴含浓郁的刚健之人文精神。而在"'平淡'之审美演绎"一章中,我们亦可以感受到宋元各艺术门类中透出的刚健之气。如平淡之体的诗文,风雅式平淡在平淡之表层下涌动着一股生命的潜流,虚静式平淡饱含着如水一样清虚而柔弱胜刚强之健气,平易式平淡亦有化崎岖不平为冲淡和夷之力健。"以柔克刚"之生命韧性,淡泊的行迹与刚毅之节操相结合,是诗文之平淡体的内核所在。书画中文同对竹的执着,苏轼的《枯木竹石图》,郭熙的《早春图》,米芾的狷书,倪瓒的逸笔草草以及他们对"平远"的追求等亦皆呈现出刚健之气。而宋元人的斗茶、簪花与听香,体现着他们对诗意化审美生活的追求,更充斥着积极向上之健气。就意境而言,宋元平淡的刚健之气主要体现在"静"境与"老"境中。静境中"空寂"彰显着生命强大的刚健之力,如关于"寒江独钓",明代胡应麟云:"独钓寒江雪,五字极闹。"一个"闹"字,即点出其中健旺刚猛的生命活力。周巽《题刘子翚横溪独钓图》诗云:"儒林刘郎最清绝,手把丝缗歌未阕。忽见江梅数蕊开,一蓑立断寒江雪。"寒江独钓,即彰显着凛然的生命刚健之气。又如关于宁静,园林的桃源美景、园篱生活、渔钓景观、草木景观以及"归去来兮"等静境的构建与营造,无不于静中蕴藏着生命之旋律,彰显着一股生命之绵力。"老"境中的枯树古木、苍山古寺、江天暮雪、雪山寒林等"寒""冷"之荒寒皆"老"却生机盎然,甚至彰显出一种天荒地老的生命强力。

就刚健之具体形态而言,宋元文化艺术平淡中所蕴含的刚健之气,主要表现有三:一为转悲为健之力;二为人格持守之刚;三为心性圆融之气。这种平淡而刚健之气在苏轼那里体现得最为明显,其"杖藜行歌"之"闲"趣生活与旷达淡逸情怀可谓糅合了平淡所有的刚健之气。如《和陶九日闲居》诗,[1] 乃其谪居海南而作,写其九日闲居的"乐事":赏菊、登高、观云海、喝酒、醉觉、歌舞……闲适酣畅,表现其平和而又满足的心理状态。宦海沉浮的烦忧,贬谪的苦闷,一一化解在了一片平和淡泊之情怀中了。历代文人,消解悲哀情怀通常有两种方式。一种是宣泄,如屈原与杜甫,将个人哀愁与国家忧患绾合起来,发愤抒情,体现抗争之精神。一种是内化,如陶渊明,注重心灵与生命之修养功夫,淡化或化解冲突,体现超越精神。前者易于或放肆悲情以至于自伐,或无悲而吟以至于自欺。后者或过于和光同尘,诗酒消忧,失去生命之活力,或自矜其达失去人生真实。[2] 苏轼此诗乃一首和陶诗,一方面化解了贬谪之悲,将贬谪之悲苦化为陶之平和淡泊,另一方面又将屈、杜式的积极入世的儒者气象糅合进陶之心性,消解避世之消极,体现出一种儒道互补的综合型态。[2] 宋元人之平淡大体如此,是以风雅式平淡、虚静式平淡与平易式平淡,骚雅与清虚,平淡与愤激彼此间既相冲突又相融通,矛盾而统一。是以就宋元人而言,被称之为风雅别境的平淡风貌,若换一个角度,未尝不可以称为清虚别境或平易冲夷。苏轼其他诗

---

1 《和陶九日闲居》诗云:"九日独何日,欣然惬平生。四时靡不佳,乐此古所名。龙山忆孟子,栗里怀渊明。鲜鲜霜菊艳,溜溜糟床声。闲居知令节,乐事满余龄。登高望云海,醉觉三山倾。长歌振履商,起舞带索荣。坎坷识天意,淹留见人情。但愿饱粳稌,年年乐秋成。"

2 胡晓明:《中国诗学之精神》,第 122 页。

词如《定风波》（莫听穿林打叶声）、《藤州江上夜起对月，赠邵道士》以及其他和陶诗等，皆体现出这种儒道互补的综合型态，于平淡中化解了个人的哀愁，并保持了高洁之人格，转心性之偏为心性之圆融，呈现出一种融合着刚健与处心不著、不以物喜、不以己悲的平和淡泊情怀。邓肃《答黄德善书》云："东坡谪居海外，若不复振者，而刚大之气，常充塞天地之间。"刚大之气即指生命人格之刚健之气，宋元平淡的人文精神就体现在平淡之中所蕴含的这股生命人格力量。

宋元人之平淡之所以具有刚健之气，源于他们对心境的超越精神。一方面他们继承了唐代心物交融、情景相生的情感书写模式，如空谷、空林、空山、枯木、古木、寒林、苍山、萧寺、一窗梅影等，营造出一个心与天地同一体的"清""老""静"之境，可谓心物交融，情景相生。另一方面，他们又发展或打破了这种情景相生，心物交融，突出"心"对"物"的悖离与超克，从而实现对心与物的超越。由此在走向平淡冲夷的同时亦具有了一种超常的生命刚健之力。宋元人平淡之刚健之气即在于这种变"缘境生哀"而为"处心不著"之力。是以可以理解何以柳宗元于"空寂""荒寒"中虽有孤傲挺立不拔之气，最终还是走向了孤怨悲愤的深渊，而以苏轼、倪瓒等为代表的宋元文人，他们家国飘摇，政局动荡，宦海沉浮，吏制严酷，社会黑暗，所饱受的苦难和所承受的悲苦要比唐人深重得多，但他们却能在"空寂""荒寒""枯老""苍古"之中与天地同一体的同时实现对心与物的超越，最终笑到了生命的尽头。张可久《人月圆·山中书事》曲曰：

兴亡千古繁华梦，诗眼倦天涯。孔林乔木，吴宫蔓草，楚庙寒鸦。　数间茅舍，藏书万卷，投老村家。山中何事？松花酿酒，春水煎茶。

这首曲既有屈、杜的忧患又有陶潜的平淡，"山中何事？松花酿酒，春水煎茶"，其中蕴涵了多少现实人生坎陷之种种感受，最后之所以能平澹冲夷，在于宋元人转悲为健、执守人格、处心不著之圆融的心性涵养，更在于他们对"心"之超越，对现实人生之一种通达了悟，对生命困难之理性洞见及其冷静担当。是以此首曲可谓颇能概括宋元平淡之刚健深层的人文精神内涵。正如胡晓明先生所言，平淡之刚健的深层内涵在于传达出"中国人文精神之一种传统信念：人的困境，须由人自身解决"[1]。

第二节　自得精神

宋元之平淡的"自得"精神，既体现在艺术之内在情感方面亦体现在艺术外在之技术方面。就内在情感而言，体现个体生命之自由与快乐是宋元平淡之"自得"精神的核心所在。儒释道三家皆倡导"自得"。孔子的"吾与点也"包含着对生命之自由洒脱、调畅适意的向往与追求，禅宗讲求"去来自由，无滞无碍""游戏三昧，是名见性""自由自在，纵横尽得""自性自悟，顿悟顿修"，[2] 实际亦是表现对不受外物束缚的自由状态的追求。而以老庄为代表的道家对个体生命的自由和快乐最为关注，突出体现在"自得"与"逍遥"之说。"自得"一词是老庄学说的关键词之一。[3]《庄子·骈拇》云：

> 吾所谓臧者，非所谓仁义之谓也，任其性命之情而已矣；吾所谓聪者，非谓其闻彼也，自闻而已矣；吾所谓明者，非谓其见彼也，自见而已矣。夫不自见而见彼，不自得而得彼者，是得人而不自得其得者也，适人之适而不自适其适者也。[4]

庄子认为"自闻""自见"乃"任其生命之情"，即可使生命

1　胡晓明：《中国诗学之精神》，第 121 页。
2　尚荣译注：《坛经·顿渐品第八》，北京：中华书局，2010，第 152 页。
3　郭庆藩《庄子集释》引唐陆德明释"游"云："逍遥游者，篇名义取闲放不拘，怡适自得。"表明不以外物束缚内心，能明乎自然性分，虚静无为，才可怡适自得，有精神之自由逍遥。"逍遥游"的精髓在于"自得"。［见（清）郭庆藩辑，王孝鱼点校：《庄子集释》，第 2 页。］
4　（清）王先谦、刘武撰：《庄子集解　庄子集解内篇补正》，第 103 页，第 104 页。

得到自由舒展。是以"自闻""自见"乃可"自得""自适","自得""自适"是得己之得,适己之适,而非得人之得,适人之适。又《淮南子·原道训》云:

> 吾所谓得者,性命之情,处其所安也。……是故不以康为乐,不以僇为悲,不以贵为安,不以贱为危,形神气志,各居其宜,以随天地之所为。[1]

《淮南子》认为"自得"即顺应与顺乎自然之道、生命之情,保持形神气志的完满。是以适情、适性则可自得其乐。可见,道家之"自得"是以"适性""适情"和"外物"为基点的。李春青就曾指出宋人"自得"乃在儒家思想基础上对道家学说的吸收,乃儒道互补的结果。[2] 宋元人推崇陶渊明,陶氏崇道,是以他们推崇的"自得",普遍与陶氏相一致。他们对陶诗平淡之美的肯定、对陶诗超然自得的极力推赏以及大量写作和陶诗,皆使"自得"不可避免地成为了平淡的主要人文精神之一。宋元平淡之"自得"精神,在各艺术门类中主要体现在对"自适"与"闲情"的书写上。园林美景的建构,词之淡雅闲情,簪花、斗茶、听香之闲趣,"归去来兮"之闲适,"淡的山水""一片江南"的闲逸等,以及幽人之自珍自恋,"空山无人,水落花开"的自适自在,"一蓑烟雨任平生"的自适洒脱,皆于平和淡泊中彰显着自得之乐。这种"自适""闲情"于王安石晚居金陵钟山之作品中尤为彰显。如其《游钟山》《定林所居》等诗中,山、水、花、鸟、云、竹等皆透出闲适淡泊之人生意趣,而自我亦于山中之自适闲情中获得自得之自乐。[3] 赵抃更是于渔钓闲趣中获得自得之乐,一口

---

[1] (汉)刘安等著,陈广忠译注:《淮南子译注》,长春:吉林文史出版社,1990,第48页。
[2] 李春青:《论自得——兼谈宋学对宋代诗学的影响》,《中国文化研究》,1998年第2期,第90—94页。
[3] 王安石《游钟山》诗云:"终日看山不厌山,买山终待老山间。山花落尽山长在,山水空流山自闲。"《定林所居》诗曰:"屋绕湾溪竹绕山,溪山却在白云间。临溪放艇依山坐,溪鸟山花共我闲。"

气写下五首《渔父》诗。[1] 赵抃虽以刚直敢言著称,时称"铁面御史",且对佛教非常信仰,但他的渔父诗里的"行住坐卧""任运随缘"的禅意其实何尝不渗透出道家的自适闲情。是以诸如"怡然自得""陶然自得""超然自得""泊然自得""卓然自得""坦然自得""释然自得""泰然自得""从容自得"等词语以及画面、景象充斥在宋元各艺术门类之中,随处可见。自得精神无疑是宋元人平淡之人文精神的重要内核之一。

宋元的自得精神,不仅体现在精神的自由境界,亦体现在技术的自由境界。王安石《上人书》言:

孟子曰:"君子欲其自得之也。自得之则居之安,居之安则资之深,资之深则取诸左右逢其原。"孟子之云尔,非直施于文而已,然亦可托以为作文之本意。[2]

王安石将孟子之"自得"由为人为学推及作文,并认为作文章应该有"自得"之见,有独到之本意。此外,朱熹论学反对只注重外在的"言辞",强调得之于"心",有自我的体验和领会;[3]刘克庄亦认为好文章自有浩然自得之见,而无须汲汲迎合于世俗;[4]姜夔更认为只有达到对诗的切身体验和自我领悟,才能为诗。[5]他们将"自得"由人(作者)之精神生命形态推及技术

---

1 此五首《渔父》诗为:"一带寒波雪浪流,谢郎终日在孤舟。沙鸥数只和烟落,笑倚兰桡独点头。""月印苍波入夜寒,寂寥灯火水天宽。儿孙未解谙风色,几度船头失钓竿。""莫笑生涯一叶舟,江湖来往自悠悠。丝头漫有潭中意,逐浪鱼儿不上钩。""卧看虾鱼日几遭,兼葭风起片帆高。任公信是宜渔者,只候垂钩钓巨鳌。""轻波拍岸琉璃碧,落日衔山玳瑁红。一曲渔歌人不会,芦花飞起渡头空。"

2 (宋)王安石:《临川文集》卷七七,四库全书本第1105册,台北:台湾商务出版社,1985,第641页。

3 朱熹《答林岊》云:"学之道非汲汲乎辞也,必其心有以自得之,则其见乎辞者,非得已也。是以古人立言者其辞粹然,不期以异于世俗,而后之读之者,知其卓然非世俗之士也。"

4 《乐轩集序》云:"今读其文,阐学明理乎自得,不汲汲于希世求合。"〔见(宋)刘克庄:《后村先生大全集》卷九五,第2454页。〕

5 姜夔《白石道人诗说》云:"以我之说为尽,而不造乎自得,是足以为能诗哉?"〔见(清)何文焕辑:《历代诗话》,第683页。〕

（创作）层面，并且进一步认为自得是创作者超脱精神之羁绊，获得的一种心灵之创作自由。是以他们推赏魏晋人的"超然""自得""闲远""萧散""闲暇自得"以及强调以闲适从容心态"静观"万物等，推赏和强调的不仅是一种超脱世俗的人生态度，亦是一种不受约束的自由创造精神。是以在艺术创作法则上他们以追求自然天成、自由创造为最高境界。他们的"自得之趣"，是一种对境物、景象的陶冶体悟，充满情思悟趣，是心与境、情与景、意与象的偶然凑泊，呈现出自然天成、平淡天真的特点。可以说，正因为这种自得精神，平淡在其艺术表现上充满了生动之气韵，平淡的艺术张力如平淡而绚丽、奇峭，外枯而中膏，皆得益于艺术创造的这种自由精神。从此角度而言，宋元艺术中的平淡追求的是自我的、个体生命的体验，是自由、自然的创造，是精神与创作两个层面的自由境界。而平淡的自得精神彰显的即是中国文化艺术的一种大自在与大自由精神。

第三节　和合精神

关于"和""合"，《说文》释"和"曰"相应也"，指声音相应和谐，释"合"曰"合口也"，合口即上下唇、上下齿合拢。"和"与"合"皆具有两个或两个以上不同要素的结合、融合之意。是以"和合"概念包含了不同事物的差异、矛盾多样性的和谐统一，[1] 它是人的多样性精神诉求的集合以及多样性矛盾发生冲突得以化解而统一的形态。"和合"的特点主要表现为两方面：一为"持中"，如"中和""中庸"；二为"合一"，如天人合一，物我合一，天地人合一。

---

[1] 《国语·郑语》载："商契能和合五教，以保于百姓者也。"韦昭注曰："五教，父义、母慈、兄友、弟恭、子孝。"商契把五教加以和合，使百姓安身立命。又载史伯论"和"与"同"："夫和实生物，同则不继……若以同裨同，尽乃弃矣。"

首先，平淡作为宋元文化艺术所追求的最高境界，显然具有浓郁的儒释道和合精神。平淡之概念本身就具有哲学和合的意味，它和合了道家之味淡、儒家之中道即中和之道或中庸之道与佛教之中观思想。而平淡之词的雅和、平淡之乐的淡和以及清之境的清和、老之境的平和、静之境的静和等，无不是儒释道和合的结果。儒家主张积极有为，所谓"太上立德、其次立功、立言"，其精神趣旨，简括之乃"有为""张"；道家趣旨简括之乃"无为""弛"，儒道两家趣旨似乎相反，实际互相补充。佛家精神趣旨简括之乃"舍得""空"，追求人生的终极关怀，以超越精神为取向，佛家哲学乃涅槃哲学，俗曰人死哲学，似乎与儒道之人生哲学相矛盾，但是其"悟透死，方悟生"与儒家所言"未知生，焉知死"之间其实是互相补充的。是以，平淡的刚健之气与自得精神实际亦是儒释道相和互合而成的。以平淡之"清"境的经典意象"一窗梅影"观之，"窗"有着老庄"谷"的意味，但亦有着释家"明镜台"的意味，"影"有道家"虚"的意味，而"梅"更是兼具儒释道意味，有儒家的君子比德，其香有释家之"香"味亦具道家之"虚""无"。宋元人喜欢咏梅，常以梅喻托高洁坚贞，淡薄守正之节操，可谓人物合一。如陈必复《梅花》诗云："天下有花皆北面，岁寒惟雪可同盟。"梅不仅比德更有家乡忧患意识，更是人物之和合了。然而还不仅于此，"不是一番寒彻骨，争得梅花扑鼻香"还大量出现在宋代的禅宗语录中。[1] 禅宗认为顿悟是一刹那的事，但悟的过程漫长而痛苦，如同梅花经历严寒，才能在春天到来的一刹那绽放出动人的香气，是以梅花成了禅者的最好象征，所谓"归来笑拈梅花嗅，春在枝头已十分"。如果说莲花乃"佛花"的话，梅花即"禅花"，它有中国禅宗的独特精神与品格，亦有儒家积极向上之精神与道家之"虚""无"。是以"一窗梅影"不仅是个体的天地人的和合，亦是文化的儒释道的和合，不独止于平淡之"清"之意境，亦不

1　参见张培锋：《宋诗与禅》，北京：中华书局，2009，第51页。

止于平淡本身，乃是中国文化人文精神的一个具体而微的表现。

其次，显而易见，"和合"之"和"，有别于"同"，而"合一"之"一"亦为"不一"。《左传》昭公二十年载齐景公与晏子关于"和"与"同"之对话，[1] 晏子之论，明确指出所谓"同"非绝对之"同"，其所谓"异"亦非绝对之"异"，走向任何一个极端都会违背事理和艺理，皆不可能有艺术中之"和谐"。又如刘熙载《艺概》云：

> 《易·系传》："物相杂、故曰文。"……朱子《语录》："两物相对待，故有文，若相离去，便不成文矣。为文者盍思文之所生乎?"……《国语》言"物一无文"，后人更当知物无一则无文。盖一乃文之真宰；必有一在其中，斯能用夫不一者也。[2]

刘熙载实际明确地提出了和合的"一为不一"论。宋元之平淡与力健、与峭丽、与趣味之二元审美形态所呈现出的平淡内涵之复杂性与多元性，正是这种和合之一的不一。钱锺书先生指出，"杂"即"不一"，即所谓"品色繁殊"。[3] "一则杂而不乱，杂则一而能多"，而"不乱"之"杂"是文学艺术应追求之目标，此亦刘勰《文心雕龙》所言"殊声而合响，异翮而同飞"[4]。越"多"越"杂"，而如不能愈加统一，此种"多"和"杂"即是"乱"；能高度统一而又显得愈"多"愈"杂"，此种统一即有无限之丰富性。平淡中的力健、峭丽、趣味等元素相异相成而紧密凝聚，旨在"不一"的前提下而合"一"，"一为不一"，"统一"非"纯一"，"单调"非"一致"。一而能多，杂而不乱，是以平淡具有辩证性与融合性特征，其意蕴富赡而丰腴，具有强大的艺术张力，此乃和合精神之作用，亦和合精神之体现。

---

1 《左传》载："公曰：'和与同异乎？'对曰：'异！'……声亦如味，一气、二体、三类、四物、五声、六律、七音、八风、九歌以相成也，清浊、大小、短长、疾徐、哀乐、刚柔、迟速、高下、出入周疏以相济也。……若以水济水，谁能食之？若琴瑟之专壹，谁能听之？同之不可也如是！"[见（战国）左丘明撰，杜预集解：《左传》，第847页，第848页。]
2 （清）刘熙载著：《艺概》，北京：朝华出版社，2018，第86页，第87页。
3 钱锺书：《管锥编》，北京：生活·读书·新知三联书店，2008，第88页。
4 （南朝梁）刘勰著，詹锳义证：《文心雕龙义证》，第1807页。

第九章 "平淡"之现代意义

平淡实为中国古人之一种人生智慧,现代人很多问题都由于缺乏它而来。平淡至少具有以下几方面的现代性意义。

第一节 回归平常与自然

一、打通东西方哲学的相互对话

与西方思想相比,中国思想,无论是古代的中国思想还是在西方思想影响下的现代汉语思想,都太散淡了。例如哲学,不成逻辑的思想体系与诗歌语言和日常即兴式交谈太相近,没有体系内的丰富性和哲学史上的残酷批判和竞争,都过于平淡。[1] 可以说,中国思想,尤其文艺美学思想,其至高境界就是无我之境的平淡,平淡是一种思想,亦是一种艺术精神和文化精神。是以首先,我们如果要接承传统思想与传统文化,只能再次品尝平淡。其次,我们的时代进入了一个奇怪的状态,一方面,我们的时代是一个无味的时代,另一方面,对"道"的经验也是"味之无"。身处无味和乏味的状态,平淡这种思想、艺术精神尤其重要。平淡可以回应西方哲学的式微或者终结,打通中西哲学对话,重新开始新的哲学。因为哲学原本一直开始于日常生活,中国人的日常生活也就是"平常生活",即与"平淡"相通意义上的"平常"(banality)。平常生活最突出的特点即是不引人注目以及不触目惊

---

[1] 当然,中国传统思想也并非没有竞争,如战国所谓百家争鸣的子学时代,魏晋南北朝玄学与佛学进入时期,以及宋明理学时期,尤其晚明哲学派系与家学派系之争亦是异常激烈的。

心。中国平淡的思想就是对平常生活的思考，而平淡的艺术即是对这种平常境况的还原，不让反常成为焦点。是以古人推崇艺术之平淡天真，生活之闲静简淡，心境之平和淡泊等，沉迷于或读书品茶，或宴饮集会，或抚琴弈棋，或踏春赏花，或古鼎焚香，或躬耕荒野，或独处空山，或独钓荒寒，或闲游江湖，或谈笑簪花，或肆意美食等，如此对散淡与平淡生活的体知，"有助于我们重新发现那几乎消失的本雅明意义上的光晕"[1]。因为日常生活事实上就是平凡无聊、理性认知和神秘主义的混合体。[2] 从此意义上而言，平淡有着对现代性生活的隐秘拯救的意味和打通东西方思想对话的重要意义。

对于平淡、朴素、简素的好尚并非中国传统艺术美学中才有，西方自柏拉图时期对"装饰"之警惕以及"非饰"之传统与中国大致同源。尼采所提出的"美的慢箭"的理论无论是含义与本质，还是形式与审美形态，都与中国的平淡有着共通性。日本也重视简朴，在文学、书画以及设计中都体现出一种重平淡简素的精神。而在这无味乏味的时代，西方现代思想家亦已经对日常生活有了丰富的思考：如齐美尔对带有印象主义色彩的日常生活片段的发现，可以与我们传统中书法绘画的日常操练契合，彼此之间可以相互补救；超现实主义以拼贴和梦幻的自动书写带来日常生活的奇迹，也可以通过书画创作时的迷醉以及身心修炼而不断重现；列斐弗尔日常生活的辩证法试图发现新的解放力量，他对日常生活与节日之间关系的批判思考，也启发我们反省自己平常生活的麻木昏沉，并将平庸和平淡明确区分开来；米歇尔·德·塞尔托对日常生活诗意的发现，如对烹饪家庭智慧的发现以及对日常生活发明创造力的肯定，以及海德格尔打开处于沉沦状态的日常生活的常人，罗蒂试图要发现的富有美国实用主义特色的经验世界；

---

1 夏可君：《平淡的哲学》，第39页。
2 海默尔：《日常生活与文化理论导论》，转引自夏可君：《平淡的哲学》，第39页。

等等。这些西方思想家都试图在现代性的危机中,通过重新发现日常生活的魅力,使之成为普遍性的原初生命现象,即我们强调的平淡之真。是以当我们以平淡打开日常生活或者平常生活,我们就可以触及生活之真、人性之真、艺术之真与生命之真等,就可以全面与西方思想对话,新的平淡亦在日常生活中得以发现和重构。平淡的现代性意义就在于打开对话的无尽可能性和打开生命之真的无限性。

二、使艺术与生命多姿多彩

随着现代性使平常生活景观化,随着世界成为图像,技术带来的影像的力量,已经使现实成为超现实的仿佛世界,我们对世界的观看已经被蒙太奇化以及程序化了,从而变得焦虑迷茫,生命也失去了活力。要全面地认知世界,突破焦虑迷茫,激发生命活力,就需要我们对平常生活进行还原,还原日常生活,即可重新获得自然的态度。例如我们可以在我们的山水画中看到日常生活的场景,无论是行旅还是高隐的场景,都把人事置身于自然之中,而至宋元尤其元代山水画中,人甚至渐渐退出,更加凸显自然自身的显现,事实上此即是尽管宋元社会动荡萧条,然而它们的文化艺术却登峰造极、宋元人之生命依旧精彩的重要原因。日常生活,具体而言,夏可君先生将其划分为三个基本场域。一为人道,即人事领域又称人际关系领域以及相关的事物,例如平常生活的器物,如陶渊明的无弦琴、文人的文房四宝等。它构建了一个日常伦理世界,被儒家诗教所修饰。二为地道,即周围的自然,尤其山水以及被挪移到人际关系的领域、把山水浓缩为园林和盆景的人造自然景观等。它构建了一个在人类等级秩序之外的自然生命世界。三为天道,即与不可见的鬼神之间的关系,如祭拜祖先的牌位、祠堂、佛像、殉葬品、礼品、护身符(如各种玉器)等。夏可君先生还进一步指出,人事之人道是才性的清淡,如庄子言"君子之交淡如水。由有着平淡性格的人相互交往建构的社会无疑是最为理想的状态,这是人际关系世界的道德准则以及生活世界所要达到的视域或"情境"。地道是自然之淡然,自然凝聚于山水画中即"山水",因而对于山水画而言,体现平远的看视方式,以及建构平淡意境就成了山水画审美要实现的目标。天道是鬼神之淡然。文学艺术中让鬼神变得平易近人,对幽灵们平淡化,以及如长沙马王堆汉墓那些日常用品和漆棺上既绚烂又平淡的图像,皆是对生死的如在态度,皆是平常的表现。[1] 人道、地道和天道,通过艺术作品形成情境——意境——幻境三重相通的境域,平淡是这些相通境域的共通感,在生活风格、生活方式上的共通,有一种不强求与不强加的生存美学。从此意义而言,这三重平常世界,其实都是一个自然世界。但是这三重世界的平常与自然生态皆已被破坏,如何回归平常与自然世界?只能保持平淡。一旦三重境域的共通感"平淡"得以重新构建起来,由其而来的道味,以及繁衍而来的理味、情味、意味、趣味、韵味等,都可致三重世界远离乏味,艺术与生命亦由此得以回归平常与自然而变得多姿多彩。

第二节 化解苦涩与困境

一、发挥生命的柔韧力

平淡要求的是缓慢与从容,在历史处于崩溃与混乱的时代,它曾给了众多无处逃生的文人很多从容不迫的生存机会,在化解苦涩与困境方面,平淡有着重要价值和意义,例如山水画与佛教思想的结盟,事实上即是为了确保平淡,以平淡化解苦涩与困境。而欧阳修、苏轼、黄庭坚、李纲的诗文作品,倪瓒与黄公望的绘

---

[1] 夏可君:《平淡的哲学》,第47页,第49页。

画等，无不是以平淡抗争困境、化解苦涩的绝佳体现。在我们这个信息化与快餐式的时代，平淡似乎无法成为追求的意旨。但是，平淡所要消解的正是急忙的心态，在我们需要化解目前所遭遇的来自经济、政治与人生的苦涩与困境时同样有着重要价值和意义。

如何化解苦涩与困境？首先必须改变主体的状态，一个满怀悲苦怨恨，一个身心皆浸透苦涩痛感的人是不可能走出苦涩突破困境的。因此必须平淡，才能做到释怀，才能减弱或化解悲苦和疼痛的涩味，才能走出困境。平淡可以释怀，但是面对失败和无助，仅仅是释怀显然还是不够的。平淡具有哲学的思辨性和中和性，"淡雅""淡漠""清虚""老""平易""自然""拙""直致"等概念皆与平淡存在非常密切的关联，某种程度上它们还等同于平淡，它们是平淡的另一种表达方式与呈现，它们与力健、雄健、豪放、奇峭、绚丽、新巧、至味、理趣、致远、含蓄、韵味等概念相反相成，因而"平淡"并非单纯之不俗、清、简淡、简质、疏淡、素淡，也并非单纯之平俗、无意、朴拙，更不是单纯之典雅、有意、绮丽、工巧，而是各组矛盾因素诸如平淡与力健、平淡与奇峭、平淡与趣味等之中和辩证统一，这种中和性、辩证性构成了平淡强大的张力。是以平淡的现代性价值更重要的是在释怀的同时，还有创动的力量。平淡是徐徐、也是虚虚展开的柔韧，如同老子的柔弱胜刚强，有着永远不会失去的弹性韧度，悲苦——苦涩——平淡，这之间的转换不仅仅是释怀，更体现了生命的柔韧。是以追求平淡生机的文人不仅能顺利渡过困境，如欧阳修、苏轼，并且还往往高寿，如黄公望、米友仁。黄、米高寿，董其昌曾明确指出是由于"烟云"的供养。[1] 烟云在后来明代董其昌那里是所谓的"烟云淡荡，格韵俱超"。烟云的飘浮散聚、变灭之间有着无尽的生气和生机，让人心胸充满滋乐。在西方美学史上很难看到如此的思考：把生命的年岁与审美境界的高低联系

---

[1] 董其昌云："黄大痴九十而貌如童颜，米友仁八十余神明不衰，无疾而逝，盖画中烟云供养也。"

起来。在我们这个无法通过重返自然如隐居来使生命获得生机的时代,平淡可以让我们借助他者的力量,重新激活生命的生机。如弹琴者、绘画者、吟诗者,以琴、画、诗来假借自然元气,唤起平淡的同时即是消解难言、渗透身心的苦涩,品尝生命本身的滋味和生长生命的绵力。

二、运用简化与意境

与西方思维中的概念和灵性语言不同,平淡有属于自己的一种话语和表达方式:感通或者感悟。尤其在中国诗歌和书画艺术中,平淡的感悟有着内在严格的思想逻辑,它经常通过简化与意境的形式得以实现。简化的极致就是空白,就是素和朴,它们是虚灵的形式化,它们可以产生生气,空白的气在流动变化,就是气韵生动。气韵生动是山水画的精神,而虚室生白的素朴,传递着自然的生命本色之力。就意境而言,与平淡相关的生命机体的意境有空寒、空静、淡逸、虚静、淡雅等,皆通过平淡之感悟,打开生命流动之力。如陶渊明的桃花源,王维的辋川,柳宗元的寒钓,倪瓒的山水,董源的潇湘,黄公望的富春山居,八大山人的鱼,弘仁的黄山等,皆在简化、不装饰的空白中更加体现生命的顽强。在诗的浸润中,在画的观养中,转变苦涩,遗忘自我,超越自我,在平淡的感悟中,让生命在苦涩、困境中生长出峻拔刚健之气象,此即平淡现代性意义之重要一端。

第三节 清明政治与人生

一、山水政治与生命政治

平淡仿佛仅仅是平常生活,与波澜壮阔的政治关系不大,然而庄子虚静的平淡就隐含着一种新的政治，即所谓的玄圣素王之道。[1] 这与儒家所谓的"内圣外王"之道不一样。《中庸》所期待的是德位一致的圣人做王，《大学》推崇的是诚意正心的修身所推开来的治国平天下，宋明理学更是强调有内德之人才可以做外王。也就是说儒家"内圣外王"强调在人世间的亲亲关系或者主敬的静修中修炼出内德，然后才有统治的德能。而庄子则开启另一种"内"与"外"的关系：走向自然山水的"出世"，以及以自然山水的德性来转化人世间的伦常关系的"入世"。这与传统的儒家政治是不同的。儒家的修持是把家庭作为身心内外的打开场所，更多是在礼仪操持中磨砺德能然后学而优则仕，从此意义上来说，儒家的内圣外王之道，是被儒学化的人世间的内德外化，它与庄子的新政治的区别就在于人世与山水之间的区分。可以说，庄子的内圣外王之道，其内涵应该是出世与入世"之间"的转换节奏，呈现的是一种平淡的山水政治，这种平淡的山水政治生发出的是一种生命政治。这种内圣外王之道与生命政治，在中国艺术尤其山水画中隐秘暗示着，但是一直没有被发现，它总是被等同其他几种理解，如最常见的是被认为退隐山林与归顺朝廷是对立的，这种传统的理解削弱了山水作为生命感通的力量。并且，在历史长河中，传统儒学的内圣外王之圣王从来就没有出现过，而反倒是儒生的内圣与帝王的外王之间从来就是分裂的。孔子倡导的真正的素王政治理想也从来没有得到实现，反而是从王维开始创建和确立了一种由平淡和空静而形成的审美生活风格和修养方式，使个体在山水之间形成独立的品格，能够发现人世间的缝隙，从而随意穿

---

[1] 《庄子·天道》云："夫虚静恬淡，寂寞无为者，天地之平而道德之至，故帝王圣人休焉。休则虚，虚则实，实者伦矣。虚则静，静则动，动则得矣。静则无为，无为也，则任事者责矣。无为则俞俞。俞俞者忧患不能处，年寿长矣。夫虚静恬淡寂寞无为者，万物之本也。明此以南向，尧之为君也；明此以北面，舜之为臣也。以此处上，帝王天子之德也；以此处下，玄圣素王之道也。"［参见（清）王先谦、刘武撰：《庄子集解　庄子集解内篇补正》，第141页，第142页。］

行，游刃有余，个体可以做自我之王，而不是为他人做王。这种生态化的新政治，就是山水政治。它与传统的政治不同就在于除去了神性与专制独裁的暴力，而尊重个体的生命政治，它亦与西方的生命政治不同，是以自然山水的德性来补充人类政治秩序的。

当今的山水政治之为生态政治和生命政治，就是试图唤醒我们关注个体生命与自然之间的气息转换节奏，此山水政治，不再是传统的归隐或者游历者的政治情怀，而是重新开启个体的修养，关注自我的灵修，我们这个时代的生命政治与生态政治，与生命的修养有着内在关系。庄子虚静的平淡，混合道家之味道、儒家之中庸与佛家之中观观念的平淡，就是打开个体生命修养的最佳方式之一。

二、倾听他人与自己

平淡是平常生活，是人的自然状态。在宋徽宗赵佶描绘其日常生活之一的《听琴图》里，也有着隐约的山水政治的暗示。听琴之正，亦即政治之正，所谓琴者，正人心也。尽管赵佶是亡国之君，但是我们仍然可以从《听琴图》中看到他心目中的清明政治和人生。

《听琴图》是一幅玄秘简淡冲和的图画，首先从其画面布局看：中间位置的帝王赵佶本人在弹奏，两边则是一仰视一低头审听的两个臣子，构成一个稳定的有严明秩序的等级结构。但是，此画却名为"听琴图"而非"弹琴图"，仿佛强调的是倾听者的被动性和服从。一方面，说明听音即听政，此图是一幅政治生活与礼乐生活交融一体的范例作品。另一方面，尤其值得注意的是，听音听的却是无声之音，因为画面上赵佶弹奏的就是无弦琴。听琴是有所"禁"的，所谓"禁止于邪，以正人心"，不允许随意地听，更何况是帝王本人在弹奏。因而画面上人物所处的位置按照明确的礼仪布局，有着人世间秩序的指向。而画面上耸立的那株高高的青松，亦稍微倾斜，有着倾向俯身的意味，如同在倾听。倾听之为听，是俯首帖耳式的听，是一种尊听，仿佛也彰显着对帝王的服从。然而事实上并非如此。画上的弹奏者并没有穿帝王的制服也没有戴冠，身穿绿袍的仰窥者和朱衫的审听者的打扮也不是严格的官服，小童也是随意地站着作自然倾听之态，青松在微微俯身倾听，高处的炉香和低处古鼎上的茉莉花香在无声地萦绕，整个画面更像是文人雅集的场面，它要传达的不是帝王和臣民之间交流和教化的和谐秩序，而是走向对音乐本身的倾听，超越了传统的帝王政治，超越了名分的规定，走向自然山水的政治，走向无声之音的倾听。

并且，正如夏可君先生指出：画面给我们打开了多个空间。左边绿袍者比右边朱衫者的位置要高一些，按照等级秩序，低位者应该仰头才是，他反而低头，事实上，这一仰一低，更多的是对倾听声音空间的敞开，它打开的不是人世间的秩序空间，而是一个山水的声响场域：仰窥者把空间指向青松，低审者指向地上的古鼎和山石，构成一个倾听的空间，接纳青松和竹叶之间传来的风声。这也就意味着，他们听琴更听音，听松声、听竹声、听风声，并且听的不仅仅是自然之音，无弦琴还召唤对空明之音的倾听，对倾听本身的倾听，即听自己之听，即听香，听自我生命之香。同时赵佶、绿袍者、朱衫者和古鼎又构成一个四边形回绕的内空间，仿佛打开倾听之口，倾听不仅仅是耳朵的敞开，而且是整个身心之开口。而他们面容的朝向，就绘画本身而言，对画外的观看者亦是敞开的。很明显，这幅弹琴图其实是赵佶将自己帝王的处境转变为一个平常、自然的状态，把治国转变为审美的寓意，让君臣之间处于一个有张力但是平淡祥和的时刻，不再强调政治等级的秩序，而是突出一个倾听他人倾听自己的审美秩序。他们的倾听实际上彰显的是如嵇康那样对知音共同体的渴望。[1]

---

[1] 夏可君：《平淡的哲学》，第 252 页，第 253 页。

从此意义上来说，走向平淡，就是走向生命政治与对传统帝王政治的批判，而在当今社会，走向平淡，其实就是走向对友爱知音共同体的形成。政治与人生的清明，都需要倾听他人与倾听自己，都需要平淡，因为唯有平淡，才有可能牵引自身的注意力倾听他人和自己的声音。

结 语

宋元文化艺术平淡之源起与意义的复杂而多样及其思辨性与中和性特征,决定了其具有深厚的文化艺术内涵和艺术张力。然而无论是哲学史、思想史还是词语史、批评史以及艺术史,亦无论艺术各门类中诗文之平淡、乐之淡和、词之淡雅、曲之雅正,还是书画之逸品精神,园林之禅心道性以及日常生活之斗茶、簪花、听香,其对平淡之追求在情感、形式和美感形态上皆有一致性。

平淡对情感的要求是平静淡泊,"平淡"不是一个风格问题,更不是诗法、笔法、技法等技术层面的问题,而是人格境界问题,其直指人之心灵深处,是以只有人格上、心灵深处圆成一种淡泊渊如的境界,才有真正意义上的"平淡"。是以平淡带有更多以理遣情、以理制情的理性主义性质,它不同于传统士人之放逸而更倾向于儒者之适的和严萧散。而大多数情况下,通向"平淡"的路径亦是不平淡的。在实际的创作中,情感的"平淡"多见于历经磨难后的生命逆转或越过鼎盛期的投老赋闲。王安石、苏轼、黄庭坚、陆游等伟大诗人几乎都经历过早期的豪健清雄,在其生命后期归于清旷闲远、自然平淡。可以说,真正的"平淡"是属于人生的"老"境。这种"老"境一方面属于"老之将至"听命于自然规律的人意阑珊;另一方面则是阅世多矣,人情练达,于人生采取更为通脱、冷静、闲逸的态度。平淡在形式上追求简古、散缓和老成。具体体现在对高古朴素、自由无为之艺术境界的认同,注重简古朴素、古雅简妙和"意象简朴足镇浮"的平淡效果,追求"高风绝尘"的风神。所谓"高风绝尘"即是指文艺形式无拘无束、古雅自由的风采。它包含了思想上追求平淡渊静,艺上追求超越流俗优入老成等多种心理祈向。平淡在美感形态上追求表里殊致、中边不一、外枯中膏，可以说中国文化中的平淡最显著的内涵特征就是分别出"中边"或"内外"。"平淡"是平常生活，但不是平庸，平常生活容易被认知，但要体认出其中之"真味"，需要有很高超之内在修养，"平淡"如橄榄，苦涩中含甘甜，"寻常""容易"中见"奇崛""艰辛"。平淡在审美形态上是外枯淡而内丰腴，平淡与力健、与峭丽、与趣味之二元审美形态不仅彰显出平淡之艺术张力亦呈现出平淡内涵之复杂性与多元性。从类别上划分，尽管各艺术门类与日常生活中平淡的审美形态呈现各异，但简括之不外乎两种。一为"豪华落尽见真淳"，这种平淡往往与闲居中寂寞不平的心态相关联，故而在平淡之表层下涌动着一股生命的潜流。同时，闲远与忧思之相互渗透与融合，意绪之恬淡冲和、寂寞幽独与自我形象之古雅高洁的相契合，表现出对中和之美的一种追求。因而呈现出各种相斥相和之景观：闲远与忧思、自然与人工、冲淡与绚烂等，所谓"绚烂之后归平淡"。二为"闲和严静之趣，萧条淡泊之意"，这种平淡常常借对清境静界的观照模写来寄寓闲适淡远的情趣，"大音希声"的境界是它追求的最高境界，以忘机恬淡之心投射为山水清晖、田园幽境中的自适之趣是它着力体现的趣味，彰显出辞气静正而情趣闲远的美感，其表现如水一样清虚而柔弱胜刚强之健气，并始终秉持着彻底的超脱意识。这两种平淡审美形态往往彼此间既相冲突又相融通，矛盾而统一。

特别要指出的是，平淡实际上是中国人一种人生智慧与生存美学，中国思想，尤其文艺美学思想追求的至高境界就是无我之境的平淡。是以这种无我之境的平淡，在其意象选取方面必然与平常生活密切关联，日常意象、山水意象、人文意象其无所不包揽，皆具有平常而普通的色彩。就意境而言，"静"境、"老"境、"清"境等是平淡最喜营造的意境。而营造这些平淡意境，就宋元人而言，一方面"寒江渔钓""归去来兮""枯木枯笔""苍山古寺""一窗梅影""笔床茶灶"是他们最喜选取的意象，另一方面简化，即简古、素朴、古雅等是他们最喜采用的方式与方法，简化的极致就是空白。"空"而气韵生动，是以无论是"静"境、"清"境还是"老"境，平淡总是淡而味终不薄，所谓"韵外之致""味外之味""味以至味"，有韵有味者方是真之平淡。是以中国文化中的平淡，无论是其流变生成之过程还是其特征与内涵，皆非平淡。同时还要指出的是，无论平淡的哪一种审美形态，哪一种境界，皆是中国文人心灵的长足呈现，彰显出一种中国文人特有的自适、自安、自娱之精神，鼓荡着一股生命之刚健之柔力，有一种化悲为健的力量，由此中国文化中的平淡充满生命灵动之气，铺展出生命之绵力。此即平淡何以成为中国思想，尤其文艺美学思想追求之至高境界的重要缘由。同时，更重要的是，宋元平淡具有打通中西方哲学的相互对话、使艺术和生命多姿多彩、化解苦涩与困境、清明政治与人生等现代性意义，而此亦证明在现代社会回归平常与自然即平淡具有实现的可能性。

参考文献

一、古典文献

1. （战国）左丘明撰，（西晋）杜预集解：《左传》，上海：上海古籍出版社，2015。
2. （汉）许慎撰，（清）段玉裁注：《说文解字注》，上海：上海古籍出版社，1988。
3. （汉）孔安国传，（唐）孔颖达正义：《尚书正义》，上海：上海古籍出版社，2007。
4. （2～3世纪）龙树著，叶少勇辑：《中论颂：梵藏汉合校·导读·译注》，上海：中西书局，2011。
5. （汉）郑玄注，（唐）陆德明释：《宋本礼记》，北京：国家图书馆出版社，2017。
6. （魏）王弼著，楼宇烈校释：《王弼集校释》，北京：中华书局，1980。
7. （晋）陆机著，张少康集释：《文赋集释》，北京：人民文学出版社，2005。
8. （晋）陆机著，杨明校笺：《陆机集校笺》，上海：上海古籍出版社，2016。
9. （南朝宋）刘义庆撰，（南朝梁）刘孝标注，余嘉锡笺疏：《世说新语笺疏》，北京：中华书局，2015。
10. （南朝梁）钟嵘著，陈延杰注：《诗品注》，北京：人民文学出版社，1980。
11. （南朝梁）刘勰著，詹瑛义证：《文心雕龙义证》，上海：上海古籍出版社，1989。
12. （唐）司空图著，郭绍虞集解：《诗品集解》，北京：人民文学出版社，1963。
13. （唐）房玄龄等撰：《晋书》，北京：中华书局，1974。
14. （唐）释皎然著，李壮鹰校注：《诗式校注》，济南：齐鲁书社，1986。
15. （唐）陆羽《茶经》，《中国古代茶书集成》，上海文化出版社，2010。
16. （唐）司空图著，罗仲鼎、蔡乃中校注：《二十四诗品》，杭州：浙江古籍出版社，2013。
17. （唐）张彦远撰，毕斐点校：《明嘉靖刻本历代名画记》，杭州：中国美术学院出版社，2018。
18. （南唐）静筠二禅师编撰：《祖堂集》，北京：中华书局，2007。
19. （宋）梅尧臣：《宛陵先生集》，上海：商务印书馆，1936。
20. （宋）欧阳修：《欧阳修全集》，北京：中国书店，1986。
21. （宋）苏轼著，孔凡礼点校：《苏轼文集》，北京：中华书局，1986。
22. （宋）黄庭坚著，刘琳、李勇先、王蓉贵点校：《黄庭坚全集》，成

23. （宋）郭若虚：《图画见闻志》，北京：人民美术出版社，2004。
24. （宋）郭熙著，周远斌点校纂注：《林泉高致》，济南：山东画报出版社，2010。
25. （宋）赵佶：《大观茶论》，《中国古代茶书集成》，上海：上海文化出版社，2010。
26. （宋）黄庭坚撰：《类编增广黄先生大全文集》，王水照编：《宋刊孤本三苏温公山谷集六种》，北京：国家图书馆出版社，2012。
27. （宋）程颐、程颢著，王孝鱼点校：《二程集》，北京：中华书局，2004。
28. （宋）孟元老：《东京梦华录》，北京：中国商业出版社，1982。
29. （宋）邵伯温：《邵氏见闻录》，北京：中华书局，1983。
30. （宋）王灼：《碧鸡漫志》，唐圭璋编：《词话丛编》，北京：中华书局，2005。
31. （宋）严羽著，郭绍虞校释：《沧浪诗话校释》，北京：人民文学出版社，1961。
32. （宋）胡仔：《苕溪渔隐丛话》，北京：人民文学出版社，1962。
33. （宋）西湖老人：《西湖老人繁胜录》，北京：中国商业出版社，1982。
34. （宋）释普济著，苏渊雷点校：《五灯会元》，北京：中华书局，1984。
35. （宋）郑樵：《通志》四库全书本，北京：中华书局，1987。
36. （宋）张炎：《词源》，唐圭璋编：《词话丛编》，北京：中华书局，2005。
37. （宋）刘克庄：《后村先生大全集》，成都：四川大学出版社，2008。
38. （宋）洪迈撰，孔凡礼点校：《容斋随笔》，北京：中华书局，2015。
39. （宋）朱熹：《四书章句集注》，北京：中华书局，2016。
40. （宋）魏庆之：《诗人玉屑》四库全书本，北京：中国书店，2018。
41. （宋）陈善撰，袁向彤点校：《扪虱新话》，济南：山东人民出版社，2018。
42. （宋）黎靖德编，王星贤点校：《朱子语类》，北京：中华书局，2020。
43. （宋）吴自牧：《梦粱录》，北京：中国商业出版社，1982。
44. （宋）周密：《武林旧事》，北京：中国商业出版社，1982。
45. （元）钟嗣成：《录鬼簿》，上海：上海古籍出版社，1978。
46. （元）脱脱等：《宋史》，北京：中华书局，1985。
47. （元）王祯撰，缪启愉、缪桂龙译注：《王氏农书》，上海：上海古籍出版社，2008。
48. （元）倪瓒著，江兴佑点校：《清閟阁集》，杭州：西泠印社出版社，2012。
49. （明）顾元庆撰：《云林遗事》影印本，台北：台湾艺文印书馆，1949。
50. （明）唐志契：《绘事微言》，北京：人民美术出版社，1985。
51. （明）张溥辑：《汉魏六朝百三家集》，上海：上海古籍出版社，1994。
52. （明）杨慎：《词品》，唐圭璋编：

《词话丛编》，北京：中华书局，2005。

53. （明）董其昌著，周远斌点校纂注：《画禅室随笔》，济南：山东画报出版社，2007。

54. （明）董其昌著，邵海清点校：《容台集》，杭州：西泠印社出版社，2012。

55. （清）秦祖永辑：《画学心印》，上海：商务出版社，1937。

56. （清）高步瀛：《唐宋诗举要》，上海：上海古籍出版社，1978。

57. （清）王先谦撰，沈啸寰、王星贤点校：《荀子集解》，北京：中华书局，1986。

58. （清）郭庆藩撰，王孝鱼点校：《庄子集释》，北京：中华书局，2004。

59. （清）何文焕辑：《历代诗话》，北京：中华书局，2004。

60. （清）严可均辑：《全上古三代秦汉三国六朝文》，上海：上海古籍出版社，2009。

61. （清）王先谦、刘武撰：《庄子集解 庄子集解内篇补正》，北京：中华书局，2012。

62. （清）焦循撰，沈文倬点校：《孟子正义》，北京：中华书局，2015。

63. （清）黄锡蕃：《闽中书画录》，上海：上海科学技术文献出版社，2016。

64. （清）刘熙载：《艺概》，北京：朝华出版社，2018。

65. 上海书画出版社编：《历代书法论文选》，上海：上海书画出版社，1979。

66. 郭绍虞辑：《宋诗话辑佚》，北京：中华书局，1980。

67. 朱谦之：《老子校释》，北京：中华书局，1984。

68. 陶秋英编：《宋金元文论选》，北京：人民文学出版社，1984。

69. 中国科学院哲学研究所中国哲学史组编：《中国哲学史资料选辑》，北京：中华书局，1984。

70. 郑午昌：《中国画学全书》，上海：上海书画出版社，1985。

71. 王大鹏：《中国历代诗话选》，长沙：岳麓书社，1985。

72. 周积寅：《中国画论辑要》，南京：江苏美术出版社，1985。

73. 陈衍：《宋诗精华录》，成都：巴蜀书社，1992。

74. 曹宝麟编：《米芾书法全集》，北京：荣宝斋出版社，1992。

75. 卢辅圣编：《中国书画全书》，上海：上海书画出版社，1993。

76. 于玉安编：《中国历代美术典籍汇编》，天津：天津古籍出版社，1997。

77. 俞剑华：《中国古代画论类编》，北京：人民美术出版社，1998。

78. 景戎华：《中国宋元瓷器图录》，北京：中国商业出版社，1999。

79. 印光：《印光法师文钞续编》，北京：宗教文化出版社，2000。

80. 蒋述卓等：《宋代文艺理论集成》，北京：中国社会科学出版社，2000。

81. 上海古籍出版社编：《宋元笔记小说大观》，上海：上海古籍出版社，2001。

82. 潘运告编：《元代书画论》，长沙：湖南美术出版社，2002。

83. 杨伯峻：《论语译注》，北京：中华书局，2006。

84. 刘笑敢：《老子古今》，北京：中

85. 丁福保辑：《历代诗话续编》，北京：中华书局，2006。
86. 俞剑华注译：《宣和画谱》，南京：江苏美术出版社，2007。
87. 王水照编：《历代文话》，上海：复旦大学出版社，2007。
88. 潘运告编注：《中国历代画论选》，长沙：湖南美术出版社，2007。
89. 钱锺书选注：《宋诗选注》，北京：三联书店，2008。
90. 闻人军译注：《考工记译注》，上海：上海古籍出版社，2008。
91. 上海博物馆编：《翰墨荟萃：细读美国藏中国五代宋元书画珍品》，北京：北京大学出版社，2012。
92. 程树德撰，程俊英、蒋见元点校：《论语集释》，北京：中华书局，2014。
93. 郭绍虞主编：《中国历代文论选》，上海：上海古籍出版社，2016。
94. 程千帆，沈祖棻选注：《古诗今选》，西安：陕西师范大学出版社，2019。

二、现代文献

1. （法）朱利安：《圣人无意》，闫素伟译，北京：商务印书馆，2004。
2. （法）朱利安：《淡之颂——论中国思想与美学》，卓立译，上海：华东师范大学出版社，2017。
3. （德）黑格尔：《哲学史讲演录》，北京：商务印书馆，1978。
4. （美）高居翰：《山外山》，王嘉骥译，上海：上海书画出版社，2003。
5. （美）高居翰：《气势撼人》，王嘉骥译，上海：上海书画出版社，2003。
6. （美）田浩编：《宋代思想史论》，杨立华、吴艳红等译，北京：社会科学文献出版社，2003。
7. （美）艾朗诺，郭勉愈校：《美的焦虑：北宋士大夫的审美思想与追求》，杜斐然、刘鹏、潘与涛译，上海：上海古籍出版社，2013。
8. （日）吉川幸次郎：《宋元明诗概说》，李庆等译，郑州：中州古籍出版社，1999。
9. （日）小川环树著：《风与云——中国诗文论集》，周先民译，北京：中华书局，2005。
10. （日）吉川幸次郎：《宋诗概说》，郑清茂译，台湾联经出版事业公司，2012。
11. 中国戏曲研究院编：《中国古典戏曲论著集成》，北京：中国戏剧出版社，1959。
12. 周贻白：《中国戏曲发展史纲要》，上海：上海古籍出版社，1979。
13. 唐圭璋：《宋词三百首笺注》，上海：上海古籍出版社，1979。
14. 宗白华：《美学散步》，上海：上海人民出版社，1981。
15. 詹幼馨：《司空图〈诗品〉衍绎》，香港：华风书局，1983。
16. 潘天寿：《中国绘画史》，上海：上海人民美术出版社，1983。
17. 叶嘉莹：《迦陵论诗丛稿》，北京：中华书局，1984。
18. 叶朗：《中国美学史大纲》，上

19. 田自秉：《中国工艺美术史》，上海：东方出版中心，1985。
20. 钱锺书：《谈艺录》，北京：中华书局，1986。
21. 许清云：《皎然诗式研究》，台北：台湾文史哲出版社，1988。
22. 董文：《中国历代书法鉴赏》，沈阳：辽宁大学出版社，1988。
23. 余英时：《中国思想传统的现代诠释》，南京：南京人民出版社，1989。
24. 蔡仲娟：《中国插花艺术》，上海：上海翻译出版公司，1990。
25. 周裕锴：《中国禅宗与诗歌》，上海：上海人民出版社，1992。
26. 邓小军：《唐代文学的文化精神》，台北：台湾文津出版社，1993。
27. 宗白华：《宗白华全集》，合肥：安徽教育出版社，1994。
28. 孙昌武：《诗与禅》，台北：东大图书公司，1994。
29. 韩经太：《宋代诗歌史论》，长春：吉林出版社，1995。
30. 马自力：《清淡的歌吟——中国古代清淡诗风与诗人心态》，苏州：苏州大学出版社，1995。
31. 王运熙、顾易生主编，顾易生、蒋凡、刘明今著：《宋金元文学批评史》，上海：上海古籍出版社，1996。
32. 石韶华：《宋代咏茶诗研究》，台湾：文津出版社，1996。
33. 叶嘉莹：《唐宋词十七讲》，石家庄：河北教育出版社，1997。
34. 徐利明：《中国书法风格史》，郑州：河南美术出版社，1997。
35. 王国维：《宋元戏曲史》，上海：上海古籍出版社，1998。
36. 程亚林：《诗与禅》，南昌：江西人民出版社，1998。
37. 沈松勤：《北宋文人与党争》，北京：人民出版社，1998。
38. 杨栋：《中国散曲学史研究》，北京：高等教育出版社，1998。
39. 李泽厚等：《中国美学史》，合肥：安徽文艺出版社，1999。
40. 朱良志：《扁舟一叶：理学与中国画学研究》，合肥：安徽教育出版社，1999。
41. 徐建融：《宋代名画藻鉴》，上海：上海书店出版社，1999。
42. 陆耀东编，张思齐著：《宋代诗学》，长沙：湖南人民出版社，2000。
43. 徐书城：《宋代绘画史》，北京：人民美术出版社，2000。
44. 徐复观：《中国艺术精神》，上海：华东师范大学出版社，2001。
45. 胡晓明：《中国诗学之精神》，南昌：江西人民出版社，2001。
46. 邓乔彬：《中国绘画思想史》，贵阳：贵州人民出版社，2001。
47. 陈传席：《中国：山水画史》，天津：天津人民美术出版社，2001。
48. 钱锺书：《七缀集》，北京：生活·读书·新知三联书店，2002。
49. 林湘华：《禅宗与宋代诗学理论》，台北：台湾文津出版社，2002。
50. 余英时：《士与中国文化》，上海：上海人民出版社，2003。
51. 钱穆：《中国文化史导论》，北京：商务印书馆，2003。
52. 罗宗强：《隋唐五代文学思想史》，北京：中华书局，2003。

53. 马人勇：《中国传统插花艺术》，北京：中国林业出版社，2003。
54. 王水照、朱刚：《苏轼评传》，南京：南京大学出版社，2004。
55. 王晓俪：《唐宋词与商业文化关系研究》，北京：中国社会科学出版社，2004。
56. 张文利：《理禅融会与宋诗研究》，北京：中国社会科学出版社，2004。
57. 刘方：《宋型文化与宋代美学精神》，成都：巴蜀出版社，2004。
58. 胡晓明：《万川之月——中国山水诗的心灵境界》，北京：北京大学出版社，2005。
59. 张弛：《佛法与诗境》，北京：中华书局，2005。
60. 卢新海，杨祖达：《园林规划设计》，北京：化学工业出版社，2005。
61. 翁经方、翁经馥编注：《中国历代园林图文精选》第二辑，上海：同济大学出版社，2005。
62. 林庚：《唐诗综论》，北京：清华大学出版社，2006。
63. 张毅：《宋代文学思想史》，北京：中华书局，2006。
64. 孙昌武：《禅诗与思情》，北京：中华书局，2006。
65. 程小平：《〈沧浪诗话〉的诗学研究》，北京：学苑出版社，2006。
66. 周裕锴：《宋代诗学通论》，上海：上海古籍出版社，2007。
67. 印顺著，季羡林主编：《中国禅宗史》，南昌：江西人民出版社，2007。
68. 汪涌豪：《中国文学批评范畴及体系》，上海：复旦大学出版社，2007。
69. 朱志荣：《中国美学简史》，北京：北京大学出版社，2007。
70. 吴功正：《宋代美学史》，南京：江苏教育出版社，2007。
71. 许连军：《皎然〈诗式〉研究》，北京：中华书局，2007。
72. 牟宗三：《智的直觉与中国哲学》，北京：中国社会科学出版社，2008。
73. 钱锺书：《管锥编》，北京：生活·读书·新知三联书店，2008。
74. 王水照：《苏轼传》，天津：天津人民出版社，2008。
75. 陈来：《宋明理学》，上海：华东师范大学出版社，2008。
76. 周维权：《中国古典园林史》，北京：清华大学出版社，2008。
77. 钱穆：《中国学术思想史论丛》（四），北京：生活·读书·新知三联书店，2009。
78. 夏可君：《平淡的哲学》，北京：中国社会科学出版社，2009。
79. 张培锋：《宋诗与禅》，北京：中华书局，2009。
80. 王顺娣：《宋代诗学平淡理论研究》，成都：巴蜀书社，2009。
81. 韦宾：《宋元画学研究》，兰州：甘肃人民出版社，2009。
82. 王玲：《中国茶文化》，北京：九州出版社，2009。
83. 闻一多：《唐诗杂论》，长沙：岳麓书社，2010。
84. 龚鹏程：《古典诗歌研究丛刊》第七辑（第12册）《二晏词研究》，台湾：花木兰文化出版社，2010。
85. 张晶：《禅与唐宋诗学》，北京：新星出版社，2010。

86. 赵逵夫、汤斌：《历代赋评注》（南北朝卷），成都：巴蜀书社，2010。
87. 徐习文：《理学影响下的宋代绘画观念》，南京：东南大学出版社，2010。
88. 钱穆：《中国思想史》，北京：九州出版社，2012。
89. 皮朝纲：《中国禅宗书画美学思想史纲》，成都：四川美术出版社，2012。
90. 周膺、吴晶：《南宋美学思想研究》，上海：上海古籍出版社，2012。
91. 杨松冀：《精神家园的诗学探寻》，北京：人民出版社，2012。
92. 刘中玉：《混同与重构：元代文人画学研究》，北京：人民出版社，2012。
93. 钱穆：《国史大纲》，北京：商务印书馆，2013。
94. 朱良志：《南画十六观》，北京：北京大学出版社，2013。
95. 查洪德：《元代诗学通论》，北京：北京大学出版社，2014。
96. 陈寅恪：《元白诗笺证稿》，北京：商务印书馆，2015。
97. 张健：《知识与抒情：宋代诗学研究》，北京：北京大学出版社，2015。
98. 贡华南：《味与味道》，桂林：广西师范大学出版社，2015。
99. 邹其昌：《宋元美学与设计思想》，北京：人民出版社，2015。
100. 方闻著，谈晟广译：《宋元绘画》，香港：中国书画出版社，2016。
101. 韩经太：《清淡美论辨析》，南昌：百花洲文艺出版社，2017。
102. 王国维：《人间词话》，桂林：广西人民出版社，2017。
103. 殷学国：《青山青史——中国诗学渔樵母题研究》，上海：东方出版中心，2017。
104. 文师华：《书法的故事：宋元明清》，南昌：江西美术出版社，2017。
105. 张进：《宋金文论与苏轼接受研究》，北京：中国社会科学出版社，2018。
106. 吴洋洋：《宋代士民的花生活》，北京：中国社会科学出版社，2019。
107. 傅伯星：《大宋楼台——图说宋人建筑》，上海：上海古籍出版社，2020。
108. 董赟：《幻影与枯境——宋代文人审美与诗画艺术研究》，成都：巴蜀书社，2020。
109. 湖南省博物馆编：《闲来弄风雅——宋朝人慢生活镜像》，长沙：岳麓书社，2021。

三、重要论文

1. （日）横山伊势雄著，张寅彭译：《从宋代诗论看宋诗的"平淡体"》，《文艺理论研究》，1998（3）：85—90。
2. 王水照：《论苏轼创作的发展阶段》，《社会科学战线》，1984（1）：259—269。
3. 陈光明：《梅尧臣诗歌的平淡风格》，《湘潭大学社会科学学报》，1984（2）：66—72。
4. 聪儿：《顿悟与致远——老庄、禅与山水画》，《新美术》，1986（4）：49—54。

5. 张海明：《论冲淡美》，《文学遗产》，1988（2）：10—20。
6. 张海明：《"淡者屡深"——冲淡美格高难及的原因初探》，《辽宁教育学院学报》（社科版），1988（2）：32—37。
7. 霍松林、邓小军：《论宋诗》，《文史哲》，1989（2）：66—71。
8. 韩经太：《论宋人平淡诗观的特殊指向与内蕴》，《学术月刊》，1990（7）：52—58。
9. 李祥林：《说"淡"中国古典美学范畴札记之一》，《学术论坛》，1991（1）：85—90。
10. 韩经太：《中国诗学的平淡美理想》，《中国社会科学》，1991（3）：173—192。
11. 胡晓明：《中国诗学中的清莹境界》，《文艺理论研究》1991（3）：41—45。
12. 莫砺峰：《论王荆公体》，《南京大学学报》（哲学社会科学版），1994（1）：23—34。
13. 朱良志：《论中国画的荒寒境界》，《文艺研究》，1997（4）：136—149。
14. 李春青：《论自得——兼谈宋学对宋代诗学的影响》，《中国文化研究》，1998（2）：90—94。
15. 黄金鹏：《中国诗画的尚朴精神》，《文艺理论研究》，1998（3）：17—23+90。
16. 张思齐：《宋诗的平淡风格与宋代的诗味理论——中印诗学理论微观比较研究》，《西南民族学院学报》（哲学社会科学版），2001，22（1）：141—147。
17. 丁国强：《论平淡美诗歌的形式特征》，《浙江学刊》，2001（3）：83—85。
18. 周远斌：《古诗平淡美的理论和实践》，《古代文学理论研究》（第十九辑），2001（7）：123—135。
19. 蒋寅：《古典诗学中"清"的概念》，《中国社会科学》，2002（2）：146—157。
20. 苏涵：《中国的琴文化与琴文学》，《东方丛刊》，2002（2）：165—179。
21. 祁志祥：《以"淡"为美——道家论平淡美胜过浓丽美》，《贵州社会科学》，2002（3）。
22. 童强：《论王安石的平易诗风》，《古典文献研究》，2002（4）：250—270。
23. 李晓东：《"白贲"美学与新现代主义》，《世界建筑》，2003（8）：88—89。
24. 刘畅：《老成、平淡、以清为美——宋人审美趣味丛论》，《淮阴师范学院学报》（哲学社会科学版），2004，26（2）：231—240。
25. 孙媛媛：《文人艺术朴素美的哲学渊源》，《南京艺术学院学报》（美术与设计版），2004（2）：103—105。
26. 王德军：《苏轼"平淡"美的意蕴及其思想渊源》，《长春大学学报》，2004，14（3）：43—45+70。
27. 张海明：《中国古代朴素美理论的发展及在美学史上的意义》，《文艺研究》，2004（5）：38—46。
28. 杨子彦：《论"老"作为文论范畴的发生与发展》，《文学评论》，

29. 孙维城：《论陆游词》，《词学》第十七辑，2006（6）：123—134。
30. 邓莹辉：《平淡：理学文学的审美基调》，《西南民族大学学报》（人文社科版），2007（9）：174—177。
31. 李天道：《"淡雅"说的美学意义解读》，《西南民族大学学报》（人文社科版），2007（12）：145—148。
32. 陈良运：《说"淡"美》，《湖南社会科学》，2008（2）：131—136。
33. 李天道：《老子的"无味"之"味"说与中国文艺美学"淡"范畴》，《文学遗产》，2008（5）：4—11。
34. 刘介：《论苏辙诗的"淡静有味"》，《绵阳师范学院学报》，2009，28（10）：31—34。
35. 陶文鹏：《论宋诗的荒寒意境》，《清华大学学报》（哲学社会科学版），2010，25（2）：64—72。
36. 黄鹏川：《"唯造平淡难"——宋代瓷器审美小议》，《艺海》，2010（7）：143—144。
37. 窦薇：《发纤浓于简古，寄至味于淡泊——论宋代山水诗的平淡美》，《云南农业大学学报》（社会科学版），2011，5（6）：108—111。
38. 王子墨：《梅尧臣"平淡"诗风内涵辩证》，《黄山学院学报》，2011，13（6）：40—44。
39. 朱良志：《论吴历的老格》，《北京大学学报》（哲学社会科学版），2013，50（2）：41—52。
40. 舒曼：《从古代茶诗看卢仝在中国茶文化史上的地位》，《农业考古》，2013（2）：11—17。
41. 邹其昌：《论宋辽金元美学的平淡境界》，《创意与设计》，2013（4）：4—10。
42. 侯文学：《"奇"范畴的生成演变及其诗学内涵》，《文学评论》，2013（5）：40—47。
43. 刘剑：《中国艺术范畴"淡"的流变》，《广西社会科学》，2013（10）：144—149。
44. 陈四海、付玉立：《论元好问的音乐思想》，《忻州师范学院学报》，2014，30（3）：15—22。
45. 查律：《平淡天成之趣——米芾的书法审美标准与批评观》，《荣宝斋》，2014（5）：140—149。
46. 高峰：《宋词与笛声》，《南京师范大学文学院学报》，2015（4）：137—142。
47. 宋巍：《论宋元散文的"平"》，《山东社会科学》，2015（5）：49—55。
48. 陈牡丹：《"青"与"苍"的色彩流变》，《湖北师范学院学报》（哲学社会科学版），2015，35（5）：50—52。
49. 杨倩丽、郭齐：《论宋代御宴簪花及其礼仪价值》，《江西社会科学》，2015（12）：122—126。
50. 张毅：《"逸品"的精神与诗情画意》，《北京大学学报》（哲学社会科学版），2016，53（6）：114—122。
51. 霍明宇：《宋代令词"平淡"之美》，《人文天下》，2017（16）：45—50。
52. 洛梅笙：《尽日春色赐群臣——宋代皇帝的元日簪戴》，《紫禁城》，2018（1）：36—49。

53. 管宗昌：《枯槁之美的文化内涵及其发生——兼从"枯"的造字理念入手》，《西北民族大学学报》（哲学社会科学版），2020(3)：150—161。
54. 许外芳：《论苏轼的艺术哲学》，上海：复旦大学博士学位论文，2003。
55. 尹红霞：《论刘秉忠的学术与文学》，石家庄：河北师范大学硕士学位论文，2003。
56. 杜磊：《古代文论"韵"范畴研究》，上海：复旦大学博士学位论文，2005。
57. 张桓：《浅析"墨戏"及其艺术价值》，长沙：湖南师范大学硕士学位论文，2005。
58. 梁欢华：《"志不在鱼"——宋词渔钓意象研究词》，南京：南京师范大学硕士学位论文，2005。
59. 陈敏捷：《中国古典园林植物景观空间构成》，北京：北京林业大学硕士学位论文，2005。
60. 张斌：《宋代的古琴文化与文学》，上海：复旦大学博士学位论文，2006。
61. 罗燕萍：《宋词与园林》，苏州：苏州大学博士学位论文，2006。
62. 曹银虎：《尚"淡"苏轼书学思想再认识》，南京：南京师范大学硕士学位论文，2006。
63. 张岩：《尚逸——宋代书法的重要审美趋向》，北京：中央美术学院硕士学位论文，2008。
64. 马建梅：《佛教对米芾书画艺术的影响》，南京：南京航天航空大学硕士学位论文，2009。
65. 马越颖：《倪瓒绘画艺术研究》，保定：河北大学硕士学位论文，2009。
66. 陈玲玲：《唐宋茶诗中的哲理追求》，南昌：华东交通大学硕士学位论文，2009。
67. 韩雪松：《中国古代绘画品评理论研究》，上海：上海大学博士学位论文，2010。
68. 李浩：《两宋山水画审美特征研究》，西安：西安美术学院硕士学位论文，2010。
69. 唐祖敏：《论古代文学观念中的"丽"》，长沙：中南大学硕士学位论文，2010。
70. 吴增辉：《北宋中后期贬谪与文学》，上海：复旦大学博士学位论文，2011。
71. 韩伟：《宋代乐论研究》，南京：南京大学博士学位论文，2011。
72. 朱慧颖：《宋代茶酒诗的文化解读》，厦门：华侨大学硕士学位论文，2011。
73. 衡蓉蓉：《苏轼音乐美学思想的形成与演变》，南京：南京艺术学院博士学位论文，2012。
74. 丁林峰：《宋代文人园林的文化意蕴》，安庆：安庆师范学院硕士学位论文，2012。
75. 解婷婷：《唐宋诗歌意象转型专题研究》，南京：南京大学博士学位论文，2013。
76. 董慧：《两宋文人化园林研究》，北京：中国社会科学院研究生院硕士学位论文，2013。
77. 高文文：《茶事生活与茶文化创作——元曲研究的又一视角》，南昌：南昌大学硕士学位论文，2013。
78. 罗璇：《宋代咏茶文学研究》，南京：南京师范大学硕士学位论文，

79. 赵彦辉:《中国古典美学之"空"范畴研究》,广州:暨南大学硕士学位论文,2013。
80. 杨佰才:《中国古典文论的平淡美理想》,延安:延安大学硕士学位论文,2013。
81. 谭艳玲:《宋诗中男子簪花现象研究》,重庆:西南大学硕士学位论文,2013。
82. 祝云珠:《中国古典词论中的尊"雅"观研究》,昆明:云南大学博士学位论文,2014。
83. 伍瑶瑶:《唐宋诗学中的"冲淡"美与"平淡"美》,昆明:云南师范大学硕士学位论文,2014。
84. 杨霞:《观"云山墨戏"品"平淡天真"》,济宁:曲阜师范大学硕士学位论文,2014。
85. 丁朝虹:《"淡美"论》,南京:南京艺术学院博士学位论文,2016。
86. 窦薇:《中国古代山水画论重要范畴与老庄思想之关系研究》,昆明:云南大学博士学位论文,2016。
87. 张鹏:《宋代主要园林论述研究》,北京:北京林业大学博士学位论文,2016。
88. 张濯清:《生态视野下的宋代绘画》,武汉:华中师范大学博士学位论文,2016。
89. 李小奇:《唐宋园林散文研究》,西安:西北大学博士学位论文,2016。
90. 宋小静:《唐宋僧人茶诗研究》,西安:陕西师范大学硕士学位论文,2016。
91. 李松林:《"平淡天真"——米芾画学思想研究》,昆明:云南师范大学硕士学位论文,2016。
92. 陈家琦:《米芾书法之"真趣"思想管窥》,长沙:湖南师范大学硕士学位论文,2016。
93. 黄敏:《南宋茶诗研究——以茶与文人日常生活为中心》,武汉:华中师范大学硕士学位论文,2017。
94. 莫日根吉:《元朝园林初探》,北京:北京林业大学硕士学位论文,2017。
95. 李昊欣:《论文人与古琴》,南京:南京师范大学硕士学位论文,2017。
96. 戴昕萌:《古琴文化中的和合思想研究》,苏州:苏州科技大学硕士学位论文,2017。
97. 金杰:《晚宋茶诗研究》,广州:暨南大学硕士学位论文,2017。
98. 刘禹鹏:《宋代文论与书论审美范畴的融通研究》,济宁:曲阜师范大学博士学位论文,2018。
99. 郭婕:《"静"和"静"参构语词的语意分析及文化阐释》,福州:福建师范大学硕士论文,2018。
100. 宗廷鹏:《宋代琴诗研究》,昆明:云南师范大学硕士学位论文,2018。
101. 张曼:《论书法之"淡"》,南京:南京艺术学院硕士学位论文,2018。
102. 卓力:《宋代点茶法的审美意蕴研究》,成都:四川师范大学硕士学位论文,2018。
103. 卢曼琳:《宋词中簪花、手帕和佩扇等佩饰意象的情感表达特点》,西安:陕西师范大学硕士学位论文，2018。
104. 李松石：《两宋题画诗词研究》，长春：吉林大学博士学位论文，2019。
105. 赵娜：《宋代"淡"范畴研究》，太原：山西师范大学硕士学位论文，2019。
106. 张力心：《古琴文化中"静""净""境"之探究》，聊城：聊城大学硕士学位论文，2019。
107. 邱佳铭：《宋代山水画点景建筑与造境关系的研究》，北京：中国艺术研究院博士学位论文，2020。
108. 亢小云：《探析中国山水画中"淡"的意蕴之美》，重庆：西南大学硕士学位论文，2020。
109. （美）高居翰：《宋代文人画论中的儒家因素》，皮道坚、黄专、彭莱主编：《探赜索隐：中国画学研究论文集：纪念阮璞先生诞辰九十周年》，石家庄：河北美术出版社，2009。
110. （美）高居翰：《中国绘画的率意与天然：一种理想的兴衰》，范景中、高昕丹编选：《风格与观念：高居翰中国绘画史文集》，杭州：中国美术学院出版社，2011。

后记

本书是在我的博士论文基础上增改而成的。在此,深深地感谢我的博士生导师胡晓明先生。从最初的选题、构思、行文到最后的成文,胡先生都极其悉心地进行了指导,其间所耗费的时间和精力只有当事人自己才能深刻地体会。追随先生多年,从先生那里学会了思辨性的思考文学艺术的各种问题与现象、思辨性地看待学术研究与平常生活之关系。先生的学术研究态度以及生活态度,让我明白学术研究与平常生活并不矛盾,平常生活是可以诗意化的,枯燥的学术研究亦可以是诗意化的,平常而不平庸,平常而有价值,宋元人的"平淡",大抵亦如此。

非常感谢恩师胡晓明先生对我论文写作的精心指导以及人生理想的成全;感谢韩经太、马自力、张健、周裕锴、夏可君、朱良志等先生关于"平淡"研究的论文和论著给我带来的启发和借鉴。亦非常感谢曹旭先生、胡大雷先生、赵厚均教授、彭国忠教授、周兴陆教授、陈引驰教授、查屏球教授、朱刚教授、殷学国教授,他们或在开题报告上,或在答辩会上,或在论文评阅中,或在平时的聊天当中,对我的论文提出了非常宝贵、中肯的意见和建议,令我受益匪浅。而他们对我论文的肯定无疑激励和促使我对论文作了更加严格和缜密的修改。

感谢润民兄、许静师姐和编辑乔健同志,有他们以及出版社其他同志的热心帮助和大力支持,拙稿得以顺利出版,谨此表示衷心的感谢。

最后,感谢外子和女儿为我所做的一切。同时亦以此书稿出版纪念刚逝去的双亲,慰藉他们的在天之灵。

甲辰年二月十九于贺州学院博雅苑